울릉도·동해안 어촌지역의 생활문화 연구

영남대학교 민족문화연구소 편

景仁文化社

이 논문은 2001년도 한국학술진흥재단의 지원에 의하여
연구되었음 (KRF - 005-B20006)

책머리에

 이 책은 울릉도·동해안 지역민의 생활문화 전반에 관해 인류학, 방언학적 측면에서 연구한 논문을 모은 것이다. 대체로 필자들은 지역민의 문화와 사회생활을 상호 관련지우면서 어업생산의 사회조직과 문화경관, 인구의 변화, 경제생활과 관련된 지역별 언어의 분화 양상 등을 규명하고자 하였다. 또 울릉도를 중심한 해양문화와 대륙문화가 남하하는 통로로서의 동해안 지역의 특징적인 문화영역을 규명해 보고, 나아가 두 지역의 생활방식 전반에 나타나는 친연성의 제 측면을 이해하려고 하였다.

 주지하다시피 이 지역 주민들의 문화는 거시적인 국가경제사의 변화와 해양생태계의 영향을 받고 있다고 할 수 있다. 어로 도구와 생업에 관련된 방언들은 지역별로 어느 정도의 방언권을 형성하고 있는가 하면 어촌의 어업조직이나 인구, 지역경관 등은 국가의 경제생활과 물질생활의 변화에 대응, 적응, 해체되는 등의 다양한 모습을 나타내 주고 있다. 따라서 역사적으로 형성된 언어의 사회적 분화에 대한 이해와 더불어서 공간적으로 어촌사회와 지역사회의 복합 다층적인 변동의 결과를 이해하는 일은 무엇보다 의미 있는 작업이라 할 수 있다. 그리하여 연구자들은 긴 시간 속에 지역문화가 언어를 통해 구조화된 실상과 현시점에서 지역민들이 생활하는 가운데 행해지는 사회, 문화적 실천의 다양한 모습을 아우르고자 하였다. 이러한 시각을 근간으로 필자들은 인접학문 간에 서로의 관심을 공유하고 각 연구영역에서 포괄적 관련성을 고양시키고자 하였다. 책 제목에서 울릉도, 동해안의 생활문화라고 한 것도 이러한 의도에서 비롯된 것이다.

전술한 입장에서 이 연구는 5분야로 세분되어 시행되었다. 연구 주제들은 '울릉도 어민의 어업기술과 작업조직의 변화'(박성용), '대도시 산업개발에 따른 근린어촌지역의 변화'(이창언), '동해안 어촌지역 경제구조의 변화가 사회인구학적 환경에 끼친 영향'(김태원), '동해안 어촌지역의 음운론적 비교'(오종갑), '어촌 경제생활과 관련된 어휘'(남경란) 등이다. 울릉도·동해안 지역민의 사회·문화적 실상을 거시적·미시적 차원에서 접근하려는 이러한 시도는 그 동안 이 지역에 대한 개별 연구사업의 결과를 기반으로 공동연구의 새로운 가능성을 모색한다는 의미가 담겨 있었다.

그럼에도 불구하고 이러한 접근은 여러 가지 사정으로 시작부터 과제범위를 축소하지 않으면 안 되었다. 무엇보다도 동해안과 울릉도 어민의 생활문화에 대한 비교 연구는 누락될 수밖에 없었다는 것이 그 예이다. 그런가하면 각 주제들 간의 상호 관련성을 통한 울릉도·동해안 어민의 사회·문화적 실상에 대한 체계적 접근은 비교의 대상과 범위가 고려되지 않아 전체상을 제시하는 데 미진하였다.

이러한 아쉬움에도 불구하고 이 책이 앞으로 이 지역에 대한 민족지적, 방언학적 자료와 정보, 지역경관과 인구변화 양상에 대한 발전된 연구의 초석이 되리라 믿는다. 그동안 알려지지 않았던 울릉도·동해안 어민의 생활문화가 시간적으로나 공간적으로 어떻게 구조화 되어 있는지를 나타내주는 다양한 자료들이 제시 되어 있기 때문이다.

끝으로 이 책이 출간되기까지 여러 기관과 관계자들의 노고에 대한 고마움을 표하지 않을 수 없다. 특히 학술진흥재단의 연구지원이 없었더라면 이 연구는 이루어질 수 없었으리라 여겨진다. 중점연구소 2단계 과제인 '울릉도·동해안 지역의 생활문화'의 일환으로 연구가 이루어질 수 있도록 재정적 지원을 해주신 여러 관계자분들께 고마움을 표한다. 아울러 이 연구가 이루어지도록 물심양면으로 도와주신 민족문화연구소의 이동순 소장님과 연구원 여러분들께 감사를 드린다. 필자들이 이 연구를 함에 있어서 가장 큰 빚을 진 분들은 자료를 제공해 주신 울릉도와 동해안의 지역민들이다. 한국 어민의 고뇌를 가슴에 새겨두는 바이다. 끝으로 이 책을 출판해 주신 경인문화사 한정희 사장님께도 사의를 표한다. 이 책이 변동하는 한국 어민의 생활문화를 이해하려는 분들에게 조그만 도움이 되었으면 하는 바람을 가져본다.

2005년 5월
연구자를 대표하여
박성용 씀

차 례

어촌 경제생활과 관련된 어휘 연구
―사회언어학적 관점에서(영덕, 울진, 삼척, 강릉)― / 남경란

울릉도 어민의 어업기술과
작업조직의 변화

박 성 용*

Ⅰ. 문제제기와 연구목적

　한 어촌사회 내에서 어로도구나 어업기술의 변화가 어떻게 생산의 사회조직을 변화시키느냐 하는 문제는 어민들의 어로작업과정과 경제, 사회적 맥락을 상호 관련지어보는 데서 그 실상을 이해할 수 있다. 어업기술과 사회조직에 관한 연구는 미시적으로 어업기술의 차용과 선택, 기술에너지의 이행과정과 사회조직, 그리고 생산과정이 어

---

* 영남대학교 문과대학 문화인류학과 교수.

떻게 상호 관련되는가를 생각해보는 일과 더불어서 거시적으로 국가
의 어업경제사의 흐름이 어떻게 사회 기술체계에 영향을 주었는지를
상보적으로 관련지어서 이해할 필요가 있다.

무엇보다도 어민의 어업기술과 작업조직은 국제사회의 어업협정이
나 국가 경제구조에 영향을 받기 때문에 필자는 국가사회의 안팎을
관계짓는 거시적인 국가경제차원과 미시적 차원의 어촌사회 내에서
이루어지는 기술체계와 사회체계의 변동을 동시에 고려하고자 한다.
따라서 이를 이해하기 위해서는 전자본주의 체제에서 산업자본주의
체제로 이행하면서 이들의 어업공동체적 사회관계, 어로기술과 장비,
그리고 이에 대한 선택과 도입의 전략, 그리고 어로작업 등의 관계체
계가 어떻게 변화되었는가를 살피는 작업이 무엇보다 선행되어야 한
다. 그 이유는 거시적인 기술·경제적 체계가 미시적 차원의 사회체
계를 변화시키는데 지대한 영향을 주며, 이를 근간으로 각 개인이 기
술적 선택을 위한 의도적 실천을 하기 때문이다. 즉 기술선택은 "지역
적으로 창출되거나 외부로부터 차용된다"(Lemonnier 2002: 2)고 할 수
있다.

울릉도 어민의 어업기술은 미시적 차원에서 어선의 동력화·기계
화·대형화 양상으로 일어나는 기술에너지의 이행과정이 개입되는가
하면 다른 한편으로 어로작업조직이 거시적인 경제체계의 변화와 직
접, 간접으로 관계를 맺고 있다. 어촌의 내외 차원에서 보면 무동력선
에서 동력선으로 대체됨에 따라 기존의 공동체적 사회관계는 점차 분
화되어 어촌계 운영이나 조업에 승선하는 선원의 경우 개인의 경제적
이해를 우선시하는 사회관계로 재편성되는 과정에 있다. 아울러서 어
선과 장비가 점차 기계화, 대형화되어 원해조업을 함에 따라 선단조
직을 새롭게 형성하여 어로작업을 한다. 이 점은 어촌의 경제적 기반
이 도구, 기계, 재료 등의 생산력체계와 생산에 관련된 사회관계의 체

계가 상호영향을 주고 있음을 시사는 현상이라 할 수 있다.

　그런가하면 어민의 사회·기술체계의 변화는 국가어업정책과 무관하지 않다. 예컨대 한일어업협정이 발효된 1998년 이후 어업권 축소로 인해 어민들은 갈수록 심각한 경제적 위기에 이르면서 어가수가 더욱 감소하고 있는 현상이 그것이다. 정부의 근해 어업에 대한 감척사업의 시행과 더불어서 연안조업의 부진으로 인해 자진 폐업한 어가들이 증대하고 있다. 비록 정부가 1990년대 초부터 잡는 어업에서 기르는 어업으로 어업정책을 전환하였지만 연안오염으로 인해 어자원이 고갈되고 중국, 러시아, 일본 등으로부터 수입활어가 늘어나면서 어업환경이 극도로 악화됨(이춘호·마창성 2003)은 주지의 사실이다. 그리하여 한국의 수산업은 저발전과 위기에 봉착해 있다고 할 수 있다(전경수 1992). 이러한 거시적인 경제체계와 미시적인 기술체계의 변화가 어민의 자체 생산기제를 붕괴시키는 양상을 낳고 있다.

　언급한 내부적·외부적 요인에 따른 사회적 결과의 제 특징을 이해하기 위해 본 연구는 먼저 어촌사회에서 생산기술이나 생산도구의 변화가 생산의 사회관계를 어떻게 변화시키고 있느냐에 작업의 초점을 맞춘다. 이와 같은 관점을 구체화하기 위해 필자는 다음 몇 가지 측면에 대해 검토하려고 한다. 첫째, 거시적인 어업기술·경제의 변화와 미시적인 울릉도 어민들의 어로작업조직을 관련지어 시대별로 변화된 실상을 제시한다. 둘째, 시대별 어민의 어업기술 도입과 실천, 그리고 전개과정이 상이할 것이기 때문에 기업가적 어민과 소형어선을 소유한 어민들, 그리고 아주 영세한 어민 등이 어선을 동력화 하거나 장비개선 등을 함에 있어서 어떠한 사회적·기술적 논리를 적용하게 되는지를 탐색하게 될 것이다. 셋째, 울릉도 어민이 수산자원을 사회적 차원에서 전유하는 방식과 기술의 효율성을 극대화하려는 전략을 함께 파악할 것이다. 이를 위해 필자는 울릉도의 남양, 태하, 도

동의 사례를 중심으로 연구한다. 이 마을들은 울릉도의 개척역사와
함께 하고 있는 곳으로서 어업기술의 변화과정을 제시해줄 수 있는
곳이다.

II. 어업기술과 생산의 사회조직

기술이란 인간, 자연, 그리고 물질에 대한 노동수단, 노동도구와 같
은 생산수단과 이에 대한 특징적인 인식, 그리고 작업을 하는 인간행
위와 태도 등이 관계되어 있다(박성용 2003: 76). 이 점은 어로작업과
양식업, 어획량의 증대 등에 있어서 도구의 사용과 그것을 제작하는
데 관련된 수단과 원료, 그리고 세대를 거치면서 전승된 의식적, 무의
식적 기술사용방법에 대한 태도 등으로 구체화된다. 이러한 요소는
상호 관련되어 있어서 어떠한 요소의 변화는 다른 요소의 변화를 조
건화하거나 영향을 줄 수 있다.

이러한 점에 대해 모스(Mauss 1968)는 기술이란 전체 사회적 사실이
고 물질에 대한 인간의 행동은 각 사회의 문화적 전통과 관련된다고
하였다. 그는 기술을 "신체의 기술"이라고 하여 인간의 몸과 기술의
관계를 몸의 움직임과 사회적, 심리적 생물학적 관련성을 통해 이해
하고자 하였다. 그의 연구가 기술과 사회관계의 체계를 이해하는 데
기여하였지만 한 가지 문제는 몸의 기술과 도구적 기술사이의 구분을
명확하게 하고 있지 않다는 것이다(Warnier 2001: 6). 아울러서 미시적
차원에 있어서 기술행동, 기술선택, 기술혁신, 기술과정이 거시적 사
회 문화체계와 관련되고 있는지를 제시하지 못하였다. 크르스웰
(Cresswell 1975: 521)은 기술·경제적 행위는 노동력과 생산도구, 원료
와의 상호관계가 있으며, 이것이 1차적인 물질적 상태에서 최종 제작

된 생산물의 상태로 재료가 변이되는 기술과정을 조작적 연쇄(Chaîne opératoire)라 하였다. 즉 어떠한 사회에 있어서 기술 에너지의 전이과정과 생산관계, 노동력, 생산도구, 원료 등의 각 기술요소 사이에는 유기적 관계가 존재한다는 것이다(박성용 2003 A: 78). 각 요소와 부분은 내적으로 서로 관련, 의존하고 있으며 일정한 운동을 통해 에너지가 전달되면서 이에 따른 결과를 생산한다고 할 수 있다.

그러나 언급한 논의에서 간과해서 안되는 점은 기술전이과정에 관련된 각 부분이 반드시 유기적이지 않을 수 있다는 것이다. 외재적 요인으로서 사회 · 경제적, 문화적 요소가 각 기술 부분에 선택적으로 적용되며 기술환경, 생산 · 노동조직, 집단의 경제전략 등에 따라 기술과정이 상이하게 조건화되고 변형될 수 있다는 점이다. 르롸구랑 (Leroi-Gouran 1973)에 의하면 기술환경이란 물질적 행동수단의 전체와 관련되며 여기에는 내부, 외부환경이 있다고 한다. 내부환경은 각 민족별로 기술의 상이성을 띠게 하나 외부환경은 그 동질성을 가지도록 하며 이는 물질적 수단을 제공하는 기술집단과 관련된다고 하였다. 부연하자면 기술환경은 세대를 거치면서 영속성을 가지기도 하나 기술집단은 내부 · 외부환경과는 별개로 존속할 수 있으며 기술환경을 새롭게 창출할 수 있다고 하겠다.

이러한 점을 감안한다면 어업기술변화에 따른 사회적 결과를 이해하기 위해서는 무엇보다도 이와 관련된 내재적, 외재적 요인을 두루 관련지어보려는 노력이 요구된다. 즉 내재적 요인으로 어업기술과정과 도구의 물질성(materiality)을, 그리고 외재적 요인으로서의 사회 · 문화적 변동요인과 어로기술 간의 관계체계를 상보적으로 이해할 필요가 있다. 왜냐하면 어떠한 어구와 기술을 선택, 적용하는 문제는 어구 그 자체가 갖는 물질적 자질과 기존의 사회체계, 기술환경, 그리고 어촌의 외부사회로부터의 기술을 차용하는 전략, 기술적 효율성에 대한 사회적 실천, 독자적인 어로기술발명 등의 요인들이 관련되어서 이루어지기 때문이다. 그리하여 어민들이 선택한 기술적 특징을 이해하기 위해서는 물질적, 문화적 맥락, 그리고 다양한 일련의 사회관계 등을 포괄적으로 관련지어 이해할 필요가 있다.

전술한 측면에서 울릉도 어민의 어업기술에 관한 접근을 한 경우는 거의 없는 것 같다. 어업기술에 관한 연구는 주로 서남해안 도서지방을 중심으로 이루어진바 있다. 예컨대 Han(1977)은 가고도의 어민을 연구하면서 도입된 새로운 나일론 그물과 어선이 동력화됨으로써 전문화되고 더 큰 규모의 작업집단이 요구되어 어민들은 새로운 기술에 의한 이윤을 얻기 위해 어민들 스스로 더 큰 조합을 조직하는 현상이 있다고 하였다. 박광순(1982)에 의하면 수산업은 수계를 생산의 기본조건으로 하기 때문에 어선은 필수 불가결한 노동수단일 뿐만 아니라 어장 자체가 어선의 대소, 속도 및 항속능력 등에 의해 좌우된다고 하였다. 김홍자(1992: 378)는 비혈연관계로 이루어진 비금도 주민이 어업활동의 한 단위가 되는 작업조직을 연구하면서 객주와 작업조직, 그리고 비어가들 간의 수직적 협동관계를 통해 선단을 구성하고 있는 제 특징을 규명하였다.

무엇보다도 어업은 "해양환경의 불확실성, 비분화된 바다에서 생산되는 어산물을 채취·점유하고 상이한 어종을 포획하기 위한 특별한 기술과 지식"(Acheson 1981: 276) 등과 관련된다. 박광순(1981: 187)은 총유와 사유, 어업기술에 대한 서남해안의 경우를 들면서 "어업기술의 발달에 따른 어선의 동력화와 어구의 과학화는 어장을 배타, 독점적 지배관계가 성립할 수 없는 원양과 심해로 확장시킴으로써 어업공동체의 존립기반을 흔들어 놓았을 뿐만 아니라 대형화되고 과학화된 어업생산수단의 장비, 그 자체의 준비에 많은 자본을 소요함으로써 어업공동체의 기반을 흔들어 놓게 되었다"고 하였다. 즉 어업기계화는 원양, 근해어업의 분화를 촉진하게 되었고 이는 공동체의 관계변화와 해체를 이르게 하고 사적점취를 증가하게 함으로서 양극화된 사회계급을 심화시키는 결과로 나아가고 있음을 의미한다. 더군다나 그는 어업과 관련된 공동체적 사회관계는 변화하는 기술체계와 관련됨을 간과하지 않았다. 그 이유는 비가시적이며 이동 중인 해양자원을 생산하기 위한 항해, 어로, 저장기술의 변화는 어업생산조직의 변화를 야기하기 때문이다.

주지하다시피 한국의 어업에는 전통적인 전자본제적 방식과 상업자본주의적 방식이 공존하고 있다. 전자는 사람과 생산물 사이에 유기적 제일성(organic unity)에 대한 사회적 관념 즉 효용가치를 중심(Taussig 1980: 380)으로 하는 반면에 후자의 경우, 인간관계는 사물들 사이에 존재하는 관계가 어떠한 기능으로 변하는 교환가치를 중시한다. 한국어민의 기술체계와 사회체계를 설명하는 데 있어서 이러한 두 가지 측면은 엄격하게 분리될 수 있는 것이 아니다. 어민들은 어업을 함에 있어서 한편으로 현대화된 기술을 적용하는가 하면 다른 한편으로 연승어업이나 해조류 채취 작업을 할 때에는 여전히 전통적 어로기구와 기술을 사용하기 때문이다. 그런가하면 어업에 참여하는 구성원 조직을 보더라도 원양어업을 하는 대형선단의 선원들은 작업의 효율성을 근거로 계약관계를 맺고 어로작업의 댓가로 급료를 받으나, 마을공동어장에 대한 어로작업은 가족성원들 사이에 생계를 유지하는데 도움을 주기위한 무상의 노동으로 제공되며, 생산물에 대한 공동분배가 행해진다.

현대화된 상품경제체계하에서 어선어업은 저발전된 한국의 어민가족들로 하여금 이 양자를 동시에 선택하게 한다. 어민들은 현대화된 어선어업을 할 때 국가의 어선 건조지원에 힘입어 어선을 소유하지만 연안어장에 해조류를 채취할 때에는 어촌계의 각 가구별로 어로작업에 참여하며 전통어구를 사용한다. 울릉도 어민이 어업기술을 선택하는 데에는 변화하는 경제체계의 영향을 받는가 하면 다른 한편으로 어민들이 수자원을 생산하고 모호한 자연환경을 제어하려는 사회·문화적 실천방식이 개입되기도 한다. 이것은 한국어업의 전통적 기술·경제체계와 어업이 차지하는 상대적 불평등 지위, 미분화된 어업의 역할 등으로 인해 한 가족을 중심으로 어업을 경영하게 하는 저발전 구조에 기인한다.

Ⅲ. 울릉어민의 어업기술과 그 역사적 전개

1. 1차시기: 개척령 전후부터 1903년까지

울릉어민의 어업기술과 생산조직의 변화는 크게 3시기로 나누어볼 수 있다. 개척령 이후부터 1903년까지 1904년부터 1945년까지 해방이후부터 2000년대에 이르기까지 이다. 1차시기는 1882년 개척령 이후 전라도, 경상도, 충청도 등지의 지역민들이 이곳으로 이주하던 때이다. 이 때 이주민들은 '나선'(전라도 어선)을 타고 이곳에 왔다 한다. 개척민들은 나선을 음력 3월에 타고 입도하여 음력 7·8월까지 어로작업을 하고 출항하였다. 나선이란 전라도의 배라는 뜻으로 그렇게 불렀던 것인데 나중에는 다른 지역의 배도 그렇게 부르게 되었다(토리이류우조오 1996: 184). 전라도 주민들은 주로 고선을 이용하여 울릉도에 개척민을 수송하고 난 뒤 이를 버리고 울릉도에서 새로 건조한 배로 출륙하였다(울릉군 1989: 297).

이 시기의 경제체제는 자급자족적 경제였다. 이주한 주민들은 주로 높은 산지에서 옥수수, 보리, 밀 ,콩 등을 경작하였다. 간혹 이들 가운

데에는 저지에 사는 경우가 있었으나 600m나 되는 산지(예: 석문동)에
서 화전을 일구어서 생활하였다(박성용 B 2003: 396). 주민들의 주식
은 옥수수, 보리, 감자였다. 이규원의 울릉도 검찰일기(1882)에 의하면
개척령이 있기 전에 새로운 곳에는 농사를 짓기 위해 이주한 이들, 그
리고 도피자, 採藥者 등이 살고 있었다 한다. 이들은 먹을 것이 없어
서 미역, 부짓갱이, 고사리, 고비, 삼나물, 茗葷(일명 명이), 칡, 물포구,
산딸기, 섬 말나리 뿌리, 호박 등을 채취하거나 '깍새'를 잡아서 먹고
살았다.

　이 당시에 어업기술이 어떻게 독자적으로 발전하였는지는 거의 알
수 없다. 다만 "해수에 잠긴 나뭇가지나 대를 올려보면 전복, 소라 따
위가 올라 왔다"라는 전해오는 주민들의 얘기로 미루어보아 어업기술
이 거의 발전되지 못한 상태였으리라 추정된다. 입도한 선조들의 전
언을 기억한 자료제보자들의 말에 의하면 개척당시에 해안에서는 정
어리, 미역, 해태, 전복, 해삼 등이 났으나 한국인으로서 이를 잡는 이
는 몇 집 되지 않았다 한다. 주민의 생업은 농업이 주를 이루었고 그
농업생산단위는 가족이 중심이 되었다. 비록 마을을 이루기는 하였으
나 공동삼림, 동산, 공동어장과 같은 마을 공동재산도, 지역사회간의
경제교환조직으로서 정기시장도 없었다. 이주민들은 농업생산을 통
한 경제적 이윤을 추구하는 일은 거의 불가능하였고, 가족을 위한 식
량생산을 위해 무상의 노동을 하던 전자본제 사회였다(박성용 B
2003: 397). 이 때 주민들은 산에서 칡을 캐고 바다에서 소라, 생복, 문
어, 미역, 김 등 해초를 따다 먹었다. 이들이 울릉도와 강원도 간을 횡
단할 수 있는 배를 만들기 시작한(홍순칠 1997: 13) 것도 개척령 이후
일 것으로 추정된다.

　개척령 이후 경상도, 강원도, 전라도, 강원도, 충청도 등지의 이주민
들이 나리분지와 인근 구릉지대에 집단으로 거주하기 시작하였다. 이

들은 육지에서 식량생산을 하던 농업경작방식을 통해 밀, 옥수수, 감자 등을 경작하거나 산지에 나는 명이를 채취하여 생계를 유지하였다 (박성용 2003 B: 397). 특히 어민들은 수확한 콩을 날이 좋은 날 돛단배에다 실어 죽변과 삼척에 가서 팔고 필요한 생필품을 사가지고 왔었다. 이는 개척령 이후 생계경제체계하에 접어들었음을 시사한다. 대풍령에서 '샛바람'(북서풍)을 타고 270도 방향으로 가게 되면 죽변, 삼척에 이르게 된다. 이 두 곳은 주민들이 가장 빨리 도달할 수 있는 육지의 항구였다. 돛단배('돛풍')로 육지를 갈 때 위치를 파악하기 위해 밤에는 별의 방향을 보고, 낮에는 바람의 방향을 이용하여 육지에 갔었다.

그런가하면 어민들은 오동나무로 '떼배'를 만들어서 해조류를 채취하였다. 이 배는 일본인들이 입도하기 전에 있었던 한국의 전형적인 뗏목과 유사한 형태였다. 규모가 제주도 떼배보다 작고 단순하다. 육지에서 200~300m에 이르는 해안가에서 주로 미역, 다시마, 김, 곰피, 모자반을 채취할 때 사용하였다. 이때 어로도구로는 해조류를 베는 긴 낫과 오동나무로 만든 물수경이었다. 그리고 "울릉도 떼배는 동해안에서 쓰였던 떼배와 그 규모나 형태가 비슷하며 낚시를 이용한 오징어잡이, 손꽁치잡이에 사용되기도 하였다"(국립해양유물전시관 2002; 189). 이 배에는 가운데 물칸을 두어서 고기를 잡으면 이곳에 넣어두기도 하였다. 주민들은 1960년대 후반까지 해안가에서 어로작업을 할 때 이것을 사용하였으나 오늘날에는 거의 사용하지 않는다. 크기를 보면 길이 약 4m, 폭 3m 정도이고 오동나무 5~6개를 피나무 껍질이나 닥나무 껍질로 엮어서 만든다. 노의 길이는 약 4~5m 정도 된다. 여기에는 3인 정도가 타는데 앞과 뒤에 앉은 이가 노를 젓는 방향을 같게 한다. 승선 인원은 3~4명이며 가까운 친척들이 중심이 되어 작업조직을 구성하였다. 이 때 오징어를 잡기 위해 손물레를 주로 사

용하였다. 이 당시에는 어선을 이용한 어업이 발전하지 못하였기 때
문에 주민들은 춘궁기에 떼배를 타고 미역을 채취하여 생계를 유지하
기도 하였다.

2. 2차시기: 1904년부터 1945년까지

2차시기는 일제시대로서 울릉도의 어업이 일본 수산업의 기술과
통어지침에 지배를 받던 시기이다. 일제가 한국의 수산업 전반을 지
배하였던 때였다. 1904년, 일본은 일본인의 통어구역을 전 영해로 확
대하기 시작하였으며, 1908년에는 통감부의 일방적 조치에 따라 어업
에 관한 협정을 체결하였다. 1909년 4월 1일부터 일본인이 한국인과
동등한 자격으로 내수면을 포함한 전 구역에서 작업을 할 수 있게 되
었고, 면허어업도 할 수 있어서 우리 어장을 탈취하게 되었다(박구병
2000: 13). 이에 따라 일본인들은 한해에 출어해서 행하는 어로작업과
어획물 가공, 유통, 운송, 관세과정에 대한 韓海通漁指針(1910년)(史云
硏究所 1999)을 통해, 해업권의 법형식을 빌어 촌락, 또는 촌민이 공
동으로 소유하던 어장을 광범위하게 장악하였다(박광순 1981: 252).
1911년, 일본 境港과 연간 30~40회 왕복하는 범선이 있었으나 이 배
는 그들의 생활필수품 구입과 섬 목재, 대두 등의 수출이 목적이었으
므로 일반 도민에게는 하등의 편의를 제공하지 못하였다(울릉군
1989: 298).

일제의 이러한 어업권의 지배는 그들이 한국해에서 생산되는 어획
물을 수탈 할 수 있는 법적 근거를 통해 이루어졌다. 일인의 통어구역
이 한국의 전 해역에 적용됨에 따라 울릉도 근해 조업도 1904년 2월
제 1차 한일의정서와 동년 8월 제 1차 한일협약을 강제로 체결한 이
후 일본 島取縣, 島根縣 등의 지역에서 다수의 일인들이 입도하여 근

거조업 및 통조를 시작하였고 매년 어선이 증가하였다(울릉군 1989: 194). 특히 1905년 일본인 中井養三郎 등의 강치포획 사업과 수산물 채취를 위한 일본인들의 독도 입도가 공식적으로 시작되었다(홍승근 1998: 29). 그리고 1914년 2월 24일 울릉도에 어업협동조합이 설립되어 어획물 판로를 개척하기 시작하였으며 1937년부터 1942년까지 6년에 걸쳐 고등어 연승어업이 이루어졌고 도동, 저동, 태하리에 통조림 공장이 설립되었다(울릉군 1989: 194). 이러한 일제의 공장설립은 "제국주의적 침략전쟁을 수행하는데 수산물이 심각한 식량사정을 완화하고 양질의 단백질을 공급하기 위한 일종의 군수품"(박구병 1992: 269)을 조달하기 위해서였다. 울릉도의 수산업사는 일제가 식민지어장의 점취를 위한 수산물 침탈과정과 긴밀하게 관련된다고 여겨진다.

당시에 수산 가공물과 어획물의 판매과정과 유통과정은 일제 통제하에 있었다. 울릉도민이 수산물을 생산하여 상업화하는 과정은 적극 이루어지지 않았으며 어민들은 필요한 해산물을 잡아서 집에서 소비하는 전자본제적 생산방식 속에 살고 있었다. 육지와의 교역활동은 1차시기와 마찬가지로 붕아적 상태에 있었다. 이 때 울릉도민들은 거의 대부분 옥수수와 감자 등의 농업에 주로 종사하였으나 일본인들은 어업에 종사하는 이들이 대부분이었다. 울릉도민들에게 있어서 가족은 농업생산단위로서 중요한 역할을 하였다. 그들은 전통적인 농업경제체계 속에 생활을 영위하면서 일본인들의 어업기술을 차용하기도 하였다.

이 당시에 울릉도 어민중에는 일본인으로부터 배를 건조하는 기술을 배운 이들이 있었다. 주민들은 이들을 '배목수'라 부르는데 3년간 정도 설계도를 그리고 배의 각 부분을 제작하는 일을 배워야만 배를 만들 수 있었다고 하였다. 그들이 만든 배는 대개 '강고배'(전마선)로서 돛을 단 배가 주종을 이루고 있었다. "강고배는 20세기 초 일본민이 이주하면서 들어온 개량목선으로 배 부분 명칭 등의 용어는 대부분 일본식 이름으로 불려진다"(국립해양유물전시관 2002: 193). 과거에는 울릉도에서 생산되는 잣나무로 만들었으나 최근에는 부산에서 삼나무로 제작한다.

배를 건조한 목수 박○○ 씨(58세)는 그의 백부로부터 일어로 설계도와 제작방법, 각 부분 명칭 등을 배웠다. 그는 1942년에 처음으로 강고배를 제작하였다. 1970년에 7∼8t 정도의 배를 만드는데 목수 2인이 150일 정도 일을 하였으며 그 임금비는 1,800만원이 들었다. 이러한 점을 보면 일제시대의 울릉도 어민 중에는 일본식 어구나 어선, 어법을 차용하는 이들이 증가하였던 것으로 미루어 짐작할 수 있다. 또한 전통적인 한국의 어선형태가 점차 일본식으로 변화한 시기라 할 수 있다. 약 1.5t급 강고배에는 약 4명 정도가 승선한다. 갑판장, 선장, 선원 2명으로 구성된다. 1960년대까지 무동력선인 강고배가 울릉도에 주된 어선이었으나 1970년대 이후로 오면서 점차 유리섬유강화플라스틱(FRP) 등으로 전환되었다.

3. 3차시기: 1945년부터 현재까지

해방이후부터 1960년대까지 농업은 점차 주된 생업으로 자리매김하기 시작하였다. 가족이 여전히 생업의 단위가 되며 농사를 짓는데 가족의 농업노동력이 근간이 되었다. 그러면서도 농번기가 아닌 시기에 바다에서 꽁치와 오징어를 잡는 이들이 늘어나기 시작하였다. 특히 사라호 태풍이 있던 1962년에 극심한 흉작이 들자 많은 이들이 어업으로 생업을 전환하였다. 이 때 완전히 농업에 종사하는 이, 어업에 종사하는 이, 그리고 반농반어에 종사하는 이 등으로 점차 분화되기 시작하였다.

1963년 5월에 청룡호가 포항과 울릉도를 왕래하면서 주민들 중에는 오징어를 말려서 육지에다 팔고 도시에서 쌀, 멸치 등을 구입하여 전국에 팔러 다니는 이들이 늘어나기 시작하였다. 그런가하면 어떤 이들은 독도에서 미역을 채취하여 전국에 팔러 가기도 하였다.

1960년대에 어민들은 목선을 주로 이용하였다. 이 당시의 배는 작은 목선이어서 선장, 갑판장, 일반선원 1~2명이 타는 경우가 대부분이었다. 0.5t의 목선은 노를 젓는 배인데 오동나무로 건조하는데 특별한 기술이 필요 없고, 누구든지 만들 수 있었다. 이 배의 동력 근원은 전동기보다 사람의 힘이었다. 1960년대 중반에 이르면 동력화된 목선이 등장한다. 특히 70t 이상 되는 목선의 경우, 16명의 선원이 승선하였다. 5톤 정도 되는 배에는 갑판장, 선장, 선원(2명)이 승선하였다.

이 시기의 수산인구 및 어가 호수는 약간 변화하는 추세에 있었다. 울릉도 수산인구 및 어가수가 1965년부터 1970년 초까지 증가하다가 1985년 이후부터 점차 감소한다(표 1, 그림 1, 2 참조). 이 때의 어업기술에 관해 주의깊게 살펴보아야 할 점은 비록 1965년의 한·일국교정상화에 따른 한·일어업협정의 체결을 계기로 어업 근대화와 어촌개발시책이 시행되기도 하였지만 영세한 전통적 조업방식이 주로 행하여졌다는 것이다. 울릉군의 한 통계자료를 정리해본 결과 1968년 총 어선세력은 동력선 453.3t, 무동력선 329.1t이던 것이 1975년에 이르면 동력선 2,336톤, 무동력선 219톤으로 동력선이 500% 이상 증가한 반면 무동력선은 30% 정도 감소한다. 1971년의 전국어선세력은 22,765척(50.0%), 230,940t(142.8%)이었다. 어선세력의 증가는 어업 전반에 영향을 주었는데 어획고가 128.3%나 신장하고 연안어업의 의존형이던 우리의 어업별 생산구조가 변화하기 시작하였다. 총 어획고의 84.3%를 차지하던 연안어업이 47%로 축소되고 원양어업과 양식어업이 각각 14.8%와 13.7%의 큰 비중을 점하여 바야흐로 근대적 어업으로 방향이 전환되기 시작하였다(한규설 2001: 412).

그러나 여기에서 간과해서 안되는 점은 울릉도의 경우, 비록 미미하지만 무동력선이 1993년까지 조업에 사용되었으며, 10톤 미만의 소형동력선이 울릉도 어선의 주종을 이루고 있다는 것이다. 어선의 톤수를 보면 소형어선이 주종을 이루고, 30t에서 50t 사이의 어선이 그 다음을 차지하였다. 1t 이하의 경우 1985년에 61척이던 것이 2001년에 17척으로 감소한 반면에 5 – 10t 사이의 배가 33척이던 것이 110척으로 증가하였다(표 2참조).

1970년 이후 울릉도 어선의 기계화양상을 보면 소형동력선이 점차 디젤선이나 유리강화섬유플라스틱으로 제작된 어선으로 대체되기 시작하였다. 그러나 완전히 현대화된 어선으로 전환된 것이 아니라 언급한 바와 같이 무동력선과 동력선이 공존하는 모습을 이루었다. 그리고 떼배도 여전히 사용되었고 해조류를 채취할 때에는 전통적인 낫을 사용하였다. 1975년 전만 하더라도 여름한 철 성어기에 한정된 소형채낚기 방법과 자동조획기가 일부 사용되기도 하였다.

1980년에 들어오면서 정부주도로 어선대형화를 위한 계획조선이 추진되었다. 이때 이곳의 어민들은 수산업협동조합에서 대부를 받아서 7t급 배를 구입하였다. 한 어민의 말에 의하면 4~5년 정도 노력하면 빚을 갚을 것으로 생각하였으나 빚을 낸 2억에 대한 이자가 2,000만원, 교육비, 생활비, 부조금 등 각종 모임에 지불되는 비용을 제하고 나면 원금 중 1,000만원을 상환하기 힘들었다 한다.

1980년대에는 어업기술의 과학화를 지향하는 정부시책으로 오징어 유자망 및 채낚기 어선이 수온에 따라 회유하는 오징어를 잡는 신 어구, 어법이 도입되었다. 어선의 설비, 건조는 정부의 계획 건조사업의 일환으로 추진되었지만 자부담을 전제한 조선이기 때문에 어가의 경제적 부채는 더욱 늘어나는 시기에 접어들게 되었다.

어장이 더욱 원격화되고 항해일수가 늘어남에 따라 오징어 채낚기 선의 냉동장치의 설치 필요성이 증대되었다. 선해일수와 전천후 조업의 증가에 따라 어획물 모두를 동결하는 추세에 있게 되고 이에 따라 채낚기선의 중장비화는 갈수록 증가하였다. 그 이유는 어민들이 생산한 자원을 효율적으로 저장하는 기술은 이를 분배하고 유통하는 과정과 긴밀한 관계가 있기 때문이다(Geisdoerfer 1984).

어선을 건조하는 재료를 보면 1975년경부터 유리섬유강화플라스틱을 이용하였으나 1990년 이후부터 대부분의 배는 이것으로 건조되었다. 1990년대 어업기술에 있어서 일어난 가장 큰 변화는 조상기가 자동화되었다는 것이다. 이전에는 승선하는 인원이 많았으나 자동화 이후에 사람의 노동력이 필요가 없기 때문에 어로작업하는 선원 수에도 변화가 야기되었다. 대형어선은 70t 정도가 되었으며 약 30명의 선원이 승선하였다. 선원으로서 친척이나 형제를 태우기도 하지만 거의 대부분이 친척관계가 아닌 이들이 중심이 되었다. 어선이 대형화되는 추세는 한 자료제보자의 얘기에서도 찾아볼 수 있다

〈사례1〉
나는 1950년대 0.5t 되는 목선을 3명이 함께 탔었다. 가족이나 형제 간에는 타지 않았고 마음 맞는 마을 사람들 중에서 함께 승선하였다. 그러다가 배 톤수를 좀 확대해서 7t 목선을 탔었다. 이 때 18명이 탔었는데 마을 사람들과 강원도에서 돈벌이 하러 온 사람들과 함께 탔었다. 그 당시 좋은 배를 타기란 매우 힘들었다. 어획량이 많으면 자신에게 돌아오는 수익이 많기 때문에 서로 좋은 배를 타려고 하였다. 선장, 기관장, 갑판장, 본 선원(배를 관리하는 사람), 선원이 있었다. 이 때 '씨울질' 하던 것을 물레로 대체하였다. 그러다가 한일어업협정으로 보상을 받으면서 국가에서 뱃삯의 40%를 지원받게 되자 30t을 타게 되었다. 이 배에는 25명이 함께 탔으며 당시에는 선박이 부족하였기 때문에 서로 타려고 하였다. 나는 선주여서 경비와 수리비를 제하고 나면 그렇게 많은 이익을 남기지 못하였다. 그 이후 1978년 박정희 대통령

시절 수산업 발전을 위한 계획조선이 시작되면서 70t을 타게 되었다. 전두환 대통령 시절 이 배에는 30명이 승선하였다. 바다에서 10일 이상 조업할 수 있었고 냉장시설이 되어 있었기 때문에 오징어 가격을 제대로 받을 수 있었다. 당시 1축에 18,000원~20,000원 정도였다. 이때 쌀 한말 가격이 3만원이었으니 괜찮은 편이었다. 150t은 집어등, 추진기계, 냉동기계 등을 갖추어야 한다. 바다에서 한두 달을 머물면서 잡은 고기를 150도로 급냉한다, 부산에서 선원을 모집하는 데 이 배는 두 달을 목표로 작업을 하기 때문에 이 기간에 맞는 식량을 한 배에 싣는다. 고기를 냉동실에 두지 못할 정도이면 운반선이 와서 옮겨 가기도 하였다. 냉동시설은 장기조업을 하는데 좋다(박○○씨 68, 남).

〈그림 1〉 연도별 총가구 및 총인구

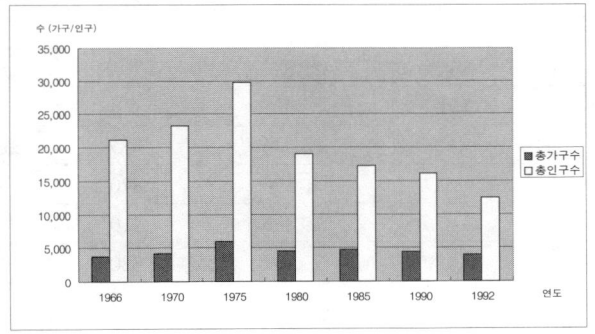

〈그림 2〉 연도별 어가구의 가구수 및 인구

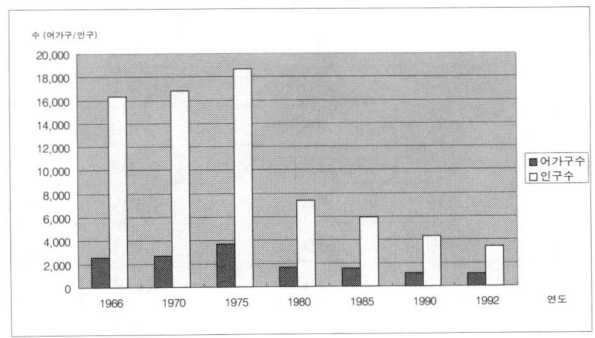

<표 1> 울릉도 수산인구 및 호수

구분별 년도	총 가 구		어가구	
			계	
	총가구수	인 구	가 구 수	인 구
1966	3,784	21,143	2,585	16,315
1967	3,853	22,317	2,597	16,380
1968	3,849	22,179	2,610	16,454
1969	4,044	22,342	2,637	16,543
1970	4,243	23,248	2,683	16,787
1971	4,453	24,269	2,530	13,005
1972	5,134	27,085	3,006	15,746
1973	5,619	28,582	3,466	17,285
1974	5,933	29,668	3,693	18,653
1975	5,939	29,810	3,704	18,679
1976	5,702	27,468	2,915	13,560
1977	5,408	24,933	2,385	10,859
1978	4,659	20,756	1,870	8,231
1979	4,426	19,386	1,710	7,569
1980	4,519	19,057	1,680	7,415
1981	4,493	18,810	1,665	7,102
1982	4,833	19,890	2,020	8,246
1983	4,845	19,243	1,708	6,613
1984	4,832	18,866	1,657	6,642
1985	4,716	17,276	1,559	5,923
1986	4,673	16,527	1,501	5,772
1987	4,672	16,763	1,509	5,907
1988	4,602	16,629	1,302	4,902
1989	4,535	16,401	1.305	4,655
1990	4,418	16,172	1,144	4,322
1991	4.331	14,623	1,142	4,010
1992	3.968	12,463	1,068	3,448

<표 2> 연도별 어선톤수의 변화

연도	합계	전년대비	소계	동력선												무동력선		
				1t미만	1~5	5~10	10~15	15~20	20~25	25~30	30~50	50~80	80~100	100~150	150~200	소계	1t미만	1~5
85	418		344	61	165	33	10	3	8	2	31	11	8	10	2	74	72	2
86	505	87	451	62	250	34	11	4	10	2	44	14	8	10	2	54	52	2
87	507	2	461	58	270	30	9	6	7	1	45	17	8	8	2	46	44	2
88	503	-4	457	56	272	28	10	6	5	5	43	15	7	8	2	46	46	
89	514	11	470	57	281	30	9	6	7	6	43	14	7	8	2	44	43	1
90	522	8	489	56	298	34	10	5	7	7	41	14	7	8	2	33	33	
91	535	13	506	53	314	42	10	7	7	7	35	14	6	8	2	29	29	
92	546	11	515	48	310	54	15	11	5	9	34	14	6	8	1	31	31	
93	538	-8	509	40	309	56	12	15	7	9	31	16	6	7	1	29	29	
94	474	-64	473	29	276	73	15	12	9	11	23	14	5	5	1	1		1
95	445	-29	441	21	233	88	14	15	8	22	20	12	3	3	1	4	3	1
96	436	-9	433	19	218	95	13	12	11	23	20	13	4	4	1	3	3	
97	433	-3	419	18	203	96	14	11	11	24	21	12	4	4	1	14	14	
98	424	-9	411	17	194	102	14	12	11	22	18	12	4	4	1	13	13	
99	408	-16	397	16	180	107	14	12	10	22	17	10	4	4	1	11	11	
00	388	-20	378	17	173	110	11	14	9	21	14	5	1	2	1	10	10	

언급한 자료(<그림 1, 2>, <표 1, 2>)를 보면 어가구와 어선톤수의 변화는 거시적인 국가경제사의 변화에 기인함을 알 수 있다. 첫째, 1980년경에 어가수가 감소한 것은 국제유가변동으로 인해 어민들이 어업으로 생계를 유지하기에는 매우 어려운 사정에 처하였기 때문이다. 또한 정부에서 포항, 대구, 울산, 구미 등지의 대도시에 공단을 조

성하면서 대도시마다 노동시장이 형성되자 주민들이 재이출하였기 때문이다(박성용 2004: 452). 둘째, 어가구가 점차 감소하는 요인 가운데 하나는 1999년 1월 한일어업협정이 발효되면서 배타적 경제수역(EEZ)에 까지 조업하던 어로구역이 축소됨에 따라 어획고가 감소되었기 때문이다. 셋째, 연안오염과 조업부진으로 인해 어획고가 갈수록 감소하는 추세에 처하게 되자 어민 스스로 감척을 함으로써 일어난 현상으로 여겨진다. 넷째, 공산품 가격에 우위를 두는 국가 경제정책은 어민들의 생산품에 대한 가격결정을 통제하기 때문에 어업이 저발전적 생산구조를 벗어나지 못하고 있는 것도 한 요인이다. 특히 어민자본의 원시적 축적과 오징어 가격의 불규칙한 변동, 저가로 인한 이윤율의 하락, 수요와 공급의 불균형으로 인해 어민들의 생업전환은 급격하게 일어나고 있다. 소어가들은 경제적 이윤을 추구할 수 있는 생업구조를 이루고 있지 못하기 때문에 어업경제활동이 가족을 위한 생계유지의 차원에 한정되고 있으며 경제적 재생산을 위한 투자는 불가능하다. 어업과 타 산업과의 상대적 격차가 심화되어 영세한 소어가들은 시장경제의 변화에 적극 적응하지 못해 경제의 점진적 약화현상이 증대되고 있다. 이에 비해 자본가 어업은 어로기술 및 장비에 더 많은 투자를 한다, 기술자본에는 자신의 경제적 수준이상으로 투자를 한다. 따라서 울릉도 어민의 어업기술은 국가사회의 다양한 정치, 경제적 체계의 변화에 직접 영향을 받고 있다고 할 수 있다.

최근에 이르러 수입을 좀 더 올리기 위해 여러 명이 공동출자를 해서 대형화된 배를 마련하는 추세가 있다. 이러한 배는 원해에 나가서 오랫동안 조업을 할 수 있기 때문이다. 어민들은 오징어가 많이 나는 대화퇴에 가서 조업한다. 이곳의 수심은 평균 300∼500m 정도이다. 이곳까지 1시간당 10노트 속도로 25∼6시간을 가면 대화퇴 아래 해역에 도착한다. 해구도와 위치판독기(GPX)의 좌표를 보고 선장의 판단

에 따라 항해하며, 조업은 선단을 구성하여 행한다. 대화퇴에는 물이
세게 흐르기 때문에 그물을 사용할 수 없다. 2~3일간 조류를 따라
배가 흘러가면서 채낚기를 한다. 이곳에서 어업을 할 때는 어업지도
선인 복귀 모선이 따라간다. 복귀 모선은 하루 2회 어선들의 위치를
점검하며, 어선들은 복귀 모선에서 2~3마일을 벗어나지 않는다. 잡
은 고기는 즉시 냉동 보관한다. 장비가 좋지 않았을 때에는 친한 이들
끼리 선단을 구성하였다. 그리고 안전조업이 가장 중요하기 때문에
선단들간에 서로 정보를 교환하고, 복귀 모선은 선단을 통제한다.

그 밖의 어구발전에서 빼놓을 수 없는 것은 집어등과 낚시찌이다.
70년대 후반까지 전구를, 80년대 초반에는 백열등을, 현재에는 가로
등을 사용한다. 집어등의 광력을 정부에서는 어선의 톤수에 따라 제
한을 두고 있다. 오징어 낚시찌는 크기에 따라 구분된다. 8cm~15cm
까지 차이가 있다. 70년대 이후 현재까지 크게 모양의 변화가 없이 색
깔이 다르다. 오징어를 채낚기만하고 그물을 사용하지 않는 것은 신
선도 때문이다. 오징어는 연체동물이기 때문에 그 물망으로 잡게 되
면 서로의 몸이 부딪쳐서 터져 상해버리기 때문이다. 채낚기를 하기
전에 어민들은 낚시를 양쪽에 연결하여 잡기도 하였다.

1970년대에는 손물레를 주로 사용하였다면 1980년대에는 조상기를
사용하였다. 1983년에 일본에서 이를 수입하여 사용하였으나 성능이
좋지 못하여 손 물레를 더 많이 사용하였다. 90년도에 들어오면서 자
동화된 조상기를 사용하게 됨으로써 어획고가 증가되었다. 특히 그물
의 선이 엉키고 오징어가 튕기기도 하여 사용에 불편이 많았다. 그물
도 시대를 따라 많이 변화하여 옛날에는 목그물과 광그물을 사용하였
으나 오늘날에는 나일론 그물을 사용함으로써 썩지 않는다. 해조류는
여전히 수경과 낫을 이용하여 채취한다.

특히 오징어 조업은 집어등의 빛이 굴절되는 각을 이용하여 어군을

채낚하는 어로방법으로 불빛에 집어된 어군은 선체하부의 그늘진 곳에 운집, 회유하게 하는 것이 그 특징이다. 그리고 난 뒤 바다의 인광이 어구가 오르내리는 동안 물과 마찰로 인해 푸른빛으로 발광되므로 오징어가 마치 먹이로 오인하여 낚시에 걸리도록 하고 이를 조상하는 것이다. 집어등의 강력한 불빛 과 동물플랑크톤, 오징어를 동시에 집어시켜 놓고 빛을 굴절을 이용하여 먹이처럼 오인시켜 걸어 올린다. 집어등의 광력은 선박의 대소와 선형에 따라 적정광력과 적정전등, 그리고 전등의 종류에 대한 효율적 이용방법 등이 필요한 데 이러한 고려없이 해마다 경쟁적으로 증가하는 경향을 보였다. 어선 광력을 비교해보면 1962에서 1973년 사이의 그것이 1980년 이후 보다 3.5배나 증가하였다(이현수 1979: 13).

Ⅳ. 어업기술과 사회관계의 변화

1. 연·근해어업과 사회관계

인류학자들은 어촌을 연구할 때 주로 어로조직, 어업권, 협동조직, 생업방식, 어로도구, 의례·정치과정 등에 관해 이해하고자 하였다. 특히 해양생태계의 특성에 기인한 사회조직과 제도, 규범 및 생활양식에 관한 연구는 그곳에 살고 있는 주민들의 생존전략과 적응의 문제가 중요한 관심사가 되지 않을 수 없었다. 그럼에도 불구하고 어업기술의 변화에 따른 어촌주민의 어로작업조직에 관한 연구는 드문 편이다.

해양생태계를 기반으로 하는 울릉어민의 어업조직은 어업기술과 긴밀한 관계를 가지고 있다. 박광순(1981: 104)에 의하면 어업기술의

진보 및 어장비율의 제고와 더불어 어장은 내수면, 연안어장－>근해
어장－>내수면, 연안어장에 있어서의 특수적 양식장－>원양어장－
>심해어장－>천해에 있어서의 일반적 양식장 등으로 확대되며 그로
인하여 연안의 단순한 채조포구업, 원근해의 어로업, 천해의 양식업
이라는 분업이 전개될 것이라고 하였다. 또한 이와 같이 어업내부에
있어서의 분업과 함께 각개 어촌이 지니고 있는 입지여건 여하에 따
라 농업, 상공업, 그 밖의 산업이 정착하여 하나의 국지적 사회분업체
계가 확립될 것이라고 하였다. 이러한 지적은 기술의 발전과 어업권
의 확대 및 분화에 대한 앞으로의 변동과정을 예측하고자 한 것이다.
    그런데 이러한 접근에서 주의해야할 점은 기술도입과 어장변화의
과정은 단선적 변화과정만을 거치는 것이 아니라 국가경제사의 흐름
과 지역민의 경제사정, 그리고 해수환경 등에 따라 다양한 변화가 야
기될 수 있다는 것이다. 울릉도 어업만 하더라도 연·근해어업뿐만
아니라 원해어업, 그리고 미역이나 전복 등을 채취하는 잠수기사업
등이 있다. 연안어업은 대개 20~30마일 정도로 1~3시간 정도 걸리
는 해역에서 이루어진다. 근해어업으로서 오징어잡이는 독도 근해에
서 이루어진다. 울릉도에서 독도까지는 약 4시간 30분 정도 걸린다.
속초, 삼척, 묵호 등지의 어선들이 와서 하루 만에 작업을 해서 돌아
가기도 한다. 원해어업은 주로 대화퇴어장에서 이루어진다. 이곳의
특징적인 어업가운데 하나는 양식업이 크게 발전하지 못하고 있는데
그 이유는 해류의 이동이 급박하여 패류의 부화가 잘 되지 않기 때문
이다. 이러한 거시적 , 미시적 변화의 조건들은 기술환경과 함께 어로
작업조직의 특징을 낳게 되는 배경이 된다.
    한국의 연안어업은 안강망어업, 一體釣漁業, 유자망 어업, 정치망
어업, 등으로 구분된다, 근해어업은 주로 大型旋網漁業, 대·중형 기
선저인망어업, 트롤어업 등이다. 울릉도 어민은 연안유자망, 연안채낚

기, 근해유자망, 근해채낚기, 잠수기업, 연안통발 등의 방법으로 잡어와 오징어를 잡는다. 울릉도에는 파도가 세고 조류가 심해서 정치망으로 고기를 잡을 수 없다. 어민들은 연안유자망과 근해유자망으로 꽁치, 가오리, 넙치, 가오리, 망상어, 뽈락, 가자미, 말쥐치, 돌돔, 홍어, 청돔 등의 잡어를 잡는데 울릉도·독도 근해에서 조업을 한다. 울릉도 어업의 주종은 오징어잡이에 집중되고 있다(한상복·전경수 1992: 495). 을릉도와 독도 근해는 동한 난류와 북한 한류사이에 형성되는 아한대 극전선 조경역으로서, 이곳은 명태, 꽁치, 오징어가 서식하는 좋은 어장이 된다. 을릉도 근해에서 9월경에 나타나는 냉수괴는 쓰시마 난류와 북한 한류가 접하는 발산성의 와류운동에 기인하며, 이 냉수괴의 주변의 난수역은 오징어의 좋은 어장이 된다.

어민들은 7월 중순부터 이듬해 1월 중순까지 오징어잡이에 종사한다. 1월 말에서 4월 초순까지는 휴어기로 마을어장에서 채취한 미역, 김, 소라 등의 이익을 분배하고 주로 봄나물을 채취하는 작업에 참여한다. 4월 중순부터 6월말까지는 오징어잡이 준비기이다. 같이 배를 탈 사람을 구하기도 하고 후포나 포항에 가서 배를 수리한다. 본격적으로 오징어잡이가 시작되면 대개 낮 1~2시에 출항해서 다음날 6시~8시에 돌아온다. 겨울에는 해가 짧기 때문에 15시간 정도 조업을 한다. 조업거리는 1시간에서 3시간 사이로 오징어 이동에 따라 다르다. 이곳의 어민들은 하루 만에 조업해서 되돌아오는 것을 '당일바리'라 한다. 강원도의 속초와 삼척, 묵호 등지에서 출발하는 배는 이곳까지 직선거리로 항해해서 도달하며, 포항과 구룡포 등지에서 오는 배들도 많이 있다. 이들은 모두 독도를 중심으로 선단을 조직하여 조업을 행하며, '당일바리'를 하고 있다. 최근 4~5년 사이에는 연안어장의 조업이 거의 없어졌다. 소형어업의 경우 조업을 하는 승선인원이 대개 5명 정도이고 역할이 나누어져 있다. 밥을 준비하는 이, 사공, 물질하는 이(2명) 등으로 구성된다. 이들은 대개 영세한 어민으로서 빈곤한 상태를 벗어나지 못하고 있다.

〈사례 2〉
　　1970년대 독도에 조업을 하러 갈 때 5명이 한 팀이 되었다. 역할이 나뉘어져 있는데 밥을 준비하는 이, 사공, 해초나 뒷 작업을 도와주고 물속에 들어가서 물질하는 이 등이 있다. 물질하는 이는 생산액의 3할 정도를 받고, 나머지 사람들은 품값으로 1할을 받았다. 물질을 '하늘을 두 껍데기 쓰고 들어가는 것'이라고 한다, 매우 위험하기 때문에 당시에는 위험을 무릅쓰고 물밑으로 들어갔다. 선장은 항해를 담당하고 다른 한사람은 물밑에서 망태기가 올라오는 것을 들어 올리는 역할을 하였다. 수부장은 해녀이다. 신호하는 줄은 농약 살포기의 줄과 같은 데 한 번 치면 물밑이 깊다든지 산소가 모자란다는 신호이고 두 번 치면 당긴다. 당시에 물질하는 해녀도 독도에 약 30명 정도가 있었다(김○○씨, 60세, 남).

〈사례 3〉
　　82년에는 작은 배를 사서 조업을 하였다. 이 작은 배는 친구와 동업을 하였으나 1년 만에 친구에게 모두 넘겼다. 수익을 배분하는 데 있어서 서로 열심히 일해도 꼭 같이 배분하는 것이 서로 불만족스러웠다. 그 이후 3,000만원을 주고 2t의 배를 구입하였다. 3년 정도 조업하였으나 연해에서 조업하다 보니 오징어 어획이 좋지 못하여 빚을 지게 되어서 그만 두었다. 94년에 노후선을 대체하기 위한 작업비(600만원)와 7t 배를 사기 위해 2억원을 대부받아서 구입하였다. 처음 시작할 때에만 해도 1년에 6,000~7,000만원의 수입을 올린다면 4~5년만 고생하면 빚을 갚고 배가 한 척이 남을 수 있다고 생각하였다. 그러나 연간 생산총액이 약 5,000만원 밖에 되지 않는데다가 빌린 2억에 대한 이자가 매년 2,000만원 정도 되고, 유류비 2,000만원, 어구 수리비 400만원, 조상기 수리비 800만원, 배수리비 200만원, 자녀 교육비 1,000만이 지출된다 이로 인해 원금 1,000만원을 갚기가 어렵다. 다행히 황토구미에서 안식구가 장사를 하여 1,000만원 정도 수익을 올리게 되어 거의 적자를 메울 수 있었다. 자식들은 모두 육지에 가서 생활한다. 조상기의 도입에 영향을 받았다. 승선하는 이는 선장, 기관장, 선원들로 구성된다. 간혹 형제간에 타는 경우도 있지만 전통적으로 친형제간에는 승선을 안 한다. 부자, 부부는 어로작업을 할 때 같은 배를 잘 안 탄다. 관습상 여자들이 타는 것을 꺼린다. 안전을 위해서이다, 장인과 사위가 탔다가 장인이 헤엄을 치지 못해 죽게 된 적이 있다. 사고에 대한 보상의 문제가 복잡하다. 다른 선원은 보상을 해주면 되지만, 형제관계, 가족, 친척관계는 평생 따라다니는 관계이기 때문에 볼 때마다 안 좋다. 대개 선후배, 동기끼리 탄다. "여자는 둘이 같이 놀아도 배는 두 사람이 같이 타기 어렵다"한다. 왜냐하면 2명이 모두 선주하기가 어렵기 때문이다. 바다는 예측할 수 없기 때문에 공동출자하여 운영하더라도 의리를 상할 수 있다. 현재 형제간에 타는 것은 어려움을 감수하고 소득을 좀 더 올리기 위해서, 그리고 선원 구하기가 어렵기 때문에 그렇게 하기도 한다. 텅빈 배로 돌아오면 의리가 상한다. 오징어를 말려서 판매한 수입으로 생활한다. 자녀들은 서울, 부산, 대구 등지에서 공부를 하고 있다. 나이가 많은 이는 농사를 특별히 짓는 이가 없다(서○○씨, 45세, 남).

〈사례 4〉

아버지는 본래 농사를 지었지만 잘되지 않아서 배를 타게 되었다. 중학교 때부터 일명 '풍선'이라는 목선을 탔었다. 여러 명이 함께 타는 배는 친척이나 형제들을 태우기도 한다. 그러나 친척이나 형제들이 있으면 다른 사람들을 통솔하기가 힘들다. 친척이나 형제들이 내는 비용은 모두 같다(이○○씨, 35세, 남).

〈사례 5〉

처음에 혼자서 3t급 목선을 운영하였다. 이 배는 멀리 나가서 조업을 하지 못하니 수입을 올릴 수 없어서 2년 전에 가진 돈과 빚을 내어서 5t급 배를 구입하였다. 100% 자부담으로 운영할 경우 수입이 괜찮지만 대부분의 선주들은 영세하기 때문에 그렇게 구입하는 사람은 거의 없고 수협에서 융자를 얻어 구입한다. 그렇다 보니 빚이 늘고 해서 원금을 상환할 방법이 없었다. 그래서 임금비를 줄이기 위해 부부가 함께 배를 타게 되었다. 다른 사람을 고용하였을 때 수지타산이 맞지 않기 때문이다. 누구라도 배를 타면 수익의 30%를 주어야 하는데 이럴 경우 배를 운영할 수 없다. 일년 총 수입이 어림잡아 약 8,000만원 가량 되는데 이중에 경비나 기름값 1,200∼1,500만원을 제하고 나면 5,000만원 정도의 수입이 된다. 만약 다른 사람에게 30%를 주게 되면 3,000만원으로 일년 동안 생활하기에는 무척 힘들게 된다.

   선원이 부족하기 때문에 여성들도 조업에 참여할 수밖에 없다. 부인
은 배일과 가정일을 동시에 해야 하기 때문에 매우 힘들다. 남편은 배
를 접안한 뒤 오징어 상자를 내려놓으면 끝나지만 부인은 상자관리,
오징어 판매, 식사준비, 등 일이 너무 고되다. 과거에 어촌에서는 여자
들이 배를 타면 부정탄다고 배에 발도 붙이지 못하였다. 요즈음에는
이러한 관념도 많이 바뀌었다(이○○씨, 51세, 남).

〈사례 6〉
   우리는 2차 개척시대에 들어왔다. 나선(전라도배)을 타고 입도하였
다. 모친은 3남매를 두었다. 아들 3명이 모두 선원이다. 1950년 이후 줄
곧 배를 타고 다녔다. 0.3t, 0.5t을 타고 다니다가 1965년, 66년에 5t 되
는 배를 탔었다, 1971년에 30t, 1978년에 70t 되는 배를 타고 다녔다. 배
는 묵호시에 두었고 아들을 대구에서 공부시켰다. 3년 전부터 병으로
울릉도에 들어와서 산다. 수협 융자 90%, 자부담 10%인데 이자주기에
도 벅차다. 경영이 어렵다.
   배에는 질서가 중요하다. 사무장(선장)의 지시에 따라야 한다. 계산
은 선장, 반장의 책임 하에 사무실에서 하게 되어 있다. 선주와 다른
선원들 간에는 위계가 있다. 선원으로는 지방민을 구한다. 인척관계가
많다. 3시에 식사를 하고 밥과 참기름, 술, 부식 등을 준비한다. 8시에
오징어 회와 함께 아침식사를 한다. 부식을 얼음에 채워서 가져간다.
부식은 멸치, 빵, 고등어 등이다. 밥을 해먹는다. 야식으로 라면을 사가
기도 한다. 아침에는 술과 커피 등을 한 잔씩 마신다. 입이 마르기 때
문이다. 10시에 식사를 하기도 한다. 오후 2시에 식사를 한다. 여러 척
이 선의의 경쟁을 한다. 오징어 잡는 것도 문제이지만 냉동비도 수월
찮다. 어민의 희생이 이루 말할 수 없다. 7.93t의 경우, 1년 생산고가 1
억이면 기름, 전구, 장갑 등으로 3,000만원이 든다. 6,500만원은 선주 몫
인데 이듬해 작업준비 2,500~3,000만원(조상기 수리, 집어등 교체, 기
계수리, 병원, 배칠)이 든다. 수산업협동조합 이자를 지불하고 자식의
학비를 제외하면 이자를 갚기도 바쁘다. 5,500만원 중 선장 20%, 기관
장 20%, 사무장은 나머지를 가진다(박○○씨, 68세, 남).

   언급한 자료를 통해 승선하는 유형을 보면 혼자서 승선하는 경우,
부부 또는 친구가 승선하는 경우 임금을 계약한 선원들이 승선하는
경우 등이 있다. 첫째, 대체로 승선하는 이들은 가족관계가 아닌 경우

가 많다. 힘든 일이기 때문에 욕을 하기도 하여 형제간에는 힘들고 친
척끼리 타더라도 수익배분에서 의견이 충돌할 수 있어서 잘 타지 않
는다. 또한 생산량이 적을 경우 가족관계로 맺은 이들 모두에게 손해
가 될 수도 있다. 그래서 혼자서 6t, 5t, 4.9t 배중에는 혼자서 승선하
는 이들이 많다. 소규모 어선을 구입해서 새로운 투자를 하면서 감가
삼각비를 제외하고 이윤을 창출하기에는 어려운 점이 많을 뿐만 아니
라 경제수익이 재투자되지 못하고 있다. 특히 2~3t 정도의 배에는 혼
자 승선하는 경우가 대부분인데 경비가 들지 않기 때문이다. 2인이
타게 될 경우, 배 운영에 드는 비용과 선원의 몫을 제하고 나면 전혀
수익이 없다.

둘째, 2인이 승선하는 경우가 있는데 이러한 현상은 2000년대에 이
르러 경제적 불황으로 선원들이 가계경제를 유지하기가 어렵자 이러
한 경우가 늘어났었다. 남자 선원 둘이서 탈 때 월급을 주고 나면 손
해이기 때문에 부부가 타는 경우가 늘어난다. 한 자료제보자가 "처음
에는 혼자서 3t의 목선을 운영하였다. 수입이 맞지 않아서 2년 전에
빚을 내어서 5t 으로 바꾸었다. 100% 자부담으로 사면 수입이 괜찮지
만 영세하기 때문에 이렇게 배를 구입하는 사람은 거의 없다. 모두 수
협에 융자를 낸다. 그리하여 원금을 상환하는 것이 무엇보다 급선무
이다." 라고 한 내용을 보면 경제적 수입을 고려해서 부부가 승선하게
되었다고 할 수 있다.

5t의 배에 타인을 고용하면 수지타산이 맞지 않는다. 수입의 30%를
타인에게 주어야 하는 데 이렇게 되면 운영에 매우 힘들다. 일 년에
총수입이 어림잡아 8,000만원 되는데 이 중에서 감가 삼각비, 기름값
등 1,500만원~2,000만원을 제하고 나면 약 6,000만원 된다. 이 중에서
약 2,000만원을 주고 나면 4,000만원을 가지고 다음 해를 위해 어구준
비, 장비손질을 하고 생활비로 사용하기에 부족하다.

그런가하면 7.9t의 배를 운영하는 한 가족의 경제적 어려움은 다음과 같다. 경제적 어려움은 자기 자본이 없기 때문이다. 7.9t의 배를 건조해서 운영하려면 수협과 농협에 2억 5,000만원의 돈을 대부를 받아야 한다. 오징어가 주로 잡히는 6월에서 12월까지 생산액은 1억 5,000만원 된다. 이중 2,000~3,000만원이 이자이다. 생활비가 1,000만원, 장비를 점검·수리하는 데 1,000만원, 조상기 1대 380만원인데 10대를 사용하니 3,800만원, 수리비 100만원, 대도시에 생활하는 자식 생활비로 연간 1,200만원이 들어간다. 선원 지불금액 3,000만원을 제하고 나면 원금상환이 불가능하다.

이와 같은 경제적 이유 이외에도 심리적 측면에서도 부부가 배를 같이 탔을 때 안정감을 가질 수 있다는 점이 장점이다. 힘든 조업 때 서로 위로가 되기 때문이다. 남편은 주로 기계와 관련된 일을 담당하고 아내는 컴퓨터를 작동한다. 아내는 오징어가 올라올 때 실이 감기는 것을 풀어주고 상자에 담는 것을 도와준다. 가끔 남편이 졸리면 아내가 키를 잡기도 한다. 특히 잠이 많이 올 때 서로 자리를 바꿔 가며 상황을 살피기도 한다.

옛날에는 여자들이 배를 타면 부정을 탄다고 하여 타지 못하였으나 요즈음에는 같이 조업을 하는 이들이 늘고 있다. 과거에 같이 타면 남편이 얼마나 못났으면 여자를 배에 태워 일을 시키느냐고 하였으나 요즈음에는 경제적인 문제를 어느 정도 해결할 수 있으니 같이 배를 탄다. 그러나 어린 애들이 있으면 같이 승선하기가 힘들다. 아내는 배 일과 집일을 함께 해야 하기 때문에 매우 힘들다. 아내는 오징어 상자를 관리하고 팔기까지 담당해야 하니 매우 힘들다. 그리고 집에 와서 남편 밥까지 준비해 주어야 하니 힘들다.

셋째, 친척, 형제가 승선하는 경우가 있다. 형제, 처남, 장인과 사위 간에 배를 탈 때에는 소모품을 불필요하게 낭비하지 않으니 경제적으로 도움이 된다. 서로 믿을 수 있고 선장과 기관장의 역할을 동시에 번갈아서 맡으니 불편한 점이 적기 때문이다. 그러나 가능한 가족이나 친척관계가 있는 이들과 승선하지 않으려고 한다. 힘든 일이기 때문에 욕도 나올 수 있다. 형제관계나 친척일 경우 통솔하는 데 힘드는 경우도 있다. 어획량이 적을 경우 가까운 관계에 있는 이들이 경제적 손해를 볼 수 있다. 3인이 탈 경우, 이익배분 방식은 경비로 20%를 제하고 난 나머지 금액을 40%씩 갖는다. 타인이 승선할 경우 선주는 유류비와 감가삼각비 등을 제외한 수익 중 최소한 30%이상을 지불해야 한다. 형제간이나 친척 간에 탈 때 이 보다 경제적 수입을 더 올릴 수 있다는 점에서 같이 승선한다.

넷째, 선원관계가 계약을 통해서 이루어지는 경우가 많다. 타인과 승선할 때 경쟁적으로 작업에 임할 수 있다는 이점이 있다. 바다는 예측하기 어려워 서로 경비를 내어서 운영하더라도 의리를 상할 수 있기 때문에 경제적 손실이 있지만 선원을 고용한다. 그리고 형제간이나 가까운 친척끼리 조업을 하다가 죽게 되었을 경우 전체 가족이나 친척에 미치는 영향이 매우 크기 때문에 가능한 친족들끼리 타는 일은 꺼린다. 그리고 친구나 타인과 같이 승선할 경우 이익을 위해 경쟁적으로 조업할 수 있기 때문이기도 하다. 간혹 친구와 동업을 할 경우에도 경제적 배분문제도 마음이 상할 때가 있다. 간혹 본인은 열심히 일하는 데 친구는 일하지 않고서도 같이 배분할 때 문제가 생기기도 한다.

이상에서 언급한 승선하는 이들의 사회관계를 보면 불규칙한 어획고와 경제수입의 불확실성으로 인해 경제적 이윤 추구를 위한 전략에 의해 혼자 승선하는 이, 부부관계, 친구, 친척관계, 계약 선원관계 등으로 분화되었다. 어로장비의 기계화로 인해 과거 개인의 노동역량에 따라 차별적으로 지급되던 비용이 자동화된 기계작업으로 인해 소

수인원이 승선하는 추세로 나아가고 있다. 이러한 어로작업에 있어서
는 육체화된 노동이 기계화된 노동으로 변화함에 따라 손노동이 점차
줄어들게 되었으나 어획물을 상품화하는 과정에는 여전히 많은 손노
동이 따르고 있다. 특히 오징어를 건조하는 과정에 동원되는 임노동
조직은 소규모 노동단위로 변화하는 과정을 겪고 있다. 사회관계의
선택도 경제적 이해를 감안하여 이루어지며 경영의 다양화와 어로생
산조직의 다양성은 어로기술의 변화와 영세 어가의 경제환경에 적응
하기 위한 전략의 실천에서 비롯되었다.

　주민들은 대개 7월 중순에서 12월 초순까지 오징어 작업에 매달린
다. 오징어 할복하는 작업을 주로 한다. 8월 초순경에 오징어 가격이
괜찮다. 오징어를 할복하는데 손이 많이 간다. 하루 3~4시간 정도 밖
에 자지 못한다. 오징어 건조과정에 참여하는 이들은 대부분 여성들
로서 매우 힘든 노동을 하고 있다. 한 젊은 여성 자료제보자의 말에
의하면 "오징어 철이 되면 잠을 못잘 정도로 바쁜 나날을 보내야 한
다. 그래서 이 시기를 오징어와 사람이 같이 마르는 시기"라 하였다.
오징어를 마을 내외에서 입찰을 한다. 그다음에 오징어 배를 가른 후
에 날씨가 좋을 때에는 밖에 널고, 날씨 좋지 않을 때에는 공장에서
말린다.

　오징어를 손질하는 과정을 보면 먼저 잡아온 오징어를 씻어 덕대에
꿰고 이것을 햇볕에 말린다. 어느 정도 말려지면 발을 모두 탱개로 치
고 귀를 들어 펴서 젖힌다. 이것을 다시 뒤집어서 편 다음에 모여진
다리를 떼어놓는다. 대개 이러한 손질을 거친 뒤에 덕장이나 공장 안
에서 12시간 정도 말린다.

　공장에서 말릴 때에는 아침에 오징어를 넣어 두고 더운 바람을 계
속 불어넣은 후 저녁이 되면 오징어 다리를 바로 편다, 다음 날 아침
이 되면 다시 오징어를 말리는 작업을 되풀이한다. 이와 같은 건조를

'불 건조'라 한다. 여성들의 노동력을 이용한 할복과정과 건조과정이 이루어지기도 하지만 할복기계가 도입이 되어서 3~4일이나 소요되던 시간을 줄여서 건조하는 데 까지 걸리는 시간이 약 2일로 단축되었다.

덕장에서 말린 오징어가 되기까지 가공과정에 드는 비용을 보면 오징어 12마리를 손질하는데 1,600원 정도 한다. 할복하는데 300원, 귀를 세우는데 200원, 훑는데 200원, 발을 떼어놓는데 200원, 탱기를 치는데 200원, 묶는데 200원, 그 밖의 작업을 하는데 300원을 준다. 6월에서 12월 사이에 120일정도 일을 한다. 여자들은 이러한 손작업으로 인해 신경통이 많다. 오징어를 그냥 오래두면 녹아 버리는데 발이 이러한 상태까지 가지 않아야 좋다. 직접 선주가 말리는 경우도 있지만 다른 선주로부터 오징어를 사서 말리는 경우가 대부분이다. 피대기는 잡은 오징어를 하루 정도 말리면 된다. 오징어를 품삯 대신에 주기도 한다.

동네 여성들은 힘든 이러한 일을 6개월 동안 하기도 한다. 약 600만원에서 1,000만원의 수입을 올린다. 잠이 부족하여 수시로 졸기도 한다. 일 년 평균 각 가구당 오징어 수입은 1,600만원에서 2,500만원이 된다. 오징어가 난류성 어족인데 해마다 출하가 늘어나고 있는 상태이다. 노인들은 특별한 기술이 없지만 오징어를 손질하는 작업은 용이하기 때문에 작업에 참여한다.

〈사례 7〉
오징어 건조로 하루 2만원을 번다. 육지에 노동을 다닐 수 없다. 농사를 지을 형편이 못되어서 오징어 말리는 작업을 한다. 양력 7월 12월이 가장 바쁘다. 딸은 경산여고를 졸업하고 영남대학에 다닌다. 이곳은 수심이 얕아서 큰 배가 들어오지 못한다. 이곳은 깨끗한 물에 오징어를 씻어서 말리나 도동은 그렇지 못하다. 관광손님은 택시 기사 말만 듣는다. 냉동오징어는 당일바리와 다르다(김○○씨, 45세, 남).

〈사례 8〉

  안식구는 여관을 하고 나는 오징어 중매인의 역할을 한다. 오징어 창고를 가지고 있다. 그리고 영업용 택시를 운영하기도 한다. 생활보호 대상자가 가장 많다. 노부부 세대가 많다. 도동은 젊은이의 직장을 가질만한 것이 없다. 다들 대도시로 나갔다. 화물운수업, 가게, 유류취급소 등에서 일을 한다. 그밖에 관공서, 다방, 식당업에 종사한다. 어로작업에 한 5개월 정도 종사하면 약 2,000만원을 번다. 쉽게 돈을 벌다 보니 돈을 쉽게 쓴다. 낮과 밤이 바뀐다. 폭풍우 치는 날 대개 고스톱을 친다. 씀씀이가 헤프다(이○○씨, 51, 남)).

〈사례 9〉

  대구에 거주지를 두고 있다. 현재 안식구와 함께 태화에 살면서 오징어 판매로 생계를 유지하고 있다. 나는 대구에서 출판업에 종사를 하다가 사업에 실패를 하고 선주로 오징어잡이를 하였다. 그러나 사고로 선원에게 보상을 해주고 나니 매우 힘들었다.

  오징어 장사는 울릉도가 관광지로 각광을 받으면서 주위 사람들이 모이게 되고 이로 인해 생활비를 벌 수 있다. 오징어는 건조 과정에 맛이 생긴다. 수협에 입찰을 볼 때 수수료로 4%를 뗀다. 임금비가 약 1,000만원 된다. 영세한 이는 장사를 한다. 울릉수협은 적자이다. 수협의 조합원과 중매인이 있다. 오징어는 울릉도, 포항, 전국으로 유통이 된다. 경쟁이 치열하다. 농민들은 나물재배, 오징어 장사, 선박, 숙박업 등에 종사한다. 종사인구는 많고 수입은 적다. 고정적으로 잡히지 않으니 문제이다.

  이곳 사람들은 돈을 좀 벌면 자식들은 모두 육지로 보낸다. 95%이상이 육지로 간다. 직업이 없다. 부모는 어렵다. 수협의 중개인들은 새벽 6시부터 시작해서 8시에 끝난다. 태하수협은 1년 통계 10억에서 15억 정도 된다. 1월에 철수한다. 5월에서 12월에는 오징어 사업이 이루어지는 때이다. 온도가 상승하면 고기가 북상을 한다. 대개 19도에서 22도 사이에 이루어지는 데 8,9월에는 수온이 18도, 수상온도가 20도 정도 되어서 선도관리가 중요하다. 날씨가 흐리면 오징어를 건조장에서 말린다. 오징어 수매때 경쟁이 치열하다. 태하 신당에 담을 정해 놓고 오징어를 판매한다. 도동상인과 빈부격차가 심하다(정○○씨, 58세).

  오징어 건조작업에 참여하는 임노동조직은 개인적으로 친분이 있는 인간관계로 형성되거나 이웃, 친척, 형제, 또는 동네 사람들로 형성된다. 이들은 중매인들과 긴밀한 관계를 맺고 있다. 이들이 어려우면 미리 다음 해 작업을 해줄 것을 기대하면서 선도금을 지원해주거나 명절이나 대소사가 있을 때 보너스를 주기도 한다. 이들은 대개 단골관계를 유지하고 있다. 오징어 중매인들은 지역중매인과 지정중매인으로 구분된다. 지역중매인이 울릉도 수협내의 어느 한정된 지역에서 중매를 하는 이를 말한다면, 지정중매인은 전 지역에서 오징어를 매입할 수 있는 중매인이다. 중매인이 되기 위해서는 수협에 보증금으로 현금 1,000만원을 내거나 2,000만원에 상당하는 부동산을 담보해야 한다. 매매참관인은 현금 300만원을 공탁해야한다. 중매인들은 대개 대도시에 거주를 하다가 오징어 수확기가 되면 입도하여 중매업을 한다.

각 배에서 잡은 오징어는 수협에 위판을 한다. 1997년 전에는 강제 상량제를 실시하여 오징어를 잡으면 반드시 수협에 위판을 하였으나 요즈음에는 자유판매제로 바뀌었다. 위판장에는 수협중매인이 있어서 어선주와 계약생산을 한다. 여기에는 중매인이 있는데 이들이 오징어를 선매해서 할복, 건조하는 개인에게 판매한다. 각 중매인들은 보통 4~5명의 건조하는 이들을 두고 있다. 이들은 중매인들에게 이야기하여 자신의 팀을 결정한다.

2. 원해어업과 선단조직

을릉도 어민들의 원해어업은 대화퇴에서 이루어진다. 대화퇴에서는 오징어와 게가 잡힌다. 이곳에서는 5월초부터 어장이 형성된다. 20톤 미만의 배는 이곳에 가지 못한다. 대화퇴에 가는 데 걸리는 시간은 약 40여 시간이 걸린다. 이곳의 얕은 곳이 약 279m 정도이고 평균

500m정도가 된다. 상당히 면적이 넓다. 오징어가 많이 잡힌다. 이곳에서 작업하는 시간은 약 15~30일 정도 걸린다. 장기조업을 하기 위해 배에는 냉동기, 조상기, 원동기, 보조발전기, 어군탐지기, 레이더, 수온기, 기압계, 무전기, 방향탐지기, 좌표측정기 등의 다양한 장비를 갖추지 않으면 안 된다. 건조된 배의 재료를 보면 유기섬유강화플라스틱(FRP)인데 목선에 비해 가격이 비싸지 않고 오래가며 수리비용이 적게 들어서 대부분 선주들은 이를 선호한다. 대개 2명이 승선하는 7.9톤이 대부분이며 원동기는 미국, 조상기는 일본에서 만들어진 것이다. 소형배이지만 멀리 대화퇴까지 작업이 가능한데 가는데 약 7~10시간 정도의 시간이 걸린다.

원해어업시 어획량을 높이고 어업정보를 교환하기 위해 30~35세 사이의 청년 50여명이 선단을 구성한다. 이 선단은 일종의 계모임으로서 선장을 중심으로 조직되어 있다. 이들 계원들 간에는 정보를 수시로 교환한다. 선단의 한 팀은 대개 4~5척의 배로 이루 진다. 이 선단을 조직한 것은 약 15년 전으로 처음에는 선후배들 간에 친목회를 만들면서 시작되었다. 한 달에 회비로 2만원, 활어기에 3만원을 낸다. 선단의 구성원들간에는 형제애를 가지고 있다. 이들 사이에는 바다 위에서뿐만 아니라 육지에서도 서로 도와준다. 또한 울릉도에는 500여척의 소형 오징어잡이 배가 있는데 이들은 20~30명씩 계를 조직하고 있다. 계원들은 조업을 나가면 조업하는 위치를 서로 알려준다. 그리고 위치를 기록해두었다가 6~7시경에 어황을 방송하고, 9시경에 다시 방송한다.

어민들이 선단을 조직하면 개인별로 조업할 때 보다 어획량이 높다. 여러 척이 조업을 같이 하면서 정보를 교환하기 때문에 고기가 많이 나는 구역에 대해 잘 알 수 있다. 오징어잡이도 어획되는 곳이 불규칙하기 때문에 어장이 형성된 곳에 대한 정보를 교환하는 경우, 더 많은 어획고를 높일 수 있다. 선단을 조직해서 나가면 배들은 2~3마일 정도 거리를 두고 작업을 한다. 같은 선단끼리는 작업을 가까이서 할 수 있지만 그렇지 않을 경우 같은 동네 사람이라도 배를 가까이 두고 작업을 할 수 없다.

조업을 나가면 세 번 이상 자신의 위치에 대해 보고해야 한다. 그렇지 않으면 벌금을 물게 되어있다. 그리고 선단회의에는 반드시 참여해서 어황, 어세 등의 보고를 철저하게 해야 한다. 선단 내에서는 오징어를 얼마나 잡았는지를 정확하게 보고해야 한다. 그리고 선단 내에 공유하는 정보를 다른 선단에 절대로 가르쳐 주어서는 안 된다. 오징어 잘 잡히는 곳에 어느 배의 선장이 무선으로 알려주면 그 곳으로 간다, 휴대폰의 거리에 있으면 이것으로 사용하나 그렇지 못할 때에는 무전기를 사용한다. 무전기 주파수는 공용이어서 자신들만의 신호체계를 사용한다. 원칙적으로는 울릉채널 2580을 이용해야 하지만 이 경우 다른 사람들이 들을 수 있기 때문에 자신들만이 아는 채널을 사용한다. 주파수의 도청문제로 한 달에 한 번씩 바꾼다.

이렇게 철저하게 선단 내에서만 정보를 공유하는 것은 어로작업은 인정의 문제가 아니라 생계가 걸린 문제이기 때문에 이 규칙을 철저하게 지키려고 한다. 30여척의 선단 내에는 정보를 공유하나 다른 선단에는 비밀을 지킨다. 어획량이 떨어지는 사람을 위해 고기 잡는 방법이나 조상기 조작방법 등을 가르쳐 주기도 한다. 그리고 사고나 위험한 일이 있을 경우, 서로 도와주기도 한다. 특히 배 사고에 대비하여 선원들은 선원공제조합에 가입하고 있다. 옛날에는 사고가 나면 선주가 사고에 대한 배상 책임을 다 졌으나 오늘날에는 이곳을 통해 보상을 받는다. 선단을 조직할 경우 개별 조업보다 어획량이 많다, 바다 어장상황에 대한 정보교환이 빠르게 이루어지기 때문이다. 선단을 조직해나가면 배들은 2~3마일 정도의 거리를 두고 작업을 한다. 같은 선단끼리는 붙어서 조업을 하지만 같은 동네 사람의 배라도 근거리에서 조업할 수 없다. 원해에 있어서의 어로작업은 많은 자본의 투자를 필요로 하며, 일정량 이상의 타인노동(임노동)을 소요케 함으로써 어촌에 있어서의 계층분화를 촉구하여 어업공동체 해체에 결정적인 구실을 하게 되는 것이다.

V. 마을어업과 공동체적 어로작업

사적 점유와 공적 점유의 이중성이 존재하는 곳이 어촌이다. 사적 점유란 개인의 토지, 재산, 기술 등을 점취하는 방식이라면 공적 점유란 공동어장이나 동산, 기술 등을 공동으로 작업하여 생산과 분배를 거의 균등하게 분배하는 것을 의미한다. 한국의 어촌에는 어촌계가 공동으로 어장을 관리한다. 박광순(1981)에 의하면 어업공동체가 존립하기 위한 물질적 기초는 무엇보다도 어장의 공동체적 점취(총유)와 공동 경영이며, 어장이란 배타 독점적 지배가 가능한 연안의 암벽이라고 한다. 이 점은 비록 한국 어촌이 산업자본제 사회에 있지만 여전히 자연경제체제를 유지하고 있는 단면이라 할 수 있다. 그리하여 어장관리라는 개념도 어장농업이라는 개념과 유사하게 사용되고 있는 것이다.

1962년 수산업협동조합법이 시행되기 전 어촌의 마을공동어장은 대부분 마을공동체가 주체가 되어 배타적 권리행사와 관리, 운영을 해왔다. 수협법의 제정이후 시·군·구별 조합원에 한하여 어촌계를 구성하여 공동어장을 관리, 운영하는 체제로 바꾸었다(국립민속박물관 2002: 6). 이러한 점을 보면 전통적으로 내려오던 총유에 대한 공동체적 권리 행사권이 어촌계라는 비법인체에 의해 대체되면서 어촌계와 어촌의 권리행사에 있어서 분화되기 시작하였다. 어촌계에서 행하는 사업을 보면 생산 및 생활지도사업, 어업에 관한 기술과 경영향상, 어업권의 취득, 어선과 어구의 공동구매, 선착장, 선유장, 선양장, 공동처리장, 공동창고 등의 어촌공동시설의 설치, 수산물의 공동제조 및 가공, 어업자금의 알선과 배정, 어민의 후생복리 사업, 수산물의 보관 및 판매사업, 예탁금·적금의 수입과 같은 신용사업, 등이다.

어촌계원은 계의 구역 내에 거주하는 자로서 소정의 기간 동안 거주한 이들이다. 회의에는 정기총회와 임시총회가 있으며 임원에는 계장 1인, 간사 1인, 감사 1인으로 구성된다. 울릉도에는 도동, 저동, 신흥, 사동, 천부, 죽암, 현포, 태하, 학포, 남양, 통구미의 11개 어촌계가 있다. 이들 어촌계에서 일반적으로 행하는 사업은 잠수기 사업, 공동어장관리를 목적으로 하는 관리선이 있다. 어촌계에서 하는 일은 국유지매입해서 물량장 건설, 화포암 관리, 미역발 제작, 오징어 건조장 설치 등이다. 다음은 도동 어촌계와, 남양어촌계에 관해 살펴본 것이다.

1. 도동 어촌계

마을어업구역의 면적은 908,000㎡, 협동양식의 어업구역은 211,000㎡이며, 도동어촌계에서 관리하고 있다. 어로작업은 4월에서 10월까지 행한다. 도동 어촌계원들이 공동어장 구역 내에서 작업할 때는 도동어촌계에서 임대를 한 머구리배(잠수선)를 이용해서 3~4시간동안 잠수작업을 한다. 잠수선이 매일 작업하는 곳은 독도의 '가재바위 걸'과 '지네바위 걸'인데, 주로 전복, 소라, 해삼 등을 자체 관리한다. 옛날에는 산소 펌프질을 하여 공급되는 산소로 잠수를 했으나 요즈음에는 수부들의 현재 장비를 이용하고, 앰프와 조리개, 망태, 갈고리, 창

등을 이용한다. 잠수부의 활동은 매우 위험해서 잘못하면 죽을지 모르기 때문에, 사람들은 잠수부를 '저승사람' 또는 '하늘 두껍데기 쓰고 들어가는 이'라고 한다.

어로작업은 주로 섬 주위 마을어장에서 행해지며, 계원들은 자라는 미역, 톳, 천초, 파래를 채취하고 전복, 소라, 해삼, 문어, 등을 잡는다. 해조류는 바위에 부착되어 있는데 미역은 전마선을 타고 가서 수경과 낫으로 채취한다. 김이나 해태는 파도가 치는 곳에 있으며, 손으로 채취한다. 어촌계에서는 저인망으로 조업을 하지 않고, 삼중망이나 이중망을 사용한다. 주 어종은 주로 뽈락이며, 또는 꽁치나 회유성 어족도 있다. 그물도 옛날에는 목이나 광목으로 만든 것을 사용하였지만, 요즈음에는 나일론 그물을 사용한다. 오징어잡이는 주로 채낚기 방식을 한다. 오징어는 예외적으로 계절에 따라서 잡힌다. 그래서 어군탐지기가 보급되지 않았을 때, '뽈뚜'라는 벚꽃 열매 비슷한 것이 열리는 시기를 오징어잡이 철로 파악하였다. 이때가 양력 5월경이다. 지금은 오징어잡이를 위해 집어등과 같은 후광기구를 사용하여 오징어가 모여들도록 한다. 오징어를 잡는 데는 낚시나 로울러 낚시 등을 이용한다.

마을어업구역은 먼저 수심의 깊이에 따라서 7m이내의 마을어업이 이루어지는 공간과 7m~15m사이에 이루어지는 협동양식 공간으로 법적 규제와 관리가 이루어지는 구역으로 구획되어있다. 그리고 약 2,500m정도까지 우리 어민들이 고기가 서식하는 장소로서 민속어로 공간인 '걸'로 인식하고 있다. 이점은 독도 주변해양 공간이 독도와 함께 우리의 생활권역으로 인식되었고 우리 국민에게 단백질을 공급하는 어로공간으로서의 역할을 하였음을 의미한다(박성용··이기태 1998: 250).

현행법상 마을어장의 주체인 도동어촌계가 공동어업을 하고 있으며 독도어장에 관한 공동관리와 운영을 하고 있다. 비록 어촌계에 가입하지 않는 주민이라도 마을어업구역에서는 자유롭게 어로작업을 할 수 있으나 密魚者나 스쿠버 다이버가 이 구역에 허가없이 들어가서 문어나 해조류 등의 수산물을 채취할 때는 수산물을 빼앗고 입수할 수 없도록 한다. 이러한 특징을 보면 어촌계는 지연적인 入戶制度가 근간이 되고 있음을 알 수 있다. 독도 공동어장은 파고가 높기도 하며, 독도 근해의 지질구조상의 특징 때문에 어선어업과 양식어업은 발달하기 어렵다. 이 마을어장에서는 계원들간의 공동생산·공동분배를 원칙으로 한다(ibid 1998: 250).

2. 남양 어촌계

어촌계는 법인으로 되어 있고 수협의 지시를 받고 있다. 2002년 시설비로 12억원을 투입하였다. 어촌계원수는 70명 정도이며 조합원은 현재 75명이다. 조합원이 되어야 어촌계원이 될 수 있다. 울릉도 전체 수협에 가입한 인원은 1,200명 정도 되고 11개 어촌계가 종합되어 있다, 특히 남양 1리, 2리, 남서 1리, 구암의 4개 마을이 중심이 되어 구성되어 있다. 50명 이상의 경우 총대 10명(임기 2년), 감사(명예직 1인, 3년), 어촌계장이 있다. 계장은 수협에서 매달 주는 12만원과 자체 보조금 50만원으로 72만원을 받는다. 2월말까지 보고를 받고 구정 이전에 보고를 한다.

90년 이후에 어촌에 살면서 어촌계원이 되고자 하는 이는 출자액 75만원을 내어야 그 자격을 획득할 수 있다. 조업을 하지 않고 배를 팔아서 탈퇴하면 출자액을 환불받는다. 어장권은 15m까지 인데 이 경계를 넘어서면 모래급경사로 이루어진다. 7m 이내에는 마을어업이 이루어진다. 이 구역에 누가 양식업을 하겠다면 전복, 소라 등을 양식

할 수 있다. 현재 이 구역에서는 문어, 해삼들이 많이 나는데 잠수(머구리)작업을 한다. 여기에서 얻어지는 수입은 선원 2~3명에게 채취량의 28%, 선주 및 수부장에게 채취량의 25%, 어촌계는 채취량의 47%를 받는다. 이러한 비율은 97년부터 2000년까지 변화가 없었다. 그리고 배에 들어가는 비용과 공동식사는 전체 경비에서 갹출한다. 공동재산으로 마을 내 건조장이 있다. 소형선박에 오징어 채낚기를 하는 것을 금하고 있다.

어촌계원만이 마을어장을 관리하고 공동으로 이익을 분배한다. 울릉수산업협동조합이 면허를 받은 것을 계약하여 마을어장을 대상으로 어업을 하고 있다. 매년 어장관리를 하기 위해 선박을 임대차계약하여 대개 3개월간 관리를 한다. 미역채취권은 어촌계원에 한해서 자격이 부여되며 입찰을 통해 낙찰된 이가 각 바위에 대한 채취권을 가질 수 있다. 미역채취는 대개 2월 말경에서 5말 말경까지 미역바위를 대상으로 해서 이루어진다. 미역채취구역은 제 1구역으로서 통구미 경계에서 남양천, 제 2구역 남양천에서 사태구미 앞, 제 3구역 마을 앞에서 구암 형제바위, 제 4구역 구암 형제바위에서 학포 경계까지이다. 중요한 점은 비록 미역채취권을 가진 이라도 어장 내 전복, 소라 등의 기타 어족에 대한 채취가 있을 때에는 행사권을 해약하고 불법 어로로 간주하기도 한다.

언급한 두 어촌계의 운영방식에는 전통적인 공동체적 유제가 남은 것으로만 파악할 수 없는 요소가 있다. 무엇보다도 운영에 있어서 전 마을 구성원들이 참여하는 것이 아니라 출자한 한정된 성원들이 채취권과 어업권을 가지고 있다는 점이다. 이윤추구를 위해 입찰에 응한 어촌계원을 지정하는 것은 경제적 이윤을 추구하려는 논리가 적용된 것이라 할 수 있다. 즉 어촌계의 마을어장에 대한 어업생산구조에는 어촌계 성원의 공동 전유라는 공동체적 사고를 기반으로 하면서도 경

제적 이해를 추구하기 위해 사적 전유를 하는 이중성이 존속하고 있
는 것이다. 비가시적이거나 유동적인 해양환경은 예측 불가능하기 때
문에 어민들이 직접 전유하는 대상이 되며 공동재산이 되기도 한다.
따라서 전자본주의적 경제체계가 어촌에 내재할 수 있다. 그럼에도
불구하고 산업자본주의체제하에서 어민들의 경제적 실천은 경제적
합리성과 효율성을 지향한다. 공동체적 운영과 개인 어업권의 인정은
변화해가는 어촌경제체계의 양면성이라 할 수 있다.

VI. 결 언

울릉도 어민의 변화된 어업기술과 작업조직에 대한 분석은 어촌사
회의 생산체계의 분화과정과 어로작업방식, 기술관계의 체계 등에 관
한 이해를 요구한다. 이러한 분석을 심화하기 위해 필자는 울릉도 어
민의 기술변화의 역사적 과정과 사회·기술관계, 생업과정, 기술과정
등과 같은 요소들이 어떻게 관계되는가를 파악하려고 하였다. 아울러
서 사회·경제적, 기술적 맥락 하에 자연환경 및 물질적 재료, 기술의
효율성 등이 어떻게 유기적, 비유기적 관계를 갖는지를 이해하려고
하였다.

특히 필자는 어촌사회란 더 거시적인 차원의 사회, 즉 국가사회 등
의 경제적, 정치적 선택에 의해 조건화되고 영향을 받는다는 점에 초
점을 맞춘 바 있다. 어민의 어업기술 도입과 선택은 정부의 기술보급
목적과 괴리를 이루는 경우가 많았다. 신기술의 도입은 마을어업과
근해 및 원해어업 등의 분화와 작업조직의 변화를 야기하게 되었다.

울릉도 어민들은 1960대 이전까지 주로 떼배나 목선을 타고 오징어
잡이를 하였으나 1970년대에 동력선을 타고 작업을 하였다. 승선하는

이들은 대개 인척이나 친구관계로 구성된 5명 이내의 구성원들이 대부분 이었다. 여전히 마을어장에 대한 어로작업에는 가까운 친척이나 인척, 그리고 주민들이 공동노동조직을 이루고 있었다. 1970년대 이전의 어로기술과 작업조직은 자본제 경제체계 하에 생계유지를 위한 전통적 경제체계를 어느 정도 유지하고 있었다. 대개 1.5t 정도 되는 통발선이어서 과학적인 장비를 갖추지 못하였기 때문에 어획량도 매우 낮은 수준에 머물러 있었다. 1980년대 이후 어로기술과 설비의 발전으로 인해 노동조직도 변화하여 임금을 지불하는 계약관계가 우선시 되었다.

그러나 1990년 이후 낮은 생산성을 극복하기 위해 어민들은 어선을 동력화, 대형화하면서 작업조직도 이에 걸맞게 경제적 효율성과 이윤을 극대화하기 위한 사회관계를 기반으로 재조직하기 시작하였다. 특히 2000년 초부터 과거에 금기시하던 배우자가 같이 승선하는 경우가 늘어나기 시작한 것은 이러한 이유에서이다. 무엇보다 여성이 승선할 수 있다는 것은 어로작업에 있어서 성에 따른 역할이 변화하고 있음을 나타내주는 것이다. 그밖에 승선하는 어로작업조직의 규모가 축소되는가하면 그들의 사회관계도 생산성을 높일 수 있는 계약관계로 구성되기 시작한 것도 한 특징이다.

이러한 기술의 변화와 더불어서 울릉도 어민들의 어업기술과 작업조직은 국가사회의 안팎을 관계하는 거시적 경제·기술적 차원과 미시차원의 어민들 사회에 존재하는 기술체계와 사회체계의 변화가 관련되어있었다. 전자본주의 체제하의 어업기술이 자본주의 체제 하에서도 여전히 적용되면서 어촌계와 같은 전통적인 공동체적 관계가 지속되었다.

그런데 어업기술과 작업조직의 변화과정에 있어서 간과해서 안되는 점은 어민들의 경제가 저발전 상태로 지속되고 있다는 사실이다.

정부의 어선계획건조는 어업의 기술적 효율성을 증대시켰지만 자기
자본을 축적할 수 없던 소어가들은 수협에서 대출받은 원금을 상환하
지 못하고 이자가 늘어남에 따라 더 많은 경제적 부담을 지게 되었다.
정부주도의 어선대체작업은 어민들이 경영난에 허덕이게 한 요인이
되기도 하였다. 어민의 어업기술 차용과 정부의 전략은 모순된 결과
를 낳았다. 특히 주로 양식어업을 하는 어민들에게 경영위기는 더욱
고조되었다. 울릉도에서 1989년 이후 넙치, 돔, 방어, 전복 등을 기르
는 양식어업을 시도하였지만 국내산 양식어류와 중국, 일본 등의 인
접국가로부터 수입활어가 증가하고, 적기사료 공급의 어려움, 우량치
어 확보문제, 양식기술의 미발전 등으로 인해 양식어가도 경영난을
벗어나지 못하였다. 울릉도 어업기술의 발전에는 국가의 경제적 지원
이 일정한 역할을 하기도 하였지만 새로운 기술을 도입하면서 어민들
이 부담해야하는 어선, 어구와 그 밖의 시설을 설치하는 비용은 갈수
록 늘어나게 되었다. 감가상각비, 노동임금, 이자 등이 증가하여 이들
의 어업경제는 붕괴상태에 이르고 있다. 새로운 기술의 차용으로 어
업의 새로운 여명을 보는 듯 하는 순간 이보다 더 무거운 재정적 압
박이 어민들을 육중한 경제침체의 늪 속에 팽개치게 되었다.

參 考 文 獻

국립해양유물전시관, 1997,『전통어선과 어로민속』,『국립해양유물전
　　시관 학술총서』 2.

국립유물전시관, 2002,『우리 배, 고기잡이』 3집.

김홍자, 1992, "비금도 어촌의 선단과 작업조직.",『한국어촌의 저발전
　　과 적응』 전경수 편, 집문당.

박광순, 1981,『한국어업경제사』, 유풍출판사.

박구병, 1992, "한국수산업기술사.",『한국현대문화사대계』(과학, 기술
　　사편), 고려대학교 민족문화연구소.

박구병, 2000, "한일어업관계조사자료 추천사.",『한일어업관계조사
　　자료』, 울릉군독도박물관.

박성용, 2003, A『경제교환과 사회관계－동성촌락과 각성촌락이
　　비교－』, 영남대 출판부.

박성용, 2003, B "울릉도 한 어촌의 가족구성과 적응전략－서면 태하
　　리의 사례－.",『울릉도·독도 동해안 어민의 생존전략과 적
　　응』, 영남대학교 출판부.

박성용·이기태, 1998, "독도·울릉도 자연환경과 도민의 문화: 독도
　　어로공간과 도민의 민속종교.",『울릉도·독도의 종합적 연
　　구』, 영남대 민족문화연구소.

史云硏究所, 1999, 韓海通漁指針.

이춘호·마창성, 2003, "어장축소, 황폐화.", 영남일보(4월 22일).

울릉군, 1971, 2001 울릉군 통계자료.

이규원, 1882, 검찰일기.

이현수, 1979, "오징어 어업에 대한 의장설비와 응용.",『어선』 16호,
　　한국어선협회.

전경수, 1992, 『한국어촌의 저발전과 적응』, 집문당.

한상복 · 전경수, 1992, 『한국의 낙도 민속지』, 집문당.

홍순칠, 1997, 『이 땅이 뉘 땅인데-독도의용수비대 홍순칠 대장
    수기-』, 혜안.

홍승근, 1998, "독도에 대한 실효적 지배.", 『울릉문화』 3호, 울릉문화원.

토리이류우조오, 1996(1924), "인종고고학에서 본 울릉도.", 편무영 역,
    『강원민속학』 12집.

한규설, 2001, 『어업경제사를 통해본 한국어업제도 변환의 100년』, 선
    학사.

Acheson J.A, 1981, Anthropology of Fishing, *Annual Review of Anthropology* 10.

Collet, S, 1991, Pêche, in P.Bonte et M. Izard(sous la direction de). *Dictionnaire de l'ethnologie et de l'anthropologie*, Paris: PUF.

Cresswell, Robert, 1975, Rapports techniques et rapports sociaux: l'exemple de l'Irlande, in *Ethnologie et Histoire*. (Melanges offerts à Charles Parain), Paris: Editions sociales.

Geistdoerfer, A, 1991, Anthropologie maritime, in P.Bonte et M. Izard(sous la direction de), *Dictionnaire de l'ethnologie et de l'anthropologie,* Paris: PUF.

Han Sang-Bok, 1977, *Korean Fisherman: Ecological Adaption in Three Communities*, Seoul: Seoul National University.

Lemonnier, Pierre, 2002, *Technological Choices; Transformation in Material cultures Since the Neolithic*, London: Routledge.

Leroi-Gouran, André, 1973(1945), *Milieu et Techniques*, Paris: Albin Michell

Mauss, Marcel, 1968, Les Techniques du corps, in M. Mauss, *Sociologie et Anthropologie*, Paris: PUF.

Taussig, M.T, 1980, *The Devil and Commodity Fetishism in South Africa.* Chapel

  Hill: University of North Carolina Press.

Warnier, Jean – Pierre, 2001, A Paraxeological Approach to Subjectivation in
  a Material World, *Journal of Material Culture*, Volume 6/1.

대도시 산업개발에 따른
근린어촌지역의 변화
-울산지역을 중심으로-

이 창 언*

Ⅰ. 연구목적

산업화는 새로운 에너지 자원의 개발과 이를 이용하는 새로운 생산활동을 통한 생산력의 변화를 요구한다. 또한 이러한 산업화는 사회생활의 전 영역에 걸친 포괄적인 변화를 초래한다. 이런 점에서 대도시 산업개발에 따른 근린어촌지역의 변화에 관한 연구는 한국사회에서 산업화에 따른 사회문화적 변동과 그 진행과정을 살펴보는 중요

---

* 영남대학교 민족문화연구소 상임연구원.

한 부분이다. 산업화에 의해 수반되는 각종 지역개발사업은 지역의
물리적 경관의 변화만이 아니라 주민구성과 생활양식, 주민들의 사고
방식 그리고 지역 사회조직의 구성원리 등 사회문화적 변동의 주요
원인으로 작용하였기 때문이다.

현재까지 우리나라의 여러 곳에서 실시된 각종 개발사업은 경제발
전에 크게 기여하기도 했으나, 지역의 환경파괴와 지역공동체의 사회
문화적 기반의 와해를 수반함으로써 부정적인 측면이 자주 언급되고
있음에 주목할 필요가 있다. 산업화에 따른 기존의 개발사업에서 드
러난 문제점을 면밀히 살피고, 이를 통해 현재 혹은 앞으로의 유사한
경우에 대비하는 것이 시급하다.

본 연구에서는 인접한 대도시의 산업개발 및 도시공간의 확산에 따
라 전통적인 어촌이 변모되어가는 과정을 확인하려 한다. 즉, 산업화
에 의해 전개된 주민생활의 변화를 통해 지역사회의 사회문화적 변동
을 살펴보고자 한다. 이 과정에서 개발계획에 뒤이은 각종의 규제가
개발계획에 포함된 지역의 주민생활에 미치는 영향과, 이에 대처하는
주민의 대응을 살펴봄으로써 바람직한 지역개발의 방안을 모색하는
데 그 목적을 가지고 있다.

산업단지의 조성 및 거대도시의 확산이 인접한 어촌지역에 어떠한
영향을 미치는지를 살펴보기 위한 본 연구에서는 다음의 사항을 구체
적으로 살펴볼 것이다. 첫째, 사례지역으로 선정한 어촌의 주민생활
에 커다란 영향을 미친 울산광역시의 산업화와 도시화를 살펴보고자
한다. 지난 수십 년 동안 급격히 전개된 울산광역시의 양적인 성장과
도시의 팽창을 통해서 사례지역인 어촌주민의 일상에 영향을 준 외적
인 요인과 충격을 이해하고자 한다.

둘째, 조사지역의 사회문화적 특성을 개괄적인 어촌민속지를 통해
이해하고자 한다. 민속지에는 어촌의 인구와 가구를 중심으로 인구학

적 특성, 어촌계와 각종 결사체 등의 사회조직과 어로행위, 마을공동체신앙을 비롯한 어촌 특유의 민속 등이 언급될 것이다.

셋째, 전형적인 어촌지역이 도시의 기능 확산과 공간적 팽창에 의하여 어떠한 변화를 겪어 왔는지를 살펴보고자 한다. 이를 위해 지역개발사업의 전개와 어촌의 변화, 산업화·도시화에 따른 주민구성의 변화, 이해관계의 충돌에 의한 갈등의 증가, 외적인 충격에 대한 주민들의 대응에 대한 사례를 살펴보고자 한다. 이상의 과정을 통해서 본 연구는 동해안지역에서 실시되는 각종 개발사업이 전통적인 어촌사회에 초래하는 사회문화적 변동을 규명하는데 의의를 지니게 될 것이다.

II. 연구방법

본 연구의 진행을 위하여 대규모 산업단지가 조성됨으로써 산업화와 도시화가 급격히 전개된 울산지역의 한 어촌을 조사지로 선정하였다. 울산지역은 지난 수십 년 동안 한국사회에서 중화학공업과 자동차 및 선박관련 산업의 중심지로 성장해 온 곳이다. 이처럼 도시화가 급속히 전개된 울산지역에서는 전통적으로 어민과 농민의 생활공간이 산업단지나 도시의 주거공간에 편입됨으로써 주민의 생활에 많은 변화가 야기되었다.

본 연구는 국가적 차원에서 전개된 개발정책이 어촌이라는 특정의 생태지역에 미치는 영향을 미시적 차원에서 접근하는 방식으로 진행되었다. 따라서 본 연구는 다음의 몇 가지 단계로 나누어 진행되었다.

우선 울산지역은 산업단지조성을 통한 도시공간의 확산이 급속히 진행되어 조사지역의 도시화를 가속화시켰기에 거시적 측면에서 도시공간의 확산과정을 살피는 작업이 선행되었다. 이를 통해 대규모

산업단지가 조성되어 도시화가 빠르게 진행된 도시의 산업구조와 인
구학적 구조변화, 급격한 도시화의 영향을 받는 인접한 어촌지역의
물리적 공간변화를 살펴보는 작업이 이루어졌다.

둘째, 이처럼 거시적 측면에서 야기된 변화의 영향을 크게 받아 온
인근 어촌지역의 사회문화적 변동에 대한 미시적인 접근을 병행하였
다. 이에 관하여는 우선 산업단지조성과 같은 도시의 기능 확대에 따
른 영향을 덜 받은 과거의 상황을 문헌연구와 주요자료제공자 등과의
면접을 통하여 살펴보았다. 조사지역의 과거의 모습은 주로 주민의
사회조직, 경제행위를 중심으로 재구성 되었다.

셋째, 조사지역의 과거 생활상을 현재의 민속지 자료와 비교하여
구체적인 사회문화적 변화를 규명하는 작업이 진행되었다. 특히 동제
나 별신굿과 같은 마을공동체신앙이 현재에 지속되는 의미를 주민의
지역정체성 확인과 관련하여 살펴보았다.

넷째, 이상의 조사와 분석과정을 통해 산업화가 지역사회에 끼친
영향을 평가해 보고, 이 과정에서 제기된 문제점을 검토하고 있다. 조
사지역의 사례를 중심으로 제기된 문제점에 대한 지역주민들의 반응
과 상황변화에 대한 주민의 대처방안을 살펴봄으로써 바람직한 지역
개발의 방향을 모색하고 있다.

이상에서처럼 본 연구는 산업화와 도시화에 따라 야기되는 어촌의
공간환경의 변화를 살피고 있다. 공간환경은 인간행동을 규정하는 외
부의 조건과 이에 대한 인간 의식 속에 내면화되어 표출되는 인간의
실천적 행동과 마주치는 장소이다. 또한 공간환경은 외부의 조건과
인간의 실천적 행동 사이의 상호융합에 의해 부단히 창출되고 재창출
되는 현상들로 구성된다(최병두 1991: 15). 이러한 논지에 의하면 조사
지역은 산업화와 도시화라는 어촌 외부에서 전개된 거시적인 조건과
이에 대한 어촌지역 주민의 실천적 행동이 부단히 상호작용하는 현장

이 될 수 있다. 이러한 상호작용의 결과로 기존 삶의 방식의 지속과 전환이 부단히 전개되어 왔다. 때로 이 과정에서 전통문화로 대변되는 기존의 삶의 방식은 새로운 상황에 걸맞는 삶의 전략으로 의미를 지니게 된다. 이는 개발사업에 따른 지역사회의 변화를 살펴보는 본 연구가 주목하는 부분이다.

자료수집을 위한 현지조사는 2001년 12월부터 2002년 11월까지 여러 차례에 걸쳐 진행되었다. 현지조사를 통해 처음에는 주로 마을의 민속지를 작성하기 위한 자료를 수집하였다. 민속지 자료수집을 위한 조사에서 어촌마을의 특성을 찾아볼 수 있는 어촌계, 어로활동, 동제와 별신굿을 비롯한 민간신앙, 인구와 가구의 특성 등에 대한 자료를 수집할 수 있었다. 이와 동시에 울산지역의 산업화·도시화의 과정을 이해할 수 있는 각종 통계자료와 문헌자료를 수집하였다.

기초자료수집에 이어서 조사지역이 울산시의 산업화와 도시화 과정에서 어떤 영향을 받았는지를 가늠할 수 있는 자료수집에 치중하였다. 이를 통해 조사지역을 둘러싼 일산진 인근지역을 관광단지로 개발하려는 계획에 의해서 크게 영향을 받아 온 지역의 특성을 살필 수 있었다. 대규모로 계획된 개발사업의 진행이 더디어지면서 주거생활과 관련하여 지역 주민에게 주어진 각종 제한 때문에 주민 대다수는 많은 어려움을 겪어 왔다. 더욱이 인근에 대규모의 공장들이 들어서면서 어촌인 조사지역은 해수면의 변화, 어로환경의 변화에 따른 이중적 어려움을 겪어왔다. 이러한 어려움에 대한 주민의 반응은 개발업체나 공장 혹은 행정당국에 대한 집단적인 항의와 저항으로 나타나고 있었다. 이러한 양상은 주민들로 구성된 자치조직의 지난 10여 년 동안의 회의록 등을 분석하여 파악하였다.

Ⅲ. 울산지역의 산업화와 도시화

울산지역은 우리나라에서 손꼽히는 공업지역 중의 한 곳이다. 세계적인 규모의 자동차공장과 조선소 그리고 화학공업단지 등이 위치한 울산시는 포항에서 마산에 이르는 '동남해안 공업벨트'에서 주요한 위치를 점하고 있다. 이처럼 울산지역이 중화학공업단지로서 산업적 특성을 보이기 시작한 것은 1960년대 초반부터이다. 따라서 울산지역은 비교적 짧은 기간 동안에 세계적인 공업도시로 성장하였음을 알 수 있다.

〈표 1〉 울산시 가구 및 인구추이(1965~1999)

(단위: 호, 명)

연도	가구	인구	인구밀도	가구당 인구수
1965	38,123	222,965	221.2	5.8
1970	53,704	275,361	274.2	5.1
1975	76,738	368,612	366.0	4.8
1980	118,784	535,348	528.7	4.5
1985	163,443	670,358	638.4	4.1
1990	215,864	805,904	766.4	3.7
1995	289,295	969,196	918.4	3.3
1999	315,410	1,027,280	972.7	3.3

자료: 울산광역시, 2000, 『울산통계연보』.

울산지역에 근대적 형태의 생산체계는 일반적으로 19세기 후반의 개항을 통해 도입되었다고 볼 수 있다.[1] 개항 이후 한일합방에 이르

---

1) 울산시의 도시화와 산업화에 관한 일반적인 설명은 울산광역시사편찬위

는 동안 韓海通漁[2])에 의하여 일본 어선의 어업기지적 성격을 갖추게 되면서 수산업을 중심으로 근대적 생산체계가 발전하게 되었다. 이처럼 어업과 농업 중심의 울산지역의 산업적 성격은 1960년대 초반에 커다란 변화를 맞이하게 된다. 유리한 항만조건, 편리한 철도망, 저렴하고 광범위한 공업용지, 풍족한 공업용수, 휴전선에서 멀리 떨어진 위치 및 국제항인 부산과의 인접성 등 공업단지조성에 유리한 지리적 특성을 갖춘 울산지역은 1962년 시로 승격하는 것을 계기로 대표적인 공업도시로 성장하게 되었다.

1960년대 이후 울산지역에서 전개된 산업화로 인구증가와 도시공간의 확산이 수반되었다. 1962년 울산읍과 방어진읍 그리고 몇 개의 면 지역을 포함하여 시로 승격된 울산시의 당시 인구는 20만 명을 약간 상회하였다. 40년이 경과한 2000년 현재 울산광역시의 인구는 100만 명을 넘어서고 있다. 울산지역 인구의 증가는 공업단지의 조성과 매우 밀접한 관련을 맺고 있다. 주로 해안을 따라 울산시의 남북으로 형성된 공업단지는 동해안의 수많은 어촌지역을 포함하여 설립되었다. 이에 따라 울산시에서 대부분의 어촌은 사라지고 소수 몇몇 어촌만이 남아 있다. 특히 울산시를 동서로 가로지르는 태화강 북쪽의 해안지역은 어항으로 예전부터 잘 알려진 방어진과 조사지역으로 선정한 일산진 정도만 남아있을 뿐이다. 방어진과 일산진의 북쪽 해안으로는 현대중공업이 그리고 남서쪽 해안으로는 현대미포조선과 현대자동차 등 대규모 공장이 들어섰다.

원회, 2002, 『蔚山廣域市史』를 참고하였다.
2) 한해통어는 1883년 '한·일통상장정'에 의해 일본 어민이 한일합방 이전까지 계절에 따라 한국연안에 집단적으로 출어한 이동어업을 가리킨다 (울산동구지편찬위원회 1999: 182).

〈표 2〉 울산시 동구 인구추이

(단위: 명)

연도	인구수
1962년	16,491
1988년	156,391
1990년	168,707
1992년	190,247
1997년	200,980
2003년	186,527

자료: 울산동구지편찬위원회, 1999, 『울산동구지』.
　　　울산광역시, 2004, 『울산광역시 통계연보』.

울산시의 공업단지조성은 주거공간과 상업공간의 확산을 수반하며 진행되었다. 조사지역이 위치한 울산광역시 동구지역의 인구증가율, 도시개발사업, 건축활동별 특성을 살펴보면 주요공업단지조성과 맥락을 같이하고 있음을 알 수 있다. 동구지역에 주요 공장이 설립된 것은 1970년대부터이다. <표 2>에서처럼 조사지역이 포함된 울산시 동구지역의 인구는 지난 40년 사이에 10배 이상 증가하였다. 비교적 빠른 속도로 증가하던 울산시 동구지역의 인구추이는 1992년을 정점으로 그 증가 속도가 감소하였음을 알 수 있다. 또한 1990년대 후반 이후로는 다소나마 인구가 줄어들고 있다. 최근 동구지역의 인구 감소는 행정구역개편과 울산시 다른 지역에 건립된 아파트단지로 이주해가는 데서 그 원인을 찾을 수 있다. 1990년대 말엽에 울산시 동구의 염포동이 북구에 편입되면서 동구지역에서 약 2만 명의 인구가 감소하였다. 또 최근에 해마다 약 1,000명 씩 감소하는 것은 이미 포화상태에 달한 동구지역의 주거환경으로 인해서 주민들이 다른 지역으로 이주해가기 때문이다. 현재 울산시 동구지역의 인구밀도는 시내 중심지 다음으로 높게 나타나고 있는데, 이 역시 동구지역의 공장설립에 따른 주거지역과 상업지역의 확산에 따른 결과로 볼 수 있다.

<표 3> 울산시 산업별 취업구조 추이

(단위: 명, %)

연도	1차산업	2차산업	3차산업
1962	23,400 (71.4)	1,300 (4.0)	8,000 (24.6)
1970	14,100 (29.3)	16,700 (34.5)	17,400 (36.2)
1980	31,700 (21.2)	73,600 (49.4)	44,000 (29.4)
1986	10,000 (5.6)	98,000 (54.7)	71,000 (39.7)
1989	300 (0.2)	100,800 (78.4)	27,500 (21.4)
1999	18,000 (4.2)	159,000 (37.4)	247,000 (58.1)

자료: 울산광역시사편찬위원회, 『울산광역시사』 제4권.

<표 3>은 지난 40년 동안 울산시에서 취업자 분포의 추이를 나타낸 것으로서, 이를 통해서 울산지역 산업화의 속도를 이해할 수 있다. 이 기간 동안에 1차산업의 비중은 크게 줄어든 반면에 2차산업 및 3차산업의 비중이 상대적으로 크게 증가한 것을 알 수 있다. 특히, 2차산업의 경우 10배 가량 증가한 것으로 나타나고 있어, 급격히 전개된 울산지역 산업화의 양상을 짐작할 수 있다. 1980년대 말엽보다 1990년대 말엽에 1차산업의 인구와 비중이 증가한 것은 울산시가 광역시로 확대되면서 울주군지역이 울산광역시의 각종 통계에 포함되었기 때문이다. 2차산업의 경우 울산지역에 공단을 설립하기 시작한 1960년대와 대형 공장이 설립된 1980년대 후반에 상대적으로 크게 증가한 것으로 나타나고 있다.

<표 4> 산업별 취업구조 추이(전국)

(단위: 천명, %)

연도	1차산업	2차산업	3차산업	계
1965	5,000 (58.7)	879 (10.3)	2,643 (31.0)	8,522 (100.0)
1970	4,916 (50.5)	1,395 (14.3)	3,434 (35.2)	9,745 (100.0)
1980	4,658 (34.0)	3,095 (22.6)	5,952 (43.4)	13,706 (100.0)
1990	3,292 (18.3)	4,928 (27.3)	9,816 (54.4)	18,036 (100.0)
1999	2,302 (11.3)	4,046 (20.0)	13,943 (68.7)	20,291 (100.0)

자료: 통계청, 2001, 『2001 한국의 사회지표』.

<표 3>의 울산의 취업구조 추이는 <표 4>의 전국 취업구조 추이와 비교해볼 때 울산지역의 특성을 보다 잘 이해할 수 있다. 울산지역의 취업구조는 본격적인 산업화가 전개될 무렵인 1960년대 초반까지만 하더라도 1차산업에의 의존도가 전국 평균을 약 10%가량 상회하고 있었다. 그런데 1999년 울산지역의 1차산업 종사자들의 비율은 4.2%로 전국평균인 11.3%에 크게 미치지 못하고 있다. 1999년 울산지역의 2차산업 종사자들의 비율은 37.4%로 전국의 평균인 20.0%를 크게 앞서고 있다. 반면 3차산업 종사자들의 비율은 울산지역이 전국평균에 비하여 10%가량 낮게 나타나고 있다. 이를 통해 울산지역의 공업화가 지난 40년 동안 매우 빠르게 전개되었으며, 그 결과로 2차산업의 비중이 매우 높게 나타나고 있음을 알 수 있다.

<표 5>는 지난 20여년 동안 울산지역에서 종업원 수를 기준으로 산업별 분포 추이를 나타낸 것이다. 1990년대 초반에 2차산업 종사자와 3차산업 종사자의 비중이 바뀌게 됨을 알 수 있다. 이는 울산지역의 공업화가 이 당시에 과포화상태에 이르렀음을 보여주는 동시에 다른 한편으로는 울산 지역의 증가한 인구를 수용할 3차산업의 확산이 진행되고 있음을 반영하고 있다. 따라서 주거지역과 상업지역의 확산

이 비교적 빠른 속도로 진행되고 있음을 이해할 수 있다.

〈표 5〉 종업원 수 기준 울산지역 산업구조 변화(1981~1999)

(단위: %)

구분	1981년	1986년	1991년	1995년	1999년
1차산업	0.0	0.1	0.0	0.2	0.2
2차산업	63.4	57.4	58.6	47.6	43.3
3차산업	36.6	42.5	41.4	52.2	56.5
계	100.0	100.0	100.0	100.0	100.0

자료: 울산광역시사편찬위원회, 2002, 『울산광역시사』 제4권.

　이상에서 개괄적으로 살펴본 것처럼 1960년대 이후 울산지역의 도시화는 도시공간의 용도별 분할과 이에 따른 주민구성의 상이한 특성에 기초한 도시의 내부구조를 형성하여 왔다. 조사지역인 일산진마을은 동해안의 수려한 경관과 천연적으로 형성된 해수욕장 등을 활용하여 1970년부터 위락지구로 설정된 곳이다. 즉, 공업단지와 주거지 일변도의 도시공간에서 이를 상쇄할 공원 등의 시민 휴식을 위한 공간의 필요성에 따라 일찍부터 도심 속의 해양관광지로 지정된 곳이다. 그러나 위락단지계획이 지난 30년 동안 매우 더디게 진행되고 있어 전형적인 어촌이었던 일산진마을의 주민들은 생활에 많은 지장을 받아 온 곳이다.

Ⅳ. 조사지역의 사회문화적 특성

1. 일산진마을 개관

일산진마을은 급속히 전개된 울산지역의 산업화과정에 따라 대단위 규모의 공장지역과 도시주거지역으로 둘러싸인 도심 속의 어촌이다. 도시화와 산업화의 영향으로 지난 30년 동안에 주변지역이 공장과 주거지역으로 변화하였음에도 불구하고 일산진마을이 도심 속의 어촌으로 유지된 것은 마을을 포함한 수십만 평의 해안지역을 관광단지로 조성하려는 개발계획 때문이다. 이 계획은 일산진마을을 포함한 울산시 동구 방어동과 일산동 일대 52만평의 부지를 위락지구로 지정하여 유원지를 조성하려는 것으로 1970년 건설부에 의하여 고시되었다. 그런데 이 계획은 이후 30년이 넘도록 매우 더디게 진행되고 있어 일산진마을 주민들은 그 동안 재산권의 행사도 하지 못한 채 생활에 많은 불편을 겪어 왔다. 이로 인하여 마을은 개발계획이 고시된 당시의 상태로 머물고 있어 도시불량주택지구를 연상케 하고 있으며, 급속한 도시화과정 속에서도 전통적인 어촌의 옛 모습을 상당부분 보유하고 있다.

현재 울산광역시 동구의 해안지역을 살펴보면 일산진마을과 방어진을 제외한 해안은 대규모의 공장이 위치하고 있어 원래의 지형이 상당부분 변경되었다. 그러나 공장이 들어서기 이전의 이 일대는 해안선의 굴곡이 심하고, 여러 개의 작은 灣으로 이루어져 있었다. 따라서 이 일대는 굴곡이 심한 해안선을 따라 모래사장, 바위섬, 해안동굴, 울창한 숲이 어우러져 경관이 매우 좋은 곳이었다. 현대중공업 등의 공장이 들어서기 이전에는 고늘개,[3) 어풍대, 대왕암 등이 있는 일산진마을 인근은 울산에서도 뛰어난 경관을 자랑하던 곳이다.

〈그림 1〉 일산진마을 지도

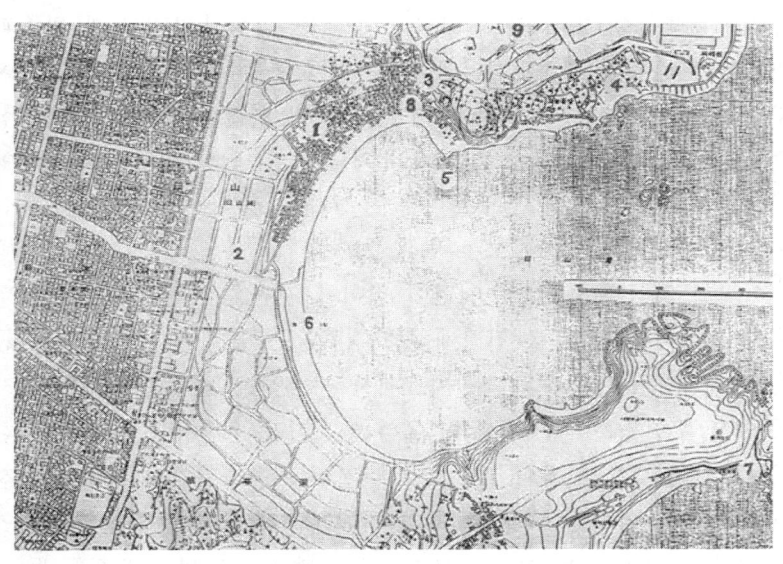

〈범례〉		
1. 일산진마을	2. 택지개발지구	3. 일산진마을 상당
4. 일산진마을 하당	5. 방파제	6. 일산진해수욕장
7. 대왕암공원(울기공원)	8. 일산진어촌계사무실	9. 현대중공업

  일산진마을은 풍수지리적으로 보아 울산의 좌청룡에 해당하는 무
룡산과 그 산의 남쪽으로 뻗은 청룡맥의 동쪽 해안에 위치하고 있다.

---

3) 고늘개는 일산진마을의 동신을 모신 두 곳 가운데 하당 부근에 위치하고
   있다. 고늘개는 꽃놀이에서 유래된 용어로서 한자식으로 표현하면 화진
   (花津)이 된다. 현재에도 일산진 부근에서는 학교명과 상호에 화진이란
   지명을 사용하고 있다(울산동구지편찬위원회 1999: 114).

마을 북쪽의 고놀재와 마을 남쪽의 등대산이 일산만을 형성하고 있으며, 일산만 안쪽의 너른 백사장에 해수욕장이 조성되어 있다. 고놀재는 갯변에서 꽃놀이를 하는 장소를 뜻한다. 방어진 12경의 하나인 어풍귀범(御風歸帆)으로 잘 알려진 어풍대는 일찍이 신라시대 왕족과 귀족들의 나들이 장소였다. 어풍대는 삼국통일 이후 신라의 왕들이 자주 찾던 명소로서 동대(東臺)라고도 한다. 일산만에 위치한 바위섬을 미인섬 혹은 여기암(女妓岩)이라 하는데, 이 역시 신라시대 왕들이 기녀들과 함께 이곳에서 뱃놀이를 즐겼다는 것에서 비롯되었다(울산 동구지편찬위원회 1999: 583~584).

이처럼 일산진마을 인근지역이 뛰어난 경관을 배경으로 고대부터 휴양지로 이용되었음을 짐작케하는 징후들은 얼마든지 있다. 일산동은 현재 일산(日山)이라는 한자표기를 사용하고 있지만, 향토사학자와 일부 주민들은 일산(日傘)이 올바른 표기라 주장하고 있다. 수려한 자연경관과 고대 신라의 관문으로 추정되는 울산지역의 지리적 이점으로 일산진 일대는 신라시대부터 지배계급의 왕래가 잦은 휴양지였던 것으로 보기 때문이다. 일산진마을 주변지역에 위치한 어풍대, 대왕암, 삼신바위, 남근암, 미인섬, 노리창, 용굴 등의 지명도 이 지역이 신라시대 지배계급의 휴양지였다는 것을 이해하게 하는 부분이다.[4]

---

4) 조사지역인 일산진마을의 지명은 일산어촌계의 공동어장에 해당하는 해안지역을 중심으로 살펴보았다. 일산진마을의 남쪽에 위치한 울기등대방면에서 마을 앞 해수욕장을 거쳐 마을의 북쪽인 현대중공업방면으로 이어진 주요 지명은 다음과 같다.
목마정, 고동섬, 광어개(과아개안), 복시미, 용추암(대왕암), 용굴, 개안, 바위섬(탕건암), 어풍대, 고래개안, 한해개안, 미륵돌, 용디목, 오형제돌, 사근달, 남근암, 포수도, 마도, 진도, 고이,안도, 샛도, 덩더꿍굴, 넙더기돌, 넙더기끝못, 민섬(미인섬), 처녀암(음석), 바깥마구석, 허깨비, 안마구석, 장수비탈, 동대끝, 돌안, 돌안끝, 노리창, 고늘, 장성밖, 문안뜰, 나불 등이 있다. 대왕암을 비롯하여 어풍대, 용굴, 사근달, 노리창, 미인섬 등 상당수의 지

일산진마을 인근 지역은 조선시대 동안 마성(馬城)을 축조하여 말을 방목하던 곳이다. 일산진마을의 남동쪽에 위치한 등대산(일명 댕바위산)의 입구에 위치한 마성은 울산지방의 제 3마성으로 불렸다. 등대산에 마성은 원래 말을 방목하여 키우는 목장이라기보다는 마필구집소였으며, 1897년 울산지역의 말 목장이 폐쇄되면서 폐지되었다(울산동구지편찬위원회 1999: 147).

조선 현종 13년(1672년)의 『蔚山府戶籍臺帳』에 따르면 일산진에는 당시 49호가 거주하고 있었다. 이를 성관별로 보면 당시 일산진에는 울산을 본관으로 하는 성씨들은 김씨 9호, 이씨 2호, 윤씨 1호, 천씨 4호, 한씨 2호, 권씨 1호가 거주한 것으로 나타나 있다. 울산이 아닌 타 읍을 본관으로 하는 성씨들로는 김해 김씨 2호, 경주 김씨 1호, 성주 천씨 1호가 있었다. 그런데 약 2세기가 지난 조선 헌종 15년(1849년)의 『蔚山府戶籍臺帳』에서는 일산진의 주요 성씨로 울산을 본관으로 하는 성씨는 울산 김씨 1호만 기록되어 있다. 이에 비하여 울산이 아닌 타읍을 본관으로 하는 성씨는 김해 김씨 10호, 인동 장씨 1호, 영일 정씨 4호, 청주 한씨 1호, 충주 지씨 2호 등이 있다. 조선시대 일산진에 거주한 성씨구성이 약 2세기 동안에 이처럼 변화한 것은 명문거족에 동화하기 위하여 본관을 변경하는 개관과 모관이 성행한 것에서 기인한 것으로 볼 수 있다(울산동구지편찬위원회 1999: 122~126).

일산진마을은 종족촌락이 아닌 각성받이들로 구성된 촌락이었다. 이러한 사실은 매년 두 차례 동제를 지낼 때 사용하는 축문을 통해서도 알 수 있다. 일산진마을의 당산은 과거 마을에 거주하였던 여러 성씨의 시조들인데, 여기에는 하씨, 김씨, 황씨, 정씨, 최씨, 박씨 할아버

___

명이 신라의 왕실과 관련되어 있다. 일부 주민들과 향토사학자들은 경주와의 교통관계나 지명 등을 고려하여 경주시 감포에 있는 대왕암보다는 울산시 일산동의 대왕암이 문무대왕의 왕릉이라고 주장하고 있다.

지와 할머니가 포함되어 있다. 여기에서 언급된 김씨가 김해 김씨의 일산진마을 입향조로 간주해 볼 수 있다. 또한 마을에 오래 거주한 주민들과의 면접에 의하면 해방 이전에는 다수의 김해 김씨들이 있었다. 그러나 이들이 종족조직을 결성하여 적극적인 종족활동을 전개하지는 않았다.

이처럼 조선시대에 말목장에 인접한 한적한 어촌이었던 일산진마을은 현재 500여 가구에 천 명이 넘는 주민이 거주하는 도시의 주거지역으로 변화하였다. <그림 1>에서 보듯이 일산진마을 주변으로는 상가와 주거지가 조밀하게 조성되어 있다. 이에 비하여 일산진마을은 지도상으로 보아 마을의 옛 형태를 유지하고 있다. 그 이유는 앞서 설명한 것처럼 경관이 뛰어난 일산진 일대에 유원지를 조성하려는 개발계획 때문이다. 그동안 개발계획은 매우 더디게 진행되어 현재 일산진마을 주변에 택지가 조성되어 있으며, 이곳에 상가가 조성되고 있다.

1) 인구와 가구

일산진마을은 행정구역상 울산광역시 동구 일산동의 16통, 17통, 18통, 19통에 해당하며, 2002년 6월 현재 주민등록상으로 508가구에 1,394명의 주민이 생활하고 있다. 가구 당 평균가족원수는 2.7명이며, 성별에 따른 주민 수는 남성이 749명이고 여성이 645명이다. 주민들이 기억하고 있는 해방을 전후한 시기의 일산진마을의 가구수는 현재의 1/3에 미치지 못하였다. 이후 도시화와 산업화를 거치면서 주민구성에 많은 변화가 수반되었다. 본고에서는 일산진마을 어촌계 성원을 중심으로 어업과 관련된 주민에 관한 인구학적 특성과 일산진마을의 4개 통 가운데 하나의 통에 거주하는 주민들의 인구학적 특성을 동시에 살펴보고자 한다.

어촌계원에 관한 통계는 이들 대부분이 마을에 산업화·도시화의 영향이 밀려오기 이전부터 거주한 주민들이기 때문에 어민이 절대다수를 구성한 어촌으로서 옛 일산진마을의 특성을 반영할 수 있다고 간주하였기 때문이다. 또한 일산진마을의 현재 상황을 객관적으로 이해하기 위하여 일산진마을의 한 개 통에 대한 통계를 작성하였다. 어촌계원과 한 개 통에 거주하는 주민들의 가족유형, 가구주의 연령별 분포, 성 및 연령별 분포, 가구주의 직업분포를 통해 조사지역의 사회적 특성을 살펴보았다.

〈표 6〉 일산진 어촌계원 가족유형

(단위: 가구)

유 형		가구 수
단독가구		12
부부가족(노인부부가족)		37(25)
2세대 가족	부부+자녀	49
	편부모+자녀	8
3세대 가족	편조부모+부모+자녀	1
	기타	1
	계	108

일산진마을의 어촌계에 가입한 사람은 모두 110명이다. 이들 어촌계원의 가족원 수를 합하면 약 300명이 된다. 주민등록상의 통계에 따르면 일산진마을에서 어촌계원은 가구와 인구 모두에서 약 1/5가량을 차지하고 있는 셈이다. 전체 어촌계원 중에서 현지조사기간 동안에 조사가 불가능하였던 2사례를 제외한 어촌계원 108명의 가족유형을 보면 <표 6>과 같다. 표에서 기타에 해당하는 1가구는 남편이 사망한 여성이 딸의 가족과 함께 생활하는 일종의 결합가족에 해당한다. 가족유형에서 핵가족에 해당하는 2세대가족과 부부가족이 절대다수를 차지하고 있으며, 한국사회의 전통적인 가족유형이었던 3세대가족은 매우 드물게 나타나고 있다. 마을 전체 508가구 중에서 어촌

계원가족이 108가구를 차지하고 있는 일산진마을은 산업화와 도시화
의 영향을 크게 받은 현재에도 어촌의 모습을 유지하고 있다. 그러나
단독가구와 부부가족이 전체의 절반을 차지하고 있으며, 단독가구에
서 상당수가 노인단독가구인 점과 부부가족에서 65세 이상의 노인부
부가족의 비율이 높다는 것을 통해 젊은 가족성원의 이촌이 많았음을
알 수 있다.

<표 7> 일산진 어촌계원 가족 가구주의 연령별 분포

(단위: 명, %)

연 령	40~49	50~59	60~69	70~79	80세 이상	계
가구주	19	29	34	21	5	108
비 율	17.6	26.9	31.5	19.4	4.6	100.0

<표 7>은 어촌계원 가족의 가구주의 연령별 분포를 나타낸 것이
다. 이를 통해서 어촌계원 가족의 전반적인 고령화를 이해할 수 있다.
30대 이하의 젊은 가구주가 전혀 없을 뿐만 아니라, 60세 이상 가구주
의 비율이 과반을 차지하고 있기 때문이다. 더욱이 거친 어로활동에
참여하기가 쉽지 않아 보이는 70세 이상의 가구주가 전체의 1/4 가량
을 차지하고 있다는 것에서도 잘 알 수 있다. 이러한 현상은 점차 고
령화되어 가는 한국 농어촌의 일반적 실태를 잘 반영하고 있다.

<표 8>은 어촌계원 가족 구성원의 성 및 연령별 분포를 나타낸 것
이다. 조사가능한 어촌계 108가구의 인구수는 남성 147명, 여성 152명
에 모두 299명이며, 가구 당 평균 가족원수는 2.8명으로 일산진마을
전체의 평균 가족원수 2.7명과 거의 일치하고 있다. 어촌계원의 가족
에서 40세 미만의 가구주가 없음을 반영하듯 10세 미만의 어린이들은
한 명도 없는데 비하여 50세 이상의 장년층과 노년층의 인구가 과반
수를 차지하고 있다.

〈표 8〉 일산진 어촌계원 가족 구성원의 성 및 연령별 분포

(단위: 명)

연 령	남	여	계
0~9세	0	0	0
10~19세	11	10	21
20~29세	29	30	59
30~39세	14	5	19
40~49세	22	21	43
50~59세	25	35	60
60~69세	26	34	60
70~79세	17	11	28
80세이상	3	6	9
계	147	152	299

　　일산진마을의 인구와 가구에 대한 이상의 통계는 일산진마을의 어촌계원을 중심으로 살펴본 것으로 지역의 객관적인 내용을 반영하기는 어렵다. 이를 보완하기 위하여 일산진마을에 있는 네 개 통 가운데 한 곳을 무작위로 정하여 별도의 통계를 작성하였다.[5]

　　일산진마을의 ○○통에는 주민등록상으로 119가구가 거주하고 있다. 그러나 조사기간 동안 면접이 불가능하였던 13가구를 제외한 106가구에 대한 통계를 작성하였다. <표 9>는 일산진마을에 위치한 ○○통에 거주하는 주민의 성별, 연령별 분포를 나타낸 것이다. 통계에 포함된 ○○통의 전체 가구 수는 106호이고, 주민 수는 남성이 147명, 여성이 132명으로 모두 279명이다. ○○통의 가구당 평균 가족원 수는 약 2.6명으로 어촌계원 가구당 평균 가족원수 2.8명 그리고 일산진마을 전체 가구당 평균 가족원수 2.7명 보다 다소 낮다. 비교적 고령층에 해당하는 60세 이상의 비율이 20%가량인데, 이 수치는 어촌계원만을 살펴본 통계에서 60세 이상의 주민이 33%가량을 차지하는 것과

---

5) [부록 2] 참조.

비교해볼 때 많이 낮음을 알 수 있다.

〈표 9〉 일산동 ○○통 성별·연령별 인구분포

(단위: 명, %)

연령(세)	전국(비율)	일산진마을 ○○통			
		남	여	계	비율
0~4	6.8	1	1	2	0.7
5~9	7.5	5	3	8	2.9
10~14	6.6	6	6	12	4.3
15~19	8.0	10	11	21	7.5
20~24	8.4	7	7	14	5.0
25~29	9.0	16	12	28	10.1
30~34	8.9	16	8	24	8.6
35~39	9.1	15	8	23	8.2
40~44	8.7	11	13	24	8.6
45~49	6.4	15	10	25	8.9
50~54	5.1	11	9	20	7.2
55~59	4.3	10	9	19	6.8
60~64	3.9	11	16	27	9.7
65~69	3.0	7	10	17	6.1
70~74	2.0	4	3	7	2.5
75~79	2.3(*)	2	5	7	2.5
80세 이상	—	·	1	1	0.4
계	100.0	147	132	279	100.0

자료: 전국통계는 통계청, 2001, 『2001 한국의 사회지표』, 95쪽.
　　(*)는 75세 이상 전체 인구 비율을 나타낸 것임.

　　일산진마을 ○○통의 연령별 인구분포를 전국의 비율과 비교해 보면, 19세 이하 인구비율이 전국에 비하여 낮은 반면에 45세 이상 인구비율은 전국 보다 높음을 알 수 있다. 20세에서 44세까지의 인구분포는 전국의 비율과 유사하게 나타나고 있다. 일산진마을 ○○통의 25세에서 59세까지의 연령층에서 성별로 구분하면 남성이 94명, 여성이 69명이다. 활발한 경제활동이 이루어지는 이 연령층에서 남성이 58%

가량을 차지하고 있어 다수를 구성하고 있음을 알 수 있다.

〈표 10〉 일산진마을 ○○통의 가족유형

(단위: 가구, %)

유 형		사례 수	비 율	전국(비율)
단독가구(노인단독가구)		25(8)	23.6(7.5)	14.8
부부가족(노인부부가족)		15(5)	14.2(4.7)	
2세대 가족	부부+자녀	44	41.3	57.8
	편부모+자녀	18	17.0	9.4
3세대 가족	조부모+부모+자녀	1	1.0	7.9
	편조부모+부모+자녀	3	2.9	
	편조부모+편부모+자녀	—	—	
기타		—	—	10.1
계		106	100.0	100.0

자료: 전국통계는 통계청, 2001, 『2001 한국의 사회지표』, 123쪽.

<표 10>은 일산진마을 ○○통 주민들의 가족유형을 나타낸 것이다. 전체 가구에서 3세대 가족은 불과 4가구로서 전체의 4%에도 미치지 못하였다. 이는 어촌계원을 중심으로 살펴본 것과 큰 차이를 보이지 않고 있다. 상대적으로 핵가족에 해당하는 2세대가족, 부부가족, 단독가구의 비율이 매우 높게 나타나고 있다. 일산진마을 ○○통의 경우 한국사회의 핵가족화 경향 보다 높게 나타나는 것을 알 수 있다. 노인부부가족과 노인단독가구도 13사례로 전체의 12.2%를 차지하고 있다. 이는 어촌계원의 그것에 비하여 절반에도 미치지 못하는 수치이다. 이를 통해 전반적으로 일산진마을 ○○통에는 핵가족의 비율이 높은 가운데 단독가구와 부부가족의 비율이 상대적으로 높음을 알 수 있다.

<표 11>은 일산동 ○○통 가구주들의 연령별 분포를 나타낸 것이다. 40대에서 60대까지의 가구주들이 전체의 3/4가량을 차지하고 있다. 이러한 수치는 어촌계원들만의 통계에 비하여 다소 높은 비율이다. 반면에 70세 이상 고령층의 가구주들의 비율은 ○○통이 10%도 채 되지 않는 것에 비하여 <표 7>의 어촌계원들만의 통계에서는 25%가량으로 매우 높게 나타나고 있다.

〈표 11〉 일산진 ○○통 가구주의 연령별 분포

(단위: 명, %)

연령	20~29	30~39	40~49	50~59	60~69	70~79	80세 이상	계
가구주	1	14	28	22	31	7	3	106
비율	1.0	13.2	26.4	20.7	29.2	6.6	2.9	100.0

<표 12>는 일산동 ○○통의 가족원수의 분포를 나타낸 것이다. 가구당 평균 가족원수가 2.6명인 가운데 3인 이하의 가족이 전체의 3/4가량을 차지하고 있다. 전반적으로 1인 가족과 2인 가족의 비율이 높게 나타나고 있는데, 이는 도시지역의 특성을 반영하는 것이라기보다는 인구 과소화 현상이 진행되고 있는 농어촌지역과 유사함을 알 수 있다. 조사지역의 이러한 특성은 이 지역이 슬럼화되어 도시생활의 적응이 어려운 나이 많은 주민들이 다수 거주하는 것에서 기인하는 듯하다. 이 외에도 토착민들 중에서 자녀들은 다른 곳으로 이주하였지만 고령의 부모들만 남아 생활하는 것도 이유가 될 것이다.

〈표 12〉 일산진 ○○통 가족원수 분포

(단위: 가구, %)

가족원수	1인	2인	3인	4인	5인	6인 이상	계
가구수	25	26	27	22	3	3	106
비율	23.6	24.5	25.4	20.7	2.9	2.9	100.0
전국(비율)	15.5	19.1	20.9	31.1	10.1	3.3	100.0
도시지역(비율)	14.6	16.8	21.5	33.7	10.3	3.1	100.0
농촌지역(비율)	18.9	27.3	18.4	21.7	9.2	4.5	100.0

자료: 전국통계는 통계청, 2001, 『2001 한국의 사회지표』, 121쪽.

　조사지역의 어촌계원과 ○○통 주민들을 대상으로 실시한 통계자료를 놓고 조사지역의 인구와 가구의 특성을 살펴보면 다음과 같다. 주민의 연령별 구성이나 가구주의 연령별 구성을 통해서 볼 때 일산진마을의 주민들이 평균 연령이 전국 평균에 비하여 높은 가운데 일산진마을 어촌계원 가족의 평균 연령이 가장 높음을 알 수 있다. 이는 인구가 지속적으로 감소하는 농어촌의 일반적인 상황과 유사한 것으로서, 일산진마을이 도심지에 위치하면서도 도시화에 따른 혜택에서 배제되어 온 그간의 과정을 반영하고 있다. 이런 현상은 일산진마을 ○○통의 가구 당 가족원 수를 통해서도 잘 알 수 있다. 가구 당 가족원 수에서 1인 가족과 2인 가족이 전체 가구 수의 절반가량을 차지하고 있는데, 이것 역시 도시지역의 특성을 반영하는 것이 아니라 전형적으로 인구가 감소하는 농어촌의 실정을 반영하고 있다.

　일산진마을 전체 주민의 성별 구성에서 남성이 여성보다 100명 정도 더 많은 것은 인근지역에 대규모 공장이 있는 것과 무관하지 않다. 이들 대규모 공장이나 하청업체에 종사하는 독신의 남성 노동자들이 다수 거주하기 때문이다. 이러한 사실은 일산진마을 ○○통의 성 및 연령별 구성에서 경제활동을 적극적으로 펼치는 25세에서 59세까지의 연령층에서 남성이 다수를 차지하는 것을 통해서도 이해할 수 있다. 이상의 자료를 통해 일산진마을은 침체 일로의 어촌적 특성과 인근 공단에 종사하는 저소득층 노동자들의 주거지역적 특성을 잘 이해할 수 있다.

2. 사회조직

1) 일산어촌계

전국 어촌에 결성되어 있는 어촌계는 법인 어촌계와 비법인 어촌계로 구분된다. 법인 어촌계는 계원이 수백명에 이르고 어촌계의 자산이 풍족할 경우 해양수산부에 법인을 신청하거나 별도의 수협조합을 결성함으로써 조직된다. 일산진마을의 어촌계는 비법인과 법인을 거쳐 2002년 6월에 비법인 어촌계로 등록되어 있다. 이웃한 방어진과 같은 곳에서는 법인 어촌계를 구성하고 있으나 일산진은 방어진에 비하여 계원수나 자산면에서 부족하여 법인 어촌계를 구성할 수 있는 여건을 갖추지 못하고 있다.

일산진어촌계의 회의와 가입비 등 어촌계와 관련된 일반적인 사항은 비법인 어촌계의 계칙을 따르고 있다. 단순한 친목조직이 아니고 경제적 이익배분 등의 문제가 수반되기 때문에 비교적 엄격한 벌칙을 정해두고 있는데 이를 살펴보면 다음과 같다. 어민이 사소한 잘못을 저질렀을 경우에 1차 경고하는 선에서 무마하고 있다. 그러나 당일 채취해야 할 해산물이 아닌 것을 채취하거나 작업에 불참할 경우에는 3만원의 벌금을 부과하고 있다. 조업금지구역에서 조업하다가 발각되었을 경우에는 조업금지에 처한다. 그러나 일산진마을 어촌계에서는 별도의 자치 회칙을 정해 두지 않았기 때문에 대부분의 가벼운 위반에 대하여는 훈방 조치로 끝내고 있다.

앞서 보았듯이 일산진마을의 어촌계에는 모두 110명의 어민이 가입하고 있는데, 이 가운데 61명이 어선을 타고 고기잡이를 하는 어민이고 49명은 해녀이다. 이들 110명의 정식 계원 외에도 준계원 7명을 더하여 수협조합원은 모두 117명이다. 어촌계의 조직은 4년 임기의 어촌계장 1인, 간사 1인, 감사 1인, 서기 1인, 총대 10인과 평계원으로 구성되어 있다. 일산진 어촌계에서는 2002년 현재 매월 어촌계장에게 38만원, 간사에게 5만원의 활동비를 지급하고 있다. 이 밖에도 서기를 두어 매월 27만원을 지급하고 있는데, 어촌계에서 현금을 관리하는 경우가 많고 다양한 업무를 수행하기 때문이다.

이익배분이 큰 만큼 어촌계에 가입하려면 가입비를 지불해야 한다. 어촌계 가입비는 근래까지 200만원이었으나 2002년부터 400만원으로 인상되었다. 옛날에는 어촌계원의 가입이 어려웠으며 이로 인한 법정소송이 일어나기도 하였다. 그만큼 어촌 주민의 주요 수입원인 어로활동에 대한 권한과 이익배분이 관련되기 때문이다. 이처럼 폐쇄적이었던 어촌계의 구조는 1950년대 계원의 자격을 완화시키는 혁신을 통해서 일반계원이 크게 늘어나게 되었다. 현재 어촌계원이 되려면 가입비를 지불하는 것 외에도 다른 자격요건을 갖추어야 한다. 연중 60일 이상 어로활동에 종사해야 하는 것이다. 따라서 계원의 자격을 획득하려면 우선 수산업협동조합에 조합원으로 가입하고, 가입비를 지불하고 나서 2년 동안 준계원으로 조업활동에 참여해야 한다. 2년 동안 조업활동을 관찰한 뒤에 어촌계 총회에서 가입이 결정되어야 정식계원이 될 수 있다.

현재 일산진어촌계 소유의 자산으로는 어촌계 사무실, 공동작업장, 마을어장, 구획어장 2곳과 양식장 2곳 등이 있다. 일산진 어촌계가 관리하는 공동어장은 수심 15m 이내의 해역 759,950㎡이다. 공동어장의 경계는 북쪽의 고늘재 앞바다에서부터 남쪽의 방어진 어촌계와의 경계지점까지이다. 그런데 방어진 어촌계와 경계를 이루고 있는 등대산 남쪽에 위치한 공동어장은 마을에서 육안으로 감시할 수 없는 곳이다. 육안으로 불법어로를 감시할 수 없는 곳에 위치한 공동어장은 사실상 일산진마을의 해녀들이 관리하고 있다. 해녀들로 하여금 이곳에서 자율적으로 채취작업을 하여 인근 공원 등지에서 관광객을 상대로 자신들이 채취한 해산물을 판매하도록 하였기 때문이다.

마을의 공동어장에 해당하는 1종 어장에서는 주로 돌미역, 전복 등의 해산물을 채취하고 있다. 전복의 경우 자연산이 거의 고갈되었기 때문에 양식법을 도입하였다. 이를 위해 울산광역시 동구청에서 지원한 2천만원과 어촌계 자체에서 조달한 5백만원의 비용이 충당되었다. 전복채취는 과거에는 1년 중 12월에 한 번 이루어졌으나 2001년부터는 설과 추석을 전후하여 연간 2차례 채취하고 있다. 이때 출하하면 보다 높은 가격을 받을 수 있기 때문이다. 높은 수입을 올릴 수 있는 전복 양식에 어촌계에서는 많은 관심을 기울이고 있다. 전복이 바위에 잘 부착하여 성장할 수 있도록 주기적으로 투석사업을 실시하고 있다. 전복은 3년이 지나 8~9cm 정도가 되어야 상품성이 있으며, kg당 12만원정도까지 받을 수 있다. 인근 방어진 어촌계에서 양식한 것에 비하여 상품가치가 높은 일산진에서 양식한 값비싼 전복을 몰래 훔치는 스쿠버들을 감시해야 하는 등 어촌계에서 공동어장 관리에 많은 관심을 쏟고 있다.

〈표 13〉 일산진의 수확어종과 어법

어종 \ 월별	1	2	3	4	5	6	7	8	9	10	11	12	어법
붕장어				—	—	—	—	—	—	—	→		연승, 통발
가자미					—	—	—	—	→				연승, 자망
곰 치										—	→		연승
삼 치									—	→			정치망, 연승
오징어											→		정치망
고등어										—	→		정치망
멸 치				—	→								정치망, 자망
정갱이										—	→		정치망

구획어장은 두 곳으로서 면적은 각각 50,000㎡이다. 구획어장은 어촌계원에게 공개입찰 혹은 수의계약을 통해 1년 혹은 3년 단위로 임대해주고 있으며 임대료는 연간 150만원 정도이다. 원래 이 어장들은 국가의 소유였는데, 몇 해 전 국가에서 각 어촌계에 2 곳을 배정함으로써 일산진어촌계에서 관리하고 있다. 구획어장의 배분은 수산조정위원회에서 확정하며 해당지역의 행정기관이 구획어장의 장소를 변경할 수 있다. 일산진어촌계에서 관리하고 있는 구획어장 중의 한 곳은 울기공원 앞바다에 위치하고 있는데 이곳에서는 잡어가 많이 잡히고 있다. 여기에서 잡은 활어는 생선회감으로 판매하고 있으며 자연산으로 가격이 높지만, 이를 찾는 단골상인이 많은 편이다. 다른 어장은 참가자미어장으로 마을에서 5마일 정도 떨어진 해역에

위치하고 있다. 이곳에서는 주로 연승, 통발, 자망 등을 이용하여 작업하고 있다.

일반적으로 연안에서의 어로활동은 허가를 필요로 하지 않으나 연근해에서 작업하기 위해서는 허가를 받아야 한다. 그런데 일산진마을의 경우 이웃한 어장이 공단의 개항지에 포함되어 어로작업이 금지되어 있을 뿐만 아니라, 어장에 대한 정부의 허가 남발에 따라 어로공간이 부족해지면서 어민들이 어로활동이 위축되었다. 따라서 위축된 어로활동을 만회하기 위하여 어민들은 불법인줄 알면서도 어로활동이 금지된 현대중공업쪽으로 어로작업을 감행할 수밖에 없는 실정이다. 어로활동은 <표 13>에서처럼 봄철에는 주로 붕장어(아나고)잡이, 늦은 봄에서 초가을까지는 가자미잡이 그리고 가을부터 초겨울까지는 곰치(물메기)잡이를 한다. 일산진마을에는 모두 59척의 어선이 등록되어 있는데 규모별로 1톤 미만이 24척, 1톤 이상 3톤 미만이 22척 그리고 3톤 이상 5톤 미만이 13척이다.

일산진 어촌계가 관리하는 2곳의 양식장은 주로 미역을 양식하는 어촌계원에 임대하고 있다. 이들 미역양식장의 면적은 각각 65,100㎡와 42,900㎡이다. 임대료는 어장보다 저렴하여 1건당 연간 10만원 정도이다. 미역양식은 일손이 많이 드는 작업이라 요즘에는 젊은 사람들이 선호하지 않기 때문에 일산진에서는 나이 많은 어촌계원 2명이 미역양식을 하고 있다.

방어진과 일산진을 제외한 울산광역시 동구의 해안지역 대부분은 공장이 자리하고 있어 전통적인 어민의 생활공간은 거의 잠식된 상태이다. 일산진마을은 예전에는 어업과 농업이 성한 부촌이었으나 현대중공업이 들어선 후에는 어업과 농업은 침체해 왔다. 이러한 실정을 반영하듯이 일산진마을에 있는 0.3톤에서 3.5톤에 이르는 59척의 등록된 어선 가운데 실제 조업활동에 참가하는 어선은 30척 미만이다.

이는 어로공간의 축소와 어업의 중요성의 감소로 어로활동에 종사하려는 주민들이 줄어들고 있기 때문이다. 더욱이 기존의 어촌계원의 상당수가 고령층에 해당하여 고된 어로활동에 참가하기 어려워 상황은 악화되고 있다. 해녀의 경우도 마찬가지로 등록된 해녀들 보다 훨씬 적은 수의 해녀들이 활동하고 있다. 더욱이 마을을 둘러싼 인접지역이 유원지부지로 묶여서 발전하지도 못한 가운데 정부로부터 지원도 제대로 받지 못하고 있는 실정이다.

2) 기타 사회조직

일산진마을에서 어촌계를 제외하고 비교적 많은 성원으로 구성된 사회조직으로는 나잠회, 노인회, 부녀회, 선주부인회와 연승협회 등이 있다. 이 밖에도 이웃이나 평소 잘 알고 지내는 주민들 사이에서 결성한 다양한 목적을 수행하는 계가 있다. 이 가운데 비교적 많은 수의 주민들이 가입한 사회조직의 현황은 <표 14>와 같다.

〈표 14〉 일산진마을 주요 사회조직

명칭	결성년도	회원수	임원조직	모임방식	목적 및 활동
일산해녀단결회	1983	57명	회장, 부회장, 총무, 총대	월 1회	해녀권익보호, 회원친목도모
일산진부녀회	2000	45명	회장, 총무	월 1회	회원간 단합, 마을행사지원
일산여성풍물패 모임	1999	35명	회장, 총무	연 2회	마을행사지원, 독거노인지원

일산진부녀회와 일산여성풍물패 모임은 비교적 최근에 결성되었지만, 과거에 존재하였던 부녀회와 일산풍물패를 계승한 것이다. 여성

풍물패는 매년 2차례 동제를 지낼 때를 전후하여 모임을 갖고 활동하고 있다. 특히 정월에 지내는 동제 때에는 마을은 물론 인근 해수욕장의 여러 업소를 돌며 지신밟기를 행하여 비교적 많은 수입을 벌고 있다. 이 수입은 마을의 행사를 위한 지원금이나 마을의 어려운 노인들의 생활보조금으로 활용하고 있다. 일산진 부녀회도 회원 사이의 친목도모를 주목적으로 결성되었지만, 동제나 별신굿 등 마을의 주요 행사의 뒷일을 맡고 있다.

일산해녀단결회는 흔히 일산나잠회로 알려져 있는 해녀들의 모임이다. 일산나잠회는 57명의 해녀로 구성되어있으나 현재 나이든 성원이 많아 40여명 정도가 활동을 하고 있다. 해녀가 일산진마을에서 활동하기 시작한 것은 1950년대를 전후하여 제주도에서 해녀들이 이주해 오면서부터이다. 일산진마을의 고령의 나잠회원들은 대부분 제주도에서 온 해녀들이다. 오늘날 일산진마을에서 활동하고 있는 해녀들은 제주도에서 온 해녀들과 이들의 자손이거나 이들로부터 해녀작업에 필요한 기법을 습득한 사람들이다.

일산나잠회는 회장과 부회장, 총무, 총대, 조장 등으로 구성된 임원진과 일반 회원으로 구성되어 있다. 이들 임원진은 운영위원회를 통해 회의 주요 사안을 의결할 수 있다. 어촌계처럼 주민의 생업활동과 관련되고 규모면에서도 어촌계 다음으로 큰 사회조직인 나잠회의 주요 회칙은 아래와 같다. 나잠회 결성의 우선적 목적이 해녀들의 공정한 경제행위와 이에 따른 해녀들의 권익을 보호하는 것이기 때문에 친목도모 이상의 내용을 회칙에 포함하고 있다. 친목도모, 상호부조 외에도 계의 가입과 탈퇴, 계금 관리, 작업시 길흉사에 따른 작업면제 등을 구체적으로 정해둔 것이 경제 집단으로서 나잠회의 성격을 반영하고 있다.

일산동 해녀 단결회 회칙(1992년)
아래의 회칙을 다같이 지킬 것을 서약한다.

① 회원 모두에게 길·흉사가 있을 때에는 백미 열 가마에 해당하는 금
   액을 주도록 한다.
② 회비는 월 2만원으로 한다.
③ 회원간 친목과 단합을 목적으로 모인 회이므로 봄과 가을을 택하여
   일년에 한차례 여행을 하기로 한다. 여행시 남편이 있는 회원은 동행
   을 하여도 이의를 제기하지 않는다.
④ 회원의 다수 의견에 따라 결정된 사항을 개인의 뜻에 맞지 않는다는
   이유로 무단이탈을 2회 이상 할 경우 강제 제명은 물론 계금도 전액
   환불하지 않는다.
⑤ 회의 날짜는 매월 15일로 정하고 불참시 3,000원의 벌금을 물린다.
⑥ 계금을 탈 때는 연대보증을 세우기로 한다.
⑦ 회 탈퇴의 사유가 확실할 경우 심사 후 원금은 환불해 준다.
⑧ 성게(운단), 우뭇가사리(천초), 전복 작업 시에 길·흉사가 발생하면 3
   일간 휴가를 주도록 한다.
⑨ 헛물작업(고동, 소라, 해삼)시 발생한 길·흉사에는 2일간 휴가를 주
   도록 하고, 초상일 경우는 상을 마칠 때까지 휴가를 주도록 한다.
⑩ 직계가족 이외의 길·흉사는 운영위원회의 결정에 따라 휴가 일수를
   정하기로 한다.

  경제행위의 공정성을 준수하기 위한 나잠회의 엄격성은 작업능력
에 따라 차등적으로 이익금을 분배하는 것에서도 잘 나타나고 있다.
나잠회원은 해녀들의 물질하는 능력의 차이에 따라 A, B, C의 세 등
급으로 구분하고 있다. 이러한 등급구분은 채취작업에만 적용되는 것
이 아니라, 각종 개발에 따라 입은 피해에 대한 보상금을 분배하는 기
준으로도 작용하고 있다. 나잠회의 지난 10년간 회의록을 통해서도
알 수 있는 것처럼 일산진마을에서는 인접한 곳에 대형 공장이 들어
서고 유원지개발에 따른 택지구획정리사업 등 마을에서 행해지고 있
는 각종 개발에 따른 피해 사례가 빈번히 발생하였다. 이에 해녀들에
게 지급된 보상금은 해녀들의 작업능력에 따라 차등적으로 분배되고

있다. 해마다 작업능력에 따라 다소 차이가 있지만 일산진마을의 57
명 해녀 중에서 A등급 해녀는 40여명, B등급 해녀는 7~8명 그리고 C
등급 해녀는 10명 정도가 있다. 보상금의 분배는 4 (A등급) : 2 (B등급)
: 1 (C등급)의 비율로 이루어지고 있다.

3. 마을공동체신앙

일산진마을에서는 매년 정월대보름과 음력 10월 초하루에 동제를
지내고 있다. 이처럼 일산진마을에서 1년에 두 차례 동제를 지내는
유래를 정확하게 알고 있는 주민은 없었다. 일반적으로 동해안의 어
촌에서는 연 중 두 차례 이상 동제를 지내는 곳이 많은 편이다. 가령
경주시의 어촌에서는 정초와 음력 6월에 동제를 지내는 곳이 많다.
영덕군의 노물리에서는 매년 네 차례 동제를 지내고 있다. 최근에는
동제와 같은 공동체신앙을 간소하게 지내는 곳이 많기 때문에 연중
한 차례만 지내는 것이 일반적인 것 같지만, 과거에는 많은 어촌에서
연중 두 차례 이상 동제를 지냈다.

일산진마을에서 연중 두 차례 동제를 지내는 것에 대하여 일부 주
민들은 다음과 같이 설명하고 있다. 옛날 일산진 일대에는 일산진마
을과 고늘마을이라는 두 개의 자연촌락이 있었다. 일산진마을에 거주
하던 한 남성에게 두 부인이 있었는데, 큰 부인은 일산진마을에 그리
고 작은 부인은 고늘마을에 거주하였다. 한번은 규모가 큰 태풍이 지
나가면서 고늘마을에 엄청난 피해를 입혔다. 이로 인하여 대부분의
고늘마을 주민들은 보다 안전한 일산진마을로 거처를 옮기지 않을 수
없었다. 고늘마을에 거주하던 작은 부인도 일산진마을로 옮기려 했으
나, 큰 부인의 시샘을 염려하여 홀로 고늘마을에 남아 여생을 마쳤다.
이후 주민들은 고늘마을에서 외롭게 여생을 마친 작은 부인을 고늘할

매로 받들고 제사를 지내주었다. 이처럼 일산진마을의 동신과 지금은 없어진 고늘마을의 동신을 모시다보니 연중 두 차례 동제를 지내게 되었다는 것이다.

지금은 흔적도 찾기 어려운 고늘마을에 대한 옛 기록이 남아 있다. 17세기 중엽 조선 현종 때 작성된 장적에 울산도호부의 동면에 곶포 (串浦)라는 마을이 있었는데, 100여년 후인 영조 때 작성된 호적대장 에는 곶포가 명기되어 있지 않다. 아마도 그 기간 동안에 태풍의 피해 를 크게 입은 고늘마을 주민들이 일산진마을로 이주한 것으로 간주해 볼 수 있다. 당시 기록에 의하면 일산진에는 49호 그리고 고늘마을에 는 56호가 있었다(울산동구지 편찬위원회 1999: 156~158)

어촌계장과 제관이 주관하는 동제는 준비과정, 제의과정에 있어 여 느 동제와 크게 다른 점이 없으며, 연중 두 차례 정월과 10월에 지내 는 동제는 동일한 절차로 지내고 있다. 동제를 지내기 며칠 전에 제관 을 정하고 금기를 행하며 동제를 지낸 뒤에는 주민들이 모여 음복을 하면서 마을의 제반사항을 의논하고 집단적인 놀이를 행하고 있다. 특히 정월의 동제는 대보름 밤에 일산진해수욕장의 모래사장에서 열 리는 '달집태우기'로 이어져 마을 주민들은 물론 일산동과 동구지역 일대 주민의 축제로 거듭나고 있다. 그리고 10월의 동제는 격년으로 별신굿을 겸하고 있어 마을뿐 아니라 일대의 커다란 행사가 되고 있 다. 최근 동제마다 소요되는 경비는 약 40만원 정도인데 주로 어촌계 에서 경비를 충당하고 있다. 2002년 정월에 지낸 동제의 제문은 다음 과 같다.

제문
유세차 임오년 1월 14일 갑자일 제주 최○○는 목욕재계하고 당산 님 앞에 엎드려 제사를 올립니다.

당산님 하씨 할아버지 할머님

김씨 할아버지 할머님
황씨 할아버지 할머님
정씨 할아버지 할머님
최씨 할아버지 할머님
박씨 할아버지 할머님

차린 것은 별로 없으나 정성껏 제를 올립니다. 당산 할아버지 할머님 많이 드시고 우리 마을에 항상 평화롭고 행복한 날만 이어 가도록 도와 주시 오소서. 작년에는 흉어가 들어 어민들이 많은 고초를 겪고 있습니다. 하루빨리 대풍어가 들어 청기 홍기 달고 만선의 기쁨을 나눌 수 있도록 해 주시고 해녀들도 바다에서 작업할 때 무사하도록 보살펴 주시 오소서.

일산진마을에는 타 지역에서 온 사람들이 많이 모여 살고 있으니 이로 인한 잘못된 일들이 많을 것입니다. 이 모든 것들을 할아버지 할머님께서 너그러이 용서하여 주시고 항상 마을이 조용하길 바라나이다.

특히 올해는 별신굿을 할 차례입니다. 지난번 못 다한 정성을 이번에는 정성을 다하여 할아버지 할머님을 더욱 기쁘게 하여 드리겠습니다. 우리들은 항상 할아버지 할머님의 보살핌 속에서 살고 있으니 모든 것을 용서하여 주시 오소서. 아무쪼록 임오년 올 한해도 우리 동네가 날로 번창하고 동민들이 항상 건강하도록 도와주시기를 간절히 기원합니다. 부족하나마 많이 드시옵소서. 이만 상향하나이다.

제주 최○○
계장 정○○

제문에서 보듯이 일산진마을의 동제는 여러 당산님을 모시고 있는데 이를 통해서도 이 마을은 여러 성씨집단으로 구성된 각성촌락임을 알 수 있다. 동제를 지낼 때에는 '동중하씨성왕신위(洞衆河氏城王神位)'라고 기록한 지방으로 신주를 모시고 있어 하씨들이 마을에 처음으로 입촌한 것으로 추정되지만 마을의 유래에 관하여 자세히 알고 있는 주민은 없다.

일산진마을에서 별신굿은 18세기 후반부터 1999년까지 격년제로 지내왔으며 200년이 넘는 기간 동안 112회를 지낸 오랜 역사를 간직하고 있다. 별신굿을 행할 때 굿당은 어촌계 사무실에 인접한 어린이 놀이터에 임시로 설치하고 있다. 일산진 어촌계가 중심이 되어 음력 10월 초하루부터 2박3일 동안 진행되는 일산진 별신굿에는 26거리의 굿이 행해지고 있다. 일산진 별신굿의 26거리는 부정거리로 시작해서 상·하당맞이, 가망거리, 세존거리, 성조거리, 군웅거리, 제석거리, 내천왕거리, 일월맞이, 산신거리, 조상거리, 손님거리, 대왕거리, 맹인거리, 부인거리, 소가망거리, 황제거리, 외성조거리, 일원맞이, 외세존거리, 우천왕거리, 용왕거리, 걸립거리, 장수거리, 월래거리, 대거리로 끝이 난다.

그런데 일산진마을에서는 200년 이상 격년제로 행하던 별신굿을 1999년 이후부터는 3년마다 지내기로 결정하였다. 주민들에 의하면 별신굿을 한번 지낼 때마다 1,500만원이 넘는 예산을 충당하기 어렵다는 것이 별신굿을 3년마다 지내게 된 주된 원인이다.6) 그러나 다른 한편으로 울산지역의 도시화가 빠른 속도로 전개되면서 일산진마을의 주변지역이 도심지의 형태로 변화하는 가운데 주민들의 어업에 대한 의존도와 중요성이 상대적으로 낮아진 점이 큰 요인으로 작용하고 있다. 어로자원이 과거에 비하여 현저히 줄어들고 있으며, 위험하고 힘든 어로활동에 나서는 주민들 대부분이 비교적 나이 든 사람들이기 때문이다. 그만큼 젊은 사람들이 어업을 유망한 직업으로 간주하지 않음을 알 수 있다. 이 같은 사실은 일산진마을 어촌계에 가입한 사람들의 가족유형에서 노인부부가족과 노인단독가구에 해당하는 사례가 어촌계 성원 전체의 가족유형에서 1/3가량을 차지하고 있으며, 어촌계 성원 가족에서 60세 이상의 가구주가 있는 가족이 전체의 절반 이상을 차지하는 것을 통해서도 어느 정도 이해할 수 있다.

---

6) 1999년 일산진마을 별신굿 소요비용은 [부록 3] 참조.

V. 산업화에 따른 지역사회의 변화

조사지역인 일산진마을은 한적한 어촌에서 울산시의 산업화와 이에 따른 급격한 도시화의 영향을 크게 받은 곳이다. 우리나라를 대표하는 공업단지가 들어선 울산시에는 환경오염, 낙후한 문화시설 등여러 가지 문제가 발생하고 있지만, 많은 일자리를 창출하고 있다는 점에서 지역 경제에 미치는 영향이 매우 크다. 그러나 조사지역인 일산진마을에서는 어업과 농업을 겸하던 때와 비교하여 주민들이 느끼는 상대적 안정감은 기대에 훨씬 미치고 못하고 있다.

오랫동안 계획만 세워둔 채 개발사업이 진행되지 않아 각종 규제에 묶인 지역은 마치 슬럼가를 방불케한다. 이런 열악한 사정으로 인하여 주민들간, 주민과 개발업체간 그리고 주민과 행정당국간에 갈등이 증대되고 있다. 여기에서는 열악한 경제사정을 극복하기 위하여 주민들 사이에서 전개되는 갈등의 양상과 주민들과 개발업체 사이의 갈등을 중심으로 변화의 양상을 살펴보겠다. 또한 최근 동제와 별신굿과 같은 전통문화를 문화재로 등록하려는 주민의 의사와 관련하여 전통문화가 지역 정체성과 주민들의 동질의식 형성에 지니는 의미를 살펴보고자 한다.

1. 개발계획과 어촌지역

현재 조사지역에서 주민생활과 관련하여 가장 큰 문제거리가 되고 있는 것은 일산진 해수욕장 일대 52만평의 면적을 도심속의 휴양지로 개발하려는 계획이다. 이른바 "일산유원지 개발사업"은 30년 이상 답보상태를 보이면서 장기간 재산권을 행사하지 못해 주민들은 많은 피해를 입고 있는 실정이다. 따라서 주민들의 행정당국에 대한 불만은 매우 높게 나타나고 있다. 주민들은 유원지 개발사업에 소극적인 자세를 보이고 있는 울산시에 대안 마련을 촉구하는 한편 각계 전문가들의 의견을 청취하는 등 다양한 노력을 기울이고 있다. <표 15>는 그동안 이 지역의 개발사업과 관련한 진행과정을 나타낸 것이다.

〈표 15〉일산유원지 개발사업 진행경과

일 시	내 용
1970년 3월	건설부 고시 일산동 일대 위락지구 시설 결정
1986년 9월	울산도시계획시설 변경 결정 및 지적고시 승인
1986년 11월	선주기업이 사업 시행자로 선정, 허가
1987년 10월	공사착공
1989년 11월	한일건설 사업 시행자 변경
1996년 1월	사업시행 포기의사 제출
1996년 11월	현대중공업 사업인수 불가 통지
1997년 12월	한진건설의 제안으로 3섹타 방식 채용
1998년 3월	2단계 물권재조사 완료
1999년 1월	한진중공업 2단계사업 포기
1999년 4월	1단계 사업 환지계획인가신청 공람
1999년 12월	일산유원지 부분축소 도시계획 변경 공청회
2000년 5월	일산유원지 도시계획 변경 부결
2000년 6월	1단계 소유권 이전등기
2000년 10월	일산유원지 특별위원회 구성
2001년 7월	일산유원지 축소 도시계획 변경 공청회 예정

이처럼 유원지 개발사업이 지지부진한데도 울산시 당국은 전담부서조차 설치하지 않고 민간투자만 고집하는 것에 주민들은 불만을 품고 있다. 이에 주민들은 유원지개발사업을 위한 주민토론회를 개최하여 공영개발을 통한 신속한 사업추진을 주장하고 있다. 그동안 생활에 적지 않은 불편함을 겪어 온 주민들은 다음과 같은 문제점을 지적하고 있다.

첫째, 주민들은 재산권을 행사하지 못한 채 수십 년동안 피해를 감수해 왔다. 마을의 인근 지역에 우리나라를 대표하는 공장이 이미 들어섰고, 공장의 주변으로 상업지역과 주거지역의 개발이 오래 전부터 실시되었다. 그럼에도 불구하고 조사지역은 각종 규제 때문에 30년 전의 상태를 유지하고 있다. 따라서 주민들은 재산권을 행사하지 못한 채 조사지역은 슬럼화 되었다.

둘째, 그나마 어렵게 1999년에 준공된 1단계 택지개발지구는 용적율과 건폐율에 따른 문제로 건축물이 들어서지 못하고 있어 사실상 사업이 중단된 상태이다. 1단계 택지개발지구의 개발이라도 원만하게 진행되어야 일산진 어촌마을에도 개발사업이 조속히 진행될 것을 기대할 수 있는데, 사정은 더욱 어려워지고 있다.

셋째, 행정 당국은 수십년 동안 계획만 세워놓고 진행되지 않은 개발사업의 축소를 검토하고 있는 점이다. 이는 원안대로 사업이 추진되었을 때, 그에 따른 혜택을 기대해 왔던 주민들의 기대를 저버리는 것이다. 이미 주민들이 기대하던 해양공원조성계획은 제외되어 원래의 개발계획안이 무산될 처지에 있다.

넷째, 용적율과 건폐율의 문제를 안고 있는 1단계 택지개발지구에는 여관, 주점 등의 유흥업소만 일부 들어서고 있다. 이로 인해 쾌적한 유원지조성이라는 개발사업의 원래 목적에 벗어나고 있는 것도 주민들이 크게 우려하는 점이다.

다섯째, 지주들에 대한 손해배상이 제대로 이루어지지 않고 있다. 뿐만 아니라 일산진마을에까지 개발사업이 진행될 경우 주민들의 생존권과 이주대책 등도 제대로 수립되지 않았다.

여섯째, 현재 일산진유원지개발사업은 상업적 투자가치가 낮아져서 사업시행의 희망자가 나서지 않고 있는 것도 사업추진의 어려움이다.

이상의 어려움과 문제점에 대하여 주민들은 일산유원지의 관광자원으로서 가치를 높이는 동시에 민간투자와 행정 당국에 의한 공익성 투자가 병행되어야 함을 강조하고 있다. 그러나 사업채산성만 염두에 두는 시공업체와 행정 당국의 무계획적인 개발사업이 일산유원지개 발사업을 불투명하게 하고 있다. 이에 따라 주민들의 생활에 따른 불편과 행정당국에 대한 불만은 심화되고 있는 실정이다.

2. 주민구성의 변화

앞서 조사지역의 인구와 가구의 특성을 통해서 살펴보았듯이 현재 조사지역에는 500여 가구에 1,400명에 가까운 주민들이 거주하고 있다. 산업화 이전 어촌인 일산진마을의 형태가 유지되고 있다는 점을 고려해 볼 때, 이러한 수치의 가구와 인구는 상당히 많은 편에 속한다. 자연촌락으로서 어촌마을은 100호를 넘지 않는 것이 일반적이기 때문이다. 그럼에도 불구하고 조사지역의 인구와 가구 수가 이처럼 많은 것은 인근지역에 진행된 산업화로 인하여 저렴하고 근무지에 인접한 주거공간을 찾는 노동자들이 셋방을 구하러 일산진마을에 몰려들었기 때문이다.

일산진마을은 대규모 공장에 인접해 있다. 마을의 북쪽방면으로 현대중공업이 들어섰고, 남쪽방면으로는 방어진항을 제외하면, 현대미포조선과 현대자동차라는 국내 굴지의 공장이 들어섰다. 일산진과 방어진을 제외한 수십리에 걸친 해안지역에 공장이 들어선 것이다. 이러한 대규모의 공장이 자리하게 되면서 울산시 동구지역은 상당히 빠른 속도로 개발이 진행되었다. 급격히 증가한 노동자들의 생활공간을 조성하기 위하여 야산으로 남아있던 동구지역의 임야는 주거지역과 상업지역으로 바뀌었다.

<표 16> 일산진마을 ○○통 반별 주택소유현황

(단위: 가구)

구분	1반	2반	3반	4반	5반	6반	계
자가소유가구	12	10	9	8	11	16	66
세입자가구	6	2	6	12	10	4	40
계	18	12	15	20	21	20	106

일산진마을도 이러한 변화에 영향을 받아 한가로운 어촌에서 저렴한 주거비용을 고려하여 이주해 온 외지인들로 붐비기 시작하였다. 이러한 흐름은 울산지역에서 공단이 들어서기 시작한 1960년대 중반부터 1980년대까지 비교적 빠른 속도로 진행되었다. 앞서 살펴본 울산지역의 인구와 산업에 관한 각종 통계자료가 이를 뒷받침하고 있다. 이러한 일련의 변화에 따라 일산진마을은 개발의 이면에서 슬럼화되는 한편으로 저렴한 주거공간을 구하려는 급격히 늘어난 세입자들을 수용하는 주거공간의 성격을 지니게 되었다. <표 16>은 일산진마을 주민들의 주택소유현황을 나타낸 것인데, 전체 가구 중에서 세입자들이 차지하는 비중이 40%가량 되는 것을 알 수 있다. 협소한 주택에 여러 가구가 세 들어 살았던 과거에 비하면 세입자의 비율이 낮게 나타나고 있다. 주민들에 의하면 1990년대 중반까지만 해도 세입자의 비율이 자가소유자의 몇 배에 해당하였다.

다음의 사례들은 일산진마을에서 야기된 이러한 변화를 잘 예증하고 있다.[7]

<사례 1>
일산진마을에서 해녀들의 모임인 '일산해녀단결회'의 회장을 맡고 있는 이○선씨는 1947년 제주도 북제주군 구자면의 한 어촌에서 태어

---

7) 일산진마을 주민의 생애사에 관하여는 [부록 1] 참조.

낳으며 올해 56세이다. 17세가 되던 해에 가정사정으로 육지로 이주한 이씨네는 이후 울산에 정착하였다. 이씨는 해녀생활을 통해 채취한 해산물을 일산진마을 인근 울기등대를 찾는 관광객에게 판매하여 생활하면서 젊은 시절을 보냈다. 1960년대 말 인근에 들어선 현대자동차에 근무하던 남편이 울기등대에 놀러왔다가 해산물을 파는 이씨에게 반해서 청혼하여 혼인하게 되었다.

 이후 이씨네는 신혼살림을 일산진마을의 200원짜리 월세방에서 시작하여 현재에 이르기까지 열심히 생활하며 재산을 늘려왔다. 그 동안 이씨와 남편은 해녀생활, 행상, 포장마차, 중국식당, 잡화점, 한식당 등 여러 가지 일을 하면서 두 딸을 키워왔다. 그런데 이 외에도 중요한 수입원이 있었는데, 끊임없이 몰려드는 세입자에게 방을 내주고 집세를 받는 것이었다. 일산진마을과 인근 지역이 이미 30년 전에 유원지로 지정된 이후로 마을에서는 건물의 신축은 물론 증축과 개축도 제대로 할 수 없는 상태였다. 당시 초가집이 대부분이었던 일산진마을은 유원지개발사업이 진행되지 않은 채 수 십년이 지나면서 다소간 개축하여 생활하고 있는 상태이다. 이 과정에서 집주인들은 여러 개의 방을 새로 만들고 세를 놓아 생활하고 있다. 이씨도 낮에는 물질하고 밤에는 슬레이트와 건축자재를 가져다 방을 늘려나갔다. 한때는 수십 가구에 세를 놓았다고 하는 이씨는 현재도 10가구 이상 세를 놓고 있다. 이 모든 것을 이씨가 관리하고 있다.

마을에서 오랫동안 거주하고 동회, 어촌계 등에서 임원으로 일하고 있는 62세의 정○광씨는 이곳의 변화를 다음과 같이 언급하고 있다.

〈사례 2〉
 이 곳 일대가 공업단지가 들어서고 주거지와 상가 등이 들어서기 이전에 일산진마을은 살기 좋은 부촌이었다. 현대중공업이 들어서기 직전까지도 일산진은 마을 뒷편의 넓은 농지가 있었을 뿐 아니라, 어업을 통해 당시로서는 많은 소득을 올리는 마을이었다. 과거 고래잡이 등으로 유명했던 방어진이 인접한 곳에 위치해 있지만, 일산진도 방어진에 못지않게 잘 사는 동네였다. 따라서 마을 인심도 좋았는데 현대중공업이 들어서면서 논과 밭도 없어지고 객지 사람들도 많이 들어오게 되면서 인심도 변하였다. 정씨는 공장이 들어서기 이전 일산진마을

은 100여호가 있었다고 기억하고 있다. 현재 정씨가 살고 있는 집도 이
전에는 초가집이었으며 당시 마을에는 초가집이 대부분이었다.

위의 사례에서 보듯이 울산지역에 산업화가 진행되면서 일산진마
을에 외지인의 전입이 크게 늘어난 것을 알 수 있다. 일산부녀회를 맡
고 있는 이○선씨의 경우처럼 외지에서 전입하여 공장에 근무하는
남편을 맞아하게 된 것과, 이들이 신혼살림을 공장에 근무하는 노동
자들에게 세를 내주는 것으로 꾸려나가는 점에서도 이러한 사실을 잘
알 수 있다. 이처럼 인근지역에 산업화와 도시화가 빠르게 전개되고,
이에 따라 외지인의 전입이 크게 늘면서 어촌공동체였던 일산진마을
의 주민구성에 커다란 변화가 야기되었다.

<표 17> 일산진마을 ○○통 가구주의 산업별 취업구조

(단위: 명, %)

구 분	1차산업	2차산업	3차산업	무 업	계
종사자 수	32	26	29	19	106
비 율	30.2	24.5	27.4	17.9	100.0

<표 17>은 일산진마을 ○○통 가구주가 종사하는 직업을 산업별
로 구분한 것이다. 산업화와 도시화가 전개되기 이전 대부분의 마을
주민들이 종사했던 어업과 농업에 해당하는 1차산업에 종사하는 가
구주들은 현재 전체 가구주 중에서 1/3도 채 되지 않는다. 1차 산업에
종사하는 가구주 32명 중에서 농업에 종사하는 2명을 제외한 나머지
는 모두 어업에 종사하고 있다. 2차산업과 3차산업에 종사하는 가구
주는 각각 전체의 1/4 정도씩을 차지하고 있다. 2차산업에 종사하는
가구주는 주로 인근의 공장에서 근무하고 있다. 3차산업에 종사하는
가구주들의 직업은 매우 다양하게 나타나고 있다. 그러나 전반적으로

안정적이고 고소득의 직업이 아니라, 일용직이거나 영세한 서비스업에 종사하고 있다. 고령의 주민이 많은 현지 사정 상 무직자의 비율도 전체의 약 1/5을 차지하고 있다. 전반적으로 보아 외지인이 다수를 차지하면서 주민 직업에도 많은 변화가 수반되었음을 알 수 있다.

이처럼 외지인이 토착민의 수효를 훨씬 능가하면서 주민생활도 과거 동일한 업종에 종사하면서 공동체를 구성하여 생활하던 방식과는 상당한 차이를 보이고 있다. 예컨대 과거에는 마을 전체의 행사였던 동제와 별신굿은 이제 전체 주민의 1/5가량을 차지하는 어촌계원들만의 행사가 되었다. 주민의 절대다수가 어업과는 관련이 없는 경제행위에 종사하고 있기 때문에 주민들 사이의 사회적 관계나 생활주기 등에 있어 과거와는 많은 차이를 보이고 있다. 도시적 생활양식에 맞추어 일상생활을 하는 직장에 근무하는 주민들과 어업력에 맞추어 어업에 종사하는 주민들 사이에는 그만큼 라이프스타일에서 차이가 나기 때문이다.

3. 갈등의 증가

일산진마을에서 발생하는 갈등은 주민들 사이에서, 주민과 개발업체 사이에서 그리고 주민과 관공서 사이에서 발생하고 있다. 주민들 사이에서 발생하는 갈등은 주로 생업활동이나 협소한 주거공간과 관련된 것이다. 일산진마을에서 산업화와 도시화로 인하여 발생한 갈등은 무엇보다도 주민과 개발업체 혹은 주민과 관공서와의 갈등을 들 수 있다. 특히 주민들과 개발업체 혹은 관공서와의 갈등을 통해서 주민들은 자신들의 의사결정의 영역을 초월하는 거시적인 사회과정에 참여하게 된다. 이러한 갈등 속에서 거시적 사회과정과 주민의 일상이 상호작용한 결과에 따라 지역사회가 재구조화되는 것이다.[8] 이런

점에서 지역사회의 갈등구조에 대한 관심은 지역사회의 행보를 이해
하는 중요한 부분을 차지하고 있다.

여기에서는 일산진마을에서 발생한 갈등의 사례를 어로활동과 관
련하여 주민들 사이에서 발생한 갈등과 산업화 이후 주민들과 외부의
세력 사이에서 발생한 갈등을 중심으로 살펴보겠다. 이를 통해 지역
사회의 역동적인 과정을 이해할 수 있다.

일산진에서 어장이나 어로활동을 둘러싼 갈등은 일제시대부터 있
어 왔다. 특히, 어장의 소유주와 어장에서 작업하는 어민들이 서로 다
른 지역에 거주할 경우에 어장과 관련된 갈등이 자주 발생하게 된다.
일산진의 경우 서울에 거주하던 어장의 소유주가 있었는데, 그 소유
주가 사망한 뒤 소유권을 놓고 소유주의 아들들간에 소송이 벌어진
일이 있었다. 이때 어장을 관리하고 어로활동을 하던 일산진의 어민
들이 각기 자신들의 소유권을 주장하는 아들들의 증인으로 나서게 되
었고, 이로 인해 상반된 증언을 하게 되면서 주민들 사이에서 불화가
발생한 적이 있다.

이 밖에도 해녀들이 작업 중에 어민들이 친 그물에 걸려 익사하는
사건이 발생하기도 하는데 이럴 경우 어장관리인들과 해녀들 사이에
서 심각한 갈등이 발생한다. 이처럼 어촌계내부에서 발생하는 갈등은
일반적으로 기존의 관행과 거듭된 대화를 통해서 해결되고 있다. 가
령 해녀들의 채취작업에 따른 수입을 전 어촌계원에게 골고루 분배하
는 방식의 도입을 둘러싸고 해녀들의 모임인 나잠회와 어촌계 사이에
서 갈등이 발생한 적이 있다. 해녀가 채취한 어패류의 수익을 어촌계
원 모두에게 분배하는 방식에 해녀들이 불만을 품었던 것이다. 이에
어촌계측에서는 이미 이런 방식을 도입한 이웃한 울산광역시 주전동
어촌계와 방어동 어촌계의 사례를 들어 나잠회를 설득하였다. 이에

---

8) 지역사회의 역동적인 재구조화에 대한 논의는 이창언(1995) 참조.

따라 해녀들이 채취하는 해산물 중 전복은 판매가의 30%를 그리고 성게, 해삼, 소라, 멍게 등은 20%를 품값의 명목으로 해녀들의 몫으로 하고 나머지는 전 어촌계원에게 분배하는 방식을 채택하였다.

　그러나 동일한 조직에 가입한 성원들끼리의 갈등이 항상 대화와 타협으로 해결되지는 않는다. 오히려 조직 내부의 개인적 갈등이 조직 전체의 해체를 유도하기도 한다. 일산진마을의 해녀 가운데 30여 명은 앞서 언급한 것처럼 유원지인 울기공원 부근에서 채취한 해산물을 판매하고 있다. 그런데 해녀들이 직접 상행위를 하게 되면서 단골 고객과 상인을 확보하여 수입을 높이기 위한 경쟁이 벌어지고 때로 이러한 경쟁은 다툼으로 이어지고 있다. 해녀들의 이권다툼은 작업이나 판매와 관련된 갈등에서 비롯되기도 하지만, 평상시 일상생활을 통해서 쌓인 개인적인 불만이 이유가 되기도 한다. 한번은 몇몇 해녀들의 이해다툼에 따른 갈등이 심해지면서 해녀들 사이에서 불법판매행위를 서로 고발하는 일이 발생하였다. 지난 수십년 동안 유원지 개발계획 때문에 어려워진 일산진마을 주민들의 경제적 사정을 알고 있는 관계당국은 그동안 해녀들의 불법적인 해산물 판매를 엄하게 단속하지 않았다. 그러나 해녀들이 서로를 고발하는 바람에 관계당국은 몇 가지 이유를 내세워 해녀들의 영업행위를 전면 금지시키는 행정조치를 취했다.

　이처럼 일부 해녀들의 갈등으로 일산진마을 대부분의 해녀들이 피해를 입게 되자 해녀들의 불만이 고조되었다. 일산해녀단결회의 회원들은 임시총회를 개최하여 해녀들의 모임인 나잠회를 해산하기로 결정하였다. 임시총회에 이어서 4명의 총대를 중심으로 하는 임원회의를 통해서 회의 기금을 공평하게 분배하기로 하고 일산해녀단결회는 해체되었다. 비록 나잠회를 해체하려는 결정은 어촌계를 비롯한 지역사회의 만류와 다음날 개최된 나잠회 총회를 통해서 번복되긴 하였지

만, 회가 해체될 뻔한 책임을 지고 회장이 물러났다. 현재까지도 나잠
회의 회장직은 공석으로 비워 둔 채 회가 운영되고 있다. 이후 4명의
총대가 회장직을 대신하고 있으며 기금은 총대들의 공동명의로 통장
을 개설하여 관리하고 있다.

　일산진마을에서 어로활동과 관련한 갈등이나 분쟁은 무엇보다도
인근의 공장설립 혹은 각종의 공사로 인하여 해양이 오염되는데서 발
생하고 있다. 실제로 이 마을에서는 유원지개발의 지연에 따른 주민
재산권 행사의 문제와 인근지역의 택지정리와 관련한 해양 오염에 따
른 보상문제가 해마다 발생하고 있다. 그나마 여러 차례의 항의와 농
성을 벌인 끝에 어렵게 보상금을 받게 된 것은 근래의 일이다. 주민들
에 의하면 1960년대와 70년대에 인근지역에 큰 공장들이 들어서면서
마을 앞 해수면이 2m 정도 낮아진 일이 있었다고 한다. 이에 따라 주
민들은 여러 가지 피해를 입었지만 그때만 해도 보상받는 것은 생각
도 할 수 없었다고 한다. 그러나 1990년대에 접어들면서 유원지개발
이 진척을 보이지 않는 가운데 시내 다른 지역과는 달리 낙후되어 생
활에 많은 불편을 겪는 주민들이 피해에 대한 정당한 보상을 요구하
는 사례가 늘어나게 되었다. <표 18>은 해녀들의 모임인 나잠회의
회의록분석을 통하여 작성한 것인데, 이를 통해서도 그간의 투쟁과
갈등을 짐작할 수 있다.

　1990년 마을에 인접한 곳에서 택지정리를 하던 개발회사가 작업을
위해 파헤친 토사가 여름철에 내린 큰비로 바다에 유입되어 마을 공
동어장에 많은 피해를 준 일이 있었다. 주민들이 '흙탕물사건'으로 기
억하고 있는 이 일로 인하여 가장 큰 피해를 입은 나잠회와 어촌계
성원들은 1년 이상의 기간 동안에 걸쳐서 7차례나 개발회사를 집단적
으로 방문하여 항의하는 과정을 겪고 나서야 겨우 보상금을 받을 수
있었다. 이후로 일산진마을에는 이와 유사한 일들이 자주 발생하였으

며 해양오염에 따른 배상은 주로 어촌계와 나잠회 성원들처럼 어업에 종사하는 주민들에게 보상금을 지급하는 것으로 진행되어 왔다. 이럴 경우 어촌계가 중심이 되어 보상 절차와 금액을 놓고 해당 기업들과 협상을 벌이게 되며, 지급된 보상금의 30% 가량은 나잠회에 분배되었다. 최근에는 나잠회가 어촌계와 분리하여 독자적으로 배상을 요구하려는 움직임을 보이고 있는데 가능한 보상금을 많이 받기 위함이다.

〈표 18〉 일산나잠회 회의록 주요 내용 (1989년~2000년)

연도	일 자	내 용
1989	3월 5일	음력 이월 초에 성계작업 시행, 타 지역에서 온 해녀의 가입문제
	3월 10일	타 지역에서 온 해녀의 가입비를 120만원으로 결정함
	3월 20일	불법어로행위를 어촌계 회의 때 안건으로 상정하기로 함
	4월 27일	유원지개발추진위원 선정
	7월 10일	○○기업에 대한 생계보상권 투쟁 방식 결정
	7월 24일	○○기업 서울 사옥에서의 투쟁을 위한 선발대 선정
	12월 25일	연말결산
1990	5월 22일	나잠회 야유회 (설악산 관광)
	6월 2일	야유회 결산보고, 해녀자격과 상벌사항 논의
	7월 26일	보상금 지급에 따른 회원 각서안 작성
	7월 27일	흙탕물사건에 따른 △△개발 항의 방문(1차)
	8월 14일	△△개발 항의 방문(2차)
	8월 21일	△△개발 항의 방문(3차)
1991	1월 22일	△△개발 항의 방문(4차), 이후 3차례 더 항의 방문
	1월 29일	보상문제와 관련하여 이의를 제기하는 회원에 대한 처벌 조항 논의
	1월 30일	자격미달 해녀 탈퇴 결정
	7월 28일	해산물 채취 작업과 중복된 회원 길흉사의 휴가일 결정
1992	9월 28일	탈의 시설, 작업시 차량지원, 작업시 질서 논의
	12월 25일	연말결산, ○○기업 지급 보상금 분배, 해녀작업과 휴가일 결정

1993	3월 2일	2월 야유회 결산보고
	3월 22일	정관 보완(해녀의 질병과 휴무기간), △△개발 지급 보상금 분배
	11월 18일	별신굿 찬조 결산보고
1994	3월 15일	3월 야유회 결산보고
	4월 13일	성게작업 불참자 벌금 부여
	4월 13일	△△개발 지급 보상금 분배
1995	1월 24일	○○기업 지급 보상금 분배, 보상금 받을 수 있는 해녀 자격 논의
	3월 6일	△△개발 지급 보상금 분배
1996	4월 18일	△△개발 지급 보상금 분배
1997	5월 28일	나잠회(일산해녀단결회) 해체 결정
	5월 29일	나잠회 해체 결정 번복
	7월 1일	일산유원지개발 추진위원회의 활동비 찬조
	11월 25일	해녀작업 규정 보완
	12월 25일	연말결산
1998	1월 22일	씨프린스 관련 보상금 분배
	2월 6일	연중 해녀작업 기간 결정
	2월 13일	야유회 결산보고
	4월 14일	△△개발 지급 보상금 분배
	12월 25일	연말결산
1999	6월 24일	◇◇기업 지급 보상금 분배
	9월 21일	○○기업 지급 보상금 분배
	11월 3일	○○기업 지급 보상금 잔액 회원에 분배
2000	12월 9일	해녀 작업 규정 보완

일산진마을을 배제한 채 주변지역에 전개된 각종 개발사업에 따른 부작용에 대하여 3대째 마을에서 거주하고 있는 한 주민은 다음과 같이 언급하고 있다.

〈사례 3〉
올해 58세의 한○씨는 100여 년 전 조부 때 이 마을에 정착하여 현재까지 일산진에 거주하고 있다. 외가도 이 마을에 있는 한씨는 울산시의 산업화에 따라 급변한 마을의 사정을 누구보다도 잘 알고 있다. 한씨는 이 마을 대부분의 주민과 마찬가지로 마을이 유원지로 지정되면서 지난 30년 동안 겪은 생활상의 어려움이 하루 빨리 해결되기를 기대하고 있다. 1970년에 일산진마을을 포함한 일대 수십만 평이 유원지로 개발하도록 결정된 이래로 현재까지 주민들은 재산권을 행사하지 못하고 있는 실정이다. 그 동안 바뀐 시장만도 여러 명이고, 시행업체도 여러 번 교체되었음에도 불구하고 달라진 것은 하나도 없어 주민들은 일상생활에서 많은 어려움을 겪어 왔다. 마을 뒤편에 있었던 논, 밭 그리고 임야 등지는 구획정리만 한 채 방치되어 잡초만 무성하고 마을은 30년 전의 형태에서 크게 바뀐 것이 없다. 바뀐 것이라면 초가지붕에서 슬레이트지붕이나 양철지붕으로 바뀐 것하고 월세나 받으려 집을 개조하여 방수를 늘려놓은 것이 전부이다.

이러한 마을 사정 때문에 주민들은 행정당국이나 개발업체에 대하여 많은 불만을 가져 왔다. 주민의 불만은 집단시위와 항의방문과 같은 집단행동으로 표출되기도 하였으며, 이 과정에서 일부 주민들은 구속되기도 하였다. 주민들이 행정당국에 대한 불신감이 팽배해 있는 상태이며, 마을에는 유원지개발과 관련된 갖가지 소문이 나돌고 있는 실정이다. 한때는 정부의 고위층과 연이 닿은 사람이 특혜를 받았다가 구속되어 개발사업이 이 지경에 이르렀다는 소문도 나돌았는데, 대부분의 주민들은 이를 사실로 받아들이고 있다. 정부차원에서 간여해도 쉽지 않은 사업이긴 하지만 울산시의 무능한 대책에 대하여 주민들은 불만스러워 하고 있다.

한씨는 울산시의 이주대책만 보아도 주민들의 불만이 큰 이유를 알 수 있다고 한다. 울산시는 이주민들을 위하여 울산시 시외버스터미널 부근에 이주지를 정해두었지만, 이곳은 아직 아무런 공사가 진행되지 않은 상태로 남아있다. 울산시의 관계자들은 주민들이 이주를 시작하면 이주지에서 공사를 하겠다고 하는데 주민들이 보기에 이는 매우 안일한 처사이다. 지난 수십년동안 개발을 둘러싼 사정이 이러하니 주민들의 반발이 클 수밖에 없다. 일부 주민들은 조직적인 투쟁을 전개할 것을 강조하고 있지만, 이미 많은 주민들이 지친 상태라 개별적으로 해결하려는 추세이다. 개발계획안도 그 동안 여러 번 변경되었지만, 최근에는 마을의 일부를 남겨둔 채 개발이 이루어질 것이라 한다. 계획대로라면 조만간 작업이 진행될 것이라 하는데 한씨는 이것도 두고 봐야 알 일이라 하면서 신뢰하지 않고 있다.

이상의 사례에서 살펴보았듯이 조사지역은 울산시의 도시화, 산업화에 따라 그 혜택을 받기보다는 오히려 개발제한에 따라 어려운 처지가 되었다. 이에 따라 주민들도 지역의 변화에 적절하게 적응하지 못하고 있는 실정이다. 이런 상황은 전통적인 경제행위인 어로활동에서조차 주민들 사이에서 갈등의 사례가 증가된 것을 통해서도 잘 알 수 있다. 즉, 어려운 사정을 극복하기 위하여 채취한 해산물을 경쟁적으로 판매하는 과정에서 공동체를 파기시킬 정도의 갈등이 빚어지기도 한 것이다.

또한 전입한 외지인의 수효가 토착민의 수효를 훨씬 상회하면서 주민들의 사회적 관계는 과거와는 달리 익명적 상황으로 전개되었다. 서로간의 입장 차이를 가진 주민들이 증가하면서 일산진마을 주변에서 전개되는 개발사업과 이에 따른 문제점에 대한 시각도 과거와는 달리 이견을 보이고 있다. 기존의 어민들은 인근의 개발사업에 따른 많은 문제점을 안고 투쟁하고 있지만, 개발업체에 근무하는 주민들은 다른 입장을 가지고 있기 때문이다. 이런 낯선 상황은 마을의 가구수가 500호를 넘어서게 되면서 심화되고 있다. 따라서 공동체에 기초한 주민의 사회관계가 아니라, 파편화되고 원자화된 상황에서 전개되는 계약적인 인간관계와 무관심이 만연하고 있다. 이로 인하여 주민들 사이에서 발생하는 사소한 시비조차 과거와는 달리 쉽게 해소되지 않는 상황이 전개되고 있다.

마을의 이러한 사정은 토착주민들의 행정당국에 대한 불신이 극한 상황까지 치달으면서 악화되고 있는 실정이다. 지난 수십년간 계획만 세운 채 제대로 실행되지 않는 지역개발사업으로 인하여 주민이 겪는 불편함이 적체되면서, 이러한 불신감은 더욱 커지고 있다.

4. 동제 보존의 의미

최근 일산진에는 사라져가는 전통문화를 보존하려는 노력이 진행되고 있다. 이에 대하여 주민뿐만 아니라 행정당국도 적극적으로 나서고 있다. 오랫동안 지속된 별신굿에 대한 관련기관의 지원을 법제화하여 지속해가려는 것이다. 이러한 노력의 배경으로는 어로활동에 대한 의존도가 낮아지고, 별신굿에 소요되는 비용이 부담이 되는 열악한 경제적 상황을 들 수 있다. 사정이 이렇게 되자 주민들은 오랫동안 지속해 온 일산별신굿의 장래를 걱정하게 되었다. 일산진마을은 도심에 위치한 어촌으로서 도시화가 진전될수록 어업에 종사하는 주민들이 줄어들어 어촌의 기능이 약화되면 별신굿도 사라지게 될 것으로 보기 때문이다.

이런 위기의식에 따라 일산어촌계를 중심으로 마을에서는 동제와 별신굿을 보존하려는 노력이 전개된 것이다. 2002년 9월에는 어촌계를 중심으로 일산진마을의 동제와 별신굿을 문화재로 지정하도록 울산광역시에 건의하는 공문을 보냈다. 이에 해당 동사무소와 구청에서도 비교적 높은 관심을 보이고 있다. 지역의 문화유산을 보존한다는 의미도 있지만, 이를 계기로 그동안 일산진마을 주민들이 보여준 관공서에 대한 높은 불신감을 다소나마 완화시킬 수 있기 때문이다.9)

일산어촌계에서 울산광역시에 보낸 공문에는 해마다 두 차례 지내는 동제와 2년마다 치루는 별신굿이 예산부족과 홍보부족으로 주민의 참여가 낮아져 침체되는 실정을 알리고 있다. 이와 더불어 오랜 역

---

9) 2002년 조사 당시 지역 주민들의 공공기관에 대한 불신감이 매우 높은 편이었다. 이런 사정은 해당 구청과 동사무소 직원들이 마을에 발을 들여놓기가 어렵다고 하는 것에서도 잘 알 수 있었다. 심지어 현지조사를 위해 방문한 조사원도 한동안은 관공서에서 조사하러 온 것으로 의심을 받았을 정도였다.

사성을 보유하고 있는 일산의 별신굿이 일산진마을 주민의 평안과 풍어를 기원하는 풍어제의 성격과 함께 근래에는 일산동과 동구지역 주민의 안녕을 기원하는 행사가 될 수 있음을 알리고 있다. 또한 이미 일산별신굿의 전 과정을 채록하고 주석을 단 학술서적이 발간될 정도로 학술적 가치가 높은 만큼 이를 문화재로 지정함으로써 후손에게 남길 수 있음을 호소하고 있다. 마을 주민들은 어촌계의 주관으로 '일산동 동제 보존회'를 설립하였는데 정관은 다음과 같다.

〈일산동 동제 보존회 설립 현황〉
1. (설립과 명칭) 일산동 동제 보존회는 일산동 어촌계에서 설립 추진한다.
2. (목적) 본 보존회의 목적은 농어민들의 생산 증진과 동민들의 무사안녕을 기원하며 매년 2회(정월 대보름과 음력 10월 초하루)에 지내는 동제와 200년 이상 2년마다 지내온 별신굿(풍어제)을 후손들에게 길이 보존하기 위함이다.
3. (회원) 본 보존회의 회원은 일산 어촌계원과 일산진마을 주민으로 한다.
4. (임원) 본 보존회에는 1인의 제관과 6인의 고문을 둔다. 본 회의 회장은 어촌계장이 맡고, 부회장 2인, 추진위원(총대) 10인, 총무 1인, 간사 1인, 감사 1인을 둔다. 본 회의 주관하에 연승협회에서 준비위원을 맡는다.
5. (임기) 본 보존회 임원의 임기는 3년으로 한다.
6. (동제 경비) 모든 경비는 본 보존회에서 담당한다. 회에서 경비를 지원하여 제관이 제물을 준비한다.
7. (별신굿 경비) 모든 경비는 본 보존회에서 담당한다. 별신굿을 위한 각종 준비는 연승협회에서 담당하고 손님접대 및 식사는 부녀회에서 준비한다.
8. (기타) 기타 제반사항은 울산광역시 동구청 문화공보실과 협의한다. 이에 관한 일은 집행부에 일임하며 문화재지정을 위해 적극 협조한다.

일산동 동제 보존회는 어촌계가 주관하는 만큼 임원진도 어촌계원을 중심으로 구성되어 있다. 회장은 어촌계장이 겸임하며 2명의 부회장은 어촌계 총대 한 명과 일산동 통장들의 모임인 통정회의 회장이 맡고 있다. 이 밖에 총무, 감사, 간사 및 제관은 어촌계원이 맡고 있으며, 10명의 추진위원은 주로 어촌계 총대와 일산동의 통장으로 구성되어 있다. 준비위원도 어촌계원인 일산동 연승협회원 12명이 중심이되어 15명의 일산동 부녀회원의 도움을 받아 행사준비를 담당하고 있다. 보존회의 고문도 어촌계 총대와 전 어촌계장으로 구성되어 있다.

　이러한 주민들의 노력은 마을의 이익을 위해서라도 주민의 결속을 필요로 한다는 점에서 전통문화를 통하여 주민의 결속을 확인하기 위한 것으로 이해해 볼 수 있다. 실제로 토착민들은 주민들이 단결하여 해결해야 할 현안이 산적해 있는 상황에서 주민의 무관심과 주민사이의 갈등을 우려하고 있다. 지난 수십년동안 외부로부터 가해진 어려움에 공동으로 대처하던 주민들의 단결의식이 최근에 다소나마 약화되고 있는 실정이다. 오랜 세월이 흐르면서 주민들은 연로해지고 있으며, 토착민과는 이해관계를 달리할 수 있는 외지인들이 다수를 차지하고 있는 실정이 주민의 지속적인 단결을 저해하는 요인으로 작용하고 있다. 더욱이 간간히 전개된 개발사업의 부작용에 따른 배상을 받는 것 외에 지역개발에 대한 근본적인 문제는 해결되지 않는 것도 주민들이 지역사안에 무관심하게 하는데 일조하고 있다.

　이러한 상황에서 토착민들은 마을 수호신에 대한 제의를 통해 마을 전체의 안녕을 기원하던 공동체 중심의 생활방식을 필요로 하게 된 것이다. 이제 일산진마을의 동제는 200년 이상 마을에서 행하여 오던 것 이상의 의미를 지니게 된 것이다. 이처럼 일산진마을에서 나타나는 동제의 법제화와 같은 현상은 전통문화의 요소가 현대사회에서 작용하는 기능과 그 의미에 관한 기존의 논의를 다시금 되새기게 하고 있다. 전통문화가 문화적 변동과정에서 작용하는 의미와 기능에 대한 이론적인 배경을 살펴보면 다음과 같다.[10]

---

10) 이창언(1998) 제 3장 참조.

문화변동과정에서 전통적 생활양식이 지니는 의미에 관한 논의는 그간 인문, 사회과학에서 주로 근대화, 서구화와 관련하여 부단히 이루어져 왔다. 전환기적 상황에서 전통문화의 의미에 관한 기존의 연구는 대체로 정태적인 관점과 역동적인 관점에서 진행되었다(Matsuda, 1993: 112~115). 정태적인 관점에서 전통문화는 세대를 거쳐 상속되는 변치 않는 지식과 관행으로 간주된다. 이는 전통과 근대라는 이분적 도식에서 도출된 개념으로 다시 '잔존으로서의 전통문화 모델'과 '적응기제로서의 전통문화 모델'로 나누어 고려해 볼 수 있다. 이는 문화변동과정에서 전통문화를 폐기의 대상으로 보는 관점과 새로운 상황에의 적응 기제로 보는 관점(예로, Little, 1957; Banton, 1956 등)의 차이에 따른 결과이다.

한편 역동적 관점에서 전통문화는 새롭게 창조되고 개발되는 측면에 보다 주의를 기울인다(예로, E. Hobsbawm and T. Ranger, 1983). 역동적 관점은 전통문화의 불연속적이며 유연하고 창조적인 측면을 강조하고 있다. 여기에서도 전통문화에 대한 인식의 차이에 따라 전통문화는 통치수단, 저항수단 혹은 삶의 전략으로 간주되고 있다. 특히 삶의 전략으로서 전통문화는 평범한 사람들의 일상생활에서 그리고 이들이 삶의 전략을 구성할 때 발현하는 창조성의 기반으로 작용한다는 점에서 주목된다. 일산진마을에서 동제를 법제화하려는 노력은 이런 관점에서 해석해 볼 수 있다.

이미 수십년전에 주민의 의사와는 상관없이 결정된 도시계획과 이후 더디게 진행된 실행으로 생활상에 많은 불편과 어려움을 겪어 온 주민들의 대응은 시대에 따라 차별적으로 전개되었다. 민주적인 의사결정의 기회가 적었던 과거에 주민들은 사회의 전반적인 발전을 위해 소수의 불편을 감수하는 입장을 취했다. 이후 실생활에서 불편이 가중되는 한편으로 그동안 묻혀있던 소수의 목소리가 사회 곳곳에서 분출되면서 일산진마을 주민들도 보다 적극적인 저항의 자세를 취하게 되었다. 마을 어장에 피해를 준 개발업체에 대한 조직적이고 체계적인 항의와 공사 진행에 대한 실력저지의 방식으로 자신들의 의사를 강력하게 표출하였다. 이런 과정을 통해서 어로공간을 비롯한 생활공간의 피해에 따른 보상을 받을 수 있었다.

생활공간의 피해에 따른 보상을 받을 수 있게 되었지만, 이것으로써 일산진마을 주민들이 그동안 당해 온 어려움의 근본적인 문제가 해결된 것은 아니다. 일산진마을의 근본적인 문제, 즉 마을을 포함한 일산진 일대의 개발사업은 막대한 시행자금의 미확보 등으로 오히려 침체일로에 있다. 따라서 주민들은 이에 대한 보다 장기적이고 확고한 대응책을 필요로 하게 되었다. 이를 위해서라도 토착민들의 결속과 단합이 무엇보다도 중요해졌다. 그러나 수십년의 세월이 흐르면서 주민들은 연로해졌으며, 지지부진한 개발사업에 대한 관심도 분산되고 있다. 더욱이 개발사업 시행을 촉구하는 목소리를 높인다고 해서 단기간에 해결될 문제도 아닌 것이다.

이런 가운데 동제를 법제화하려는 것은 단지 전통적인 관습이 사라질 것을 우려한 때문만은 아니다. 동제를 통해서 공동체를 우선시하였던 주민들의 인식을 지속하려는 의미가 더 크게 작용하고 있다. 또한 동제를 일산진마을만의 행사가 아니라 일산동 혹은 울산광역시 동구 전체의 행사로 확대함으로써 일산진마을에 대한 관심을 끌어 올리는 효과도 작용하고 있다. 더욱이 동제를 법제화시킨다면, 연로한 마을 주민들의 대를 이어 젊은 성원들이 자연히 참여하게 되는 효과도 기대할 수 있다. 이에 따라 장기화되는 마을의 근본문제 해결을 위한 주민들의 결속을 지속시킬 수 있기 때문이다. 이상의 논의에 비추어 볼 때 조사지역에서 최근 사라져가는 동제의 맥을 잇고, 이를 법제화하려는 움직임은 주민들의 노력과 능력만으로 해결하기 어려운 사회

전반적인 과정에 대한 일종의 문화적 저항이자 새로운 전략을 구성하는 기반으로 이해할 수 있다.

VI. 맺음말

본 연구는 우리나라의 대표적인 공업도시인 울산광역시에서 지난 수십 년 사이에 전개된 산업화와 도시화에 따라 커다란 영향을 받은 어촌지역의 사회문화적 변화를 살펴보았다. 특히, 전통적인 어촌지역에 불어닥친 개발이라는 거시적 사회과정과 이에 대한 주민의 대응을 중심으로 변화를 분석하였다. 사례지역으로 선정한 어촌마을은 인근에 거대한 공장을 비롯하여 주거지역과 상업지역이 급격히 조성되는 등 급격한 산업화와 도시화의 영향을 크게 받아온 것으로 예상되었다.

그러나 조사지역의 어촌 마을은 울산지역의 급격히 전개된 도시화와 산업화에도 불구하고 외형상 과거의 어촌 형태를 간직하고 있었다. 어촌계, 나잠회, 여성풍물패 등의 전통적인 사회조직과 일산별신제와 동제 등의 다양한 민간신앙이 존속하고 있다는 사실이 이를 뒷받침하고 있다. 그러나 조사지역은 현대화된 어촌 마을이 아니라 도시 저소득층의 거주지역처럼 노후한 슬럼지역으로 남아 있었다. 울산시의 산업화와 도시화가 비교적 빠르게 전개되면서 그에 따른 혜택을 전혀 받을 수 없었기 때문이다.

조사지역의 이러한 상황은 지난 40년 간 진행된 울산지역의 산업화·도시화가 다른 지역과는 다른 영향을 준 결과이다. 조사지역인 일산진마을은 인근지역과 함께 위락지구로 설정됨으로써 여타의 개발이 진행될 수 없었다. 1970년에 이 일대 52만평이 건설부 고시에 의하여 위락지구로 결정이 된 이후 이 지역은 현재까지 사업시행자만 여러 차례 변경되었을 뿐 사업이 계획대로 진행되지 못하였다. 이로 인해 지역 주민들은 일상생활에 상당한 불편을 겪고 있으며, 여타의 도시계획지역과는 달리 개발에 따른 혜택을 받지 못하고 있다.

이런 가운데에도 인근 공단에 근무하는 노동자들이 저렴한 주거비용을 고려하여 마을에 전입하는 사례가 크게 증가하면서 어촌 마을은 도시화의 영향을 받게 된다. 이에 따라 가구 수가 이전의 5배 정도로 증가하고, 주민의 직업이 다양화되는 등 주민구성의 변화가 수반되었다. 또한 도시슬럼 주거지역과 마찬가지로 익명성이 작용하는 등 주민 사회관계의 변화가 수반되었다.

울산지역의 다른 곳과는 달리 산업화와 도시화의 혜택에서 배제되어 온 지역사정은 주민들로 하여금 여타의 도시개발지역과는 상이한 전략을 구사하게끔 하였다. 오래 거주한 주민들을 중심으로 집단적으로 사업시행을 촉구하는 행동을 추진하는 한편으로 전통적인 경제행위인 어업을 지속하면서 어려운 상황에 대처하여 왔다. 한동안 감수하던 생활상의 불편함과 경제적 불이익에 관한 목소리를 크게 하여 적극적인 저항의 자세를 취하게 된 것이다.

그러나 마을 문제의 근본적인 해결이 장기적인 과제로 표류하게 되자 새로운 방식으로 대응하고 있다. 이러한 노력의 일환으로 동제와 별신굿을 보존하는 노력을 기울이고 있다. 이는 주민들의 노력과 능력만으로 해결하기 어려운 사회 전반적인 과정에서 비롯된 새로운 전략인 셈이다. 산업화와 도시화의 혜택을 받지 못하고 오히려 생활의 터전이 슬럼화된 상황에 처한 주민들은 자신들의 상실한 권익을 찾기 위한 주장을 지속하는 새로운 방식의 전략을 구사하고 있다. 거시적 사회과정에서 피해를 보는 소수의 입장에 처한 마을 주민들은 동제와 같은 전통문화를 보존하는 노력을 통하여 하나됨을 도모하고 있다.

이를 바탕으로 지역주민에 바람직한 개발의 방안을 장기적인 차원에서 모색하고 있음을 알 수 있었다.

參 考 文 獻

울산광역시, 2002,『울산 중장기 발전계획』.

울산광역시, 2000,『울산통계연보』.

울산동구지편찬위원회, 2002,『울산동구지』.

울산시사편찬위원회,『울산광역시사』.

권삼문, 2001,『동해안어촌의 민속학적 이해』, 민속원.

권이구, 1984, "전통적 생활양식의 생태학적 측면."『전통적 생활양식
    의 연구(하)』, 한국정신문화연구원.

김광억, 1996, "지방화시대와 인류학적 과제."『한국문화인류학회』29.

김선범, 1996,『도시공간론: 울산의 도시성장과 변화』, 울산대학교 출
    판부.

김명혜, 1995, "지역개발에 있어서 문화와 경제의 관계."『한국문화인
    류학』28.

김창석 외, 2000,『도시중심부연구』, 보성각.

문옥표 외, 1993,『근교농촌의 해체과정』, 한국정신문화연구원.

박광순, 1998,『바다와 어촌의 사회경제론』, 전남대학교 출판부.

이문웅, 1985, "신흥공업도시에서의 외지인의 생활적응."『사회변동의
    이론과 실제』, 서울대학교출판부.

이준원, 2001, "어촌계의 성격변화에 관한 연구." 경북대 석사논문.

이창언, 1995, "도시화와 지역사회의 재구조화."『한국문화인류학』
    28, 한국문화인류학회.

이창언, 1998, "문화유산에 대한 새로운 인식."『民族文化論叢』18·19
    合輯.

이창언, 2002, 「어촌지역 관광개발의 사회문화적 영향」『比較民俗學』
    제23호, 比較民俗學會.

이창언, 2002, 「동해안 어촌의 생활문화 연구」『慶州文化硏究』 5집.

이창언 외, 2002, 『한국의 해양문화』 3(下). 해양수산부.

임재해, 2000, 『지역문화와 문화산업』. 지식산업사.

전경수, 1990, "지역개발의 종합모형과 주민참여." 『제주도 연구』 7.

전경수·한상복, 1999, 『제주 농어촌의 지역개발』, 서울대학교 출판부.

진필수, 1999, "경제주의 확산과 문화의 위기: 택지개발에 따른 토지 보상사례를 중심으로." 『한국문화인류학』 32 - 2.

최병두, 1991, 『한국의 공간과 환경』, 한길사.

최재율, 1969, "어촌의 사회구조 및 어민생활태도 연구." 전남대 논문집 15집.

최 협, 1996, "지역사회연구의 인류학적 과제와 방법론적 쟁점." 『정신문화연구』 19.

한경구 외, 1998, 『시화호 사람들은 어떻게 되었을까; 문화인류학자들의 현장보고』, 솔.

한국농촌경제연구원, 1996, 『어촌지역 관광개발에 관한 연구』, 농림부.

한국향토사연구전국협의회, 1997, 『해신이 지켜온 어촌』, 수서원.

한상복, 1976, "어촌과 농촌의 생태적 비교." 한국문화인류학 8.

한상복·전경수, 1992, 『한국의 낙도민속지』, 집문당.

한상진, 1999, 『도시와 공동체』, 한울.

Acheson, James, 1981, "Anthropology of Fishing." Annual Review of Anthropology 10: 275～316.

Alexander, Paul, 1973, "Risks, rewards and Uncertainties: Fishermen of Southern Sri Lanka", Ph. D. Dissertation, Australian National University.

Alexander, Paul, 1975, "Innovation in a Cultural Vacuum: The Mechanization of Sri Lanka Fisheries", Human Organization 34(4): 333～344.

Anderson, B. 1983, Imagined Community: Reflections on the Origin and Spread of Nationalism, London: Verso.

Banton, M. 1956, 'Adaptation and integration in the social system of TemneImmigrants in Freetown' Africa. 20(4).

Cohen, A. and K. Fukui, eds. 1993, Humanizing the City?, Edinburgh: Edinburgh University Press.

Hobsbawm, E. and T. Ranger, eds. 1983, The Invention of Tradition, Cambridge: Cambridge University Press.

Little, K. 1957, 'The Role of Voluntary Associations in West African Urbanization', American Anthropologist, 59(4).

Malinowski, B. 1922, Argonauts of the Western Pacific. London: Routledge & Kegan Paul.

Matsuda, M. 1993, 'Urban Tradition as a Creative Process in Africa', in Cohen, A.and K. Fukui, eds, Humanising the City?, Edinburgh: Edinburgh UniversityPress.

Ohnuki—Tierney, E. 1976, "Regional variations in Ainu culture", American Ethnologist 3 357~371.

Poggie & Gersuny, 1972, "Risk and Ritual." Journal of American Folklore, 85: 65~72.

[부록 1]

주민 생애사

1. 한○○(남, 58세)

일산진마을은 울산광역시 동구 일산동의 16통에서 19통까지의 행정구역에 속해 있다. 올 해 58세의 한씨는 일산동 00통의 통장을 맡고 있다. 한씨의 조부 때부터 이 마을에 살게 되었으며, 외갓집도 이 마을에 있다. 한씨네는 이 마을에 120년 정도 거주하고 있다. 한씨는 4남 4녀의 8남매 중 두 번째로 태어났으며 장남이다. 바로 밑의 여동생은 한씨가 다섯 살 되던 해에 홍역을 앓다가 죽어 7남매가 되었다.

이 곳 일대가 공업단지가 들어서고 그로 인해 주거지와 상가 등이 들어서기 이전에 일산진마을은 살기 좋은 부촌이었다. 현대중공업이 들어서기 직전까지도 일산진마을은 마을 뒤편의 넓은 농지가 있었을 뿐 아니라, 어업을 통해 당시로서는 많은 소득을 올리는 마을이었다. 과거 고래잡이 등으로 유명했던 방어진이 인접한 곳에 있지만, 일산진도 방어진에 못지않게 잘 사는 동네였다. 따라서 마을 인심도 좋았는데 현대중공업이 들어서면서 논과 밭도 없어지고 객지 사람들도 많이 들어오게 되면서 인심도 변하였다. 한씨는 공장이 들어서기 이전 일산진마을은 100여호가 있었다고 기억한다. 현재 한씨가 살고 있는 집도 이전에는 초가집이었으며 1970년 12월에 개축했다. 당시 마을의 대부분이 초가집이었다.

한씨는 태몽에 대하여는 들은 것이 없지만 한씨가 태어날 때 한씨의 아버지가 일본에 징용으로 끌려갔다 다시 돌아오는 해였다. 이 일로 인해서 주변에서는 한씨를 복덩이라고 하였으며 한씨는 가정과 온동네 사람들의 귀여움을 받으며 자랐다. 청주 한씨 절도공파의 후손인 한씨네는 양반가문이라 자부할만하지만, 일산진마을이 원래 반상을 가리지 않는 곳이라 그런 표를 내지 않고 지냈다. 한씨의 이름은 외자인데 집안에 외자의 이름을 쓰는 경우는 한씨뿐이다. 한씨의 조상 중에 청어잡이를 주로 하면서, 주먹질도 꽤 잘하였다고 소문 난 힘이 장사인 할아버지가 계셨다. 이 할아버지는 후손을 보지 못하였으며 집안에 새로 아이가 태어나면 이름을 지어주곤 하였는데 한씨의 경우도 이분이 작명하였다.

한씨의 조부는 인근 지역에서 잘 알려진 부자였다. 농사를 지으면서 어업을 크게 하여 집안 사람을 면서기로 앉힐 정도로 부유하였다. 조부모님들은 마을 주민들과 함께 어울려 살며 어려운 일을 당한 사람들을 많이 도와주어 마을에서 평판도 좋았다. 한씨는 조부모님에 대한 기억은 거의 없지만 할아버지한테서 집안 내력과 산소 찾는 것 등을 배운 것을 지금도 기억한다. 한씨의 아버지도 대를 이어 어업에 종사하였다. 그러나 할아버지대 만큼 집안 살림을 크게 일구지는 못하여 집안 형편이 약간 어려웠던 것으로 기억한다. 대를 이어 어업에 종사하던 집안의 전통은 한씨 대에 와서 중단되었다. 거친 바다와 열악한 작업조건 하에서 새벽부터 작업에 나가는 힘든 일에 한씨는 적응하기 어려웠기 때문이었다. 더욱이 어업에 종사한다는 것은 바다에서의 어로작업만이 전부가 아니다. 잡아온 고기를 판매하고 그물과 낚시를 정리해야 하는 등 혈기왕성한 젊은 시절의 한씨에게 어업은 자유시간이라고는 전혀 찾아볼 수 없는 중노동이었기 때문이다.

한씨의 아버지도 장남이고 한씨도 장남이라 인근에 거주하는 한씨 집안에서 큰집에 해당한다. 어렸을 적 한씨는 집안의 장손으로 부모님의 사랑을 많이 받으며 자랐다. 아버지는 윷노는 일에 남달리 뛰어나 울산시 동구 일대에서 유명하였다. 한씨의 아버지는 윷놀이로 큰 돈을 벌어오기도 하였다. 그러나 조부 때와는 달리 가세가 기울어졌으며 장손인 한씨는 부모로부터 현재 생활하고 있는 집 한 채와 650평의 밭을 상속받았다. 그나마 상속받은 토지도 빚보증을 섰다가 남에게 넘겨주고 말았다.

한씨의 집안에는 별다른 가훈은 없다. 한씨는 어릴 적 별다른 문제 없이 성장할 수 있었다. 집에서는 대대로 불교를 믿었으며 요즘도 초파일과 같은 특별한 날에는 절에 찾아가곤 한다. 어렸을 적에는 형제들이 병치레를 자주 하였으며 이럴 때마다 부모님은 불공을 드리러 절에 다녔다. 종교는 한 가지만 믿는 것이 바람직하다고 생각하는 한씨는 죽음에 대해서도 비교적 초연한 입장을 보인다. 죽음에 대하여 초조해하고 세월이 흐르는 것을 안타깝게 여기는 다른 사람들과는 달리 한씨는 늙으면 죽는다는 식으로 죽음에 대하여 긍정적으로 받아들인다.

고등학교 중퇴의 학력을 가진 한씨는 중학교에 다닐 적에는 사춘기를 경험하지 못하였지만 고등학교에 들어가면서 조금 별나게 지냈다. 당시에는 학교 동기생들이라고 해서 지금처럼 친하게 지내지 않고 동네에서 어릴 때부터 알고 지내는 친구들과 친하게 지냈다. 한씨는 친구가 많은 편이었으며 매일 만나고 지냈는데, 당시의 친구들과 현재까지도 계모임을 하고 있다. 매월 5일에 가지는 계모임을 가지는데, 그 곳에 나오는 친구들은 요즘도 대부분 일산진과 부근에서 거주하고 있다. 10대 때 한씨는 친구들과는 어울려 남의 눈을 피해 술도 자주 마셨다. 마을에서 인접한 방어진에 영화관이 있어서 멀리로는 10리도 더 떨어진 남목동에서도 많은 사람들이 방어진의 영화관에 다녔다. 남목동에서 방어진에 가려면 일산진마을을 거쳐야 되는데 한씨와 친구들은 여학생들이 재를 넘어 오는 길목에서 기다리다가 여학생들에게 말도 걸고 장난도 걸었다. 일제시대에 어항으로 크게 발전한 방어진에는 영화관뿐만 아니라 단팥죽과 국화빵을 파는 곳도 있었기에 한씨도 자주 방어진에 다녔다. 한씨와 친구들은 인근의 밭에서 감자와 고구마 서리도 자주 하였으며, 한번은 남의 집 닭을 훔치다 주인한테 들켜서 혼이 나기도 했다.

공부에 관심을 두지 않은 한씨는 고등학교를 1년 다니다가 그만두었다. 그 때는 부산에 동래고등학교 학생들과 패싸움도 많이 했다. 당시 어울리던 친구들은 대부분 중학교만 나왔으며 고등학교 간 친구들은 별로 없었다. 대학까지 마친 친구도 두 명 있으며 한 명은 부산에서 설계사무소를 운영하고 있고, 다른 한 명은 대학교수이다. 당시 마을은 잘 살았지만 학업에 대한 열의가 적어 공부에 관심을 둔 친구들이 드문 편이었다. 지금 생각해보면 공부를 더하지 못한 것에 대한 아쉬움이 많이 남는다. 그러나 한씨는 공부에 관심을 두지 않았으며 이를 크게 후회하지는 않는다. 아들이 공부하기를 싫어해 인문계 고등학교에 가지 않고 실업계 고등학교에 가겠다는 것을 처음에는 잘 타일러 학업에 열중하게 만들려고 했으나 공부하기 싫어하는 아들에게 부담이 될 것 같아 아들이 하고 싶은 대로 두었다.

한씨는 어릴 때부터 영화를 좋아해서 방어진에 있는 영화관에 자주 다녔다. 그 때 본 영화 중에서 '마도로스 박'이라는 영화가 한씨의 인생에 커다란 영향을 주었다. 이 영화를 통해 한씨는 외항선을 타고 지구 곳곳을 누비는 마도로스가 되는 꿈을 갖게 되었다. 이 꿈은 군을 제대한 이후 한국수산협회에서 일하게 되면서 실현되었다. 당시 참치잡이 원양어업이 성행하였는데, 한씨도 참치잡이 원양어선에서 일을 하였다. 당시 월급도 상당하여 2만원이나 받았는데 월급은 일정액이 정해져있는 것이 아니라 어획량에 따라 할당제로 주어졌다. 이후 20년 가까이 외항선을 타다가 1980년대 후반 몸을 다친 이후에 배 타는 일을 중단하였다.

1965년에 논산훈련소에 입대하여 경기도 부천에서 군생활을 하였다. 교육대대에서 근무하면서 헌병대, 강원도 등지의 부대로 파견근무를 많이 다녔다. 졸병시절에 고참병들한테 기합도 많이 받았지만 전반적으로 군대생활은 즐거운 편이었다. 육체적으로 외갓집의 영향을 많이 받아 체격도 좋고 체력에도 자신이 있었던 한씨는 운동신경도 발달하여 국군의 날 행사에도 차출된 적이 있다. 군대생활 도중에 자원하여 월남에 가려고 하였으나 그때는 이미 제대를 1년도 남기지 않은 상태라 불가능했다. 만 30개월의 군대생활을 마치고 1967년 12월에 제대한 한씨는 부산 영도에 있는 참치잡이 원양어선에 근무하게 되었고 이듬해 3월 처음으로 부산항을 떠나 해외로 나가게 되었다.

이로 인해 한씨는 아버지의 뜻과는 다른 길을 선택하게 되었고 아버지와의 사이도 크게 벌어졌다고 한다. 원래 한씨는 아버지하고 정이 별로 없었고 의견 충돌이 많았다. 아버지는 대를 이어 어업을 하라고 했으며 한씨는 고향에서 고기잡이하는 것이 싫어 아버지와는 의견차이가 많았다. 지금에 와서 생각하면 부모님의 말씀은 다 자신이 잘되길 바라는 심정에서 한 것인데 그때는 그것을 깨닫지 못하였고 한씨는 이를 몹시 후회한다. 마음에는 없더라도 부모님 말씀에 따르는 흉내라도 내었으면 좋았을 텐데 하는 생각을 지금도 하고 있다. 10년 전에 돌아가신 아버지를 생각할 때마다 그 때 좀 더 잘할 걸 하는 생각에 반성을 많이 하고 있다. 이곳의 사람들은 대체로 부모의 가업을 이어 고기잡이에 나서는 것이 일반적인데 한씨는 시골 어촌에서 고기잡이하는 것이 싫어 여러 번 도망을 다녔으며, 이것이 더욱 부모님의 마음을 상하게 하였던 것이다. '뱃놈들은 손에 물이 마르면 망하는 기라'라는 옛말처럼 한씨도 대를 이어 고향에서 고기잡이를 할 생각도 해 보았으나 적성에 맞지 않아 그만 두었다.

한씨는 첫사랑에 대한 기억이 별로 없다고 한다. 그만큼 젊었을 때 별다른 생각 없이 많은 여성들과 사귀다 헤어졌기 때문이라고 한다.

데이트는 마을에 인접한 전하동 일대에서 했었고 서로간의 호칭은 이름을 부르는 사람도 있었고 오빠라고 부른 사람도 있었다. 첫 키스는 입대전 송별식에서 했는데 상대는 이전에 오빠, 동생하며 지냈던 여성이었다. 한씨는 입대 전에 알고 지내던 여자 애들을 이성으로 생각해본 적이 없었으며 여자 애들도 한씨를 이성으로 생각하지 않았다고 한다. 첫 키스를 한 상대는 물론 입대 전에 알고 지내던 여자 애들은 제대하고 나니 모두 시집가고 없었다. 한씨는 젊었을 때 연애와 결혼을 별개의 것으로 생각하였다. 여자를 만나도 사랑하는 마음보다는 즐기기 위한 대상으로 간주하였다. 한씨는 술도 많이 마시는 편이며 젊어서도 여자들을 사귀면서 많은 술을 마셨다. 당시에는 병에 든 소주가 없었고 항아리에 든 소주를 사서 마시곤 하였다.

부인과는 선을 보아 만났는데 외항선을 탔던 한씨 때문에 연애할 틈도 별로 없었다. 외항선을 타고 객지 생활을 오래하다 보니 결혼 시기도 늦어져 당시로서는 노총각 소리를 듣던 31살에 혼인을 하게 되었다. 다섯 살 연하의 부인의 고향은 거제도이며 지금은 처가도 울산에 있다. 당시 방어진에서 살았던 고모님의 중매로 맞선을 보게 되었는데 그 전에도 방어진에 자주 다녔던 한씨는 부인의 얼굴은 알고 있었다. 선보고 며칠 있다가 다시 출국을 했는데 잠시 귀국한 사이에 약혼을 하고 다시 1년 6개월 후인 1974년 1월 14일에 혼인식을 치루었다. 외항선을 탔던 한씨는 남들과는 달리 신혼생활을 즐기기도 어려웠다. 한씨가 소속한 회사는 1년에 한 달 휴가기간을 주었지만 그나마도 신체검사와 선원교육을 받고 밀린 회사일 하다보면 집사람과 같이 지낼 수 있는 시간이 별로 없었다. 항상 부인에 미안한 마음으로 지냈지만 아내와의 사이에서는 별다른 불화는 없었다. 한씨가 생각하기에 부인은 커다란 어려움 없이 시집살이를 해왔다고 보지만 시어머니로부터 약간의 구박은 받았을 것으로 여기고 있다. 더욱이 시동생,

시누이들이 많아 부인이 고생했지만 그로 인한 큰 갈등은 없었다고
한다.

한씨는 외항선에서 갑판원으로 일하였다. 선원들은 갑판부, 기관부,
조리부 등의 세 부서에 나누어 근무하는데 갑판원이었던 한씨는 반
책임자까지 지냈다. 선박업계의 사정이 좋지 않을 때에는 선원을 감
원하는 바람에 선원에게 할당되는 임무가 배가되어 선상생활이 힘들
었다. 일반적으로 다른 나라 항구에 가서 선적하려면 제 시간에 맞추
어야 하는데 그렇지 못하면 체선료를 부담하게 되는 것도 선상생활의
어려움이다. 반면 세계 여러 나라의 항구를 돌아다니면서 여행할 수
있었던 것은 즐거운 경험이었다. 한번은 캐나다에서 나체 해변에도
가보았는데 젊은 혈기에 참 재미있었다.

외항선 타던 일을 그만둔 후 한씨는 얼마 동안 다른 일을 하지 않
고 지냈다. 그러나 뜻밖의 사고로 하던 일을 그만둔 상태라 다른 직업
을 구하기가 어려웠다. 마침 건축경기가 활성화되던 시기라, 1980년
대 후반부터 건축업자로 일하게 되었다. 외항선 타는 것 외에는 다른
일을 해보지 못한 한씨는 경험부족으로 건축경기가 좋았음에도 불구
하고 사업을 확장하지는 못하였다. 소규모로 건축업을 운영하다가 그
나마 IMF경제위기 이후 그만두게 되었다. 사업이라는 것이 직장생활
과는 달리 안정적이지 못하여 경험이 없는 한씨로서는 과감하게 사업
을 운영하지 못하였다고 한다. 한씨는 그 이후로 별다른 소득활동을
하지 않고 있으며, 스스로 돈벌이에서 은퇴한 것으로 생각한다.

한씨가 기억하기로는 어렸을 적 마을에서 행했던 큰 행사는 대보름
날 모래사장에서 행하였던 달집태우기와, 2년마다 열었던 별신제 등
이 있다. 대보름을 전후하여 아이들은 쥐불놀이 등을 하였는데 그 밖
의 민속놀이는 윷놀이 정도를 제외하면 아는 것도 없었고 관심도 없
었다. 영화를 좋아했던 한씨는 상영하는 영화가 바뀔 때가 가장 기대

되었다. 마을에는 1960년대까지 교통수단이 불편하였으며 당시에는 자전거도 거의 없었고 웬만한 거리는 걸어서 다녔다. 1970년대가 되어서야 마을에 전화와 텔레비전이 대대적으로 보급되었다.

이 마을에 가장 해녀가 많았을 때는 해조류를 수출하였던 1980년대이다. 당시에는 나잠이 매우 잘되었으며 제주도의 해녀들이 원정을 와서 활동할 정도였다. 그 때 제주도에서 온 많은 해녀들이 이젠 이 마을 사람이 되었다. 일산진 해녀들의 모임인 나잠회에 고씨 성을 가진 해녀들이 여럿 있는데 이들은 모두 제주도에서 온 사람들이다. 고기잡이나 나잠하면서 부르는 민요 같은 것은 없다. 마을에 풍물패는 있는데 대보름날 달집태우기 놀이에 활동을 한다. 한씨는 우리의 전통악기나 민요보다는 서예, 일본어 강습, 스포츠 댄스 등에 관심을 가지고 있다.

한씨는 일산진마을이 6·25전쟁과 군사정권 시절에도 별다른 일 없이 비교적 조용하게 지낸 것으로 기억한다. 마을이 크게 변하기 시작한 것은 인근지역에 대규모 공장이 들어서면서부터이다. 반농반어의 비교적 풍요로운 한적한 어촌이었던 이 마을은 현대중공업, 현대미포조선 그리고 현대자동차와 같은 세계적 규모의 공장이 들어서면서 엄청난 변화를 겪고 있다. 산업화에 따른 도시화의 영향으로 주거지역과 상업지역이 들어서면서 경제생활이 전반적으로 나아졌지만 그만큼 복잡해졌다. 특히 현대중공업이 들어서면서 주민구성에 많은 변화를 가져왔다. 마을에 외지인들이 많이 거주하게 되었는데 이들은 경기변동에 따라 이동이 심하여 과거의 어촌마을과는 다른 모습으로 변화해 갔다. 상당수를 차지하던 이들 외지인들은 이른바 IMF경제난 이후 많이 빠져나갔다.

한씨가 존경하거나 영향을 받은 사람들로는 중학교 시절의 은사님과 외삼촌이 있다. 중학교 시절의 은사님한테는 자주 찾아 조언을 구하기도 하였다. 은사님의 후배 되는 분이 마을에 거주하고 있어 그분과 자주 은사님을 찾아갔다. 한씨는 외가댁이 일산진마을에 있었기 때문에 외가에 자주 다녔으며, 외삼촌은 한씨네 일을 많이 도와주신 분이었다. 중학교 시절의 은사님과 외삼촌한테서 배운 것은 자신만을 위한 삶이 아닌 남을 위해 봉사하는 삶에 대한 가르침이다.

이런 가르침에 영향을 받아서, 한씨는 마을에서 봉사활동을 많이 하였다. 새마을운동, 정화위원, 바르게살기운동 등을 통해 교통정리, 청소 등은 물론이고 사회봉사교육을 이 마을에서 한씨만큼 많이 받은 주민은 없다. 한씨는 앞으로도 남에게 봉사하는 삶을 사는 것을 인생의 목표로 하고 있다. 이런 생각은 요즘의 뉴스나 텔레비전을 보면서 각박해지는 세상 이야기를 접할 때마다 더욱 절실히 느낀다. 봉사하는 삶 이외의 바람은 자식들이 성실하게 살아가는 모습을 보고 싶다는 것이다. 자식들이 훌륭하게 되는 것 보다는 충실하고 성실한 삶을 살아가기를 바라고 있다.

한씨는 이 마을 대부분의 주민과 마찬가지로 마을이 유원지로 지정되면서 지난 30년 동안 겪은 생활상의 어려움이 하루 빨리 해결되기를 기대하고 있다. 1970년에 일산진마을을 포함한 일대 수십만평은 유원지로 개발하도록 결정된 이래로 현재까지 주민들은 재산권을 행사하지 못하고 있는 실정이다. 그 동안 바뀐 시장만도 여러 명이고, 시행업체도 여러 번 교체되었음에도 불구하고 달라진 것은 하나도 없어 주민들은 일상생활에서 많은 어려움을 겪어 왔다. 마을 뒤편에 있었던 논, 밭 그리고 임야 등지는 구획정리만 한 채 방치되어 잡초만 무성하고 마을은 30년 전의 형태에서 크게 바뀐 것이 없다. 바뀐 것이라면 초가지붕에서 슬레이트지붕이나 양철지붕으로 바뀐 것하고 월세나 받으려고 집을 개조하여 방의 수를 늘려놓은 것이 전부이다.

이러한 마을 사정 때문에 주민들은 행정당국이나 개발업체에 대하여 많은 불만을 가져 왔다. 주민의 불만은 자주 집단시위, 항의방문과 같은 집단행동으로 표출되기도 하였으며 이 과정에서 일부 주민들은 구속되기도 하였다. 주민들이 행정 당국에 대한 감정은 불신으로 가득한 상태이며, 마을에는 유원지개발과 관련된 갖가지 소문이 나돌고 있는 실정이다. 한 때는 정부의 고위층과 연이 닿은 사람이 특혜를 받았다가 구속되어 개발사업이 이 지경에 이르렀다는 소문도 나돌았는데 대부분의 주민들은 이를 사실로 받아들이고 있다. 정부차원에서 간여해도 쉽지 않은 사업이긴 하지만 울산시의 무능한 대책에 대하여 주민들은 불만스러워 하고 있다.

한씨는 울산시의 이주대책만 보아도 주민들의 불만이 큰 이유를 알 수 있다고 한다. 울산시에서는 이주민들을 위하여 울산시 시외버스터미널 부근에 이주지를 정해두었지만, 이곳은 아직 아무런 공사가 진행되지 않은 상태로 남아있다. 울산시에서는 주민들이 이주를 시작하면 이주지에서 공사를 하겠다고 하는데 주민들이 보기에 이는 매우 안일한 처사이다. 지난 수 십년 동안 개발을 둘러싼 사정이 이러하니 주민들의 반발이 클 수밖에 없다. 일부 주민들은 조직적인 투쟁을 전개할 것을 강조하고 있지만, 이미 많은 주민들이 지친 상태라 개별적으로 해결하려는 추세이다. 개발계획안도 그 동안 여러 번 변경되었지만, 최근에는 마을의 일부를 남겨둔 채 개발이 이루어질 것이라 한다. 계획대로라면 2003년 상반기에 작업이 진행될 것이라 하는데 한씨는 이도 두고 봐야 알 일이라며 큰 걱정을 하고 있다.

현재 이 마을에서 통장을 맡고 있는 한씨는 생계를 위한 활동은 하지 않고 있어 가족들 보기에 다소 민망함을 느끼지만 아들이 직장에 다니기 때문에 경제적으로 그리 어렵지는 않다. 지난 날을 돌이켜보면서 한씨는 다른 일을 선택하였다 하더라도 크게 성공하지는 못하였을 것으로 생각하고 있다. 결단력이 부족하기 때문이다. 한씨 스스로

가 내린 가장 큰 결정은 '마도로스 박'이라는 영화를 보고 배를 타야 겠다고 결정한 것이다. 아직껏 늙었다는 생각은 해보지 않았지만 더 이상 해보고 싶은 일도 별로 없고 그냥 여생을 편히 살고 싶은 생각 뿐이다. 요즘 젊은이들에게 해주고 싶은 말은 자신이 원하는 일을 스스로 결정하고 일단 결정하면 과감하게 추진해보라는 것이다.

2. 이○○(여, 55세)

일산진마을에서 해녀들의 모임인 '일산해녀단결회'의 회장을 맡고 있는 이씨는 1947년 제주도 북제주군 구자면의 한 어촌에서 태어났으며 올해 55세이다. 전주 이씨 집안의 4남 1녀 중 외동딸로 태어난 이 씨는 귀여운 외동딸이 고귀하게 살라는 뜻에서 아버지가 작명하였다고 한다. 부모님은 13명의 자녀를 두었지만 어릴 적에 병사하고 5남매만 남았다. 이씨는 자신의 출산과 관련한 태몽을 듣지는 못하였으며 태어난 지 100일쯤 되었을 때가 제주도에서 4·3사건이 발생하였다. 당시 마을 주민이 소집되는 일이 있었는데 이 때 소집에 응하지 않으면 '빨갱이'로 몰려 곤욕을 치루거나 죽임을 당하였다. 그러나 이 씨의 어머니는 어린 이씨 때문에 소집에 응하지 않고도 무사할 수 있었다. 막내이자 외동딸인 이씨는 이로 인해 부모님의 귀여움을 받으며 자랄 수 있었다.

이씨가 태어난 마을은 바닷가에 위치한 어촌으로 주민의 대부분이 어업에 종사하였다. 이씨는 이곳에서 17세까지 생활하다가 육지로 이주하였는데, 이주할 당시 마을에는 7, 80가구에 3, 400명의 주민이 거주한 것으로 기억하고 있다. 당시 마을에서 행하던 전통적인 생활방식에 대하여는 기억나는 것이 별로 없지만, 정월 대보름쯤에 행했던 영등맞이를 기억하고 있다. 이 때는 한지에 자신의 나이 숫자를 쓰고 나서 소원을 빌었다고 한다. 어린이들의 놀이도 숨바꼭질 정도이고 마을 어귀와 언덕배기에서 주로 놀았다.

어업에 종사하는 주민들이 대다수를 차지하였으나 이씨의 조부모는 어로활동을 하지 않고 생활하였다. 이씨의 할아버지는 서당을 운영하였으며, 당시 제주도에서 드물었던 양철지붕으로 된 집에서 생활하였고 9남매 중에서 막내였던 아버지도 일본에 유학을 갈 정도로 생활형편이 좋았다고 기억하고 있다. 비교적 부유했던 집안형편은 이씨가 태어나기 한해 전에 아버지가 불의의 사고를 당하면서 기울어지기 시작하였다. 일본에 유학까지 갔던 아버지는 당시 제주도에서 흔했던 다이너마이트를 사용하여 어로활동을 하러 갔다가 사고로 오른팔을 잃게 되었다. 구급장비와 의료시설이 미비했던 당시에는 손써볼 기회도 없이 아버지는 한쪽 팔을 잃었다. 이후로 아버지는 폭음을 하는 등 생계를 접게 되었고 이를 어머니가 대신하게 되었다. 아버지는 술을 마시지 않을 때는 독서에 전념하였으며, 당시 유행한 소설 등을 모아 일종의 독서방 같은 것을 운영하였다. 마을에서 총명하고 명필로 알려졌던 아버지는 자녀들에게 항상 정직하게 살라고 하셨고 이를 가훈으로 하였다. 결국 아버지는 49세가 되던 해에 제주도에서 돌아가셨다. 그동안 죽음에 대하여 비교적 많은 경험을 하였다는 이씨는 아버지가 돌아가셨을 때도 습과 염을 혼자 하였다. 당시 어머니와 오빠들은 울산에 거주하고 있었고 몸이 불편한 아버지와 이씨가 함께 고향으로 돌아와 있는 상태였기 때문이었다.

이씨의 어머니는 제주도에서 성씨별로 다수를 차지하는 고씨이다. 아버지처럼 막내였으며 당시로서는 드물게 초등학교를 마친 어머니는 제주도 어촌의 다른 주부들과는 달리 별로 물질을 하지 않았다. 그러나 아버지를 대신하여 집안의 생계를 책임지면서 육지로 이주한 어머니는 이후 가끔 물질을 하게 되었다. 이로 인해 어머니는 물질할 때 부르는 민요도 제법 불렀으며 이씨도 이를 약간 기억하고 있다. '열다

섯에 배운 물질 25세 삼군되어 동굴비창을 허리에 차고 …'로 시작하는 민요를 최근까지 알았다고 하는 이씨는 육지로 이주하면서 어머니와 함께 물질에 나서게 되었다. 물질로 생계를 이어갈 때에는 가끔 전라도해역으로 원정에 나서기도 하였다. 이씨는 어머니한테서 많은 영향을 받았다. 특히 이씨는 어려운 가정살림을 맡았던 어머니의 근면한 모습과 성실한 태도에 많은 영향을 받았다. 어려운 가정에서 성장한 이씨는 부정한 일이 아니면 무슨 일이라도 돈벌이에 나섰던 어머니의 근면한 태도를 본받아 이를 생활신조로 삼고 있다.

아버지가 불행을 당한 이후 가계를 꾸리기 위해서 이씨의 부모는 한때 제주도에서 전복 껍데기를 가공하여 와이셔츠 단추를 만드는 일을 하였다. 그러나 일본에서 플래스틱 단추가 개발되면서 하던 일이 어렵게 되자 이씨의 부모님은 연중 대부분을 육지인 울산으로 거처를 옮겨 해산물을 채취하는 일을 하게 되었다. 이로 인해 이씨는 어릴 적에 주로 제주도의 외갓집에서 자라게 되었다. 이씨는 태어나면서부터 집안 형편이 어려워 행복하고 즐거웠던 기억이 별로 없다고 한다. 그러나 남들 앞에서 이야기도 잘하고 노래도 잘하고 하여 부모님으로부터 귀여움을 많이 받고 자랐다고 한다. 부모님들은 이씨가 커서 연예인이 되었으면 할 정도로 이씨는 나름대로 소질이 있었다. 당시 이씨의 별명이 '꽃새이'였는데 요즘도 고향에 가면 이를 기억하는 사람들이 있다.

어릴 적 외가에서 생활할 기회가 많았던 이씨는 가정형편상 3년 동안 초등학교를 다닌 것이 학력의 전부이다. 그러나 고등학교를 나온 외삼촌의 도움으로 7년 동안 야학에 다닐 수 있었다. 이씨는 어릴 적 자신에게 늘 공부하고 꿈을 가지라고 일러준 외삼촌을 가장 존경하는 인물로 생각한다. 외삼촌의 격려와 도움이 아니었다면 오늘날의 자신이 없었을 것이기 때문이다. 비교적 밝은 성격의 이씨는 친구관계도

원만하였지만 어릴 적에 즐거웠던 기억은 별로 없다. 한번은 제주도에 살던 친구가 부산으로 이사를 간 뒤 고향에 들러 이씨에게 친구로 지내자고 한 적이 있는데 당시에는 그 뜻을 몰라 거절하였다고 한다. 그런데 이씨는 이것이 남한테서 자신이 선택받은 것이라며 어렸을 적에 즐거웠던 일로 여기고 있다. 이씨의 친정집에서는 불교를 믿었으며 가끔 절에도 다녔다. 그러나 이씨가 결혼하고 나서는 시댁에서 천주교를 믿기 때문에 자신도 시댁을 따라 천주교를 믿게 되었다. 아네스라는 세례명을 가진 이씨는 현재 신앙생활을 열심히 하지 못하고 있지만 믿음은 가지고 있다.

17세 때 제주도에서 육지로 옮긴 이씨는 어머니와 함께 물질을 하면서 여러 곳에서 타향살이를 하다가 울산에 정착하였으며 그 동안 많은 어려움을 겪었다. 정착할 당시 기억나는 것은 인근의 방어진에 있었던 영화관에 가는 것이었다. 바쁘고 어려운 형편에서도 한 달에 한번은 영화관에 다녔다. 처음으로 본 '두만강아 잘 있거라'를 아직도 생생하게 기억하고 있다. 1960년대인 당시에 텔레비전은 거의 찾아보기 어려웠고, 60년대 말쯤에 와서야 라디오가 집집마다 보급되기 시작하였다.

이씨는 1969년에 현재의 남편을 만나 짧은 연애기간을 거쳐 혼인하게 되었다. 당시 이씨는 다섯 명의 해녀와 짝을 이뤄 울기등대 부근에서 해산물을 채취하여 즉석에서 손님에게 팔아 번 돈으로 가계를 도왔다. 울기등대는 일산진마을에 인접 하였을 뿐만 아니라, 울창한 송림과 '대왕암'을 비롯한 수많은 암초가 있어 해산물 채취에도 유리하고 경관이 뛰어나 휴가철과 휴일에 관광객이 많이 찾는 곳이다. 1969년 봄에 현대자동차 검사과에 근무하였던 남편이 이곳에 놀러 왔다가 이씨를 보게 되었다. 남편은 가진 돈이 부족하여 비싼 전복 대신에 멍게를 사면서 이씨에게 관심을 보였다. 같이 일을 나갔던 해녀 다섯 명

중에서 처녀는 이씨 혼자였으며, 평소 생활력 있는 여자를 원했던 남편은 이씨에게 많은 관심을 보였다. 이후 남편은 퇴근만 하면 이씨가 일하는 곳으로 찾아왔으며 이씨 집까지 따라오기도 하였다. 며칠 후 남편이 사랑한다고 고백했지만 이씨는 당시까지 서울출신의 잘생기고 직장도 좋은 현재의 남편이 자신을 사랑한다는 것을 믿을 수가 없었다고 한다.

　남편의 고백을 그저 농담이려니 생각한 이씨는 자기 대신 친구를 소개해 주겠다고 하였는데 남편이 이씨와 똑같은 사람이라면 만나겠다는 말에 차츰 남편을 신뢰하게 되었다. 더욱이 이씨가 부산에 있는 친척집에 며칠 다녀온 사이에 남편이 매일 이씨를 찾아 온 것을 알게 된 주변에서 진지하게 사귈 것을 권하였다. 마침내 이씨는 남편이 근무하는 회사에 찾아가게 되었고 그 날 남편의 청혼을 받았다. 당시 일산진마을은 초가집만 들어선 전형적인 어촌마을이라 외간 남자가 처녀 집에 드나든다는 소문이 날 것을 우려한 이씨의 어머니가 약혼을 제안하였다. 이 제안에 남편은 비용 절감을 겸해서 바로 혼인식을 하자고 하여 만난 지 2달 만에 그리고 남편이 청혼한지 한 달 만에 혼인식을 치르게 되었다. 장만한 혼수는 신부용 치마저고리 한 벌, 신랑용 양복 한 벌 그리고 이불 한 채가 전부였다. 예식장은 현대자동차 영빈관에서 무료로 제공받았고 경주까지 가는 신혼여행도 회사에서 무료로 차를 내주었다. 주변에서 시집을 잘 갔다고 부러워했지만 결혼 후 처음으로 받은 남편의 월급은 혼인비용으로 가불하고 남은 314원 뿐이었다. 혼인식 부조금 칠천 원으로 부엌도 없는 월세 200원짜리 방을 얻고 오천 원을 들여 석유 곤로를 장만했다. 이렇게 가정생활이 빈한하자 곧바로 이씨가 물질을 하여 생계를 꾸려나갔다. 현재의 남편을 만나기 전에도 이씨는 남성들에게 인기가 있었다. 한번은 이씨의 막내 동생의 담임 선생님이 이씨에게 편지를 보내기도 하였다. 그런데 그 선생님이 술을 먹고 이씨 집에 찾아와 주정을 부리는 바람에 혼사가 성사되지 않았다고 한다.

혼인 후 이씨는 둘째 며느리이면서도 시어머니를 30년 이상 모시면서 생활하였다. 시어머니로부터 구박을 많이 받은 이씨는 그 동안 많이 어려웠지만 29살에 홀로되어 아이들을 키워 온 시어머니의 입장을 생각하여 수없이 참고 지냈다. 시집살이가 어려울 때마다 자신의 처지를 시어머니와 바꾸어 놓고 생각하였다는 이씨는 자신은 시어머니만큼 해낼 수 없었을 것이라 생각한다. 이렇게 어려운 시어머니를 정성껏 모시니 시누이들은 이씨를 따뜻하게 대해주어 시누이들과의 갈등은 없는 편이다. 남편이 여러 번 구의원에 출마하였으나 낙선하는 바람에 집안이 뒤숭숭해지자 시어머니는 서울의 큰댁으로 옮겼다.

이씨는 남편과의 사이에 두 딸을 두었다. 첫 딸은 의과대학을 졸업하여 종합병원에서 레지던트를 3년째하고 있다. 둘째 딸은 중국에 유학해 사회체육을 전공하고 있다. 처음에는 둘째 딸한테 한국에서 전문대학에 다니라고 하였다. 그러나 중국에서 쿵푸를 전공하면 우리나라 최초로 쿵푸 대학과정을 밟게 되는 것으로 나중에 교단에 설 수도 있을 것이라는 딸아이의 주장이 일리가 있어 딸아이가 원하는 대로 해주었다. 더욱이 2008년 북경올림픽에서 쿵푸는 정식종목으로 채택될 가능성이 높다는 점도 둘째 딸의 유학 결정에 작용하였다. 둘째 딸은 여고시절에 농구부원으로 활동하다가 부상을 입어 농구를 그만 두었지만 원래 운동에 소질이 있어 뒷바라지만 어느 정도 해주면 본인이 원하는 것을 달성할 것으로 생각하고 있다.

이씨는 초등학교를 3년 동안 다닌 것이 학력의 전부라 기억에 남는 은사는 없지만, 딸아이의 학부모로서 학부모회장을 맡으면서 알게 된 선생님들을 은사로 생각하고 있다. 특히 딸아이가 다닌 초등학교 교장선생님과 큰 딸아이의 6학년 때 담임선생님은 오늘날 의사로 성장

하는 딸아이를 잘 인도해주신 훌륭한 선생님으로 기억하고 있다. 큰
아이는 울산에서 명문여고를 다녔으며 이씨는 이 학교에서도 학부모
회장을 맡았다. 명문여고에 다니는 학생들의 부모들은 사회적으로 그
리고 경제적으로 대단한 사람들이 많았지만 이씨는 자신이 해녀라는
것을 감추지 않았다. 오히려 이를 통해 많은 학부모들이 자신에게 관
심을 갖게 하는 계기가 되었다. 혼자 있기보다는 여럿이 함께 어울리
는 것을 좋아하는 성격이었던 이씨는 학부모회 회장을 맡았던 것 이
외에도 현재 어촌계 부인회와 나잠회로 알려진 일산해녀단결회의 회
장직도 맡고 있다. 남과 어울리기를 좋아하는 이씨는 모든 일에 어느
정도 자신감을 가지고 있으며, 사물놀이에서 징도 치고 요리도 잘한
다는 소리를 듣는다.

　이씨는 200원짜리 월세방에서 시작하여 현재에 이르기까지 열심히
생활하며 재산을 늘려왔다. 어릴 적 가정형편이 어려워 교육도 제대
로 받지 못한 아쉬움을 자식들에게 물려주고 싶지 않았기 때문이었
다. 남들이 쉬는 날에도 이씨는 어려운 살림을 스스로 일으키겠다는
신념으로 여러 가지 일을 나섰다. 그 동안 해녀생활, 행상, 포장마차,
중국식당, 잡화점, 한식당 등 수 많은 일을 하면서 두 딸을 공부시켰
고, 울산광역시 울주군 범서면 지역에 3,000평 정도의 전답을 소유할
수 있었다. 이처럼 이씨네가 재산을 늘일 수 있었던 데에는 어업 이외
의 다른 수입원도 크게 작용하였다. 일산진마을과 인근 지역이 이미
30년 전에 유원지로 지정된 이후로 마을에서는 건물의 신축은 물론
증축과 개축도 제대로 할 수 없는 상태였다. 당시 초가집이 대부분이
었던 일산진마을은 유원지 개발 사업이 진행되지 않은 채 수 십년이
지나면서 다소간 개축하여 생활하고 있는 상태이다. 이 과정에서 집
주인들은 여러 개의 방을 새로 만들고 세를 놓아 생활하고 있다. 이씨
네도 낮에는 물질하고 밤에는 슬레이트와 건축자재를 가져다 방을 늘

려나갔다. 한때는 수십 가구에 세를 놓았다고 하는 이씨는 현재도 10 가구 이상 세를 놓고 있다. 이 모든 것을 이씨가 관리하고 있다.

일기가 고르지 않아서 바다 일에 나설 수 없는 날에는 범서면에 있는 농지에 가서 농사일을 한다는 이씨는 요즘도 일손을 놓는 경우가 드물다. 이씨는 해녀 일을 제주도에서 울산으로 이주한 이후에 배우게 되었다. 제주도에서는 살림살이와 땔감 구하기 등 집안 일을 하느라 해녀 일을 배울 기회가 없었기 때문이었다. 욕심이 많은 편이라고 자신을 소개하는 이씨는 해녀 일도 열심히 배웠으며, 남이 가르쳐주지 않아도 혼자 잠수하여 물밑에서 숨 쉬지 않고 오래 견디기 연습을 많이 하였다. 이씨의 남편이 어촌계장을 맡았던 동안에 이씨는 해녀 활동을 거의 하지 못하였다. 때로 해녀들의 입장과 어촌계의 입장이 차이를 보이는 경우도 있고, 무엇보다도 해녀들 사이에서 사소한 갈등이 발생하였을 때 어느 한 쪽 편을 들어주기가 어려웠기 때문이다. 이씨가 어촌계와 나잠회 사이의 갈등이나 해녀들 사이에서 발생하는 갈등에 휘말리면 이는 곧 남편의 어촌계장 선출에 커다란 영향을 주기 때문이다. 해녀들 사이에서 발생하는 갈등의 원인은 주로 몫 분배, 판매장소, 작업분배 등 작업과 관련한 것에서부터 개인적 감정이나 일상생활에서 발생하는 갈등에 이르기까지 다양하다. 그러나 이러한 갈등은 때로는 나잠회 전체에 심각한 결과를 초래하기도 하였다. 해녀들 사이에서 몇 년 전 채취한 해산물을 판매하는 것에서 비롯된 사소한 시비가 서로를 고발하는 사태로 번지고 이로 인해 해당 관청의 대대적인 해산물 판매에 대한 단속이 이루어진 적이 있었다. 이때 일산진 나잠회는 회를 해체하기로 결정하였다.

결국 이씨는 남편이 어촌계장을 그만 둔 다음에야 마음 놓고 해녀 일을 하게 되었다. 남편이 어촌계장을 맡았던 13년 동안 이씨는 행상, 중국식당, 포장마차, 한식당 등 여러 가지 장사를 하면서 생활하였다.

남편은 구의원에 세 차례나 출마하였으나 낙선하였고 이로 인해 많은 재산을 쓰게 되었다고 한다. 따라서 건강이 좋지 않은 이씨는 요즘도 해녀 일을 하면서 가계를 꾸리고 있는데, 오히려 일을 나가지 않으면 몸이 더 불편해 진다고 한다. 해녀 작업과 울기등대 부근에서의 판매는 그리 어려운 일이 아니다. 물질은 이미 일상생활처럼 익숙해 졌으며 채취한 해산물을 관광객이 많이 찾는 울기등대 부근에서 판매하는 것도 비교적 용이한 편이다. 정작 해녀들에게 어려움을 느끼게 하는 것은 해산자원이 고갈되어 높은 가격을 받을 수 있는 자연산 해산물이 줄어드는 것이다. 그나마 얼마 되지 않는 자연산 해산물을 놓고 취미 삼아 찾아오는 스쿠버다이버들과 경쟁을 벌여야 하는 것이 커다란 어려움이다. 해녀들은 생활비를 벌려고 목숨을 걸고 숨을 참아가면서 어렵게 작업을 하는데 비하여 여러 가지 장비를 갖춘 스쿠버다이버들은 손쉽게 해산물을 채취하기 때문에 경쟁이 되지 못한다.

　이씨는 해녀 작업, 즉 물질을 노력한 만큼 결실을 거둘 수 있다는 점에서 매우 자랑스럽게 여기고 있다. 수입도 좋은 편이어서 계절에 따라 차이가 있지만 월 평균 100만원에서 300만원 정도의 수입을 올릴 수 있기 때문이다. 이 정도의 수입은 대기업의 과장 정도의 수입에 버금가기 때문이다. 해녀들은 비가 오거나 바람이 심할 때를 제외하고는 연중 대부분 바다에 나가고 있다. 오전 10시를 전후하여 바다에 들어가면 오후 1시쯤 작업을 마치고 바다에서 나온다. 그 후 채취한 해산물을 간단하게 손질하여 등대 부근에서 관광객을 상대로 판매를 하면 저녁 7시경에나 귀가한다. 이씨는 건강이 허락할 때까지 해녀로 활동하려고 한다. 요즘도 70세를 넘긴 해녀들이 작업하는 것을 보면 자신도 충분히 그 정도 나이까지 해녀로 일할 수 있을 것으로 생각한다.

　일산진마을에는 여성으로 구성된 풍물패가 있는데 이씨는 여기에서 징을 맡고 있다. 10여 년 전까지만 해도 남성들로 구성된 풍물패가 있었지만 세월이 흐르면서 그 구성원들이 사망하거나 다른 곳으로 이주하여 몇 년 전에 여성들로 구성된 새로운 풍물패를 결성하게 되었다. 이씨의 징을 다루는 솜씨도 상당한 수준이라 한때는 마을에 사물놀이패를 구성하여 자신이 가르치기도 하였다고 한다. 여성풍물패는 매년 음력 정월대보름과 10월 초하루에 열리는 동제와 그 동안 격년제로 열었던 별신제를 행할 때 모여 활동하고 있다. 마을 앞 바다에 미인섬이라는 바위섬이 있고 건너편에 남근바위가 서로 마주하고 있지만 마을사람들이 남근숭배나 치성기자의 민간신앙을 행하지는 않는다.

어려운 가정형편 속에서 굴하지 않고 생활해 온 어머니와 별다른 교육을 받지 못한 자신에게 항상 배우는 자세로 열심히 살라고 격려하신 외삼촌의 가르침을 잊지 않고 살아온 이씨는 원래 변호사가 되기를 희망하였다. 몇 해전 바다에서 작은 사고로 머리를 다치고 난 이후로 말주변도 없어졌지만, 어렸을 적에 이씨는 책읽기를 좋아했으며 똑똑하다는 말을 많이 들었다. 매사에 최선을 다하면 꿈을 이룰 수 있다고 믿어 온 이씨는 시집을 따라 천주교회에 다니지만 자신에게 별다른 영향을 주지는 않는다. 이씨는 여성으로 태어난 것을 단 한 번도 후회한 적이 없으며 다시 태어난다 해도 여성으로 태어나길 희망한다. 왜냐하면 남성들이 하는 일을 이씨도 모두 다 할 수 있기 때문이다.

[부록 2]

울산광역시 동구 일산동 ○○통 주민현황

〈○○통 1반〉

번호	성명(연령)	성별	가족유형(가족원수)	경제행위	주거형태	비고
1	고○모(69)	여	노인 단독(1)	해녀(어촌계)	자가	
2	이○심(58)	여	노인 단독(1)	무직	셋집	
3	김○명(65)	남	노인 부부(2)	일용직	자가	
4	고○문(61)	남	노인 부부(2)	어업(어촌계원)	자가	
5	이○배(42)	남	3세대(6)	보험회사	자가	
6	김○순(39)	여	2세대(4)	보험회사	자가	
7	박○자(49)	여	2세대(4)	회사원	자가	
8	최○익(71)	남	노인 부부(2)	어촌계원	자가	
9	이○자(69)	여	노인 단독(1)	무직	자가	
10	장○욱(68)	남	노인 부부(2)	어촌계원	자가	
11	김 ○(58)	남	단독(1)	회사원	셋집	
12	박○민(44)	남	단독(1)	회사원	셋집	
13	홍○철(57)	남	단독(1)	회사원	셋집	
14	고○남(58)	남	3세대(4)	어촌계원	자가	
15	이○우(69)	남	부부(2)	농업	자가	
16	이○구(45)	남	부부(2)	농업(오리사육)	자가	
17	이○선(49)	여	2세대(2)	중공업하청	셋집	
18	박○옥(42)	여	2세대(4)	가스대리점	셋집	

⟨○○통 2반⟩

번호	성명(연령)	성별	가족유형(가족원수)	경제행위	주거형태	비고
1	최○임(35)	여				비거주
2	김○열(35)	남	2세대(3)	운수업(렉카)	자가	
3	김○표(74)	남	노인부부(2)	회계사 역임	자가	
4	이○영(66)	여				비거주
5	김○욱(46)	남	단독(1)	현대중공업	자가	
6	김○남(63)	남	2세대(2)	어업종사	자가	
7	김○순(78)	여	노인 단독(1)	국가유공자	자가	
8	안○옥(41)	여				비거주
9	김○복(50)	남				비거주
10	박○규(55)	남	2세대(3)	건설(도로포장)	셋집	
11	김○수(53)	남	2세대(3)	포장마차운영	셋집	
12	성○진(52)	남	2세대(4)	중공업	자가	
13	이○용(66)	남	2세대(3)	아파트경비	자가	
14	이○자(60)	여	2세대(3)	중공업하청	자가	
15	김○태(37)	남	부부(2)	회사원	자가	
16	김○화(55)	여	2세대(3)	어촌계원	자가	

<10통 3반>

번호	성명(연령)	성별	가족유형(가족원수)	경제행위	주거형태	비고
1	이○일(45)	남				비거주
2	지○학(32)	남	단독(1)	중공업하청	셋집	
3	홍○자(60)	여	2세대(3)	어촌계원	자가	
4	장○종(69)	남	2세대(3)	어촌계원	자가	
5	김○상(64)	남	2세대(5)	어촌계원	자가	
6	정○규(65)	남	2세대(3)	무직	자가	
7	임○이(43)	남				비거주
8	변○술(38)	남	단독(1)	일용직	셋집	
9	박○임(80)	여	2세대(2)	무직	자가	
10	홍○섭(64)	남	2세대(3)	수산업 (어촌계)	자가	
11	류○혜(45)	여	단독(1)	식당일	셋집	
12	위○도(46)	남	단독(1)	무직	셋집	
13	김○영(44)	여	2세대(3)	상점	셋집	
14	윤○목(44)	남				비거주
15	김○용(76)	남	단독(1)	무직	자가	
16	강○선(62)	남	단독(1)	일용직	셋집	
17	김○선(80)	여	2세대(2)	무직	자가	
18	박○묵(74)	남	2세대(2)	어촌계원	자가	

〈○○통 4반〉

번호	성명(연령)	성별	가족유형(가족원수)	경제행위	주거형태	비고
1	임○남(67)	여	노인단독(1)	무직	셋집	
2	정○국(60)	남	2세대(4)	상업, 어업 (어촌계원)	자가	
3	김○희(37)	여	단독(1)	일용직	셋집	
4	한○용(42)	남	2세대(4)	일용직	셋집	
5	김○원(50)	남	부부(2)	개인택시	셋집	
6	강○수(45)	남	2세대(4)	소규모 회사 운영	셋집	
7	황○우(41)	남	2세대(4)	현대자동차	자가	
8	김○주(39)	남	2세대(5)	어업, 상업	자가	
9	김○철(60)	남	부부(2)	무속인	셋집	
10	전○구(41)	남	2세대(3)	회사원	셋집	
11	김○희(40)	여	2세대(2)	회사원	셋집	
12	정○효(35)	남				비거주
13	박○호(32)	남	단독(1)	일용직	셋집	
14	김○복(44)	남	2세대(3)	어업	셋집	
15	임○길(55)	남	2세대(4)	회사원, 어업	자가	
16	김○필(53)	여	2세대(3)	어촌계원, 포장마차	셋집	
17	김○섭(53)	남	2세대(2)	일용직	자가	
18	김○형(42)	남				비거주
19	정○철(42)	남				비거주
20	장○배(44)	남	2세대(4)	중공업	자가	
21	서○자(64)	여	2세대(2)	무직	자가	
22	김○염(82)	여	노인단독(1)	무직	자가	
23	박○숙(45)	남	2세대(4)	하청업	셋집	

〈○○통 5반〉

번호	성명(연령)	성별	가족유형(가족원수)	경제행위	주거형태	비고
1	김○연(44)	여	단독(1)	회사원	셋집	
2	장○재(54)	남	2세대(3)	배달업	자가	
3	황○선(48)	여	2세대(2)	회사원	자가	
4	김○철(45)	남	2세대(4)	하청업	자가	
5	황○술(68)	여	2세대(2)	어촌계원	자가	
6	황○자(60)	여	단독(1)	어촌계원	자가	
7	김○순(43)	남	단독(1)	일용직	셋집	
8	노○현(32)	남				비거주
9	김○석(48)	남				비거주
10	천○우(52)	남	2세대(6)	중공업 하청	자가	
11	김○술(74)	남	2세대(3)	어촌계원	자가	
12	홍○곤(63)	남	2세대(3)	어촌계원	자가	
13	김○식(62)	남	부부(2)	중공업	셋집	
14	임○덕(39)	남	부부(2)	중공업	셋집	
15	이○환(32)	남	2세대(3)	회사원	자가	
16	박○국(46)	남	2세대(4)	일용직	셋집	
17	김○헌(46)	남	2세대(4)	우유배달업	셋집	
18	이○우(49)	남	2세대(3)	어촌계원	셋집	
19	이○식(65)	남	2세대(3)	어촌계원	자가	
20	이○순(66)	여	2세대(3)	무직	자가	
21	박○두(36)	남	2세대(3)	일용직	셋집	
22	정○태(36)	남	부부(2)	일용직, 무속인	셋집	
23	이○범(53)	남	단독(1)	배달업	셋집	

〈○○통 6반〉

번호	성명(연령)	성별	가족유형(가족원수)	경제행위	주거형태	비고
1	변○복(56)	남	2세대(4)	어업, 음식(어촌계)	셋집	
2	한○출(46)	남	2세대(4)	일용직(페인트공)	자가	
3	권○제(36)	남	3세대(6)	온산공단	자가	
4	한 ○(58)	남	2세대(4)	무직	자가	
5	임○자(60)	여	2세대(3)	일용직	자가	
6	김○이(65)	여	2세대(3)	무직	자가	
7	김○선(60)	여	노인단독(1)	어촌계원	자가	
8	박○수(35)	남				비거주
9	김○덕(29)	남	2세대(4)	해상업(배소유)	자가	
10	김○길(54)	남	2세대(4)	어촌계원	자가	
11	이○문(52)	남	부부(2)	어촌계원	자가	
12	위○순(61)	여	3세대(4)	일용직	자가	
13	조○화(63)	여	2세대(2)	무직	자가	
14	김○우(59)	남	2세대(5)	무직	자가	
15	김○헌(61)	남	2세대(3)	어촌계원	자가	
16	유○준(35)	남	2세대(4)	중공업	셋집	
17	장○내(41)	남	단독(1)	회사원	셋집	
18	이○태(52)	남	2세대(3)	무직	셋집	
19	방○용(47)	남	부부(2)	상업	자가	
20	김○성(55)	남	2세대(3)	무직	자가	
21	김○화(75)	여	노인단독(1)	어촌계원	자가	

[부록 3]

일산진 112회 별신굿 결산 (1999. 11. 8)

수입(26,602,778원)	지출(15,539,960원)
* 개인 부조금 : 6,040,000원 * 동구청 지원금 : 4,000,000원 * 어촌계 공금 : 16,562,778원 1997년 별신굿 잔액 : 2,563,500원 1999년 △△기업 보상금 : 8,598,920원 1999년 ○○기업 보상금 : 5,000,000원 이자수입 : 400,358원	별신굿 계약금 : 1,000,000원 무 녀 인건비 : 6,800,000원 별신굿 제물비 : 897,500원 제당 설치비용 : 942,000원 답례 선물비 및 인쇄비 : 1,480,000원 현 수 막 : 170,000원 우편요금 : 6,460원 시 주 돈 : 430,000원 　　　　떡 : 260,000원 국 　 수 : 500,000원 식권 및 식비 : 1,785,000원 잡 　 화 : 739,000원 전기 및 화장실 사용료 : 80,000원 제관 시주돈 : 300,000원 기 　 타 : 150,000원

동해안 어촌지역 경제구조의 변화가 사회·인구학적 환경에 끼친 영향
-동해시 묵호지구를 중심으로-

김 태 원*

Ⅰ. 머리말

일반적으로 경제구조의 변화는 한 사회구조 전체에 영향을 미치기 마련이다. 그래서 경제구조의 변화는 개인의 경제적 삶에 직접적으로 영향을 끼칠 뿐만 아니라, 인구의 이동이나 가족의 변화 등 사회 전반의 변화를 유도할 수 있다. 이렇듯 경제변화와 사회전반의 유기적 변화 현상은 특히 경제적 변혁이 급속도로 이루어지는 지역일수록 빈번

---

* 영남대학교 민족문화연구소 연구교수.

하게 나타난다.

우리나라는 1970년대를 기점으로 산업화가 가속화 되면서 농업과 어업 등 1차 산업 중심의 사회기반이 점점 해체되고 공업사회로 진입하기 시작하였다. 즉 한 세대 만에 사회의 유형이 바뀌는 급격한 산업화 과정을 경험하였다. 예를 들어 1960년에 전체 노동력의 78.9%인 672만 명이었던 농민의 숫자는 불과 30년 후 전체 노동력의 19.3%인 338만 명으로 줄어들었다. 이처럼 한 세대를 통해 경험되는 급격한 사회변화는 세계에서도 그 유례를 찾아보기 드문 경우이다.

우리나라 강원도 동해안 지역의 경우 1960년대 이후부터 한동안 거주민들의 수가 증가하였다. 그러나 산업화가 본격적으로 시작되던 시점인 1970년대를 기점으로 하여, 이후 이들 지역의 인구는 지속적으로 감소하고 있는 추세이다. 이러한 인구사회학적 변화의 배경에는 동해안지역의 산업화로 인해 어업환경이 변화함으로써 경제활동 인구층의 도시전출이나, 전직이 증가하게 된 것이 가장 큰 요인으로 대두된다. 이렇듯 경제 환경의 변화는 지역의 인구 구조적 변화와 긴밀하게 연결되어 있다. 그런데 1995년부터 시행된 지방자치제가 본격적으로 정착되면서 오늘날의 인구구조는 지역 간의 경제적 경쟁요소 중 하나로 인식되고 있다. 따라서 한 지역에서 안정적인 인구구조를 유지하고 그를 통해 지역경제의 활성화를 도모하는 것은 지자체마다 중요한 관심사가 아닐 수 없다.

동해안 지역 중 지금은 동해시에 편입된 묵호읍은 경제구조의 변화가 지역 주민의 경제적 삶과 인구구조에 얼마나 큰 영향을 미칠 수 있는지를 관찰할 수 있게 해 주는 좋은 사례이다. 묵호지구는 산업화가 가속화되면서 주요 경제활동 영역이던 수산업 인구가 감소하였다. 그리고 90년대 후반부터 동해시가 북한과의 경제적 문화적 교류가 활발해 지면서 지역의 전반적 여건에 다시 한 번 역동적인 변화의 물결이 일고 있다. 이러한 배경을 고려해서 본 연구는 동해시 묵호지구 경제구조의 변화와 사회·인구학적 환경, 그리고 더 나아가 사회 인구학적 변화에 따른 이 지역 주민들의 생존 전략을 이러한 사회·인구학적 환경의 변화에 의해 주민들의 삶이 어떻게 변화되고 있는 지 분석해 보고자 한다.

Ⅱ. 조사대상지역 개관

1. 동해시와 묵호지역

1) 역 사

동해지역 선사문화의 기원은 수 만 년 전의 구석기시대까지 올라간다. 1992년도에 처음 발견된 구호동유적지에서는 중기구석기시대의 주먹도끼·찍개·찌르개·사냥돌 등의 뗀석기가 출토된 바 있다(최복규·최승엽, 1994,『동해 구호동 구석기유적 보고』,『동해 북평공단 조성지역 문화유적 발굴조사보고서』, 관동대박물관) 그리고 1995년도에는 발한동에서 구석기유적이 발굴되어 홍적세 후기의 간빙기 때의 문화층과 찍개·주먹대패·찌르개 등 뗀석기가 확인되었다. 이 유적의 연대는 90,000~120,000년 전의 중기구석시대 전기에 해당하는 것으로 보고되었다(최복규 외, 1996,『발한동 구석기유적 발굴조사 보고서).

신석기유적은 하천유역의 모래언덕에 분포하고 있는 것으로 밝혀졌는데, 현재까지 마상천유역의 망상동 지역에 2개소, 전천유역의 송정동 지역에 1개소로 모두 3개소에 달한다. 이들 유적은 현재까지 정밀조사가 이루어지지 않아 유적의 정확한 범위 및 현상 등에 대하여는 알 수 없는 형편이다. 그러나 영동지방 내에서 그 동안 많은 신석기유적이 조사된 바 있는데, 특히 양양 오산리유적은 그 연대가 B. C. 5,000년전 까지 거슬러 올라가는 것으로 밝혀졌고, 그 문화는 동북지방이나 동남지방과 밀접한 관계가 있으며, 지역적 특성도 갖고 있는 신석기시대 초기단계의 문화로서 이해되고 있다.(임효재, 1984, 『오산리유적』, 서울대고고인류학총간 제9책) 동해 망상동과 송정동 출토 토기편들은 영동지방의 신석기유적 출토 토기편들과 유사성이 있는 것으로 보여 지며, 따라서 신석기시대부터 사람들이 처음으로 이곳에 정착생활을 한 것으로 생각된다. 그러나 매우 단편적인 자료만으로는 동해지역에 신석기문화를 남긴 주민들의 민족적 계통이나 이주시기, 그 문화의 형성이나 변천 등에 대해서는 구체적으로 밝히기는 어렵다.

청동기시대 유적으로는 지석묘와 유물산포지가 있다. 지석묘는 송정동·부곡동·이로동 지역에 분포되어 있는데, 이는 청동기시대 무문토기인 들이 남긴 무덤이다. 유물산포지는 시의 북부에 있는 마상천과 남부의 전천유역의 주변 구릉지에 집중 분포되어 있는데, 아직까지 정식조사가 이루어지지 않아 각 유적의 성격 및 특징 등은 알 수는 없다. 그러나 영동지방 내에서 최근에 조사된 강릉 방내리 유적과 속초 조양동유적이 청동기시대 전기인 B. C. 8세기경에 해당하는 것으로 추정되고 있으며, 그 문화적 계통은 동북이나 서북 등 북방계 문화의 영향을 받은 것으로 알려져 있다(백홍기, 1992). 또한 고성부터 삼척에 이르기까지 영동지방 전역에 걸쳐 광범위한 지역에 많은 청동기유적들이 분포하고 있는 점으로 보아 동해지역도 민무늬토기문화를 남긴 많은 주민들이 정착하여 살았을 것이라는 추측은 그리 어렵지 않다. 다만 민무늬토기문화를 남긴 주민들이 신석기시대 이래 이 지역에 정착하여 살아온 주민들인지, 아니면 다른 지방에서 새로 이주하여 정착한 주민들인지는 현재로서는 정확히 알 수 없다(백홍기,

1992).

동해시 지역은 최근 활발한 학술조사에 힘입어 상당수의 선사유적이 분포되어 있는 것으로 확인되었다. 즉, 구석기유적은 6개소, 신석기유적은 3개소, 청동기유적은 10개소, 철기시대유적은 2개소 등 전체 21개소이다. 이 유적의 수는 앞으로 조사가 지속적으로 진행된다면 계속 증가할 것으로 생각된다(동해 시사, 2002).

기원 전 129년경에는 위만조선, 한사군 때는 임둔군에 속했으며 신라 파사왕 23년(102)에는 실직국에 속했다가 고구려 장수왕 56년(468)에는 잠시 고구려 영토가 되기도 하였다. 동해안의 강릉지방이 본격적인 고대국가의 역사를 갖기 시작한 것은 5세기 중엽 고구려의 장수왕 무렵이다. 당시 고구려는 남하하여 울진 근방까지 지배하였다.

삼국시대 이전의 기록으로는, 『삼국사기』 지리지 명주조(溟州條)에서 찾을 수 있다. "가탐(賈耽)의 『고금군국지(古今郡國志)』에는, '지금 신라의 북부 경계에 있는 명주는 대부분이 예(濊)의 옛 나라이다'라고 기록되어 있다"고 했고, 같은 책 삼척군조(三陟郡條)에서는, "삼척군은 원래 실직국(悉直國)으로서, 파사왕(破娑王) 때에 항복하여 왔는데…"라고 기록하고 있다. 이와 같은 기록을 통해서 보면, 오늘날 동해시는 삼국시대 이전인 이른바 성읍국가 시대에는 예국의 남쪽 주변지역과 실직국의 북쪽 주변지역이 합쳐지는 곳에 위치하고 있었음을 알 수 있다.

신라 지증왕 6년(505)에는 실직주에 속했으며 선덕왕 8년(639)에 진주도독부로 승격되어 김이사부가 군주가 되었고, 신라 무열왕 5년(658)에는 북진이 되었다. 신라 경덕왕 16년(753)에는 삼척군에 속했다가, 고려 태조 19년(936)에는 동원경이라 하여 특수지역으로 취급하였으며, 성종 2년(938) 지방행정 정리의 과도기에 하서부라 하였다가 성종 5년(986) 명주군 도독부라 칭하고 목사를 두었다.

지금의 동해시가 명주와 삼척 양쪽의 관할을 받은 것은 현종대 5도 양계제가 실시되면서 부터이다. 현종 9년(1018) 삼척군이 삼척현으로 강등되면서 삼척군에 속해 있던 우계현(羽溪縣)은 강릉부(江陵府)에 이속되었다. 그 뒤 공민왕 22년(1373)에 현령 대신 안집중낭장(安集中郎將)이 파견되다가 우왕 4년(1377)에 지군사(知郡事)로 승격되었다.

한편 명주는 태조 19년(936)에 동원경(東原京)이 되었다가, 통일을 완수한 태조 23년(940)에는 다시 명주로 환원되었다. 이후 성종대에 와서는 명주는 4번에 걸친 빈번한 개명을 거듭하였다. 즉 성종 2년에 하서부(河西府)라 했다가 5년에는 명주도독부(溟州都督府)로 되었고, 11년에는 다시 명주목(溟州牧)이 되었다가 동왕 14년에는 다시 주(州)가 되었다. 그 후 원종 원년(1261)에는 몽고 침입시 국왕을 보필한 공신 김홍취(金洪就)의 고향이라 하여 명주는 경흥도호부(慶興都護府)로 승격되었고, 충렬왕 34년(1308)에 강릉부(江陵府)로 개칭되었다가, 공양왕 원년(1389)에 강릉대도호부로 승격되었다.

조선시대에 들어와서 태조 4년(1395) 강원도로 개칭하고 세조 때에 진관부를 두었다. 조선조에 들어와 인조 9년(1631)에 부곡 남쪽은 삼척부의 박곡리가 되었고, 인조 26년(1648)에는 부곡의 북쪽이 강릉부 망상리가 되었다. 조선 숙종 32년(1705)에 망상리를 망상면으로 개칭하였으며 영조 15년(1739)에 박곡을 견하로 바꾸고 고종 28년(1891)에 견하를 도하와 도상 그리고 견박의 3개면으로 분리 하였다. 고종 32년(1895)에 삼척도호부가 삼척군으로 개칭되었으며, 다음해인 1896년에는 강원군으로 되었다. 1914년에 3개면을 합하여 북삼면이라 불렀다. 이후 1941년 8월 11일 묵호항이 개항되면서 이듬해인 10월 1일 망상면이 묵호읍으로 승격되었고, 1945년 7월 1일 북삼면이 북평읍으로 승격되었다. 1979년 12월 28일 동해시 설치법령공포에 따라 명주군 묵호읍과 삼척군 북평읍이 통합되어 1980년 4월 1일 동해시가 탄생되었다. 1984년에는 북평역을 동해역으로 바꾸고 1986년 12월 5일에는 북평항을 동해항으로 개칭하였다. 1998년 11월 2일 15개 동을 10개동으로 통폐합하여 현재는 11만 명의 주민이 거주하고 있으며, 같은 해 11월18일 금강산 유람선이 동해항에서 취항하였다.

2) 인문 · 자연환경

(1) 지세와 지형

동해시는 강원도 영동지방 남부에 위치하고 있다. 시의 동은 동해, 북은 망운산(338m), 옷재, 형제봉, 매봉산(607m)을 경계로 강릉시의 옥계면, 서는 원방재, 상월산(970m), 이기령, 고적대를 경계로 정선군의 임계면, 남은 연칠성령, 청옥산(1,404m), 두타산(1,353m)을 경계로 삼척시의 하장면, 쉰움산, 배수고개를 경계로 미로면 등과 접하고 있다.

수리적 위치는 동경 128°25'에서 동경 129°32'이고, 북위 37°30'에서 북위 37°45'이다. 동해시의 총 면적은 약 180.23㎢인데, 토지이용별 면적을 보면 임야가 138.5㎢(76.8%), 대지5.5㎢(3%), 논6.7㎢(3.7%), 밭10.9㎢(6%), 기타18.7㎢(10.4%)이다. 동쪽 끝은 추암동의 촛대바위이며, 남쪽 끝은 삼화동의 두타산, 북쪽 끝은 망상동이다. 시의 지형고도는 서고동저(西高東低), 남고북저(南高北低)로 동서의 길이는 약 17.8㎞, 남북의 길이는 약 19.8㎞이며 해안선은 약 20.7㎞이다.

동해시 서쪽 경계를 따라서 남쪽에 두타산(1,353m), 청옥산(1,404m), 고적대(1,354m) 등의 높은 산들이 인접하여 있고, 그 북쪽으로 백봉령에 이르기까지 800m 이상의 산들이 연속되고 있다. 이 서쪽 경계 능선부의 서편 지표수와 지하수는 골지천과 임계천으로 흘러들어 남한강이 되어 서해로 흘러드는데 비해, 서쪽 경계 능선부 동쪽의 지표수와 지하수는 전천으로 흘러들어 결국에는 동해로 흘러든다. 그러므로 행정구역상 동해시의 서쪽 경계는 이 분수계와 일치한다. 이러한 점은, 행정구역의 경계를 설정할 때 주요 분수계를 따라 경계를 정하였기 때문에 나타난 현상이다. 이 분수계가 오랜 기간 동안 동해 지역 주민과 임계 지역 주민 사이의 교섭을 어렵게 하는 작용을 하였으므로, 이 분수계를 따라 행정구역의 경계가 설정된 것은 자연스러운 현상이다. 따라서 동해시는 전 지역이 태백산지 분수계의 동쪽 사면에 해당된다. 태백산지 분수계 일대는 고도가 매우 높으므로, 이 분수계에 가까운 부분, 즉 동해시 서부에는 산지가 비교적 폭넓게 나타나고 있다.

동해시의 북쪽 경계를 이루는 산지는 서쪽의 백봉령 부근에서 시작되어 동쪽으로 오면서 매봉산(607m), 형제봉(483m), 망운산(338m) 등으로 이어진다. 북쪽 경계를 이루는 능선은 백봉령 부근의 고도 800m로 부터 처음에는 비교적 급하게 낮아져 남면치의 350m까지 고도가 저하된다. 그곳에서 다시 해안 방향으로 점차 높아져 매봉산(607m)까지 고도가 증가된다. 한편 형제봉(483m)과 망운산(338m) 사이의 구간에서도 180m로 낮아지는 고개들이 나타난다. 북쪽 경계를 이루는 산지는 동해시의 전천·마상천 유역과 강릉시 옥계면의 남양천 유역을 나누는 분수계인데, 이 하천들은 모두 동해로 흘러드는 하천이다.

동해시의 남쪽 경계를 이루는 산지는 서쪽의 두타산에서 시작되어 동쪽으로 오면서 점차 낮아진다. 그 능선은 두타산으로 부터 처음에는 비교적 급하게 낮아져 쉰음산(688m)을 거쳐 배수고개의 300m까지 고도가 저하된다. 그곳에서 해안 방향으로 446m 봉우리까지 높아지다가 다시 낮아져서 영동선 철로가 횡단하는 부근에서부터 고도가 130m 내외로 현저히 낮아진다. 영동선 철로의 동해역↔도경역 구간은 동해시 남쪽 경계를 통과하는데 있어 이 산지의 낮은 능선부 중에서 가장 내륙 쪽을 통과하고 있다. 남쪽 경계를 이루는 산지는 동해시의 전천 유역과 삼척시의 오십천 유역을 나누는 분수계인데, 두 하천

모두 동해로 흘러드는 하천이다.

동해시에 있어 서쪽·북쪽·남쪽의 경계를 이루는 산지들 이외에, 동해시의 북부에도 산지가 폭넓게 분포하고 있다. 이 북부 산지에서 가장 높은 봉우리는 초록봉(531m)인데, 이 봉우리는 동해 시청이 위치하는 천곡동에서 서쪽으로 불과 4km 정도도 떨어져 있지 않다. 이 봉우리의 이서로는 400m급 이상의 산들이 넓게 분포하고 있다. 한편 이 봉우리의 이동으로는 고도가 현저하게 낮아지다가 80m 내외의 고도에서 완만한 경사지로 변한다. 이 완경사지에 동해시의 중심 취락인 묵호 지구와 천곡 지구가 위치하고 있다.

동해시에서 가장 규모가 큰 하천은 동해시의 남부를 서에서 동으로 횡단하며 동해로 흘러드는 전천이다. 전천은 그 상류 쪽에서 유입되는 두 개의 큰 지류로부터 물을 공급받는다. 그 하나는 북서 방향으로부터 유입하는 하천(신흥천)이고, 다른 하나는 남서 방향으로부터 유입하는 하천(무릉천)이다. 신흥천 하곡은 동해시 북쪽 경계 산릉에 해당되는 남면치 아래로부터 시작되어 남동 방향으로 거의 직선상으로 연장되어 무릉천 하곡과 만난다. 신흥천 하곡과 무릉천 하곡은 동해시의 서부, 즉 산지가 발달된 지대에 위치하면서도 하곡이 거의 직선상으로 뻗어 있다는 점에서 특이하다. 동해시에 있어, 전천 및 그 지류인 신흥천·무릉천을 제외하고, 규모가 비교적 큰 하천은 동해시 북단에 있는 마상천이다. 마상천은 동해시 북쪽 경계 산릉을 이루는 형제봉과 동해시 북부 산지의 고봉인 초록봉 일대의 물을 모아 대체로 북동 방향으로 흘러 동해로 유입된다.

동해시에 있어 구릉지 및 평지가 넓게 전개되어 있는 지대는 시의 동부이다. 그 중에서도 저평지가 넓게 펼쳐져 있는 지대는 시의 남동부와 북동단이다. 동해시 남동부의 경우에는 전천 주변에 저평지가 넓게 분포되어 있고 이 저평지 주변을 남쪽·남서쪽의 구릉지와 북쪽의 구릉지가 폭넓게 감싸면서 분포되어 있다. 이 지대는 북평 지구의 주요 생활무대가 되어 왔다. 동해시 북동단의 경우에는 마상천 하류부에 저평지가 비교적 넓게 펼쳐져 있다. 그런데 마상천 하류부의 저평지는 그 지형 패턴이 위에 기술한 동해시 남동부 저평지의 경우와 차이가 난다. 첫째, 마상천은 규모가 작은 하천인데 비해, 마상천 하류부는 저평지의 규모가 큰 편이다. 둘째, 마상천 저평지의 주변에는 구릉지의 발달이 미약하고 오히려 산지가 저평지를 둘러싸는 형태를 보이고 있다. 이러한 점들은 마상천 하류부의 저평지가 이 하천의 침식 작용으로 형성된 것은 아니라는 점을 나타내고 있다. 그런데 이러한 현상은 영동지방에 있는 다른 하천의 주변에도 많이 나타나는 것이다.

한편 동해시 동해안의 중부에는 구릉지의 발달이 현저하고 저평지는 잘 발달되어 있지 못하다. 즉, 이 지대에는 저평지의 규모가 매우 작고 이러한 소규모 저평지들이 구릉지 사이에 여기저기 분포되어 있는 형태를 보이고 있다. 그럼에도 불구하고 이 지대는 묵호 지구의 주요 생활무대가 되어 왔다.

이 지대의 지형 윤곽은 구릉지에 의해 결정되어 있는데, 구릉지들이 동해시 북부 산지의 말단부로부터 동해안 방향으로 연장되어 있다. 저평지들은 동서 방향으로 연장된 이들 구릉지 사이에 소규모로 분포하는 형태를 보이고 있다. 따라서 이 지대에서는 평지뿐만 아니라 주변 구릉지의 사면도 주민들의 주요 생활무대가 되어 있다. 예를 들어 묵호항 주변의 저평지는 다른 도시들의 저평지에 비해 매우 협소한 편이며, 묵호 지구의 주거지는 일찍부터 주위 구릉지 사이의 소하곡과 구릉지 사면으로 확장되어 있었다. 특히 묵호항의 북쪽 해안 일대에는 주거지가 사면을 거슬러 올라가면서 해발 80m 부근까지 밀집된 채 분포되어 있어, 묵호 지구의 특징적인 도시 경관을 이루고 있다.

　동해시는 동쪽으로 바다에 접하고 있으며, 해안선은 시의 면적에 비해 매우 긴 편이다. 동해시의 해안선은 영동 지방의 동해안이 일반적으로 그러하듯이 단조로운 편이다. 그러나 해안 지대의 지형은 저평지·구릉지·산지가 교대되어 다양하게 전개되어 있다. 동해시의 해안에 있어, 산지가 해안에 인접해 있는 구간은 북부 해안이다. 어달동 해안과, 망상동의 최북단인 시 경계 부근 해안이 이에 해당된다. 그런데 이 두 지구의 해안은 서로 차이를 보이고 있다. 어달동 해안은 암석 해안으로 되어 있는데 비해, 망상동 최북단 해안은 모래 해안으로 되어 있다.

　이러한 차이는 하천과 해안이 위치상 어떤 관계를 갖는지에 따라 나타나는 현상이다. 하천은 해안 모래를 공급하는 원천이다. 망상동 최북단 해안의 경우, 강릉시 옥계면 소재의 주수천·낙풍천으로부터 모래를 공급받기 쉽다. 따라서 해안 주위까지 산지가 인접되어 있음에도 불구하고, 해안을 따라서는 모래 해안이 발달되어 있다. 이에 비해 어달동 해안의 경우, 주수천·낙풍천으로부터 멀리 떨어져 있을 뿐만 아니라 해안선의 각도가 달라져 있어 모래를 공급받기 어려운 위치에 있다. 따라서 암석 해안이 발달되어 있고, 그 주변에 산지가 인접되어 있는 경관을 보여준다.

　동해시의 해안에 있어, 주요 해수욕장으로 이용되어 온 해안은 바로 망상동 해안과 송정동 해안이다. 망상해수욕장은 그 규모에 있어 우리나라 굴지의 해수욕장이다. 한편 송정동의 북평해수욕장은 본래 동해시 일대에서 대표적인 해수욕장이었다. 그런데 송정동 해안 일대에 동해항이 개발되면서 현재는 해수욕장으로 이용되지 못하고 있다.

　동해시의 해안에 있어, 구릉이 해안에 인접해 있는 구간은 중부인 묵호항~송정동 해안과 최남단인 전천 남쪽 해안이다. 이들 해안에는 모래 해안이 발달되어 있지 못하고 암석 해안이 발달되어 있다. 구릉

의 해안 쪽 말단부가 파랑의 침식으로 절단되어 암석 해안이 노출되
어 있다. 이들 구간에 모래 해안이 발달되지 못한 이유로는 모래를 공
급받기 어려운 점도 들 수 있다. 묵호항~송정동 해안의 경우, 규모가
큰 하천이 유입되지 않는다. 한편 전천 남쪽 해안의 경우, 전천 하구
바로 남쪽의 돌출부로 인하여 전천에서 유입된 모래가 남쪽 방향으로
이동되지 못한 것으로 보인다.

(2) 기후와 환경 및 토양

동해시의 연평균기온은 12.3℃로, 삼척지방과 비슷하고 강릉지방보
다는 0.6℃~0.7℃ 낮다. 4계절 평균기온은 봄 11.1℃, 여름 21.8℃, 가
을 14.4℃, 겨울 2.7℃로 여름이 서늘한 편이다. 동해시에서 가장 추운
달은 1월로 월평균기온이 0.5℃이고 가장 더운 달은 8월로 23.8℃ 이
다. 1997년 1월에 서쪽 산지(고도 600m) −6.7℃, 해안은 0.2℃로, 6℃
이상, 8월에는 산지가 21.8℃, 해안은 23.9℃로 2℃이상 차이가 나타
난다.

동해지방의 해안부근 연평균 강수량은 995.4㎜, 서부산지는 910㎜
(1997)로 같은 기간의 강릉지방에 비하여 약 250㎜ 이상 적다. 연중
해안 부근에서 월 강수량이 가장 많은 달(月)은 8월이고, 가장 적은 달
(月)은 12월이다. 그런데 1997년의 경우 서부산지에서 월 강수량이 가
장 많은 달(月)은 7월이고, 가장 적은 달(月)은 1월이다.

동해지방은 반도를 남북으로 종관하는 태백산맥과 연안 해류의 영
향을 받아 연중 온난한 기후분포를 나타내고 있으며 연평균 기온은
12℃ 내외이다. 연간 강수량은 비교적 많지만 해안지방의 강설량은
고르지 못하고 봄철의 한발 피해도 가끔 나타난다. 강풍의 주 풍향은
남서, 또는 남남서풍이며 바람은 평균풍속 1.6/sec 이며 천기일수는 연
평균 청명한 날씨가 126일에 달하고 흐린 날 95일, 비 오는 날 112일,

눈 오는 날 12일, 결빙일은 115일을 기록하고 있다.

　토양상태는 크게 농경지 토양과 산림지 토양으로 구분할 수 있다. 농경지 토양은 하천이나 빗물에 운반되어 집적되어 충적된 충적토 Apa, Apb, Rxa 등으로 구성되어 있고, 토양의 깊이는 매우 깊으며 지질도 비교적 양호한 편이다.

　주택개발지로서 양호한 면적은 전체면적의 59.4%를 차지하므로 주택개발지로는 양호한 지형으로 평가된다. 또, 표고 100m이상이 29.9%를 차지하고 있으며 대체로 높은 산지가 많이 형성되어 있다.

　동해시는 강원도의 동남부에 위치하여 동해와 연하여 있으며 태백산맥의 분수령으로 연결되어 있어서 해안에 접하여 있는 평탄지를 제외하고는 기복이 많은 지역이다. 일반적으로는 평야가 적은편이며 주변일대가 산악으로 되어 있으므로 토지이용 상 필요한 적지는 북평의 해안연변에 국한됨으로 이와 같은 소지역으로 한정되어 있다.

Ⅲ. 경제구조와 사회·인구학적 변동

1. 사회·인구학적 환경

　동해시는 그 생활권으로 보아 영동지방의 강릉권에 속한다. 1980년 4월 1일 어업중심인 묵호읍과 시멘트공업이 발달한 북평읍이 합쳐 시로 승격된 산재형의 도시이다. 묵호지구와 북평지구는 상호 반대되는 경제구조를 가지고 있기 때문에 인구의 증감 추세를 보더라도 묵호지구는 감소하고 있는 반면 북평지구는 증가하고 있는 추세이다. 삼척군, 동해시, 명주군의 통계연보에 의하면 1965년에 묵호지구는 43,125명, 북평지구는 27,754명이었으나, 1995년에는 묵호지구가 39,943명

북평지구가 60,329명으로 인구가 증감하였다. 기능상으로 보면 묵호지구는 상업과 수산업이 중심이 되는 도시이고, 북평지구는 공업기능을 중심으로 형성된 도시이다. 이처럼 서로 상반된 산업기반을 바탕으로 인접한 두 지역사회가 서로 다른 변화양상을 겪고 있는 것은 매우 의미심장한 현상이다.

본 연구는 이처럼 동해시에 속하는 묵호지구를 대상으로 하여, 그 지역의 전반적인 경제상황의 변화와 그로 인한 지역주민들의 사회·인구학적 변동상태의 상관관계를 살펴봄으로써 지역들이 당면한 경제적, 사회·인구학적 문제점을 분석하고, 그에 대한 개선방안을 제시함으로써 궁극적으로 지역경제의 활성화와 주민들의 삶의 질 향상에 대한 방향을 모색하고자 하는 목적을 가지고 있다.

본 연구의 중점 연구대상지역은 동해시의 묵호지구이다. 묵호는 행정상 강릉군에 속해 있었으나, 1955년 법률 제 289호로 강릉이 시로 승격됨에 따라 명주군(溟州郡)에 속하게 되었다. 강릉군의 남단에 위치한 망상면(현재의 묵호읍)의 중심지는 면의 북단 망상리였으며, 1920년대까지는 밭이었다가, 1929년 항만개발이 시작되면서부터 현재의 중심지에 인구가 유입되기 시작하였다. 1935년 망상면이 묵호읍으로 승격되었고, 1936년부터 묵호항은 본격적으로 개발되기 시작하였다. 그 후 장성, 도계지방의 석탄개발과 삼척, 북평지방에 공업이 발달함에 따라 그 문호로 더욱 발전되어 1949년 개항장으로 승격되었다. 특히 태백산맥의 석탄과 석회탄을 바탕으로 한 공업화와 삼척선, 영동선의 개통은 묵호를 인구 57,000여명의 항만도시로 발전시켜 놓은 가장 중요한 요인이라 생각된다.

묵호항은 1941년에 개항되었으며 당시에는 태백지역에서 생산되는 석탄과 시멘트의 운송을 전담해오면서 동해안 최대의 항구로 자리 잡았으나, 동해항이 개항되면서 점차 어항으로서의 기능만 담당하게 되었다. 묵호항의 내수 면적은 1.093㎡, 하역능력은 년 5,925톤이며 동시 접안능력은 6척이고, 230척, 항내수심은 6.5~9m이다.

묵호의 어업인구를 살펴보면 1973년 10,204명으로 취업인구의 40.5%를 차지하고 있었다. 하지만 1980년대에는 7,500명으로 감소하였고, 1994년에는 3,500명, 2000년에는 불과 2,800 명으로 급격히 감소하였다. 이는 과거 주민의 80%가 어민이었을 만큼 어민도 많고 어업이 번창하였던 것에 비하면 매우 주목할 만한 사실이다. 어촌계원의 수도 2000년 묵호동에는 320명이 있으며, 어촌계 소속 어선은 200여 척 정도였다. 어촌계원의 수는 하지만 2002년 606명에 이른다. 이는 어업인구의 증가를 의미하는 것이 아니라 어촌계를 통해 어민들이 공동의 이익을 더 많이 추구할 수 있음을 나타내는 것이다.

2. 경제구조와 사회·인구학적 변동

1) 대진동 인문사회·자연환경

대진동의 지명은 원래 한진이었으나 큰 대(大)자 물가 진(津)자로 고쳐 대진이라 부른다. 대진동은 '한진'(寒津, 韓津) 또는 '한날' '한나루'라고도 하는데, 이는 '큰나루'라는 뜻으로『증수 임영지』에 의하면 강릉군 망상면 지역에 속해 있으며, 주민들은 '개태미'라고도 부르는데 1914년 행정구역이 통폐합됨에 따라 '대진리'가 되었다. 동해문화원이 발행한『향토사』3집에 인용한『구지(舊誌)』의 기록에 의하면 "대진리는 구칭이 '한진'으로 옛날에는 근처에서 가장 큰 포구였다".고 한다(동해문화원, 1986). 한자 지명 '대진'은 속지명인 '한날' 또는 '한나루'에 대응하는 지명으로 1917년부터 사용된 것으로 보이고, 1914년『조선지지자료』에도 한진으로 기록하고 있다.

대진동 앞바다에는 호랑바위와 새똥바우, 돈바우가 있으며 마을 뒷산인 봉수산에는 옛날의 봉수대가 있는데, 고려 의종 3년에 만들어졌다가 조선 인조 4년에 없어졌다. 이 봉수대는 지방기념물 13호로 북쪽은 강릉시 강동면 심곡리 오근산, 남쪽으로 삼척시 광진산과 연결되어 있다.

어촌마을인 대진동은 어달동과 북쪽의 노봉 철교에서 뒷산등성이를 타고 봉화대, 당재봉을 거쳐 성황당골(현재 기차굴), 남쪽 도깨비굴을 지나 등대 밑으로 묵호 축항 방파제가 시작되는 곳을 경계로 하고 있다. 대진동의 마을 항구 옆 바다 쪽에는 바위 위에 해신당이 있으며 시멘트 담을 쌓고 제단을 만들어 놓았으며 위패는 없다. 성황당은 어달산 산기슭에 바다가 내려 보이는 곳에 있으며 내부에는 위패를 모신 감실이 있고 향로와 촛대를 제단 위에 놓고, 연봉을 좌우로 세워 놓았다. 위패는 중앙에 성황지신신위, 우측에 여역지신위, 좌측에 토지지신위라고 한자로 쓴 종이위패를 모시고 있다.

마을에서는 정월 대보름날 지내는 성황제를 '도신'이라고 부른다. 도신행사 외에 풍어제는 동네에서 주관하고 중심적인 협조는 어촌계가 한다. 도신 행사는 음력 정월 섣달 그믐날을 지나고 나서 주민전체 총회를 하고 도가집, 제관집, 제집사를 선정하는데 제사일은 정월 대보름날을 택일 한다. 도신행사의 경우 도가와 제관의 생기를 맞추어 부정이 없는 사람을 선별한다.

도가집은 나이가 있고 경륜이 많은 사람을 택하고 나머지 생기가 맞고 부정이 없는 사람, 나이가 맞아도 부정이 있으며 제외한다. 도가집은 1명, 제관은 풍어굿을 할 때는 4명, 도신만 하면 3명을 택한다. 풍어제는 한 해를 걸러서 하며 풍어제를 지낼 때는 무녀를 불러 굿을 하고, 도신은 제관이 모여 홀기와 축문을 일고 정성을 올린다.

이 마을의 성황당은 마을 뒤 야산에 비교적 큰 규모로 지어 놓았는데 주변에 향나무 몇 그루가 있으며 내부에는 3신의 위패를 모시고 있다. 이곳은 '3신4당'이라 하며 주신은 '여성황신'인데 3신은 '성황신', '여역신', '토지신'이며 여기에 하나를 보탠 4당으로 해성당이라는 바다용왕신을 모신다. 제사지내는 제물로 메는 4그릇을 만들어서 각각에게 올린다. 해성당은 항포구 바다에 파장 가까운 곳에 위치하고 있다.

도신의 경우 초헌관은 도가가 하며 아헌은 제관이 맡으며 축문을 읽는다. 축문은 한자를 한글로 바꾸어 읽는다 제사에 참관하는 제관 5명은 7개 반을 공동 분할하여 1반부터 7반까지 집집마다 안녕을 비는 소지를 올리는 것을 중요한 목적으로 삼는다고 한다. 소지를 올릴 때는 제관이 "1반 김아무개 소지입니다. 그 집 식구는 몇이 있고, 집안 식구 모두 편안하게 해주십시오"라고 한다. 소지가 끝나면 현장에서 음복을 하고 다음 제사에 대한 논의를 한다.

제물은 풍어제나 도신의 경우에도 반드시 200kg이상의 황소 1마리를 제물로 사용한다. 제물은 왼쪽 앞다리는 성황님, 오른쪽 앞다리는 토지신, 왼쪽 뒷다리는 여역신, 오른쪽 뒷다리는 해성당에 바친다. 이곳에는 속초 대포동이나 강릉 안인진 등의 어촌과 달리 소머리는 제물고 쓰지 않는 것이 특징이다.

제물은 반드시 생대구 4마리, 가자미 4마리, 열갱이 4마리, 문어는 큰 것 한 마리를 잡아서 각자 떼어놓는다. 기타 대구포와 삼색실과를 사용하는 데, 풍어제 때는 곶감 한 접, 대추 한 되, 밤 한 되를 사용하며, 도신 때는 곶감이나 대추, 밤을 반씩 사용하고 탕은 내장 등 각 부위를 끓여서 사용하며, 소갈비는 각 2대 분씩 올리고 간천엽, 산적은 생고기를 사용하며 편은 쌀을 3되 3홉을 물에 불렸다가 가루로 만들어 시루에 각 3등분하여 찐다. 제일 먼저 찐 것을 성황신에게 올리는데 해성당에도 17년 전부터 올리게 되므로 형식상 4시루를 만들어 놓고 제주는 정종 1되를 사용한다. 도신행사만 할 때는 대략 1천만 원

정도가 사용된다.

풍어제는 바닷가 해안에 임시 천막을 설치하는데 제물을 많이 장만한다. 풍어제는 3박 4일 동안 동민 전체가 참여하여 풍요를 기원하는 소지를 올리며 마을의 안녕을 기원하고 풍어를 빈다. 용신굿에는 선주들이 각자 제물상을 차려 와서 참여하는데 풍어제의 경비는 대략 3천만 원 내외가 사용된다고 한다.

배성주제는 처음 배를 만들었을 때 지내지만 보통 때 고기가 안 잡히고, 꿈자리가 나쁘거나 하면 간단하게 술을 부어놓고 절을 한다. 일부 3~4가구의 선주는 정초가 되면 음식을 장만하여 한 해 동안 무사고를 기원하며 배성주를 위한다. 어로 작업 중에 거북이가 잡히면 막걸리를 먹여 되돌려 보내고 죽으면 베를 감아 장례를 지내준다. 이렇게 하는 것은 거북이를 용신의 사자로 믿는 신앙심에서 비롯된 것이다.

배를 처음 만들 때 배성주를 모신다. 집에 조상을 모실 때처럼 배에도 모신다. 모실 때는 한지를 실로 매단다. 오래되어 떨어지면 버리고 다시 매지는 않고, 그 자리를 인식하고 정초에 술을 올린다. 배를 모을 때(만들 때) 여성주나 남성주를 정하지는 않고 신을 모신다. 2월 초하루를 '영등'이라고 부른다. 농사짓는 곳에도 모시지만, 이곳에서도 영등신을 모시며 이때는 노인들이 척사대회를 한다.

어부들이 금기시하는 것으로는 바다에 나갈 때 여자들이 앞의 길을 가로질러 가면 좋지 않다고 생각한다. 그리고 출어를 하기 전에 흉사에는 반드시 가지만, 경사에는 참여를 꺼리는 집이 있고, 부인의 경도가 있으면 피하는 어부들도 있으나 잘 지키지는 않는다. 어부들은 샛바람(북쪽)이 불면 고기가 많이 잡힌다고 믿는다.

근래 들어 경복궁의 정동쪽이라는 지리적 특성을 이용한 관광객 유치에도 힘을 기울인 결과 해안관광객들이 많이 찾고 있다. 대진동에는 바닷가 항구에 '서울 경복궁의 정동방은 이곳 대진마을입니다. 북위 37° 34′ 이라고 새겨 놓았다. 현판에는 다음과 같이 기록하였다.

"이곳 대진마을은 해안을 따라 도로, 철도, 해수욕장, 항포구, 횟집 타운, 민박촌 등이 어울려져 있고, 고려 의종 3년(1149)에 서북병마사 조진약이 동여진의 침입 때 위급을 알렸던 최초의 봉화대가 서쪽 어달산 정산(등산로, 활공장)에 위치하고 있습니다. 그리고 이곳에서 서쪽으로 계속가면 그곳에는 태조 이성계가 1395년에 세운 왕궁인 경복궁이 있으며 근정전과 대진항, 광화문과 대진등대가 정동방에 위치하고 있어 서울의 중심과 이곳 대진마을은 정동 쪽에 위치하고 있습니다.(1999. 10 56 국립지리원 공인, 동해시)"

대진에는 대진 어촌계에서 관장하는 해성황이 있는 데, 일 년에 한 번 정월 대보름에 제사를 지낸다. 그리고 3년마다 굿을 하는데 제물로는 가장 중요한 것이 소인 데 황소를 쓰며, 음력 1월 14일 날 서낭당에서 잡으며 이때에는 우물에도 금줄을 메어 부정을 타지 않게 한다.

굿을 할 때는 갈비 두 대씩 일곱 무더기를 놓으며 해물, 과일들도 모두 7무더기씩 차리는 데 제사 후에는 제관이 가져간다. 제관을 뽑는 것을 생기에 맞춘다고 하며 생기 법도를 맞춰 가지고 깨끗한 사람으로 뽑는다. 제관은 10일 전에 미리 뽑는 데 도가 집을 이 때 선정한다. 풍어 굿은 항포에서 하며 배서낭제는 굿을 하고 난 뒤 선주가 별도로 동회에서는 제사 지낼 때의 경비염출과 앞으로의 계획을 논의하는데 참여하여 행사진행을 돕는다. 성황당에 개인적으로 음식을 바치는 일은 없다. 장례는 대부분 2, 3일 장을 치루며 상여노래는 부르지 않는다. 원래 곳집이 없기에 장례 때마다 노봉에서 돈을 주고 빌려서 사용했으나 노봉에도 이젠 곳집이 없어졌으므로 상여를 사용하지 않는다. 대진동에서 사용하는 어촌언어는 배의 앞을 이물, 배의 뒤를 고물, 수경으로 미역 따는 것을 수경바리, 바닷속 돌을 짬, 바닷속 돌이 없는 곳을 헙이라 한다.

대진동은 행정구역상 묵호동 24통에 속해 있으며, 2002년 6월 29일 현재, 202세대로 인구는 541명으로 어촌계에서는 1종 공동어장을 운영하고 회센터를 지어 임대하고 있으며 민박과 낚시 배를 운영하고 있다. 대진동 마을 중간으로는 철길이 지나고 있어 생활에 많은 불편을 겪고 있다. 대진항 개발 사업은 동해시에서 방파제 축조 30m, 방사제 축조 25m를 추진하고 있어 안전한 어항의 역할을 다할 것으로 보인다.

대진동 어촌계는 동해시 수협관할 5개 어촌계에 소속된 단독 어촌계로 되어 있으며, 2000년 현재 모두 87척의 배가 있다. 이 가운데 연승이 70%인 50척, 자원관리선이 17%인 9척, 기타 자망 소형어선이 속하며 동해시 수협관할의 구좌를 출자를 한 회원조합원은 98명이며, 2002년 현재 조합원은 106명이다.

자원관리선은 잠수기[1]로 어촌계에서 관리하며 이곳 제1종 공동양식장에서 해삼, 다시마, 미역을 채취한다. 연승[2]은 '낚시바리'를 하는데 봄부터 겨울까지 문어 잡이가 주류를 이룬다. 문어 잡는 도구는 '지가리'라고 하며 여기에 돼지비계를 매달고 부위에 줄을 맨 '제비'라는 것을 이용한다. 마을의 낚싯배는 시간당 사용료를 받으며 인근에서 낚시꾼들이 많이 찾아오고 있다.

어촌계 자치 정관에는 2000년에 87명의 계원이 소속되어 있으며 임원회의는 2개월에 한 번씩 연다. 어촌계 운영은 공동채취를 할 경우 특별한 기간을 주어 그 기간 동안 임대료를 받아서 사용한다. 어촌계의 운영비는 연간 2~3천만 원 정도를 사용하는데, 이외의 어촌계 연간소득은 어민들에게 현금을 공동 분배한다. 대진동 어촌계에서는 전

---

1) 잠수기(潛水器): 잠수부가 잠수복을 입고 기계에 의해 공급되는 공기로 호흡하여 해저에서 정착성 수산동식물을 체포하는 것.
2) 연승(延繩): 원줄(모래줄)에 낚시 미끼를 매단 가지줄(아랫줄)을 연결하여 명태 등 회유성 어류를 체포하는 것.

복, 해삼, 성게, 대합, 가리비, 명주조개(재복), 해조류 등을 양식하고
있다. 어민들은 연승을 주로 하며 연안유자망, 연안복합, 연안연승 등
의 어선이 있으며 4계절 동안 행해지는 연승이 특징으로 문어 잡이를
많이 한다. 대진 항에는 소형어선이 정박하고 있으며 문어 잡이 뿐 아
니라, 가자미나 넙치 등을 잡을 수 있는 10톤 미만의 FRP배로 바다 낚
시어선을 운영 하고 있다.

　대진동은 북쪽으로는 망상, 심곡, 서쪽으로는 초구를 끼고 바닷가
가 있는데 어민수는 어달동과 비슷하지만 어선이 훨씬 많다. 주민의
대부분은 어업에 종사하며 농사를 짓는 가구 수는 10호도 안 된다. 대
진의 주요 어류는 문어인데, 해삼, 다시마, 미역도 채취한다. 이곳은
자망을 하지 않고 낚시를 하는 데 부부가 같이 하지 않고 남자만 나
가 작업을 한다.

3) 산업구조와 사회·인구학적 변화

　경제구조의 변화가 사회·인구학적 환경에 끼친 영향에 대한 연구
는 주민들이 상이한 생태·경제적 환경 속에서 적응하기 위해 시도하
는 거주지의 이동과 확산, 그리고 생업공간의 변화를 이해하여야 할
것이다. 이것은 생태·경제를 배경으로 형성된 문화를 학습하고 전승
하여 오던 주민들이 상이한 생태환경 속에 적응하기 위해 자신의 문
화를 변용하는 과정을 이해하기 위한 것으로, 이러한 양상은 생업환
경의 변화와 거주지의 변화를 통해 해명될 수 있다.

　본 연구의 중점 연구대상 지역은 동해시의 묵호지역 중 수산업이
주요 생업수단인 동해시 묵호동 대진동이다. 통상 대진마을은 행정구
역상 묵호동의 24통에 해당하지만 대진동으로 불리어지고 있다. 대진
동은 해안선을 따라 길게 늘어서 있으며, 위로는 동해시의 마지막 접
경지역인 망상동과 경계를 이루고 있고 아래로는 어달동과 연접해 있

다. 이러한 대진동을 본 연구의 중점 연구지역으로 잡은 이유는 대진
동이 묵호지역 중에서는 전형적인 어촌마을이며, 어촌계가 활성화 되
어있으며, 산업화가 이루어지지 않은 전통적으로 수산업에 종사해온
마을이고 지금도 주민들의 대부분은 수산업이 주요 생계수단이기 때
문이다.

묵호동은 2002년 6월29일 현재 행정상 총 행정통수 25개 반수는
113개로 구성되어 있고, 총 세대는 2,296 세대, 총인구수는 5,795명이
다. 이중 남자는 2,897명, 여자는 2,898명으로 성비는 거의 50%에 가
깝다. 이중 대진동은 행정상 24통에 해당하며, 총 세대수 202세대에
총인구는 541명으로 25개 통 중, 23통과 24통으로 구성된 인접한 어
달동을 제외한다면 인구수가 가장 많은 곳이다. 이중 남자는 271명이
고, 여자는 270명으로 각각 균형 있는 분포를 보이고 있다. 이중 어촌
계에 가입하고 있는 조합원의 수는 총 106명으로 전체 인구의 약 19%
가 어촌계에 가입하고 있지만, 실제로 가구 수를 중심으로 환산해보
면 40%가 가입하고 있는 셈이다.3)

〈표 1〉 대진동 어촌계 조합원 현황

총계원수	성별		연령분포						외지인	선박소유자
106명	남	여	30대	40대	50대	60대	70대	80대	5	23
	101	5	6	24	33	26	15	1		

일차적으로 한 어촌마을의 현황은 어촌계를 통해 잘 드러난다. 대
진동의 경우는 묵호지역에서 어촌계가 가장 잘 운영되고 있는 마을이

---

3) 대진동의 어촌계원은 2002년 7월 현재 106명이지만 이중 한명은 사망하
   여, 실제로는 105명으로 구성되어 있다. 그럼에도 불구하고 106명으로 계
   원수가 파악되는 것은 어촌계의 분배문제로 당분간 계원으로 이름이 남
   아있기 때문이다. 2002년 7월 어촌계장과의 면담 <자료 1> 참고.

다. 우선 어촌계에 가입한 사람이 많고, 운영이 잘되고 있다고 한다. 어촌계장과의 심층 면접에 따르면 어촌계에 가입한다는 것은(<자료 1> 참고) 그 마을에서 공동으로 운영하고 있는 어장에 대한 권리를 부여 받아 수산물의 채취 및 공동 관리를 할 수 있다는 의미에서 한 어촌 마을 구성원 중 핵심 구성 요원으로 간주될 수 있다. 우선 이들 은 대부분이 대진동이 고향인 토착민이다. 위의 표에서 알 수 있듯이, 어촌계원 중 외지인은 불과 5명이고 그 중에서 2명은 인근 삼척에서 온 주민으로 실제적으로 보면 외지인이라고 할 수 없는 주민이다. 타 지에서 이사 온 후 그 마을에서 어촌계에 가입한다하더라도 3년 이상 이 되어야만 공동 배당금을 받을 수 있다는 정관상의 규정은 토착민 의 배타성을 잘 나타내주고 있는 항목이다. 이는 또한 열악한 현재의 어촌 현실에서 굳이 수산업을 생업으로 새로 선택하려는 사람은 그리 많지 않은 것과도 연관성을 가지고 있다. 그래서 타지인의 연령층을 보면 삼척에서 온 2명을 제외하고 3명은 모두 60대로 오래전에 대진 동으로 이사 온 것을 알 수 있다.

연령분포를 보면 현재 어촌계원들은 50대가 가장 많아 전체의 약 31.1%를 차지하고, 그 다음이 60대로 24.5%, 40대가 23.6% 이며 70대 가 14.2%로 50대와 60대가 전체의 절반을 넘는55.7%의 비율을 보이 고 있다. 하지만 30대는 겨우 전체의 약 5.7%로 구성원의 노령화를 쉽 게 짐작할 수 있다.

〈표 2〉 대진동의 인구: 출처(동해시 통계자료집. 1965~1980)

(단위: 명)

년 도	1965	1966	1967	1968	1969	1970	1971	1972
인구수	813	870	870	957	964	954	954	993
년 도	1973	1974	1975	1976	1977	1978	1979	1980
인구수	929	984	1006	1006	908	891	921	892

위의 표는 동해시가 새로 행정구역으로 만들어지기 전 대진동이 묵호읍의 행정구역에 속해 있을 때의 인구수 변화 추이이다. 1980년 이후는 묵호읍과 북평읍이 합쳐져 동해시로 승격되면서 그 이후 대진동의 인구 변화추이는 최근 통계자료를 제외하고는 알 수 없게 되었다. 그 후는 묵호읍의 인구변화추이를 참고할 수밖에 없게 되었다.

<표 2> 에서 알 수 있듯이 인구가 가장 많았던 년도는 1975/6년이다. 이 후부터 인구가 감소하기 시작하여 541명으로 당시의 반으로 줄어 들었다. 이는 현재의 대진동 어촌계에서 가장 많은 연령층을 구성하고 있는 50대와 60대가 청년의 나이인 20대와 30대 일 때이다. 이 이후로 대진동에는 새로이 수산업에 종사하는 인구가 줄기 시작하였고, 새로운 노동인구 층인 30대와 40대, 당시의 나이로 10대인 층은 겨우 29.2% 이다. 이는 곧 우리나라가 산업화의 길로 접어들고, 이른바 새마을 운동을 통한 동원적 근대화의 물결로 많은 농어촌의 인구가 산업현장에 투입되고 있음을 나타내주는 좋은 사례이다. 결국 25년 전보다 인구의 절반이 줄어들었고, 이들의 생존전략도 바뀌고 있다. 그 중 하나가 대진동과 인접해 있는 어달동의 횟집거리명소 조성 사업이다. 주민들의 학력은 대부분이 초등학교 졸업이었으며, 무학도 많은 편이었다. 이들의 직업은 주로 연승이었으며, 현재 수산업에 종사한 년 수는 30~40년 정도가 대부분 이었다. 타지로의 이사에 대한 생각은 대부분이 부정적이었는데, 그 이유는 경제적 여유였다. 경제적인 뒷받침만 된다면 도시로 이사 가려는 생각을 가진 주민은 상당 수에 달했다.

(1) 연구의 분석틀과 연구방법 및 목적

본 연구를 위한 현지조사에서 기존의 연구자료 및 통계자료 그리고 조사지역의 제반 특성을 파악하였다. 그 후 묵호동 사무소 방문 하여

관할 지역에 대한 자료를 수집하였다. 그 후 조사지 대진마을에 심층
면접을 위하여 장기간 머물면서 주민들과, 통장 및 어촌계장을 통하
여 마을에 대한 조사를 수행하였다.

우선 문헌조사를 통해 동해시의 변천과정을 살펴보았다. 이는 주로
동해시청의 자료를 참고로 하였다. 묵호지구는 현재 동해시에 통합되
어 있기 때문에 대부분의 자료는 동해시청에 보관되어있다. 그래서
동해시의 통계연보를 2회(1981년)부터 2001년 22회 까지 동해시의 도
움으로 분석하였고, 이를 바탕으로 하여 현지조사가 이루어졌다. 문
헌조사를 위해서는 우선 동해시청을 4회 방문하여 공보문화실, 주민
자치과, 해양수산과, 관광개발과의 도움으로 현재 동해시 중 묵호지
구에 대한 문헌조사 및 현황을 파악할 수 있었다. 그리고 묵호동사무
소를 방문하여 묵호동장의 도움으로 묵호지역에 대한 조사를 한 결과
로 가장 적합한 곳이 대진동이라는 판단아래 직접 대진동을 방문하여
현지조사에 착수하였다. 현지조사는 우선 사전 조사를 위해 2번의 사
전 조사를 실시하였고, 7월9일부터 두 명의 연구보조원과 함께 현지
조사를 실시하였다.

연구를 위하여 150명을 표본으로 추출하였다. 그리고 성별, 연령,
학력, 가족상황 등 조사대상자에 대한 일반적 특성, 과거와 현재의 직
업, 이동현황, 경제적 상황, 생활만족도 등에 관한 사항이 포함되어
있는 구조화된 설문지를 가지고 조사원이 위의 지역들을 방문하여
150명을 대상으로 면접조사를 실시하였다. 이 가운데 33건은 응답내
용이 미흡하여 분석에서 제외하고 총 117사례를 분석대상으로 삼았
다. 조사 자료는 coding과 오류검토 작업을 거쳐 단순빈도분석을 통하
여 빈도와 백분율을 알아보았다.

이러한 현지조사는 사회·인구사회학적 변화를 알아보기 위하여
아래와 같은 사항에 중점을 두고 실시되었다.

첫째, 1970년대 당시의 묵호지역 산업구조 변화추이를 분석하고 지역주민들의 직업적 변화 욕구를 알아보려고 하였다. 둘째, 1970년대 이후 묵호지역의 사회·인구학적 구조변화를 분석하고, 지역의 사회·인구학적 특성을 분석하였다. 셋째, 어촌지역 주민들의 전입과 전출현황을 파악하고 그 원인을 조사한다. 넷째, 이상의 분석결과를 토대로 하여 경제구조의 변화와 사회·인구학적 변화간의 상관관계를 구체적으로 제시함으로써, 경제구조의 변화가 사회·인구학적 환경에 끼친 영향을 분석하고 나아가 산업화의 영향으로 변화되고 있는 생활변화를 살펴보고자 하였다.

본 연구에서는 동해안 지역의 생활실태와 변화를 알아보기 위해서 조사영역을 응답자의 일반사항, 가족사항, 경제활동, 이주에 대한 태도 그리고 생활만족도로 나누어 조사하였다. 그에 대한 조사결과는 다음과 같다.

(2) 조사분석

A. 응답자의 일반사항

구분		빈도(N)	백분율(%)
성별	남자	111	94.9
	여자	6	5.1
출생년도	1920년대 이상~1930년대 미만	1	0.9
	1930년대 이상~1940년대 미만	30	25.6
	1940년대 이상~1950년대 미만	34	29.1
	1950년대 이상~1960년대 미만	32	27.4
	1960년대 이상~1970년대 미만	20	17.1
학력	무학	20	17.1
	초졸	58	49.6
	중졸	31	26.5
	고졸	4	3.4
	무응답	4	3.4
합계		117	100.0

　응답자의 일반사항은 성별, 출생년도, 학력, 출생지 여부, 출생지로
부터 현지로의 이주연도로 나누어 조사하였다. 응답자의 성별은 남성
이 111명(94.9%)이고, 여성은 6명(5.1%)로 남성이 압도적으로 많았다.
　응답자들의 출생년도는 1940년대 이상에서부터 1950년대 이전에
출생한 사람이 전체의 29.1%로 가장 많았고, 그 다음으로는 1950년대
이상에서부터 1960년대 미만이 27.4%, 1930년대 이상에서부터 1940년
대 미만이 25.6%의 순으로 나타났다. 그리고 1960년대 이상에서부터
1970년대 미만에 출생한 사람은 17.1%이고 1920년대 이상에서 1930
년대 미만은 0.9%였다. 이로 미루어 볼 때 응답자들의 연령층은 대체
로 중장년층 이상이라고 할 수 있다. 이처럼 50대 이상이 조사대상자
의 절반을 넘는 55.6%인 것은 노동력의 노후화가 심각하다는 것을 나
타내는 동시에, 새로운 세대에 의해 어업이 유지되지 않을 수도 있다
는 것을 의미한다. 한편으로는 전통적 생활양식의 변화에 따라 새로
운 삶의 방식이 정착되고 있다고도 볼 수 있다. 이와 더불어 새로운
노동양식 또한 가능한 것이다. 고도의 집약적인 재래식 노동양식이
기술에 의해 대체될 수 있을 것이다. 이러한 생활양식의 변화는 지역
경제 활성화 방안의 일환으로 관광화 계획이 추진되고 있는 것으로
미루어 보아도, 이미 집약적인 1차 산업구조에 의해서는 지역경제가
더 이상 활성화될 수 없음을 나타내고 있는 것이다.
　응답자들의 학력은 초등학교 졸업자가 49.6%로 가장 많아서 학력
은 그리 높지 않음을 알 수 있고 그 다음으로는 중졸자는 26.5%, 무학
은 17.1%, 고졸과 무응답은 각각 3.4%로 나타났다.
　응답자들은 전체의 41.0%가 조사지역에서 출생하고 생애의 대부분
의 시간을 그 지역에서 생활해 온 것으로 보인다. 이 지역이 출생지가
아니라고 응답한 사람은 전체의 1.7%에 불과했다. 출생지가 조사지역
이 아닐 경우에 응답자가 조사지역으로 이주해온 시기는 1960년도가

1명(0.9%), 1970년도가 2명(1.7%) 이었다.

　이는 곧 응답자들이 매우 전통적인 생활방식 속에 놓여 있음을 의미한다. 이들의 생활방식이 곧 매우 보수적이고 배타성을 지니고 있는 것으로 이해될 수 있는 데, 이는 어촌계에 가입해 있는 주민 중에 외부인이 106명 중 5명인 것에서도 잘 알 수 있다.

　　　B. 가족사항

　가족원수, 함께 거주하고 있는 가족원수, 부모와의 동거형태, 배우자와 함께 살고 있는가, 함께 살고 있는 미혼자녀수, 함께 살고 있는 기혼자녀수, 함께 살고 있는 손자손녀수, 함께 살고 있지 않는 자녀수, 부모와 함께 살지 않는 이유, 함께 살지 않는 기혼자녀수, 함께 살지 않는 기혼자녀의 거주 지역에 대해 조사하였다.

　　① 가족원수

구 분	빈 도(N)	백 분 율(%)
1~2명	17	14.5
3~4명	72	61.6
5~6명	24	20.5
7~8명	4	3.4
합 계	117	100.0

　응답자들의 평균 가족원수는 3~4명이 61.6%로 가장 많아서 우리나라 평균가족원수인 3.4와 유사한 정도를 나타내었다. 그 다음으로는 5~6명이 20.5%, 1~2명은 14.5%, 7~8명은 3.4%였다. 그래서 이를 보면 조사지역의 가족형태는 일반 핵가족형태가 일반적으로 확산되어 있는 것으로 유추된다.

② 함께 거주하고 있는 가족원수

구 분	빈 도(N)	백 분 율(%)
1~2명	21	17.9
3~4명	73	62.4
5~6명	21	17.9
7~8명	2	1.8
합 계	117	100.0

현재 응답자가 함께 거주하고 있는 가족원의 수는 3~4명이 62.4% 이고, 그 다음으로는 1~2명과 5~6명이 각각 17.9%를 차지하였다. 그리고 7~8명의 가족원들이 함께 거주하고 있는 경우도 있어서 1.8%를 점유하였다. 이러한 결과와 위의 가족원수에 대한 조사결과를 종합적으로 볼 때 응답자들은 평균적으로 유추해서 배우자와 그들의 자녀 1~2명과 함께 거주하고 있는 것으로 보인다.

③ 부모와의 동거형태

구 분	빈 도(N)	백 분 율(%)
부와 동거	3	2.6
모와 동거	6	5.1
함께 살고 있지 않음	108	92.3
합계	117	100.0

부모와의 동거형태를 보면 부모와 응답자가 함께 살고 있지 않은 경우가 92.3%로 대다수를 차지했고, 그 다음으로는 모와 동거하는 경우가 5.1%, 부와 동거하는 경우가 2.6%로 나타났다. 이를 보면 현재 조사지역에서도 도시지역처럼 부모와의 동거는 일반화되어 있지 않으며, 만약 함께 거주해도 주로 모와 동거하는 경우가 많은데, 이는

여성노인의 평균수명이 남성노인보다 더 길기 때문에 나타나는 현상
으로 보인다.

④ 배우자와 함께 살고 있는가?

구 분	빈 도(N)	백 분 율(%)
예	107	91.5
아니오	8	6.8
무응답	2	1.7
합 계	117	100.0

배우자와 함께 살고 있는가라는 질문에 대해서는 응답자의 91.5%
가 그렇다라고 대답했으며, 함께 살고 있지 않은 경우는 6.8%였다. 이
러한 수는 자녀들의 교육문제나, 기타 도시화 현상에서 일어날 수 있
는 부부별거 형태가 이 지역에서는 거의 없는 경우이다. 이는 곳 이곳
주민들의 생활이 일반적인 한국 농어촌의 생활양식에 속하고 있음을
나타낸다고 할 수 있다.

⑤ 함께 살고 있는 미혼자녀 수

구 분	빈 도(N)	백 분 율(%)
1남	12	10.3
2남	17	14.5
1녀	3	2.6
2녀	6	5.1
1남1녀	43	36.8
2남1녀	12	10.3

0명	20	17.0
1남2녀	4	3.4
합 계	117	100.0

응답자가 현재 함께 살고 있는 미혼자녀의 수는 1남 1녀가 36.8%로 가장 많고, 그 다음으로는 0명이 17.0%, 2남이 14.5%, 1남과 2남 1녀가 각각 10.3%, 2녀가 5.1%, 1남 2녀가 3.4%, 1녀가 2.6%의 순이었다.

⑥ 함께 살고 있는 기혼자녀 수

구 분	빈 도(N)	백 분 율(%)
며느리1, 아들1명	12	10.3
사위1, 딸1명	1	0.8
0명	101	86.3
며느리2, 아들2명	3	2.6
합 계	117	100.0

함께 살고 있는 기혼자녀의 수는 0명이 86.3%로, 대부분 자녀가 결혼을 하면 분가하여 따로 거주하는 것으로 보인다. 한편 아들과 며느리와 함께 사는 경우는 10.3%, 아들 2명과 며느리 2명이 함께 사는 경우는 2.6%였다. 그리고 딸 부부와 사는 경우는 0.9%로 나타났다. 기혼자녀가 분가하여 사는 경우 이들 대부분은 다른 지역에 살고 있는 것으로 나타났다. 이것은 자녀들이 부모의 직업을 그대로 계승하지 않고 부모와는 다른 직종에 종사하고 있음을 나타내고 있는 것이다. 이는 결국 노동력의 결핍으로 이어지고 어업에 종사하는 인구의 감소를 나타내며, 이 지역 주민들의 생활이 어업이 아닌 다른 직종에 의해서 영위될 수 있다는 것을 나타낸다.

⑦ 함께 살고 있는 손자손녀 수

구 분	빈 도(N)	백 분 율(%)
1명	3	2.6
2명	1	0.8
0명	111	94.9
무응답	2	1.7
합 계	117	100.0

기혼자녀들과 동거하는 비율이 매우 낮음으로 인해 손자손녀와의 동거도 매우 극소수에 불과한 것으로 나타났다. 그래서 손자손녀와는 같이 살고 있지 않은 응답자가 전체의 94.9%였고, 1명은 2.6%, 2명은 0.9명으로 조사되었다.

⑧ 함께 살고 있지 않는 자녀 수

함께 살고 있지 않는 자녀수에 대해서는 전체 응답자 117명 가운데 8명만이 응답을 했는데, 그 가운데 2명이라고 응답한 사람은 3.5%, 3명은 2.6%, 1명은 0.9%로 조사되었다.

⑨ 부모와 함께 살지 않는 이유

부모와 함께 살지 않는 이유로는 건강상의 문제가 1.7%로 1순위를 차지했으며, 그 다음으로는 부모와의 불화와 불만족스러운 주변 환경 때문이라는 이유가 각각 0.9%를 차지하였다.

⑩ 함께 살지 않는 기혼자녀수

함께 살지 않는 기혼자녀의 수는 며느리 2명과 사위 1명의 형태가 1.7%로 가장 많고, 그 다음으로는 며느리 5명과 사위1명, 며느리 1명, 며느리1명과 사위2명의 형태가 각각 0.9%를 나타내었다. 그리고 이들 기혼자녀의 저주 지역으로는 도시지역이 2명이었다.

C. 경제활동

응답자들의 경제활동 상황을 파악하기 위해서 직업이 어업일 경우 주 소득원, 언제부터 어업에 종사하였는가, 다른 직업을 찾는 이유, 직업을 바꾼 적이 있는가, 직업을 바꾸었다면 언제 직업을 바꾸었는가, 그리고 어떤 직업으로 바꾸었는가, 현 거주지에서 경제사정이 가장 좋았던 때는 언제라고 생각하는지의 여부, 또한 응답자 가정의 연간총소득액에 대해 조사하였다.

① 직업이 어업일 경우 주 소득원

구 분	빈 도(N)	백 분 율(%)
잠수기	43	36.8
연 승	67	57.3
유자망	4	3.4
해녀일	1	0.8
무응답	2	1.7
합 계	117	100.0

응답자의 직업이 어업일 경우에 주 소득원은 연승이 57.3%로 가장 많았고, 잠수기는 36.8%, 유자망은 3.4%, 해녀일은 0.9%의 순인 것으로 조사되었다.

이는 대진동뿐만 아니라 묵호동이나 어달동 역시 연승에 종사하는 사람이 가장 많았다. 연승뿐만 아니라 잠수기 역시 대규모의 어업이라기보다 소규모로 이 지역의 어민들은 소규모의 어업형태로 생활을 유지하고 있음을 나타낸다.

② 언제부터 어업에 종사하였는가?

구 분	빈 도(N)	백 분 율(%)
1960년대 이상~1970년대 미만	32	27.4
1970년대 이상~1980년대 미만	44	37.6
1980년대 이상~1990년대 미만	23	19.7
무응답	18	15.4
합 계	117	100.0

응답자들이 언제부터 어업에 종사하였는가 하는 질문에 대해서는 1970년대 이상에서부터 1980년대 미만이 37.6%로 가장 많고, 그 다음으로는 1960년대 이상부터 1970년대 미만이 27.4%, 1980년대 이상에서부터 1990년대 미만은 19.7%의 순으로 나타났다. 1970년대는 이 지역 주민들이 가장 살기 좋은 시기로 대답한 기간이었다. 이 조사결과를 보면 현재 응답자들의 어업종사기간은 대체로 길고 젊은 연령층 가운데 새로이 어업에 종사하고 하는 사람들의 수는 갈수록 줄고 있음을 알 수 있다. 따라서 이는 조사지역에서 어업종사자들의 연령이 고령화되어가는 추세임을 암시하는 현상이라고 볼 수 있다.

③ 다른 직업을 찾는 이유

응답자 가운데 다른 직업을 찾고자하는 의사를 가지고 있는 사람은 전체 응답자의 24.8%를 차지한다. 이들이 다른 직업을 찾는 이유는 경제적 불만족(14.5%)과 어업의 장래전망이 낙관적이지 못하다는 점(10.3%)이 가장 큰 이유로 나타났다. 이러한 응답자들의 경제적 불만족은 현재 이 지역뿐만 아니라 산업화 과정에 놓인 대부분의 농어촌지역에서 나타나고 있는 문제들이다. 이러한 문제들을 해결하기 위하여 각 지방자치단체에서는 특화된 산업단지 육성에 노력을 기울이고 있으며, 그 중에서도 문화산업의 육성은 두드러진 것이다. 하지만 지역경제의 활성화와 문화산업의 육성이라는 두 과제의 해결은 그리 쉽지 않다. 왜냐하면 전통적 사고방식과 생활양식에서는 객관적가치의 창조가 어렵기 때문이다. 문화산업은 지역적 특수성에 의해 성공할 수도 있지만 더욱 중요한 것은 그러한 특수성을 객관화시켜 설득력을 가질 수 있는 가치를 창조하고, 그 가치가 다른 사람들의 생활양식에 의해 받아들여져야 하기 때문이다.

④ 직업을 바꾼 적이 있는가?

구 분	빈 도(N)	백 분 율(%)
예	1	0.85
아니오	115	98.3
무응답	1	0.85
합 계	117	100.0

직업을 바꾸어 본 적이 있는가라는 질문에 대해서는 단 1명(0.85%)의 응답자만이 그렇다라고 응답을 했다. 이는 어업의 경우는 직업을 바꾼다는 것이 쉽지 않음을 나타낸다. 일반적으로 2차 산업의 경우 재교육을 통해 직업을 바꿀 수 있는 기회가 주어지지만 어업이나 농업의 경우는 그렇지 않다. 또한 직업을 바꾸려고 해도 폐쇄된 지역적 환경과, 충분하지 못한 경제적 여건은 이들로 하여금 직업 선택의 기회를 더욱 좁게 만든 것이라 할 수 있다.

⑤ 언제 직업을 바꾸었는가?
위에서 그렇다라고 응답한 응답자는 언제 직업을 바꾸었는가에 대해서는 그리 오래지 않은 1995년에 바꾸었다고 응답했다.

⑥ 어떤 직업으로 바꾸었는가?

위의 응답자는 어떤 직업으로 바꾸었는가 라는 질문에 대해서 직장생활을 하다가 어업으로 바꾸었다는 응답을 하였다. 이를 볼 때 조사지역에서 외부지역으로 직업을 바꾸어 이주하는 사람은 많아도 새로이 직업을 어업으로 바꾸어 조사지역으로 이주해 들어오는 사람은 극소수에 불과함을 알 수 있다.

⑦ 현거주지에서 경제사정이 가장 좋았었던 때는 언제였었나?

구 분	빈 도(N)	백 분 율(%)
1960년대 이전	4	3.4
1960년대	12	10.3
1970년대	77	65.8
1980년대	17	14.5
1990년대	7	6.0
합 계	117	100.0

응답자들은 현거주지에서 경제사정이 가장 좋았던 때로는 65.8%가 1970년대를 꼽았으며, 그 다음으로는 1980년대가 14.5%, 1960년대가 10.3%, 1990년대는 6.0%, 1960년대 이전은 3.4%로 조사되었다. 1970년대 우리나라의 농어촌이 비교적 살기 좋았다고 느끼는 것은 도시 근로자의 임금에 비해 상대적으로 안정적인 소득이 있었기 때문이며, 이후 산업화가 빠르게 진행되었던 그 시기는 경제적으로 좋지 않다고 느끼고 있었다.

⑧ 가정의 연간 순소득액

구 분	빈 도(N)	백 분 율(%)
500만원 이상~1000만원 미만	16	13.7
1000만원 이상~1500만원 미만	60	51.3
1500만원 이상~2000만원 미만	20	17.1
2000만원 이상~2500만원 미만	17	14.5
2500만원 이상~3000만원 미만	2	1.7
3000만원 이상~3500만원 미만	2	1.7
합 계	117	100.0

　　응답자 가정의 연간 순소득액은 1,000만 원 이상에서 부터 1,500만원미만이 51.3%로 가장 많아 소득이 그리 높지 않은 것으로 나타났다. 그리고 그 다음으로는 1,500만원 이상에서 부터 2,000만원 미만이 17.1%, 2,000만 원 이상에서 부터 2,500만원미만은 14.5%였다. 한편 응답자 가운데에는 연간 순소득액이 500만 원 이상에서 부터 1,000만원 미만인 사람도 13.7%여서 이들의 경제적 상황이 매우 취약함을 알 수 있고, 2,500만 원 이상은 3.4%에 불과했다.

　　연간 총 순소득액은 소득생산을 위해 투여된 원가를 제한 나머지 부분들이다. 연간 순소득액에서 보통 1,500만 원 정도의 생산비용을 제한 액수이다. 기름 값, 기계의 감가삼각비, 임금 등을 제하면 위와 같은 순소득액이 실제로 개인생활을 위해 사용되어지는 액수이다. 대진동 주민들의 경우 대부분 1,500만원에서 2,000만 원 정도의 소득으로 자녀교육과 재투자 등을 고려하면 경제적 기반은 상당히 취약하다고 할 수 있다. 더구나 이러한 경제구조에서는 이들이 전업이나 이주를 생각할 수 없는 실정으로 대부분 어업에 종사할 수밖에 없는 현실임을 알 수 있다.

D. 이주에 대한 태도

　응답자들의 이주에 대한 태도를 알아보기 위해서는 미래에 이사할 의사와 도시로의 이사희망에 대해 조사하였다.

　① 앞으로 다른 곳으로 이사할 생각이 있는가?
　응답자들은 앞으로 다른 곳으로 이사할 생각이 있는가라는 질문에 대해서 있다라고 응답한 사람은 0.9%에 불과했고 51.3%는 이사할 의사가 없다고 응답해서, 이들은 대체로 조사지역에서 지속적으로 거주하려는 태도를 보였다. 이러한 주민들의 태도는 위에서도 언급했듯이 이주에 대한 제반 조건이 충족되지 않았기 때문이라고 할 수 있다. 이들의 이주는 곧 어업을 포기하고 다른 직종, 이를테면 대부분 2차나 3차 산업으로의 전업을 의미하는 데, 이것은 상당한 경제적 기반을 필요로 하기 때문에 이들의 이주에 대한 태도는 신중할 수밖에 없는 것이다.

　② 이사 가고 싶은 지역이 도시지역인가?
　한편 응답자들은 위의 질문에서는 이사할 의사가 많지 않은 듯 보이는데, 이사하고 싶은 지역이 도시지역인가라는 질문에 대해서는 아니다라는 응답이 23.1%이고 그렇다는 응답은 0.9%로 나타났다. 이들이 도시 지역보다도 도시 이외의 지역을 선호하는 것은 농업이나 어업 등 1차 산업 외에 재교육이나 새로운 경험을 필요로 하는 2, 3차 산업에의 진출이 사실상 어렵다는 것을 나타낸다고도 할 수 있다.

E. 생활만족도

현재 응답자들의 생활만족도를 파악하기 위해서 응답자들이 현재의 생활에 만족하는가하는 질문과 현재생활에 불만족하다면 그 이유는 무엇인지 조사해 보았다.

① 현재의 생활에 만족하는가?

응답자들 가운데에서는 현재의 생활에 대해서 만족하지 않는다고 응답한 사람이 전체의 35.9%에 이르고 있어서 생활에 대한 불만족이 비교적 높은 것으로 드러났다. 이러한 이유는 일차적으로 생업공간이 지속적으로 주민들의 삶의 기대를 충족시킬 만큼 안정적이지 못하기 때문이다.

② 현재생활에 불만족하다면 그 이유는?

응답자들이 현재의 생활에 만족하고 있지 못한 이유를 보면 그 이유로는 경제적인 어려움이 35.9%로 나타났다. 이러한 불만족의 원인은 대부분이 경제적 이유를 들고 있다. 더 이상 전통적 가치에 의존한 가족애나 애향심 등이 생활의 만족도를 가늠하는 기준이라기보다는, 산업사회의 기준, 즉 화폐로 측정되는 사물의 가치가 생활구조 속에 깊이 안착되고 있음을 나타내는 것이라 할 수 있다.

이는 절대적 기준에 의해 주민들의 생활이 영위된 다기 보다 상대적 가치기준이 그들의 삶을 지배하고 있는 것이기도 하다. 이는 이 지역뿐만 아니라 산업화 과정에 놓여진 대부분의 사회가 경험하는 일이기도 하다. 다만 아직 까지 전통적인 생활구조에 의해 지배되는 어촌지역에서 산업화된 경제구조에 의해 지배받는 도시적 삶의 가치가 유입되고 전통적 가치가 서서히 와해되고 있음을 알게 해 주는 것이라 할 수 있다.

Ⅳ. 경제구조에 따른 생활변화 및 적응양상

1. 경제와 생활

동해시 인근은 해류의 조건으로 좋은 어장이 형성되고 있다 그러나 최근 들어 어족자원이 날로 감소되어 어려움을 겪고 있다 해안선은 자연적인 항구 및 인공적 어항으로 형성되어 있으며 이외에도 근래 들어 산업항, 관광항으로 기능을 다하고 있다.

동해시의 어촌구성을 살펴보면 2000년 현재 총어가는 1,084가구로 동해시 전체 가구의 3.28%을 차지하고 있으며, 어업은 4,013명으로 3.88%, 어촌계는4) 5개로 522명의 조합원이 회원으로 등록되어 있다. 지난 몇 년간 어가인구 추이는 동해시 인구가 완만한 증가세를 보이는 것에 반하여 어업 종사 인구수는 더 이상 증가하지 않거나 감소추세를 보이고 있다.

이러한 현상은 다른 어촌지역과 마찬가지로 젊은 세대들의 어로 작업 기피 현상에 따른 자연감소라고 할 수 있다. 작업환경의 열악함과 근로조건의 불리함, 소득의 불확실성 등에 따른 전직 내지 전업이 그 원인으로 지적된다. 하지만 대진동의 경우는 실제 조사에서 어업인구의 정체현상이 나타나고 있는 데, 이는 새로운 어업인구로 젊은 세대가 대체되기보다는 기존의 어업에 종사하던 세대는 대부분 계속 어업

---

4) 어촌계 구성은 수산업협동조합의 지구별 조합원이 포함되지만 어촌의 지역부락을 단위로 조직된다. 동해시의 어촌계는 2002년 현재 묵호, 대진, 어달, 천곡, 추암 등 5개 어촌계, 522명으로 조직되어 있고, 행정구역 편제상 도직어촌계와 금진어촌계는 강릉시에 편입되어 있어 강릉시 해양수산과에서 관할하고 있으나, 운영은 동해시 수산업협동조합에 편입되어 있고, 추암어촌계는 1998년 삼척시로부터 동해시로 편입되었다.

에 종사하고 있지만, 더 이상 젊은 세대는 부모의 가업인 어업을 이어 가려하지 않고 있음을 나타내는 것이다.

동해시는 동해항과 묵호항이 국제무역항으로 발전하고 있으므로 수산업 관련 발전의 유리한 조건을 갖추고 있다. 소규모 어항개발을 위해 대진항, 어달항, 천곡항의 방파제, 방사제, 물량장 확장공사를 추진하고 있으며 이를 통해 어촌정주 생활권을 조성하고 어선의 안전 수용 및 수산물 유통 판매 기능을 제고할 예정이다.

동해시 관내 주요 어종별 어획고를 보면 대체로 감소 추세를 보이고 있다. 1997년 이래 주요 어종의 생산물량이 1998년에는 전년 대비 59%에 불과하고, 수입도 전년도의 85%에 그치고 있다. 최근 5개년 간 어획실적을 보면 현저하게 줄어들고 있음을 알 수 있는 바, 종래의 증산위주 개발에서 관리위주 자원개발을 통해 소득원의 안정적 확보가 시급함을 말해준다.

수산물 어획고는 지난 1998년을 기준으로 어류, 갑각류, 연체동물, 기타수산물을 합쳐 총 9,748 M/T에 21,034,279천원을 올렸으며, 수산물 가공품 생산은 총14,838 M/T에 44,030,769천원을 올렸다. 수산물 가공품은 소건품, 냉동품, 해조제품, 연제품, 조미가공품, 어유분 등이다.

동해항은 무역항으로 선박 접안능력을 11척에서 15척으로 늘리고 입·출항하역능력을 제고하고 금강산관광인원을 수용할 수 있도록 계획하고 있다. 이와 같이 추진되면 북방교역에 대비한 태백권 거점 항만이 조성되고, 동해공업단지 조성에 대비한 시설확보가 가능해질 것으로 판단된다. 또한 묵호항 개발이 완료되면 선박, 하역능력, 어선의 증가와 대형화에 대비한 접안 시설이 확충되고 항내 혼잡을 해소할 수 있을 것으로 보인다.

동해시의 수산업은 최근 어족자원의 고갈로 인한 어가소득의 감소, 열악한 근무조건 등으로 어업인구가 감소됨에 따라 침체상황이 지속되고 있으며, 이에 따른 어족자원의 보호, 생태계 보존을 전제로 한 양식 및 재배어업에 대한 관심이 높아가고 있다. 그러나 1998년 9월 25일 타결된 한·일 어업협정으로 인해 대화퇴어장이 축소되어 수산업 소득이 감소되고 있으며, 어로활동을 위해 선박수리 등에 따른 어가부채가 늘어나면서 어민들은 이중고를 겪고 있는 실정이다.

강원도 해양수산출장소에 따르면 지난 1999년 3월 17일 체결된 한일 어업협정에 따른 강원도 내 수산업 등 관련 산업의 피해액이 최대 160억 원에 달한다고 한다. 한·일 어업협정으로 동해안 수산 업계는 물론 횟집, 수산물 가공업체의 피해가 커졌는데 대화퇴와 은지열도의 어장축소에 따른 어획량 감소 등 수산업이 입은 직접 피해가 연간 최소 100억 원에서 최대 109억 원이고, 횟집이나 수산물 가공업체 등 연관 산업의 간접피해가 50억 원 내외로 밝혀졌다. 이에 따라 1999년에 일본의 EEZ(배타적 경제수역) 출어어선을 대상으로 총 332억 원의 예산을 투입하여 79척을 감척한데 이어 2001년에는 13척을 추가로 감척할 계획이어서 연안어업의 구조조정 부담이 늘어나고 있다.

또한 2001년부터 일본의 배타적 경제수역에서 조업할 수 있는 어선수가 오징어 채낚기는 늘고 복어채낚기는 크게 줄어들었다. 전국의 오징어 채낚기 척수는 2000년 454척에서 420척으로, 복어채낚기도 123척에서 72척으로 줄었고, 전체 할당량도 오징어는 1만 2,230톤에서 1만 1,230톤, 복어는 6천 톤에서 5천 톤으로 감소했다. 강원도 내의 경우 오징어 채낚기어선은 2001년 156척으로 2000년 119척보다 늘어났다. 동해시가 40척, 강릉 36척, 속초 40척, 고성 35척, 삼척 5척이다. 복어채낚기는 2000년 61척에서 36척으로 줄어서 동해시는 11척이 배정되었다. 이들 어선은 대화퇴, 대마도 등 중국 해역에서 조업을 할 수 있는데, 동해시는 일본 수역 입어를 60척 신청했으나 선박규모, 조업실적 등으로 40척이 결정 되었다.

　이처럼 21세기를 해양의 세기가 될 것으로 전망하고 있으나 동해안의 어로환경은 어로장비의 발달로 인한 남획과 해양오염으로 인한 수질악화 등으로 수산자원은 날로 감소하고 있는 추세이다. 연근해 어업은 한·일 어업협정으로 인해 조업어장이 축소됨에 따라 일본수역 의존도가 높은 대게자망, 오징어채낚기 등의 업종과 원양어업인 북해 트롤 어업의 여건이 약화되고 상대적으로 이들 업종의 연근해 조업이 늘어나면서 영세 어민들의 생계를 위협하고 있다.

　동해시를 비롯한 강원 영동지역은 수산관련 산업이 높은 비중을 차지하고 있고 수산업 관련산업에 종사하는 인구가 높아 생존전략 수립이 시급하다. 도내 어선의 일본 EEZ 수역 조업현황을 보면 오징어채낚기 어선 189척 4,000톤, 근해자망어선 10척 1,600톤 등 총 5,600톤을 어획해 82억원의 어획고를 올렸으나, 어업협정 첫해인 1999년에는 오징어 채낚기 149척 5,925톤, 복어채낚기 34척 200톤, 2000년에는 오징어채낚기 119척 2,579톤, 복어채낚기 61척2,764톤으로 줄어들었으며, 2001년에는 16개 업종의 1,464척으로 할당량이 증가했으나 협정체결 보다는 여전히 줄었다

　이러한 어업협정으로 인한 피해를 줄이기 위해 3중자망 어업의 한시적 허용, 대형 트롤어선의 체포물 중 오징어 혼획률을 10%로 제한해 줄 것을 건의하고 있으며, 수산물 양식사업 국고지원을 40%에서 60%고 확대하고 백화현상을 자연재해로 인정하고, 연어치어 정부매입방류, 인공어초시설 사업비 확대 지원, 2종어항 개발 사업비 지원을 요청하고 있으나 실현되지 못하고 있다. 그러나 피해보상은 보상차원에서 어선매입 보상 79척 322억 800만원과 영어자금 대출 금리를 현행 6.5%에서 1.5% 낮춘 5%로 조정하고, 어가당 500만원 초과하는 연리 12% 이상의 고금리 상호금융부채를 연리 6.5%의 저리자금으로 대체 하였다.

따라서 국제규제 등 신어업 질서 체제와 연안자원의 감소추세에 따라 2000년에는 322억 원을 들여 79척의 어선을 감척한데 이어 2001년에는 13척을 감척하였다. 그러므로 연근해 수역의 어종별 자원량과 업종별 어획량의 적정성을 종합적으로 연구 검토하여 적정 어획고관리를 위한 연안어업구조 조정 및 연안어장 개발계획을 조속히 수립해야 할 것이다.

앞으로 동해안이 동북아 해양수산의 중심지가 되기 위해서는 기르는 어업활성화, 연안개발과 관리, 해양관광분야 활성화 등의 대책이 수립되어야 한다. 결론적으로 동해안 어민들의 어려움을 타개하고 안정적인 어로행정 구현을 위해서는 한정된 연근해 어업을 효율적으로 관리하는 자원관리형 어업으로 전환하고 해외어장 개발 등 적극적 방법이 실천되어야 동해어민들의 실질적 소득증대와 생활안정, 어로문화의 발전을 가져올 수 있을 것으로 판단된다.

2. 관광산업으로의 전환

최근 동해안 전 지역에 몇 년째 이상고온 현상이 계속되어 겨울철에 냉수어족인 명태와 도루묵의 어획량이 크게 줄어드는 등 먹이사슬의 붕괴로 인한 해양 생태계가 파괴되고 있는 것으로 분석되고 있다. 반면에 표층성 어족인 오징어와 학꽁치가 해수면 온도 상승으로 평균 이상의 어획고를 올리는 등 동해안 어획고 변화가 이루어지고 있다.

따라서 학꽁치의 경우 동해해경 및 관할 군부대 등과 협의하여 야간조업 및 조업시간을 연장하여 어민 소득 증대에 기여하도록 하는 등 대책을 마련하고 있으며, 동해안 어로행정의 관계 부서와 어촌주민들의 경우 어족자원감소로 인한 어민들의 피해를 줄이고 소득재창출을 위한 해양관광을 모색하고 있다. 1999년 도내 바다여행 경험자

636만 4천명을 기준으로 숙박, 음식등 직접 산업부분에서 9천694억
원의 생산유발효과가 있는 것으로 나타나 해양관광진흥의 다양한 시
책이 마련되어야 할 것으로 보이며 동해시도 아름다운 항구를 활용한
어족자원보호, 기르는 청정어업확산, 해안경관 보존을 통한 생태휴양
관광자원의 개발이 필요하다.

통일을 대비한 동해안 개발전략인 강원 항만별 특성화 전략구상에
따르면 환동해권시대의 중추역할을 수행하고 21세기 통일한국의 1번
지로 탈바꿈하기 위해 동해권 항만개발전략과 해외항로 개설, 아름다
운 동해안의 해양관광 메카 육성 등이 제시되어 있다. 이에 따르면 동
해시 묵호항은 남북수산물 교역거점항, 어업항, 동해항을 보조하고,
동해항은 강원동해권 중심지항, 환동해크루즈 관광항, 컨테이너화물
전담항으로 북한의 장전항, 원산 및 일본, 대만, 홍콩을 잇는 해외항
로개척이 추진될 것으로 보인다.

신동해안 해양시대 개막을 위해 북한, 러시아, 중국, 일본을 잇는
허브포트(Hub Port) 건설이 조속히 추진되어야 하며, 한·일, 한·중, 한·
러 항로도 교역량을 늘여나갈 것으로 예측된다. 특히 중국 동북 3성
과 북한, 러시아를 연계한 운송항로도 동해 쪽으로 옮겨질 가능성이
높아 동해권 물동량 증가가 불가피할 것이다. 또한 국내적으로 2001
년 영동고속도로 4차선 확장과 남북경협에 따른 컨테이너 확대 교역
이 예상되므로 동해항이 컨테이너 전담항으로 육성될 것으로 보인다.

해양 레크리에이션의 증가추세에 따른 복합형 관광어항 개발후보
지로 동해 대진항, 추암항 등이 높은 평가를 받고 있으며 어촌관광,
낚시어장 조성 및 자원관리, 어선 승선 1일 조업체험 등 체험관광과
함께 가두리 그물망에서 각종 어패류를 채포하는 가족형 어장체험 등
도 구체적인 실천이 뒤따를 전망이다.

바닷가 여행시 가장 애용하는 숙박시설이 콘도미니엄(19.6%)보다

민박의 경우 27.1%로 선호도가 높아 시설개선과 체인망 구축, 체험시설과 연계, 홍보확대 및 추억을 만드는 해양관광, 교육적 가치가 높은 어로체험, 어민생활체험, 어촌음식만들기체험, 바닷가 지명유래와 전설의 상품화, 맨발로 걷는 명사십리 으뜸백사장선정, 아름다운 일출명소 선정, 동해안별신굿공연, 어로도구전시 및 어로문화공연 등과 연계한 다양한 프로그램 개발이 필요하다.

이처럼 어업자원의 고갈과 1999년 3월 17일 체결된 한 · 일 어업협정으로 인한 손실 및 노동력의 노후화와 대체 노동력의 결핍 등으로 인해 이제 자연어장을 중심으로 이어져오던 주민들의 생활양식도 새로운 변화를 맞이할 수밖에 없게 되었다. 이를테면 어업을 통한 노동력에 의존해오던 생활양식이, 서비스업을 통한 생활양식으로 바뀌고 있는 것이다. 이는 기존 주민들이 단독적으로 자본을 투자하여 서비스업종으로 전환한다기보다는 정부의 지원 사업이나 정책에 의해 주로 이루어진다. 그리고 한편으로는 외지에서 충분한 자본을 가진 외지인들이 숙박업이나 상업에 투자함으로써 현지 주민들과 갈등을 빚기도 한다. 물론 아직 어촌계를 중심으로 하는 전통적 생활방식이 대진동 주민들의 생활양식의 주를 이루지만, 이러한 전통적 생활방식은 서서히 붕괴되고 새로운 삶의 방식과 가치 및 사고체계가 주민들의 생활을 바꾸어 놓을 것이다. 이러한 생활방식의 변화는 주민들의 자발적인 노력과 산업화에 적응하려는 의지도 있겠지만, 한편으로는 이들의 생존방식에 해당할 수도 있다. 더 이상 기존의 생활체계로는 자신들이 산업화 가운데에서 더 이상 생존할 수 없을 뿐 아니라 현재의 생활 자체도 유지할 수 없다는 위기감에서 시작된 것이라 할 수 있다.

이러한 동기에 시도되는 동해안 개발 계획은 우선 '아름다운 동해안 만들기'를 들 수 있고, '어달동 횟집거리 명소 조성방안'이나 동해시에서 추진하는 '대진 어촌관광지 기본계획'을 들 수 있다.

1) 아름다운 동해안 만들기

　동해안은 일출경관과 조망경관이 뛰어난 천혜의 자연경관을 갖추고 있는 지역이다. 특히 해안송림이나, 바다, 하천, 산, 석호 등의 가치 높은 자연경관과 역사경관이 잘 조화된 지역으로 천혜의 관광자원을 지니고 있는 곳이라 할 수 있다. 이러한 관광자원을 바탕으로 양호한 해안 경관을 보호하고, 해안생태계를 보존하며, 해안공간을 정비하여 항만도시의 산업경관정비 및 역사적인 문화재의 발굴 및 보전을 하려는 계획이 '아름다운 동해안 만들기'이다.5)

　'아름다운 동해안 만들기'는 경관정비 및 보전을 주목적으로 하는데, 총 5개의 경관관리권역으로 나누어진다. 이 5개의 경관관리권역은 고성권역, 속초양양권역, 강릉권역, 동해삼척권역 및 7번 국도권으로 나누어진다.

　이 중 대진동과 직접적인 연관성이 있는 동해삼척권역의 사업추진은 다음과 같다.

　동해삼척권역의 경관특성은 변화가 많은 산지형 및 해안지형이 형성되어 있고, 관동팔경의 하나인 죽서루와 해암정이라는 역사적 경관이 분포해 있으며, 묵호항, 동해항, 삼척항 등 대규모 항구도시가 자리하고 있다는 점이다. 이와 더불어 권역 남쪽에는 전형적인 어촌지역과 어항이 있고, 대진관광지와 천곡유원지 등이 개발 중이라는 점을 들 수 있다. 이러한 경관을 관리하여 경관적으로나, 생태적으로 가치가 있는 자연경관을 보전하고자하는 것이 그 목적이다. 이러한 해안 공간을 정비함으로써 지역성 있는 고유의 어촌과 어항을 보전하고 정비하고자하는 것이다. 이러한 동해삼척권역의 주경관관리 방향을 보면, 우선 대진동 북쪽으로 망상해안이나 추암암석해안, 맹방모

---

5) '아름다운 동해안 만들기'는 강원도에서 시행하는 관광계획으로 본 연구에서는 강원도에서 발행한 2001년 8월의 최종 보고서를 참고로 하였다.

래해안 등 경관적, 생태적 가치가 높은 자연해안을 보전하는 것이며, 삼척시의 항만, 산업시설 정비 및 권역 남쪽의 고유 어족, 어항 형태를 보호하고, 대진관광지, 천곡유원지 등이 개발에 다른 자연경관의 훼손을 최소화함으로써 친환경적 개발을 유도 하려는 것이다.

'아름다운 동해안 만들기'는 특히 자연경관과 해안선이 아름다운 곳이나, 인근 관광자원과의 연계가 가능한 곳, 교통접근성이 양호하거나, 개선이 예상되는 곳을 사례지구로 선정하였는 데, 그 지역은 아래와 같다. 어촌지역으로서, 삼척시 원덕읍 신남마을, 속초시 대포동 외옹치마을, 어항으로서 양양군 현남면 남애항, 해수욕장으로서 고성군 죽왕면 봉수대해수욕장 일원, 횟집거리로서 동해시 대진·어달 횟집거리, 복합관광지구로서 강릉시 심곡·금진지구를 선정하였다. 이중 '아름다운 동해안 만들기'의 사례지구 경관계획중의 하나가 횟집거리 경관 형성계획이다.

횟집거리 경관 형성계획의 대상지는 동해시 묵호동에 위치한 대진·어달지역으로 바다와 연한 일출로 연변이다. 면적은 약 3,494,000㎡(1,057,000평)이며, 도시계획상 일반 상업지역, 주거지역, 자연녹지지역이다. 이러한 계획의 배경은 해안선에 연한 이 지역은 이전부터 횟집시설이 밀집해 있었을 뿐만 아니라, 해안에 갯바위가 많아 바다낚시를 즐기는 사람들이 많이 찾던 곳이다. 현재는 해안선이 철책선으로 가로막혀 갯바위에서 낚시를 할 수 없기 때문에 관광객이 많이 줄었다. 이러한 풍부한 개발 잠재력을 지닌 이 지역이 지금까지는 관광자원으로서의 활용이 미약했으며, 이 때문에 종합적이고 체계적인 해안경관의 관리가 필요하게 되었기 때문이다. 이곳은 또한 풍부한 경관 잠재력도 지니고 있는 데, 대진항에 인접한 북쪽으로 대진해수욕장이 2002년부터 다시 개장을 시작하였고, 어달항과, 어달해수욕장, 까막바위 등 수려한 관광자원을 보유하고 있다. 교통 또한 양호한 편

이어서 7번국도가 신설 확장되고(2004년), 동해고속도로 또한 2004년
에 신설되기 때문이다. 이 지역은 횟집시설만 집중된 것이 아니라 세
계자동차야영대회가 2002년에 개최된 적도 있다.

　하지만 이 지역의 문제점은 우선 이러한 관광자원을 지니고 있음에
도 이 지역은 관광객을 수용할 수 있는 시설이 부족하고, 먹거리 이외
에는 관광 상품이 잘 개발되어 있지 않은 관광 수요와 공급의 격차가
심하며, 체계적인 개발아 되지 않고 난개발이 이루어져 왔다6). 이와
더불어 문제점으로 지적되는 것은 군사시설에 의한 해안접근 통제 때
문에 해안자원을 제대로 이용할 수 없다는 것이다. 그리고 해안선을
정비하여 도로를 확장하였지만 여전히 해안선을 산책할 수 있는 여유
를 관광객에게 제공하기에는 어려움이 따른다.

　이런 문제를 해결하고 해안경관과의 조화로운 개발을 유도하며 고
유한, 자연그대로의 해안자원을 관광 상품화하여, 횟집거리를 조성함
으로써 친환경적, 해양·레저스포츠와 관광단지를 조성하려는 것이
횟집거리 경관 형성계획이다. 기본구상을 보면 다음과 같다. ① 잠재
관광자원을 최대한 활용하여, 해안개발을 최소화한다. ② 해안경관과
조화된 건축물과 관광지 개발을 유도한다. ③ 대진지구는 횟집거리
신설과 대진관광항 형성을 유도한다. ④ 대진관광지는 산악레포츠 리
조트로 개발한다. ⑤ 어달지구는 횟집시설 고급화, 어달항 형성을 유
도한다.7) ⑥ 묵호지구는 횟집시설 정비, 까막바위 공원 등을 조성한

---

6) 특히 지역주민들이 소자본으로 운영하는 민박집의 경우는 기존의 건물을
　증·개축하거나 보수하는 경우가 많아 주변 경관과 어울리지 않는 난개
　발의 문제점을 안고 있고, 이로 인해 좋은 경관을 우선시 하는 관광객으
　로부터 소외되는 결과도 있다고 한다. 반면 외지인은 충분한 자본으로
　상업성만이 고려된 채 숙박업소를 신축하는 경우가 많아 난개발 및 주변
　경관을 해치는 경우가 많고, 이로 인해 주민들과의 갈등이 많은 것을 답
　사를 통해 확인할 수 있었다.
7) 어달동은 대진동과 남쪽으로 접해있는 지역으로 대진동 보다는 전통적인

다. 횟집거리 경관형성 계획에 따른 경관사업화방안은 다음과 같이 요약될 수 있다.

우선 사업시기를 보면 2단계에 걸쳐서 진행되는 데 1단계 사업 시기는 2001~2003년이며, 2단계 사업 시기는 2004~2005년으로 잡혀있다. 1단계 사업의 주요 사업으로는 우선 공공·민간 주체로 횟집 및 건축물을 정비하고, 횟집주변의 해안도로를 정비하며(공공), 대진항과 어달항을 개발하여 관광시설을(공공) 조성하는 것이다. 이에 소요되는 1단계 총사업비는 31억 5천만원으로 전체 사업비 49억원의 약 64%가 투입된다. 2단계는 해안변의 해안도로를 정비하고(공공), 관광시설을 조성하며(공공), 상업복합주차빌딩을 건설하는(공공·민간) 것이다. 이로써 2단계가 완성되면 대진항과 어달항 주변은 동해안의 새로운 동해안의 관광지로 탈바꿈할 뿐만 아니라, 지역주민들의 생활 역시 전통적 생활양식에서 벗어나 서비스 위주의 양식으로 바뀌게 될 것이다.

2) 어달동 횟집거리 명소 조성방안

어달동은 북쪽으로 대진동과 인접해 있으면서 남쪽으로는 묵호동과 연해있는 지역으로 반농반어의 성격을 띤 마을이었으나, 지금은 대부분 어업에 종사한다. 바다에 바위가 잘 갖추어져있어 풍부한 수자원을 가지고 있지만 인력난과 미개발 등으로 영세성을 면치 못하고 있는 실정이다. 이는 2002년 7월 대진동의 어촌계원이 106명이지만,

---

어업지역이라고 할 수 없다. 실제로 어달동은 전체 260 세대에 인구가 657명으로 대진동보다 큰 지역이다 하지만 어촌계원수는 66명(2002년 7월 기준)으로 어업에 종사하는 세대수는 대진동보다 훨씬 적은 수이다. 그 대신 어달동은 대진동보다는 횟집이나 숙박업이 발달한 지역으로 강원도에서도 '아름다운 동해안 만들기' 경관계획이외에도 '어달동 횟집거리 명소 조성방안'이 마련되어 있다.

어달동의 경우 66명이라는 것만 보아도 체계적으로 수산업이 이루어지고 있다고 말할 수는 없다. 하지만 해안선의 아름다운 경관과 수산물을 자체로 조달할 수 있다는 장점을 갖추고 있기 때문에, 관광화에 좋은 조건을 갖추고 있다.

어달항은 1984년부터 개발되기 시작하여 2000년에 70여척의 어선이 입출항을 하는 소규모의 항으로 74%의 개발 공정률을 보이고 있는 곳이다. 이로 인해 인근 연안 어장에서는 정치망어선으로 어획되는 싱싱한 수산물을 쉽게 접할 수 있는 곳이 많다. 또한 주변 묵호－망상 간의 해안도로의 개통으로 교통이 편리한 지역이다. 어달동의 이러한 입지 조건을 바탕으로 강원도에서는 묵호항에서 어달해수욕장에 이르는 약 1.6㎞ 구간 545,000㎡(165,000평)을 어달동 횟집거리 명소로 조성하려는 계획을 이미 2001년에 세웠다. 이는 횟집시설이 이곳에 밀집해 있고 그로인한 풍부한 개발 잠재력을 지니고 있기 때문에 무분별한 경관훼손이나 종합적이고 체계적인 해안경관관리를 위해 필요한 것이었다. 이러한 계획의 주목적은 무엇보다도 횟집거리 명소 조성을 통한 지역경제의 활성화가 목적이다.

하지만 이지역의 이러한 좋은 해안경관자원과 교통여건에도 불구하고 가장문제점으로 대두되는 것은 관광객증가에 따른 수용시설이 부족하고, 먹거리 위주의 관광 상품 및 경관과 상충되는 건물난립, 군사관련시설(철책)에 의한 접근통제 및 좁은 도로사정으로 보행로환경이 열악하다는 점이다. 이러한 문제점을 해결하기 위해서 경관을 해치지 않는 통일된 횟집, 건축물을 건립하고 배후녹지를 조성하며, 보행중심의 가로환경을 조성하려는 계획을 세우고 있다. 이분만 아니라 관광 상품의 개발하여, 먹거리와 더불어 다양한 관광체험을 제공하며, 관광수요증대에 대비해 편의시설을 정비하고 확충하려는 계획을 세우고 있다.

이를 위해서 3단계로 사업이 진행되고 있는 데, 1단계는 2001~2003
년, 2단계는 2004~2005년, 3단계는 2010년까지 단계적으로 사업이 진
행된다. 1단계 사업에서는 주로 해안도로·어달항설계, 해안도로정
비, 진입문 및 주차 빌딩 조성에 총사업비 110.2억 원 중 61.1억 원을
투자하고, 2단계는 공원·광장설계, 해안도로정비, 공원·광장조성,
주차 빌딩 조성에 총 49.1억 원을 투자한다. 1·2단계 사업이 끝나면
3단계에서는 횟집시설에 대한 경관관리 및 고급휴양지를 유치하는
기간이다. 이 사업에서 가장 집중적으로 투자되는 부분은 관광시설
조성부문으로 29억 원이 투여되는 데, 이는 총 비용 중 24%정도에 해
당하는 것으로, 관광산업 육성을 통해 지역경제를 활성화시키고자 하
는 노력을 충분히 알 수 있는 부분이다.

V. 맺음말

묵호지구의 경제구조의 변화가 사회·인구학적 환경에 어떠한 영
향을 끼쳤는지, 즉 거주지의 이동과 확산, 그리고 생업공간의 변화가
어떻게 이루어지고 있는 지를 살펴보고자 본 연구는 시작되었고, 그
중점 조사지역으로 묵호읍의 전형적인 어촌마을 대진동을 선택하였
다. 조사과정 중에서 가장 문제시 된 것은 심층 인터뷰 때에 마을 주
민들은 쉽게 인터뷰에 응해 주려 하지 않았고, 마을에 대한 주요 정보
를 가지고 있는 주요 제보자들도 쉽게 인터뷰를 하지 않으려하였다.
산업구조의 변화에 따라 상당한 생활의 변화가 있을 것이라는 처음
의 생각과는 달리 주민들은 인구의 증가나 감소 측면에서 본다면 많
은 변화가 있었지만, 실제적 생활공간의 변화는 그리 많지 않았다. 예
를 들어 가족구성원 중에서 도시로 이주해 있는 가족 수는 그렇게 많

지 않았으며, 다른 지역에서 이주해온 주민의 수 역시 매우 적었다. 설령 새로 정착한 주민들도 이전에 거주한 주민이 외지로 나갔다가 다시 재정착하는 경우가 대부분이었다. 하지만 주민들 중 대부분의 2세들이 현재 고등학교나 대학교육을 받고 있는 것으로 미루어보아, 이들은 잠정적인 이동 가능성을 가진 주민이라고 보아야할 것이다.

인구감소의 원인은 표면적으로 나타난 산업화라는 주된 이유 외에도 주민 내부의 욕구에서 찾을 수 있다. 이들은 자신들의 생업공간이 자신이나 자식들의 미래를 보장할 수 없다고 여기고 있다. 이러한 주민들의 생각은 여유롭고 풍요로운 삶을 누리려는 문화적 차원의 문제가 아니라, 생존적 차원의 문제였다. 현재라는 시간과 삶의 터전이라는 공간을 생각해 볼 때, 소득을 올릴 수 있는 유일한 대안은 전업이나 이주라기보다는, 현 시점의 공간적 변화를 통한 경제구조의 변화가 효과적인 대안이 될 수 있다고 주민들은 생각하고 있다.

이러한 주민들에게 생존을 위한 새로운 전략은 1차 산업적 생업공간을 3차 산업적 생활공간으로 바꾸고자하는 노력에서 찾아볼 수 있다. 이로 인해 이들 주민들의 의식 또한 이전과는 현저히 달라지고 있음을, 주민들과의 심층 인터뷰를 통해 확인할 수 있었다. 퇴니스(F. Toennies)에 의해 분류된 본질의지에 바탕을 둔 사회유형인 게마인샤프트(Gemeinschaft)는 그 특성이 주로 구성원의 결속을 다지고 공동의 목적을 추구하는 것이었다. 하지만 현재의 주민들은 이러한 공동체적 의식보다는 개인적 삶의 실현을 우선시하고, 이러한 삶의 실현을 공동체적 삶 속에서 찾기보다는 스스로의 경제적 행위의 추구를 통해 찾아나가는 점진적인 공동체 와해의 특성도 보이고 있다. 이러한 점을 반영하는 주민들의 의식은, 주민들의 현재 생활만족도에 대한 질문 중 경제적인 어려움에 대한 대답이 가장 많았다는 점이다.

그리고 경제적으로 가장 풍족했던 시기는 응답자의 90% 이상이

1970년대라고 대답하였다. 이는 1975년에 주민수가 가장 많았던 것과 아주 밀접한 연관성을 지니고 있다. 조사자들의 현재 연간 순소득은 1000만원이 거의 35%이고 1500만원이 27%, 2000만원이 24%를 차지하고 있다. 이로 미루어보아서 이들의 연간 순소득은 그리 많지 않고 저소득층에 속한다. 소득이 낮다는 것은 두 가지 상반된 의미를 동시에 지닌다. 첫째는 현재의 상황을 더 이상 연속시키지 않고, 생활을 바꾸어보려는 전환의지와, 다른 하나는 경제적 능력이 없기 때문에 오히려 현재의 생활공간에 안착하려는 필연적 삶의 의지가 그것이다. 이러한 상반된 의지는 결국 자기 주변 환경에 대한 신뢰나 애착, 그리고 사회에 대한 부정적 시각을 형성하게 된다.

   본 연구를 통하여 세계화시대에 전통적인 어촌마을이 그들의 삶을 지속시킬 수 있도록 하기 위해서는 도시와 어촌 사이의 빈부격차를 해소시키려는 정치·경제적 노력과, 주민들의 생활환경의 변화에 대한 적응력 그리고 전통적 생활방식에 기반한 문화산업적 생존전략이 절실히 요구되고 있다는 결론을 얻었다.

參 考 文 獻

강원도, 1975, 『강원총람』, 강원일보사.

강원발전연구원, 2001, "아름다운 동해안 만들기." 강원도.

강원발전연구원, 2001, "어달동 횟집거리 명소 조성 방안." 강원도.

김광식 외, 1973, 『한국의 기후』, 일지사.

김상호, 1975, 『지리학개론』, 일조각.

김수욱, 1992, "한국의 산업화와 농촌사회변화." 『농자원개발논집』 Vol.17 No.1.

김여수, 1976, "산업화와 가치." 『인문과학』 Vol.5 No.1.

김영화・김병관, 1999, "한국 산업화 과정에서의 교육과 사회계층 이동." 『교육학연구』 Vol.37 No.1.

김호기, 1999, 『한국의 현대성과 사회변동』, 나남출판.

김영배, 1987, "산업화시대의 청년주기 가치관에 관한 연구." 계명대학교 교육대학원 석사학위논문.

동해시, 『동해시 통계자료집』, 시개청이전 1965년~1980년, 동해시청.

_____, 『동해시 통계연보』, 1981년~1999년, 동해시청.

_____, 2001, 『동해시 통계연보 22』, 동해시청.

_____, 2000, 『동해시사』, 학연문화사.

_____, 2000, 『동해시의 어로문화』, 동해시청.

명주군, 1974, 『명주군 통계연보 1963~1974』, 명주.

박준택, 1977, "산업화에 따른 가치관변화를 위한 연구." 『인문학연구』 Vol.4 No.1.

삼척시, 1977, 『삼척시지』, 학연문화사.

송대현・김진국, 1983, "산업화 예정지역민의 사회적 태도 연구." 『호남문화연구』 Vol.13 No.1.

송복외, 1996, "한국인의 삶의 질에 관한 연구." 『사회발전연구』
　　　　Vol.1996 No.2.

유석춘, 1996, "생활양식과 사회의식." 『사회발전연구』 Vol.1996 No.2.

이경용, 2000, "한국의 산업화와 계급이동." 『사회발전연구』 Vol.6
　　　　No.1.

이호철, 1991, 『산업화와 농업경제』. 한길사

주　원, 1970, "도시화와 산업화가 가져온 사회적 Impact." 『국토계획』
　　　　Vol.5 No.2.

조동걸, 1973, 『태백의 역사』, 강원일보사.

정창수, 1997, 『산업화 과정에서의 한국가족의 실태와 전망: 미국가족
　　　　과의 비교분석』, 집문당.

진덕규, 1975, "산업화가 지역사회의 권력구조와 주민의 의식상황에
　　　　미치는 영향의 분석." 『한국정치학회보』 Vol.9 No.1.

한국도시행정연구소, 2001, 『전국통계연감(중)』, 아람문화인쇄.

한국향토사연구전국협의회, 1997, 『해신이 지켜온 어촌』, 수서원.

홍경희, 1981, 『도시지리학』, 법문사.

〈자료: 1〉

대진동 어촌계장 면담(면담일자: 2002년 7월)

민박을 하는 것이 배를 가지고 어업을 하는 것보다 이익이 있는가?

▷ 민박의 경우 외지에서 들어온 사람은 10~20칸 정도의 원룸 형으로 꾸며서 대여하지만 지역민의 경우 30평 남짓의 집을 원룸으로 나누어 봐야 4칸 정도 밖에는 나오지 않는다. 또한 한철이기 때문에 이것으로는 기껏해야 용돈정도에 불과하다. 원룸 내에 그릇이며 냉장고 등 취사도구를 갖추고 있지만, 방안에서 바다가 내다보이는 쪽에 있는 민박만 장사가 잘 된다. 우리의 경우 앞의 건물에 가려져서 바다가 잘 보이지 않아 장사가 잘 되지 않는다. 위층을 민박으로 하고 아래층을 가정집으로 했으면 좀 더 나았을 수 있지만 그렇게 해봐야 모든 방에서 바다가 보이지는 않는다.

어촌계는 규모가 어느 정도 되며 어떠한 일을 하는가?

▷ 어촌계원은 105명으로 이루어져 있다. 규모 상으로는 소규모는 아니다. 어촌계는 공동사업, 즉 양식이나 공동어장에서 나오는 수익으로 운영되며 남는 돈으로 양식에 필요한 비용을 만들며 거기서 나오는 이익금으로 배당금도 나누어 갖는다. 바다에서 조금 벌고 여기서는 전복 양식만을 하는데, 전복 양식으로 년 간 1억 정도의 수익을 올리며 여기서 나오는 돈으로 어촌계 운영과 배당금을 지급한다. 어촌계장은 어민들의 허가권, 공동허가권과 관련한 업무, 양식 사업에 대한 교육업무를 담당한다. 어촌계 내의 사업에서는 각자의 사업과 어촌계 내 사업을 통해 어촌계 임원들끼리 배당을 한다.

출자는 어떻게 하는가?

▷어촌계에 따로 출자를 하는 것이 아니라 조합에 출자를 한다. 계원의 자격은 1년 60일 이상 어업에 종사하고 이것을 3년을 계속하면 조합원에서 어촌계 계원으로 승격시켜준다.

어촌계에서는 조합에 출자한 돈으로 양식을 하고 채취해서 거기서 나오는 돈으로 다시 양식에 필요한 자금을 충당하고 그 외 이익으로 배당한다. 어쨌든 바다에서 나오는 것으로 재투자가 되는 것이다. 다만 어촌계에 대한 출자가 있지는 않다.

어촌계원의 권리

▷계원이라야만 공동어장에서 나는 채취권을 가진다. 어패류(조개) 채취권을 가지며 실질적인 배당이 주어진다.

공동어장구역이 정해져 있는가?

▷정해져 있다. 강원도에서는 우리 어장이 가장 크다. 500ha정도이다. 법적으로 보장되어 있으며 해상도면에 등재되어있다. 어촌계장이 이를 관리하며 계원 이외의 사람이 채취하면 이는 절도에 해당한다. 배들은 모두 여기에서 출항하기 때문에 관리가 된다.

채취권은 어떻게 분할되는가?

▷어촌계가 보유하고 있는 채취권은 어패류는 년 간 26건, 동식물(다시마, 미역, 성게, 멍게, 해삼 등)은 10건이다. 채취기간을 정해준다. 계원도 상시적으로 들어가는 것이 아니라 채취할 수 있는 기간을 정해준다. 산란기는 채취기간에서 제외시킨다. 어촌계 임원회의를 통해서 기간을 결정한다. 관리는 어촌계장이 한다.

채취량과 이익금은 어떻게 분배하는가?

▷생산량을 어촌계에서 미리 정해준다. 채취량의 일부는 어촌계에 내

고 나머지는 개인이 소유한다. 조업하는데 있는 연간 통상소득이
얼마정도 올라갔으니까 얼마정도를 어촌계에 내고 나머지는 개인
이 갖는다. 대략 몇 천만 원 정도 된다. 허가 26건에서 대량 생산량
은 4~5억 생산하고 1/10~1/20 정도만 어촌계에 낸다. 이 외에는 어
민들은 연안 조업을 통해 수입을 올린다.

계원들에게 골고루 채취권이 돌아가는가?
▷잘 조정해서 결정한다. 이것이 어촌계 내에서 가장 어려운 문제이
다. 1번에 5년 정도 채취권을 갖는다. 안한 사람이 그 다음에 하는
식으로 한다. 내년이 5년의 만기일인데 그때 다시 채취하지 않은
사람들에게 그 권한이 돌아가게 회의를 통해 결정한다. 이익 배당
이 어떻게 이뤄졌으며 또 나누어졌는지, 나누며 누가 소득이 많았
는지를 보고 판단한다.

공동어장 관리가 어촌계의 가장 큰 사업인가?
▷그렇다. 그 외에 어촌계에서 횟집 겸 민박을 위한 건물을 만들어서
거기서 나오는 임대료도 사업의 큰 부분이 된다. 강원도 관광개발
에 이 지역이 들어감에 따라 어촌계에서 회센터, 조개전문 구입지
로 개발하려는 사업을 추진 중이다.

공동어장의 채취량은 어떤 변화를 보이는가?
▷양이 줄어들었다. 많은 양을 채취해서 줄어드는 것이 아니다. 지금
의 경우 양식을 통해 이루어짐으로 환경의 영향을 많이 받는다. 온
난화 현상, 각 가정의 오폐수, 동해시가 청정해역이지만 쓰레기장
이 생겨남에 따라 바다 오염이 가중되었다. 오폐수를 정화해서 방
유하지만 침전수가 지하로 방유 되면서 바다가 많이 오염되었다.
특히 미역, 다시마, 청초 등과 같은 해초류는 더욱 생산량이 줄어들

었다.

어업에만 의존할 수 없지 않은가?
▷그래서 관광사업 조성으로 회센터 건립을 추진 중이다. 30~40동으로 건립해서 어촌 계원에게 분양한다. 어촌계의 자산으로 건립하는 것이기 때문에 계원 외에는 허가하지 않는다.

계원 외의 사람들 약 50가구는?
▷이들은 어업과 상관이 없는 사람들이다. 한 동네에 살고는 있지만 농업과 관련되거나 그외 민박, 횟집을 하는 외지인이다. 이들은 오히려 어민들에게 방해가 될 뿐이다.
민박의 규모가 20~40칸 정도의 대규모이기 때문에 여기에서 방유되는 온수나 세제 등의 오폐수가 바다를 오염시켜 결국에 어민들의 어업생산량을 줄게 만든다.

어촌계원들은 대부분이 이 지역 토박이 인가? 외지인들과의
융합은 잘 이루어지는가?
▷그렇다. 외부인들과 특별한 분쟁은 없지만 불편함을 느낀다. 육지에 횟집을 하면서 공동어장에 파이프 등을 박는다. 이 때문에 어촌계에서 이들에게 돈을 받지는 않지만 오폐수로 공동어장이 황폐화되기는 한다. 그래서 융합이 잘 되지는 않는다.

외지인들이 최근에 많아졌는가?
▷예전에 관광을 위한 외지인들이 아주 많았다. 갯바위가 아름답고 야영을 할 수 있었으며 낚시를 위해 많은 사람들이 몰려들었다. 그들이 몰려들어도 돈을 쓰고 가지는 않았었다. 그런데 도로가 생기면서 야영장이 없어지고 야영이 민박으로 흡수되면서 지역민들에게 보탬이 되었다. 그러나 군부대의 철책이 생기면서 사람들의 발

길이 끊어졌다.

철책은 언제, 어떻게 생겨나게 되었나?

▷ 철책이 쳐진 것은 5년 정도 되었다. 묵호항 북쪽과 삼척 등 동해지역에 북한의 잠수함 등이 출몰하면서 철책이 생겨났다. 연안조업을 해보면 알겠지만 밤에는 개미 한 마리 들어오기 힘들다. 특히 꽁치잡이 때 군인들이 연안에 배를 대지 못하게 한다. 어망을 쳐 좋으면 배 50척이 연안에서 고기를 잡는데 배가 불을 환하게 켜놓기 때문에 방파제 끝까지 환하게 보인다. 또한 수상한 것이 발견되면 어민들이 신고를 하기 때문에 그것은 문제가 될 것이 없다. 군인들이 어민만 파악하면 되는데 불필요한 철책을 설치함으로 해서 주위 경관을 많이 해쳐버렸다. 해안으로 들어가는 문이 있어도 외지인들은 들어갈 수가 없다. 그래서 철책이 생긴 이후로 5년 사이 관광객이 많이 줄어들었다.

관광단지 조성은 어떻게 이루어지는가?

▷ 강원도에서 횟집 명소거리를 지정해서 개발하려고 한다. 어촌계에서는 사업자금을 모아서 스스로 살길을 찾으려 한다. 어장에만 매달려서는 살아가기 힘들기 때문이다. 해산물은 점점 줄어들고 가계 지출은 늘어나기만 한다. 예전에는 교육열도 낮고 가난해서 자녀를 대학에 보내는 경우가 드물었다. 그러나 요즘은 그렇지 않다. 또한 군인들이 연안 어업에서 낮에는 500m 내에, 밤에는 1마일 내에 연안에 배를 붙이지 못하게 하고 있다. 그래서 연안어업이 수익이 낮아진다. 관광단지 조성해서 어떻게든 활성화를 시켜 일 년에 어민에게 100만원이라도 도움이 되게 해야 한다.

가장 좋았던 시기는 언제 인가?

▷어민으로서 수입이 괜찮았던 시기는 80년도 말에서 90년도 초, 88년에서 95년까지. 3~4년 정도는 괜찮았다. 소형 저인망(1~3t)어선들이 바다 밑을 싹 쓸어 가기 때문에 바다에 쓰레기가 없었다. 이것이 바다를 청소하여 바다가 깨끗해서 고기가 많았다. 그러나 지금은 단속이 심해서 바다에 쓰레기가 많다. 내년부터는 소형 선박을 점차 줄여나간다는 정부 방침이 시행된다.

일본과의 어업협정이 영향을 주지는 않았는가?

▷많은 영향을 주었다고 생각한다. 일본 선박들이 고기가 동해로 들어오는 길목에서 조업을 하기 때문에 동해로 들어오는 고기의 양이 많이 줄어들었다. 특히 꽁치 등이 많이 줄어들었다. 정부의 시책이 잘못되어 어업이 더욱 힘들다고 대부분의 어민들이 생각한다.

앞으로의 전망은 어떠한가?

▷어업에 종사하는 사람이 자꾸 줄어들 것이다. 이곳에 정착하는 사람은 별로 없을 것이다. 지금도 다른 곳으로 떠날 생각을 하는 사람들이 많다. 그러나 배운 것이 어업이고 이 일을 하던 사람은 다른 직장생활에 적응하기가 힘들다. 하루에 배를 타고 나가면 50~60만 원정도 벌기 때문에 돈 씀씀이가 크다. 봉급생활을 하기가 힘들다. 어업종사자는 내일 굶어도 오늘 쓸건 쓰고 없으면 내일 또 배타고 나가서 벌면 된다고 생각한다. 그래서 안정된 생활이 안 된다.

관광단지 사업(회 센터, 조개전문 구입지)의 구체적 실현 가능성은 어떠한가?

▷현재 어촌계에서 계획을 잡고 있다. 금년에 1차 시범으로 5동정도 2억을 투자한다. 정부에서 1억 6천 정도가 나오고 어촌계에서 4천 정도 투자를 한다. 조가 전문 구매와 횟집을 위해 실질적인 움직임

이 있다.

어항도 동해시와 합쳐지면서 산업화의 영향을 받지 않을까? 어업보다는
다른 쪽으로 전환이 이루어지지 않는가?

▷ 울릉도의 경우 70년대 성어기에 20만 명 정도가 몰려들었다. 동해
의 배들도 가을철에 울릉도로 넘어갔다. 고성, 속초, 부산, 전라도
지역의 배까지도 울릉도로 몰렸다. 1배에 20~40명 정도의 선원이
필요했으므로 울릉도가 번성했다. 발 딛을 틈이 없을 정도로 사람
이 많이 몰렸다. 그러나 지금의 경우 울릉도는 관광 쪽으로 완전히
방향을 바꾸었다.

양식과 관광을 잘 적용해서 지역을 발전시켜야 하지 않는가?

▷ 그렇다. 지금의 경우 기르는 어업, 양식이 중심이 된다. 이 바다는
개인의 소유가 아니고 동해민의 바다이다. 정부 시책이 동해를 황
폐화 시켰다. 양식을 허가해 주더라도 개인으로 잘라서 할 것이 아
니라 공동어장으로 양식을 허가해야 한다. 개인이 양식을 하면서
5ha~10ha로 잘라서 멍게양식과 가리비 양식을 하면서 파도에 휩쓸
려 그것들이 떨어지면서 바다를 황폐화 시켰다. 그래서 바다의 다
른 어종들이 번식을 잘 하지 못하여 어종이 줄어들었다. 또 가리비
양식의 경우 번식과 산란이 약하여 떨어져 나가버린다. 사람들이
가래비가 도망 못 가도록 줄을 달았다. 그러나 파도가 치면서 그런
줄들이 바다에 떠돌면서 바다를 황폐화 시켰다. 바다와 어민 모두
를 살리려면 가리비 양식을 없애야 하고 멍게도 공동어장과 포자
방식으로 양식을 해야 한다.

계속해서 바다 양식과 더불어 관광(민박)쪽을 할 것인가?

▷ 개발해야 한다. 어업에만 종사해서는 안 된다. 여기는 다른 어촌지
역에 비해 집들이 잘 지어져 있다. 이것은 도로 공사로 인한 보상

을 받은 돈으로 먹고살기 위해서, 정부의 빚을 얻어 민박을 할 수 있도록 집을 지은 것이다. 민박을 통해 연간 4백~6백만 원 이라도 도움을 얻기 위해서이다.

민박을 시에서 관장하는가?

▷그렇다. 그러나 우리가 알고 있는 민박 경영은 가정집에서 3~5칸 정도 운영하는 것이다. 그러나 시에서는 고층건물, 30~50정도의 규모를 민박으로 허가 해주고 있다. 이것은 민박이라고 할 수 없다. 이런 건물은 민박이 아닌 숙박업소로 분류하여야 한다. 민박을 가정집 몇 평으로 한다는 규정이 있어야 한다. 그래야 지역민들이 살 수가 있다. 그러나 민박을 원하는 사람이 100명 정도라 했을 때, 외부 사람이 대규모로 요지(바다가 잘 보이는 곳)땅을 사서 민박을 하면 그곳의 방이 먼저 다 차고 난 후에야 지역민들이 하는 민박을 찾게 된다. 또한 고층건물들이 앞을 막으므로 해서 지역민들의 낮은 집들은 건물에 가려 바다를 볼 수 없게 된다. 시에서 그런 허가를 하는 것은 지역 발전에 도움이 되지 못한다. 지역과 어민이 살려면 자연 그대로를 유지하면서 관광유치를 할 수 있게 해야 한다. 호텔이나 숙박 시설을 대형화해서는 안 된다.

외부지역의 돈 많은 투자자들과의 경쟁에서 어떻게 하는가?

▷부지를 우선 확보해야 한다. 시에서는 돈 있는 사람에게 행사권을 주는 데 이렇게 관광단지를 활성화 시켜봐야 동네에는 이익이 없다. 사유지는 동네에서 주장해서 외부 사람들이 이용할 수 없도록 하고 있다. 법적으로는 막을 수 없지만 시와 협의해서 동네에 활성화 할 수 있도록 실질적인 행동이 있어야 한다.

인터넷의 활용은 어떻게 이루어지는가?

▷민박, 낚싯배는 동해시 홈페이지를 통해서 대진에 대한 정보를 볼 수 있다. 어촌계가 잘 되어 있어서 5년 채취하면 년 간 100만 원 이상의 배당금을 가진다. 그래서 그나마 다른 지역에 비해 알려져 있다. 이 지역을 관광개발해서 요트 선착장을 만들려 하고 있다. 어항의 반은 요트 선착장으로 반은 어항으로 조성하려 한다. 요트가 접항 하면 동네에서 숙박이 이루어 질 것이고 또한 횟집 등도 활성화 될 것으로 기대한다. 그런 선착장을 만들면 이들은 20명씩 팀을 이루어 레저를 즐기기 때문에 활성화 될 것으로 본다.

주 5일 근무에 따른 기대 효과는?

▷관광 사업을 통한 주5일제 도입이 도움이 되리라고 전망한다. 그러나 아직은 그렇지 못하다. 예전에 낚싯배 빌리는데 기본 10만원, 5명 이상 추가 1인당 2만원을 받았다. 이 시기 집에서 놀 손이 없었다. 그런 배 삯이 10년 동안 그대로 유지되었다. 낚싯배 운영해서 봄~가을까지 부수입이 600만원에 달했다. 횟집에서 사먹으면 양식된 것을 먹지만 자신이 잡아서 먹거나 낚싯배를 운영하는 집에 부탁하면 보다 많은 양을 먹을 수 있다. 작년까지만 해도 낚시 단골 손님이 많았다. 대부분이 인천 사람들로 1년에 2번씩은 동해의 자연산 고기를 먹으로 왔었다. 그러나 지금은 일 년에 1번 정도, 경기가 나빠서 찾는 사람이 뜸하다.

어촌계원들은 부업을 많이 하는가?

▷대부분 배를 가지고 있기 때문에 낚싯배로 부업을 한다. 어업에 종사하기 때문에 농사일은 전혀 하지 못한다. 낚싯배를 운영하는 경우 손님들이 대부분 자신이 잡은 고기를 회로 먹거나 낚싯배를 운영하는 주인에게 먹을 고기를 미리 주문해 놓는다. 그래서 밖에 있는 횟집을 거의 이용하지 않는다. 그런 횟집보다 더 싸고 질 좋은

회를 먹을 수 있다. 야채는 본인들이 직접 준비해 오고 고기만 부탁한다. 저녁에 도착하면 회를 먹고 아침이면 낚싯배를 타고 낚시하러 간다.

어촌계장님의 연세는?
▷48세

어촌계의 조직도와 계원들의 연령은?
▷어촌계는 어촌계장과 감사 2명, 총무는 어촌계장에 따라 두는 경우도 있다. 총대는 대의원회로 10명으로 이뤄진다. 그리고 일반 평계원이 있다. 어촌계장의 임기는 4년, 감사는 1년이다. 총회에서 선거를 통해 선출하며 임원은 어민의 추천을 받는다. 어촌계장이 유능하면 감사나 임원들은 함께 4년의 임기를 채우는 경우가 있다. 이 모두는 어촌계 회칙에 기재되어 있다.
계원은 30~60대가 가장 많다. 나이 어린 계원은 30대 초반이고 최고 연장자는 83세이다. 아직도 어업에 종사하고 있다. 60~70대가 15% 정도 차지한다.

자식들의 교육 수준은 어느 정도 인가?
▷대부분 대학을 보내려 한다. 지역 대학은 삼척대학, 동해대학, 강릉대학 등이 있고 그 외에는 서울로 진학한다. 부모들의 교육열이 상당히 높다. 자식들이 대학을 나오면 외지로 가고 결국 여기에 정착하는 경우는 거의 없다. 예전에 교육열이 낮았을 때는 자식들이 여기에 정착하였지만 지금은 모두 외지에 살게 된다. 부모세대만 어업에 종사한다. 나의 경우 20대에 어업에 뛰어들었다. 그러나 이제는 이일을 배우기 위해 어린 나이에 시작하는 사람은 없다. 10년 정도만 지나면 우리 동네도 어업에 종사하지 않는 사람이 30~40%

가 될 것이다.

10~15년 후에는 어민도 괜찮지 않을까 생각된다. 정부에서 어업 감축도 하겠지만 어민이 거의 없으니까.

민박을 하면 좀 낫겠지만 2~300백만 원 정도로는 생활이 힘들다.

계원들 중에는 외부출신이 거의 없는가?

▷그렇다. 대부분이 처음부터 한 사람들이다. 1천~1천5백만 원 정도 의 순소득을 가진다. 그러나 전체가 그렇지는 않다. 작업을 많이 하 고 꽁치 잡이까지 하는 사람의 경우가 그러하다. 총소득은 몇 천만 원 이지만 자망비, 연료비, 선원인건비 기타 배에 들어가는 돈을 제 하고 나면 실질소득은 낮아진다.

외부에서 오는 선원도 있는가?

▷없다. 어촌계원으로 충당한다. 어촌계는 정치망을 하는 경우 선원 들이 모자라서 외국선원, 중국선원을 쓴다. 그만큼 어민이 줄었다 는 증거다. 한국 사람들은 돈이 되지 않는다는 이유로 배를 타려하 지 않는다. 정치망은 12명씩 타야 하는데 4~5명 정도 중국인을 쓴 다. 한국 사람은 구하는데 까지 구하고 특히 기술자는 임금을 많이 주고 구하게 된다. 나머지는 외국인으로 한다.

어촌계원 중 여자는 얼마나 되는가?

▷고○자, 전○근, 이○영, 이○자, 김○옥

김○옥의 경우 남편이 사망한 후 대신 배를 운영한다. 그 외에도 해녀로서 물질을 한다. 남편이 있는 경우는 배가 여자 앞으로 되어 있어서 계원 이름으로 여자가 올라 와 있다. 남편도 함께 조업을 한다. 어촌계원 중 약 80%가 배를 소유하고 있고 나머지는 선원으 로 일한다.

〈자료: 2〉

동해시 행정통(리)별 현황(2002년 6월 29일 현재)

동해시 행정통(리)별 현황							
총세대수	2,296	총인구수	5,795	행정통수	25개	반수	113개

행정통(리)명	세 대 수	계(%)	남	여	비 고
계	2,296	5,795(100)	2,897	2,898	
1 통	76	169(3)	84	85	
2 통	88	221(4)	115	106	
3 통	113	309(5)	153	156	
4 통	76	205(4)	93	112	
5 통	63	160(3)	80	80	
6 통	85	225(4)	107	118	
7 통	121	303(5)	162	141	
8 통	39	102(2)	49	53	
9 통	55	121(2)	58	63	
10 통	66	210(4)	107	103	
11 통	56	144(2)	68	76	
12 통	91	229(4)	127	102	
13 통	74	205(4)	114	91	
14 통	97	236(4)	111	125	
15 통	81	207(4)	103	104	
16 통	91	235(4)	117	118	
17 통	71	170(3)	84	86	
18 통	90	236(4)	116	120	
19 통	94	222(4)	107	115	
20 통	61	154(3)	80	74	
21 통	84	220(4)	112	108	
22 통	159	394(7)	184	210	어달동
23 통	101	263(5)	137	126	어달동
24 통	202	541(9)	271	270	대진동
25 통	162	314(5)	158	156	

자료출처: 동해시

〈자료: 3〉

자치정관
발기 : 1998년 3월 5일
대진어촌계

대진 어촌계 자치정관

▷ (정관의 설치 목적) 본 정관을 설립이전 비법은 어촌계 정관이 설
정되었으나 계의 운영상 현실에 맞지 않음으로 인하여 98. 3. 5. 계
원전총회의 구성회의 결정에 의하여 계의 대의원과 계의 임원을
선출하고 본 자치 정관을 회의 승인을 득하였으며 이후 이 정관을
대진어촌계 자치정관이라 명한다.

설립 년 월 일 서기 1998년 3월 일 제1호

【제 1 장】

제1조(설립과 명칭) 이 어촌계는 동해수산업 협동조합법 제16조의 2
의 규정에 의하여 설립되며 대진어촌계라 하며 자치 정
관에 둔다.

제2조(목적) 이 정관은 어촌계원의 생산력의 증진과 생활향상을 위
한 공동사업의 대행 및 그 경제적, 사회적 지위의 향상
을 도모함을 목적으로 한다.

제3조(사업의 종류) (1) 이 계는 계의 목적을 달성하기 위하여 다음
각 호에 정한 사업의 전부 또는 일부를 행할 수 있다.
 ① 지도사업

　　　가) 생산 및 생활지도 사업
　　　나) 어업에 관한 기술과 경영의 향상을 위한 지도
　　② 어업권의 취득 및 어업의 경영
　　③ 업인의 생활필수품과 어선 및 어구의 공동판매
　　④ 어촌계 공동 시설의 설치 및 운영
　　　가) 선착장, 신축장 설치 운영
　　　나) 기타 조합장의 승인을 얻은 어촌 공동시설
　　　다) 어업자금의 간여 및 배정(배당)
　　　라) 수산물의 보관 및 채취 판매사업
　　⑤ 신용산업
　　　가) 수산협동조합으로부터 자금의 차입
　　　나) 자금의 대출
　　⑥ 계원의 경제적 사회적 이익을 도모하기 위한 단체협약의 체결
　　⑦ 기타 목적 달성에 필요한 사업

제4조(정치관여금지) 이 계는 정치에 관여하는 일정의 행위를
　　　　　　　　　할 수 없다.

제5조(공고방법) 이 계의 공고는 (자치정관 설립건) 어촌계 게시판에
　　　　　　　이를 게시하고 필요하다고 인정될 때에는 서면으로 계
　　　　　　　원에게 통지하거나 방송으로 전달할 수도 있다.

제6조(규약) 다음의 사항은 정관으로 정하는 것을 제외하고는 규약
　　　　　으로 한다.
　① 총회에 관한 사항
　② 업무의 집행과 회계에 관한 사항
　③ 계원에 관한 사항

④ 어업권 행사방법에 관한 사항

【제 2 장】계원

제1조(계원의 자격)

  1항―이 계의 구역 내에 거주하는 자로서 조합의 조합원은 계에 가입할 수 있다. 다만 동일 가구 내에 계원이 2인 이상 있을 때에는 그 중 1인이 계원이 될 수 있다.

  2항―현조합원이 되어있고 또한 선박을 소유하였더라도 실질적으로 60일 이상 승선조업 하지 않고 타직종을 가진 조합원은 계원으로서 행사할 수 없다.

제2조(가입)

  ① 계원이 될 자격을 가진 자가 이 계에 가입하고자 할 때에는 별도 서식에 의한 가입신청서를 계장에게 제출하여야 한다.

  ② 제2항의 경우 가입 신청자는 조합 출자 증권사본을 첨부하여 계원으로서 자격 유무를 심사하고 가입의 가부를 결정하도록 한다.

  ③ 이 계에 가입된 계원은 공동 이익 배당금은 가입한 날로부터 만 3년이 경과 후 혜택을 배정받을 수 있다.

  ④ 계장은 제1항의 신청서를 접수하였을 때에는 총회에 부의하여 계원으로써 자격유무를 심사하고 가입의 가, 부를 결정하도록 한다.

  ⑤ 총회는 정당한 사유가 없는 한 계원의 자격을 가진 자에게 대하여 가입을 거부하거나 그 가입에 관하여 다른 계원에 대한 것보다 불리한 조건을 부여할 수 없다.

제3조(상속에 의한 가입)

  ① 사망으로 인하여 탈퇴한 계원의 상속인은 가입의 열에 의하여

상속인의 지위를 승계할 수 있다.

② 제1항의 열에 의하여 본건도 총회의 의결을 거쳐야 한다.

제4조(계원의 책임)

계가 그 재산으로서 과담하는 채무를 변재할 수 없을 때는 계원은 연대하여 그 채무를 과담한다.

제5조(탈퇴)

계원은 다음 각 호에 해당하는 사유가 발생하였을 때에는 자연 탈퇴된다.

① 총회 의결에서 계원으로서 자격을 상실하다고 인정한때

② 사망한 때

③ 파산선고 및 금치 선고를 받은 때

※ 1, 2, 3호의 규정은 총회의결에 의한다.

제6조(재명)

계원이 다음 각 호에 규정에 해당 될 때에는 총회의 의결로서 재명할 수 있다. 다만 총회 개최일 10일 전에 그 계원이 게 재명사유를 통지하고 총회에서 변명할 기회를 주어야 한다.

① 1년 이상 정당한 사유 없이 이 계의 사업을 이용하지 않거나 6개월 이상 승선한 사실이 없는 자.

② 이 계의 정관 설립 또는 사업을 방해한자.

③ 이 계의 명예 또는 신용을 현저히 손상시킨 자.

④ 이 계의 계원으로서 제명된 계원은 제명된 날로부터 계원 이익으로 1년이 경과 후가 아니면 가입할 수도 없으며, 배당금도 ○년8)이 경과 후에 그 효력을 주며 총회승인을 득한다.

---

8) 본 정관 중 어촌계원들이 외부유출을 원하지 않는 부분이 있어 이는 "○"

　⑤ 탈퇴한 계원은 그가 가입한 기간 중에 발생된 채무는 어촌계
　　 와 연대책임을 진다.
　⑥ ○가구당 ○배당금을 줄 수 없으며 분가된 가구 수로 인하여
　　 배당을 분배할 수 있으나 이를 계기로 계업 업무 추진에 손상
　　 을 저해하는 계원은 총회의 결정에 따라 자격 유·무를 결정
　　 한다. 이 계는 1조에서 7조에 발생에 정한 사업에 필요할 수
　　 있고 계원이 계에 손, 이익 결산에 대한 배당금을 지출할 수
　　 도 있다.

⇒ (경비의 부과)
　가) 부과금액, 부과방법, 부과시기와 철수방법은 계의 총회의에서
　　　정한다.
　나) 계원에게 부과금액의 산정기준 사항이 설정된 만큼 이미 부과
　　　한 금액을 이를 변경하지 못한다.

【제 3 장】총 회
(총회) 총회는 계원으로서 구성되며 정기총회와 임시총회로 구분한다.

제1조(정기총회)
　① 총회의 의장은 계장이 된다.
　② 정기총회는 매년 1회 회계연도 경과 후 2개월 내에 계장이
　　　소집한다.

제2조(임시총회)
　① 임시 총회는 다음 각 호에 해당되는 사유가 있는 경우에 계장이
　　　소집한다 .

　로 표기 처리하였음. 이하 "○"로 처리된 부분도 동일한 이유임.

② 계장이 필요하다고 인정한 때

③ 계원 ○분의 ○이상이 회의의 목적으로 하는 사항과 소집의 이유를 기재한 서면을 ○○에게 제출하고 소집을 청구할 때.

제3조(감사의 총회소집) 감사는 다음 각 호에 해당되는 사유가 있는 경우의 임시총회를 소집한다.

① 총회를 소집할 자가 없을 경우

② 감사가 재산사항 또는 업무집행에 관하여 부정사실을 발견하였을 경우 있어서 이를 신속히 총회의에 보고할 필요가 있을 때.

제4조(총회의 의결사항) 다음의 사항은 총회의 의결을 얻어야 한다.

① 정관의 변경

② 계원의 제명, 자금의 차입, 결산의 승인

③ 사업계획 및 수지 예산의 산정과 변경

④ 기타 총 회의를 필요로 느낄 때

제5조(총회의 의결과 의결 정족수) 총회는 법령 또는 정관에 다른 규정이 있을 경우를 제외하고는 계원 과반수의 출석으로 개의하고 출석계원 과반수의 찬성으로 의결한다.

【제 4 장】 임원과 직무

제1조(임원) 어촌계에 다음의 임원을 둔다.

① 계장 1인

② 간사 1인

③ 감사 2인

제2조(임원)

① 계장은 계원 중의 계원이 직접 선출하되 계원 과반수의 투표에 의한 다수 득표자를 당선인으로 한다.
② 간사는 계원 중에서 ○○이 선임한다.
③ 감사는 계원총회에서 선출하되 1호와 동일하게 선출한다.

제3조(임원의 직무)
① 계장은 계를 대표하고 그 업무를 집행하며 총회의 의장이 된다.
② 간사는 계장을 보좌하고 계장이 사고가 있을 때에는 그 직무를 대행한다.
③ 감사는 매 회계연도 ○회 이상 계의 재산 및 업무 집행 상황을 감사하고 그 결과를 총회에 보고하여야 한다.

제4조(임원의 임기)
① 계장과 간사의 임기는 4년으로 하고 감사의 임기는 만 3년으로 한다.

제5조(임원의 해임)
① 계원이 계장을 임명하고자 할 때에는 계원 ○분의 ○이상 동의를 얻어 ○○을 요구 할 수 있으며 이때에는 ○○의 이유를 제시한 후 계원 ○분의 ○이상의 찬성으로 해임할 수 있다.
② 계원이 또는 총대가 감사를 해임하고자 할 때에도 1호와 같다.

제6조(직원)
이 계는 필요한 만큼 직원을 둘 수 있다.

【제 5 장】 사업의 진행
제1조(사업과 수지 예산)
① 계장은 매 회계연도의 사업계획을 수립하고 수지예산을 편성하

여 당해연도와 개시되기 ○개월 전에 총회에 의결을 거쳐 ○○
에게 보고하여야 한다.
② 사업계획과 수지예산 편성을 변경하고자 할 때도 또한 같다.
③ 기타 사업 건에도 동일하게 집행하도록 한다.

부 칙
A. (시행일) 이 자치 정관은 총회 의결을 결정한 날로부터 시행한다.

부 칙
A. (시행일) 이 자치 정관은 98년 3월 일부터 시행한다.
B. 이 자치정관은 (대진어촌계) 시행 당시의 어촌계장, 간사 및 감사
이계 대의원 종전의 (끝마치기 전) 규정에 의한 잔여 임기동안 이 정
관에 의하여 선출 또는 임명된 것으로 본다.

동해시 수산업 협동조합 서기 1998 3. 5. 대 진 어 촌 계

※ 본 정관은 시행일로부터 영구 보존할 것을 명하고 어촌계가 존속하는 한
   이 정관은 원본 1부로 간직한다.

〈자료: 4〉

대진동 어촌계 조합원(2002년 7월 기준)

번호	이름	성별	연령대	선박소유	기타
1	고○자	여	60대	o	해녀, 제주도
2	권○복	남	40대	x	
3	권○익	남	30대	x	
4	권○하	남	70대	x	
5	김○식	남	60대	x	
6	김○옥	남	50대	x	
7	김○원	남	50대	x	
8	김○수	남	50대	x	
9	김○수	남	60대	x	
10	김○식	남	50대	x	
11	김○하	남	50대	x	
12	김○환	남	70대	x	
13	김○수	남	50대	x	
14	김○수	남	40대	x	
15	김○천	남	50대	x	
16	김○철	남	50대	x	
17	김○남	남	50대	x	
18	김○선	남	60대	x	
19	김○수	남	70대	x	
20	김○학	남	60대	o	
21	김○석	남	60대	o	
22	김○진	남	60대	o	
23	김○기	남	50대	x	
24	김○용	남	50대	x	
25	김○주	남	40대	x	
26	김○찬	남	40대	x	
27	김○환	남	50대	x	
28	김○수	남	60대	x	대진출생->서울->대진
29	김○옥	여	60대	x	남편사망
30	김○광	남	30대	x	
31	김○웅	남	60대	o	
32	김○수	남	70대	x	
33	김○하	남	70대	x	

34	김○집	남	70대	o	
35	김○화	남	40대	x	
36	김○몽	남	50대	x	
37	김○규	남	50대	x	
38	김○열	남	60대	o	
39	김○하	남	70대	x	
40	김○학	남	30대	o	
41	김○근	남	70대	x	
42	김○태	남	50대	x	
43	노○용	남	60대	o	
44	동○림	남	60대	x	경남 남해 출신
45	문○술	남	40대	x	
46	박○윤	남	50대	o	
47	박○천	남	50대	x	
48	박○태	남	40대	x	
49	박○환	남	60대	x	
50	박○순	남	60대	x	
51	박○은	남	40대	x	
52	박○광	남	60대	x	
53	박○구	남	40대	x	
54	박○남	남	40대	x	
55	박○환	남	50대	x	
56	박○걸	남	50대	x	
57	박○우	남	50대	x	
58	백○태	남	50대	o	
59	빈○선	남	50대	x	
60	서○락	남	40대	o	
61	서○배	남	50대	x	
62	송○옹	남	60대	o	
63	우○근	남	60대	x	
64	이○달	남	60대	x	
65	이○출	남	70대	o	
66	이○우	남	40대	x	
67	이○철	남	50대	x	
68	이○연	남	50대	x	
69	이○용	남	50대	x	

70	이○진	남	40대	x	
71	이○동	남	49세	x	
72	이○호	남	30대	x	
73	이○하	남	70대	x	
74	이○자	여	30대	x	
75	이○영	여	30대	x	
76	전○근	여	60대	x	해녀, 경상도출신(어업)
77	정○식	남	70대	x	
78	정○용	남	80대	x	
79	정○수	남	40대	x	
80	정○교	남	60대	x	
81	정○교	남	50대	x	
82	조○현	남	40대	x	
83	지○근	남	50대	x	
84	지○철	남	50대	x	
85	최○명	남	40대	x	
86	최○식	남	50대	x	
87	최○태	남	60대	o	
88	최○호	남	40대	x	
89	최○수	남	70대	x	
90	최○부	남	70대	o	
91	최○명	남	40대	x	
92	최○부	남	60대	o	
93	최○기	남	70대	x	
94	최○명	남	60대	x	
95	홍○표	남	40대	x	
96	홍○욱	남	66세	o	
97	홍○기	남	50대	x	삼척출신
98	황○식	남	50대	x	
99	황○원	남	70대	o	
100	황○학	남	60대	o	
101	황상남	남	40대	x	
102	황성동	남	50대	o	
103	황성남	남	40대	o	
104	황성호	남	40대	x	
105	황용운	남	50대	x	

동해안 어촌 지역어의 음운론적 비교
-영덕, 울진, 삼척, 강릉 어촌 지역어를 중심으로-

오 종 갑*

Ⅰ. 서 론

1) 본 연구는 동해안에 위치한 영덕, 울진, 삼척, 강릉의 어촌 지역어를 음운론적으로 비교함으로써 그들 사이에 어느 정도의 동질성과 이질성이 있는지, 그리고 그들은 하나의 방언권으로 설정될 수 있는지의 여부를 밝히는 데 목적을 둔다.

태백산맥의 동쪽에 위치한 동해안 지역은 강원도의 영동 지역, 경

---

* 영남대학교 문과대학 국어국문학과 교수.

상북도의 울진군, 영덕군, 포항시, 경주시 지역, 경상남도의 울산시 지역 등을 포괄하는데, 일반적으로 강원도의 영동 지역에서 사용되는 언어는 중부방언권에, 여타의 경상도 지역에서 사용되는 언어는 동남 방언권에 속하는 것으로 통용되고 있다. 그러나 같은 동해안 지역이라고 하더라도 해안의 어촌 지역에서 사용되는 언어와 농촌 지역에서 사용되는 언어에 차이가 있음은 이익섭(1976)과 최명옥(1980)에서 이미 확인된 바 있으며, 그러한 차이를 사회방언의 차이로 이해하고자 하였다.

그런데 동해안 지역 가운데서도 어촌 지역은 육로를 통한 왕래뿐만 아니라 해로를 통한 왕래나 어로 작업을 통한 상호간의 교섭이 빈번하므로 그들 사이의 언어 전파는 육로로만 왕래하는 농촌 지역 간의 언어 전파와는 다른 모습을 보이리라는 추정을 가능하게 한다. 그리고 이러한 추정이 가능하다면 어촌어와 농촌어의 차이는 사회방언의 차이가 아닌 지역방언의 차이, 바꾸어 말하면, 동해안 어촌 지역어는 그 전파 과정의 차이로 말미암아 그들 나름의 방언권을 형성했기 때문에 농촌 지역어와는 차이를 보이게 된 것이 아닐까 하는 의문을 가질 수 있다.

농촌과 농촌, 어촌과 어촌 사이에는 개신파의 전파에 차이가 있을 가능성이 있고, 이 차이로 말미암아 농촌어와 어촌어가 달라졌을 가능성이 있는데도 이러한 점에 초점을 맞춘 연구 업적은 별로 발견되지 않는다. 그래서 본 연구에서는 동해안의 어촌 지역 가운데서 경북 동해안에 속하는 두 지역(영덕, 울진)과 강원도 동해안에 속하는 두 지역(삼척, 강릉)을 우선적으로 선정하여 네 지역어를 음운론적으로 비교해 봄으로써 그 동질성과 이질성을 밝히고, 그것을 바탕으로 동해안 어촌 지역어의 방언권을 구획해 보고자 한다. 그리고 본 연구에서 얻어진 결과와 농촌어를 중심으로 연구된 기존의 연구 결과를 비교함으로써 농어촌어 사이에 개신파의 전파에 차이가 있는지의 여부도 밝혀 보고자 하는데, 이것은 동해안 어촌어와 농촌어의 차이를 지역방언의 차이로 해석할 수 있는 가능성을 확인하는 작업이 될 것이다.

2) 동해안 어촌 지역어를 상호 비교함으로써 그 같고 다른 점을 밝히려고 한 업적으로는 김무헌(1977)과 박성종(1995)가 있다. 전자에서는 지리언어학적 입장에서 강원도 동해안의 고성군 거진, 강릉시 강문, 삼척시 임원 세 지역 어촌어의 어휘를 비교한 결과 이들 지역에 어촌방언대가 형성되어 있으며, <거진·강릉>과 <임원>이 별개의 방언권에 속하는 것으로 보았다. 그리고 후자에서는 강원도 동해안 어촌어의 음운체계, 경어법상의 몇 가지 특징, 어촌어휘 등을 다루었으며, 모음체계와 이중모음 중 yɨ의 존재 여부를 중심으로 삼척시 근덕면 덕산 이남과 이북을 서로 다른 방언권으로 나눌 수 있는 가능성을 언급하였다.

사회방언학적 측면에서 어촌 지역과 농촌 지역의 언어를 비교하여 연구한 업적으로는 이익섭(1976), 최명옥(1980), 전혜숙(2003)이 있다. 이익섭(1976)에서는 강원도 동해안 지역인 양양, 삼척의 어촌 지역과 농촌 지역의 언어(어휘)를 비교하였으며, 최명옥(1980)에서는 경북 동해안 지역인 영덕의 어촌 지역과 농촌 지역의 언어(음운, 형태, 통사, 어휘)를 비교하였다. 그리고 전혜숙(2003)에서는 강원도 동해안 방언을 세대별, 직업별, 성별에 따라 비교하였는데, 그 가운데서 직업(공무원, 상업, 농업, 어업)에 따른 언어 변화를 논하면서 농촌어와 어촌어의 차이를 언급하고 있다.

3) 본 연구를 위해 선정된 조사 지점은 경북 영덕군 영덕읍 석리, 울진군 원남면 오산1리, 강원도 삼척시 근덕면 장호2리, 강릉시 사천면 사천진리의 네 곳이다. 영덕읍 석리는 총 83세대, 인구 181명에 어촌계 1개가 결성되어 있는 어촌 마을이고, 원남면 오산1리는 총 107

세대, 인구 237명에 어촌계 1개가 결성되어 있는 어촌 마을이며, 근덕면 장호 2리는 총 127 세대, 인구 301명에 어촌계 1개가 결성되어 있는 어촌 마을이다. 그리고 사천면 사천진리는 총 202세대, 인구 545명에 어촌계 1개가 결성되어 있는 어촌 마을이다. 본 연구를 위한 자료의 제보자, 조사 지점, 조사 일정은 다음과 같다.

〈영덕〉
주제보자: 유문녀, 여, 72세, 무학(국문 해독), 5대째 거주, 농어업.
부제보자: 이식이, 여, 73세, 초등 졸업, 4대째 거주, 농어업.
조사지점: 경북 영덕군 영덕읍 석리
조사일자: 2002. 7. 8.~7. 12.(본조사). 2003. 4. 22.~24.(확인 조사).

〈울진〉
주제보자: 도지산, 여, 70세, 무학, 7대째 거주, 농어업.
부제보자: 박분이, 여, 73세, 초등 졸업, 4대째 거주, 농어업.
조사지점: 경북 울진군 원남면 오산1리.
조사일자: 2002. 12. 10.~12. 14.(본조사),
         2003. 5. 22.~5. 24.(확인 조사).

〈삼척〉
주제보자: 김순자, 여, 68세, 초등 졸업, 7대째 거주, 농어업.
부제보자: 박순여, 여, 66세, 무학, 5대째 거주, 농어업.
조사지점: 강원도 삼척시 근덕면 장호2리.
조사일자: 2002. 7. 16.~7. 20.(본조사),
         2003. 4. 19.~4. 21.(확인 조사).

〈강릉〉
주제보자: 최정숙, 여, 78세, 무학, 5대째 거주, 농어업.

부제보자: 김금남, 여, 74세, 무학, 3대째 거주, 어업.
조사지점: 강원도 강릉시 사천면 사천진리.
조사일자: 2002. 12. 15.~12. 19.(본조사),
　　　　　 2003. 2. 16.~18.(확인 조사).

　본 연구를 위한 자료 조사가 이루어진 조사 지점을 지도에 표시하
면 <지도 1>과 같다.

〈지도 1〉

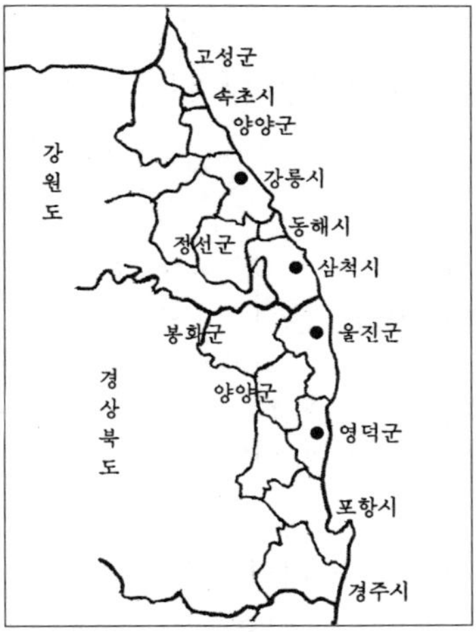

Ⅱ. 음운체계

1. 음소체계

1) 자음체계

영덕, 울진, 삼척, 강릉 지역어에서 다 같이 'ㅂ, ㅃ, ㅍ, ㅁ, ㄷ, ㄸ, ㅌ, ㅅ, ㄴ, ㄹ, ㅈ, ㅉ, ㅊ, ㄱ, ㄲ, ㅋ, ㅇ, ㅎ' 등의 18개 자음이 음소로 설정되는 점에 대해서는 별다른 논의를 필요로 하지 않는다. 그리고 'ㅎ'도 이들 네 지역어(앞으로는 영덕, 울진, 삼척, 강릉 지역어를 함께 지칭할 때는 '네 지역어'란 명칭을 사용하기로 한다.)에서 모두 음소로 설정되는데, 그 근거는 다음의 예에서 확인할 수 있다.[1]

> (1) 짓:-(造) + 더라, 지, 고, 느냐, 어도, 으면, 으니까 →
> ① 지:떠라, 지:찌, 지:꼬, 진:나, 저:도, 지:머, 지어~이~[2]
> ② 지:떠라, 지:찌, 지:꼬, 진:나, 지:도, 지:면, 지:이꺼내
> ③ 지:떠라, 지:찌, 지:꼬, 진:나, 재:도, 지:머, 지이깨내
> ④ 지:떠라, 지:찌, 지:꼬, 진:나, 지:도, 지:면, 지:니

위의 예는 표준어의 '짓 + 더라, 지, 고, 느냐, 어도, 으면, 으니까' 등에 대응되는 네 지역의 방언형을 제시한 것이다. 이들에서는 어간 '짓-'에 모음으로 시작되는 어미가 결합될 때 어간 말음에서 S 혹은 다른 자음의 실현을 볼 수 없으나, 자음으로 시작되는 어미 '더라, 지, 고'가 결합될 때는 어미의 두음 'ㄷ, ㅈ, ㄱ'가 경음으로 바뀌어 실현

---

1) 다음 예에서 ①, ②, ③, ④는 각각 영덕, 울진, 삼척, 강릉 지역어를 가리킨다. 이하 동일.
2) 자료 제시에서 사용된 부호 'X~'는 X가 비모음임을 의미한다. 이하 동일.

된다. 이처럼 모음으로 시작되는 어미가 결합될 때는 아무런 음도 실현되지 않다가 자음 'ㄷ, ㅈ, ㄱ'로 시작되는 어미가 결합될 때는 그 'ㄷ, ㅈ, ㄱ'를 경음화시킨다는 것은 이 어간의 말음에 'ㅎ(ʔ)'가 존재함을 의미하는 것이다. 그런데 어간 '지-(負)'에 'ㄷ, ㅈ, ㄱ'로 시작되는 어미가 결합될 때는 이들이 경음화되지 않으므로 'ㅎ'의 존재 여부는 최소대립어('지-(負): 짏-(洗)'의 형성에 관여하며 ㄱ것이 하나의 음소로 설정됨을 알 수 있다.[3]

그렇다면, 위의 활용형 '진:나'는 어간말 자음 'ㅎ'가 후행 어미 두음 'ㄴ' 앞에서 평폐쇄음화되어 'ㄷ'가 된 다음 다시 조음방법에 동화되어 'ㄴ'로 바뀐 것으로, '지:떠라, 지:찌, 지:꼬'는 'ㅎ+ㄷ, ㅈ, ㄱ'가 경음화되어 'ㄸ, ㅉ, ㄲ'가 된 것으로, 그리고 모음 사이에서는 'ㅎ'가 탈락된 것으로 설명된다.

'ㅎ'가 네 지역어에서 다 같이 음소로 설정되는 것과는 달리, 'ㅆ'은 울진, 삼척, 강릉에서는 음소로 설정되고, 영덕에서는 그것이 음소로 설정되지 않는다.

(2) ②③④: 살(肉) : 쌀(米), 사다(買) : 싸다(廉).
　　①: 살(肉) : 살(米), 사다(買) : 사다(廉).

이들 네 지역어의 자음음소를 체계화하면 다음의 (3)과 같다.

---

3) 최명옥(1982:101)에서도 이와 같은 논의 과정을 거쳐 월성지역어의 자음음소에 ʔ를 설정한 바 있다.

(3) ㅂ(p)   ㄷ(t)   ㅈ(č)   ㄱ(k)
    ㅃ(p')   ㄸ(t')   ㅉ(č')   ㄲ(k')   ㆆ(ʔ)
    ㅍ(pʰ)   ㅌ(tʰ)   ㅊ(čʰ)   ㅋ(kʰ)   ㅎ(h)
             ㅅ(s)
             (ㅆ)(s')
    ㅁ(m)   ㄴ(n)   ㅇ(ŋ)
             ㄹ(r)

(영덕에서는 '씨(s')'가 음소로 설정되지 않음.)

2) 모음체계

(가) 단모음

네 지역어에서는 다 같이 'ㅣ, ㅏ, ㅜ, ㅗ'가 음소로 설정된다. 그러나 표준어의 e, ɛ에 해당되는 모음은 영덕, 울진, 삼척에서는 다 같이 E 하나로 합류되었고(예, pe(布) : pɛ(梨), tʰe(輪) : tʰɜ(胎) → pE(布, 梨), tʰE(輪, 胎)), 표준어의 i, ə에 해당되는 모음도 이들 세 지역어에서는 Ɜ 하나로 합류되어(예, kir(文) : kər(웆), tʰir(機) : tʰər(毛) → kƐr(文, 웆), tʰƐr(機, 毛)) 6단모음체계로 되어 있다.[4] 그러나 강릉의 경우에는 'pe

---

4) 김덕호(1997:95～97)에서는 경북 전역에서 e와 ɛ가 중화된 것으로 보았고, i와 ə의 경우는 경북 서북부의 접도 지역, 동북부의 접도 지역, 중부의 일부 지역에서 그것이 변별되는 것으로 보았다. 그리고 김택구(1991:110)에서는 경남 서부의 하동군, 사천군, 산청군, 함양군 일부 등지에서는 e와 ɛ가 별개의 음소로 설정되나 여타 지역에서는 ɛ 하나로 중화된 것으로 보았고, i와 ə의 경우는 경남의 전지역에서 대립이 소멸된 것으로 보았다. 'ㅔ, ㅐ'의 합류 과정과 'ㅡ, ㅓ'의 합류 과정에 대해서는 각각 오종갑(1998)과 오종갑(1999a)에서 논의된 바 있다. 전자에서는 ɛ>E 변화를 경험한 E와 e>E 변화를 경험한 E의 전국적 분포를 살펴본 결과 ɛ>E의 분포가 넓으며, 후자에서는 ə>Ɜ 변화를 경험한 Ɜ와 i>Ɜ 변화를 경험한 Ɜ의 전국적 분포를 살펴본 결과 ə>Ɜ의 분포가 넓음을 알 수 있었다. 그리고 그것을 바탕으로 영남지역에서 경험한 ɛ · e>E와 ə · i>Ɜ의 변화를 중화가 아닌 합류로 해석하였으며, 폐구조음원칙이 합류의 원인을 제공한 것

(布) : pɛ(梨), tʰe(輪) : tʰɛ(胎)'와 'kɨr(文) : kər(윷), tʰir(機) : tʰər(毛)' 등이
각각 변별되어 e, ɛ, ɨ, ə가 별개의 음소로 설정된다. 뿐만 아니라, '쇠
(鐵), 괴실(敎室), 죄다, 외롭다(孤)' 등에서 'ㅚ'가 ö로 실현되고, '귀,
뒤, 쥐, 위장' 등에서 'ㅟ'가 ü로 실현되어 이 둘이 각각 독립된 음소
로 설정된다. 그러므로 강릉에서는 'ㅣ, ㅔ, ㅐ, ㅟ, ㅚ, ㅡ, ㅓ, ㅏ,
ㅜ, ㅗ'의 10개 음소가 단모음체계를 이루고 있다.[5]

네 지역어의 단모음을 체계화하면 다음의 (4)와 같다.

(4)　　ㅣ(i)　ㅓ(ɰ)　ㅜ(u)　　　ㅣ(i)　ㅟ(ü)　ㅡ(ɨ)　ㅜ(u)
　　　　ㅐ(E)　ㅏ(a)　ㅗ(o)　　　ㅔ(e)　ㅚ(ö)　ㅓ(ə)　ㅗ(o)
　　　　　　　　　　　　　　　　　ㅐ(ɛ)　　　　ㅏ(a)

　　　(영덕, 울진, 삼척)　　　　　　　(강릉)

(나) 이중모음체계

네 지역어의 반모음에는 다 같이 y, w의 둘이 있다. 이들과 단모음
이 결합되어 형성되는 이중모음 가운데 y계 이중모음의 경우 영덕, 울
진, 삼척에는 다 같이 yE, yɰ, ya, yu, yo의 다섯이 있는데, yE를 제외하
고는 선행 자음의 유무에 상관없이 실현된다. 이에 비해 강릉에는 ye,
yɛ, yö, yə, ya, yu, yo의 일곱이 있는데, yö는 '욋(출타하여 집에 없는
사람을 위해 그 몫으로 남겨 두는 밥)'에서 확인된다.[6] ye, yɛ, yö, ya는
선행자음이 없는 경우에만 실현되고 여타의 경우는 선행자음의 유무

─────────────

으로 보았다.

5) 박성종(1995:420)에서도 삼척 어촌어와 강릉 어촌어의 단모음을 여기서와
　동일한 6모음체계와 10모음체계로 달리 보고 있다.

6) 박성종(1995:418~419)에서는 강릉 어촌어에서 이중모음 yi가 존재하는
　것으로 보고 있으나 여기서는 yə가 장모음 환경에서 실현되는 변이음으
　로 취급하였다(이병근 1973:137 참조).

와 상관없이 실현된다.

w계 이중모음의 경우 영덕, 울진에는 wi, wE, wꓱ, wa의 넷이 있고, 삼척에는 wE, wꓱ, wa의 셋이 있으며, 강릉에는 we, wɛ, wə, wa의 넷이 있다. 그리고 이들 이중모음이 실현되는 환경에도 차이가 있는데, 영덕과 강릉에서는 선행 자음의 유무에 상관없이 실현되고, 울진에서는 선행 자음이 없거나 선행 자음이 'ㅎ'인 경우에만 실현되며, 삼척에서는 선행 자음이 없는 경우에만 실현된다.

네 지역어의 이중모음체계를 보이면 (5)와 같고, 그들이 실현되는 예는 (6)과 같다.[7]

(5) ㅐ(yE) ㅓ(yꓱ) ㅠ(yu)   ㅖ(ye) ㅚ(yö) ㅕ(yə) ㅠ(yu)
        ㅑ(ya) ㅛ(yo)   ㅒ(yɛ)   ㅑ(ya) ㅛ(yo)
   (영덕, 울진, 삼척)   (강릉)

   ㅟ(wi) ㅝ(wꓱ)   ㅝ(wꓱ)   ㅞ(we) ㅝ(wə)
   ㅙ(wE) ㅘ(wa)   ㅙ(wE) ㅘ(wa)   ㅙ(wɛ) ㅘ(wa)
   (영덕, 울진)   (삼척)   (강릉)

(6) ①: 애비다// 겨울, 여딜, 병, 며내, 편:지, 처:녀, 형재, 홀련// 약// 유리,
       히발유, 귤, 휴가, 종뉴(種類)// 요, 교장, 효자, 표범.
       귀, 뒤, 쥐, 휘돌린다, 위장// 꽤, 왜상, 홰, 됀장, 괘물, 차꽤// 원두막,
       사뭴(三月), 휀하다// 활, 왕, 과부, 영와, 광대.
   ②: 애비당// 열다, 별, 겨얼, 편지, 처녀, 달력// 얄따, // 유리, 일류// 용,

---

7) 예를 제시할 때는 번거로움을 피해 한글로 표기하였는데, 거기에 사용된 자모의 음가가 <영덕, 울진, 삼척>의 경우와 <강릉>의 경우에 차이가 있어 주의가 요망된다. 그 차이를 보이면 다음과 같다. 이하 동일.
'ㅐ, ㅓ, ㅒ, ㅕ, ㅟ, ㅙ, ㅝ' ⇒ <영덕, 울진, 삼척>/<강릉> : E, ꓱ, yE, yꓱ, wi, wE, wꓱ/ɛ, ə, yɛ, yə, ü, wɛ, wə.

교실, 효까.
위장// 홰초리, 왜상// 원수// 왕.

③: 얘물 // 겨얼, 벼실, 여덜, 며내, 편지, 처녀, 형재, 달력// 양, 향기//
유리, 귤, 휴가, 일류// 용, 교장, 효자, 표.
왜럽따// 원수// 왕.

④: 예비당, 예비다// 얘기// 외// 여름, 병(病), 달력, 새경(私耕)// 양석(糧),
얄따//유리, 귤, 종유(種類), 일류// 요, 교장, 피료(必要), 불효.
웬(일이냐?), 궤// 횐때, 쐐기, 왜국, 괜찮타// 원수, 정월// 황새, 광지
리, 왕.

2. 운소체계[8]

김주원(2003)에서는 어절을 단위로 한 어절 성조형을 비교함으로써
동해안 방언의 분화를 논하고 있다. 그 가운데서 경북 동해안과 강원
도 동해안의 경우를 보면 영덕, 울진, 삼척, 강릉이 모두 성조지역에
해당되며, 성조형에서는 중세국어의 평성형과 상성형의 대응형은 경
북 동해안과 강원도 동해안이 일치하나, 거성형의 대응형은 제2음절
이 고조화되는 개신형이 생겨나 차이를 보이고 있음을 알 수 있다.
거기에 제시된 성조형 대응표를 경북 및 강원도 동해안 지역에 해
당되는 부분만 적출하여 보이면 다음과 같다.

---

8) 본 논문은 "울릉도·동해안 어촌 지역의 생활 문화 연구."란 대주제에 대
한 공동 연구의 일부분으로 연구된 것으로, 그 범위는 동해안 어촌 지역
어의 분절음의 음운현상에 한정되었다. 그래서 네 지역어의 운소에 대해
서는 체계적으로 조사, 연구하지 않았다. 이들 지역어의 운소에 대해서는
본 연구 과제의 선행 단계에서 이미 연구되었으며, 그 결과는 김주원
(2003)을 참조하기 바란다.

〈표 1〉

	중세국어	경북 동해안	강원도 동해안
평성형	LHHH	HLLL	HLLL
	LLHH	LHLL	LHLL
	LLLH	LLHL	LLHL
	LLLL	LLLH	LLLH
거성형	HHHH	HHLL	LHLL ~ HHLL
상성형	L-HHHH	L-HLLL	L-HLLL

Ⅲ. 음운과정과 음운규칙

여기서는 네 지역어의 곡용과 활용에서 발견되는 음운과정과 음운
규칙을 살펴보기로 하되,[9] 그 음운과정에 관여하는 음운론적 기제에
따라 평폐쇄음화, 동화, 축약, 탈락으로 나누어 살펴보기로 한다.

1. 평폐쇄음화

네 지역어에서는 다 같이 활용어간 말음 'ㅍ','ㅌ, ㅅ, ㅆ, ㅈ, ㅊ,
ㅎ, ㆆ', 'ㄲ'가 자음으로 시작되는 어미[10] 앞에서 각각 'ㅂ', 'ㄷ',

---

9) 단어 형성 과정에서의 음운현상은 형태론적 연구가 앞서야 하므로 여기
서는 제외하였다.
10) 본 연구에서 이용되는 네 지역어의 곡용어미와 활용어미를 대비해 보면
다음과 같다. 네 지역어에서 그 형태가 동일할 때는 하나만 제시했으며,
서로 다를 때는 '①영덕/②울진/③삼척/④강릉'의 순서로 제시했다. 그리
고 < > 안은 해당 표준어의 형태이다.
· 곡용어미: -이/가<이/가>, -애/애/애/에<에>, -언(넌)/언(넌)/언(넌)/
은(는)<은/는>, -얼(럴)/얼(럴)/얼(럴)/을(를)<을/를>, -어로/어로/어로

'ㄱ'로 교체되고, 곡용어간 말음 'ㅍ', 'ㅌ, ㅅ, ㅈ, ㅊ', 'ㄲ, ㅋ'도 어
말이나 자음으로 시작되는 어미 앞에서 각각 'ㅂ', 'ㄷ', 'ㄱ'로 교체
되는데, 이것은 7종성('ㅂ, ㄷ, ㄱ, ㅁ, ㄴ, ㅇ, ㄹ')만이 실현 가능한
음절말음제약 때문이다. 평폐쇄음화 과정을 규칙화하면 규칙(1)과 같
고,[11] 그 예는 (7)과 같다. 그런데 이 규칙은 연음규칙이[12] 적용된 다
음에 적용되고, 활용어간 말음이 'ㅎ, ㆆ'인 경우에는 자음축약규칙
(유기음화, 경음화)이 적용된 다음에 적용된다.

규칙(1): $\left\{ \begin{matrix} ㅍ \\ ㅌ, ㅅ, ㅆ, ㅈ, ㅊ, ㅎ, ㆆ \\ ㄲ, ㅋ \end{matrix} \right\} \rightarrow \left\{ \begin{matrix} ㅂ \\ ㄷ \\ ㄱ \end{matrix} \right\}$ / ——]ₒ

(7) ㄱ. 갚-(報), 맡-(任), 빗-(梳), 있-(有), 넟/늦-(漫), 쫓-(追)[13], 놓-
   (放), 낫:-(愈), 낚-(釣) + 더라, 고, 지, 나 → ①②③④: 갑떠라,
   갑꼬(①④)/각꼬(②③), 갑찌, 감나 ‖ 맏떠라, 막꼬, 맏찌, 만나 ‖ 삗
   떠라, 삑꼬, 삗찌, 삔나 ‖ 읻떠라, 익꼬, 읻찌, 인나 ‖ ①②③/④: 넏
   떠라/늗떠라, 넉꼬/늑꼬, 넏찌/늗찌, 넌나/는나 ‖ ①②④: 쫃떠라,
   쪽꼬, 쫃찌, 쫀나 ‖ 논나 ‖ 낟:나 ‖ 낙떠라, 낙꼬, 낙찌, 낭나.
  ㄴ. 앞, 밭, 붓, 닻(①)/맡(②③④), 밖(外) + #, 도 → ①②③④: 압, 압
   또 ‖ 받, 받또 ‖ 붇, 붇또 ‖ 닫/딷, 닫또/딷또 ‖ ①③④: 박, 박또.

/으로<으로>, -도<도>, -보다/보다가/보다가/버텀<보다>, -만<
만>, -하고<하고>, -까지/꺼지/까지/꺼정<까지>.
• 활용어미: -{ㄴ, 넌}다/{ㄴ, 넌}다/{ㄴ, 넌}다/{ㄴ, 는}다<{ㄴ, 는}다
>, -나<나, 의문 종결어미>, -더라<더라>, -고<고>, -지<지>,
-아도<아도>, -어머/어먼/어머/으면<으면>, -어˜이˜/어이꺼내/어
이깨내/으니<으니까>, -언(넌)/언(넌)/언(넌)/은(는)<은/는>.
11) 번거로움을 피하고, 또 지역어간의 대비를 용이하게 하기 위해 음운규칙
   의 표기에 변별자질을 사용하지 않는 경우가 있다. 이하 동일.
12) 자음을 말음으로 가진 어간에 모음으로 시작되는 어미가 결합되면, 이 자
   음이 다음 음절의 두음으로 실현되게 하는 규칙을 연음규칙이라고 하는
   데, 여기서는 별도로 논의하지 않았다.
13) 삼척에서는 어간 '쫓-'이 '쪼치-'로 재구성되었다.

위의 (7)에서 보는 바와 같이 곡용의 경우나 활용의 경우가 동일하게 평폐쇄음화된다. 그러나 곡용어간의 경우 표준어에서는 동일한 어말 자음을 지닌 어사들인데도 지역어에 따라 그 말음에 차이를 보이는 경우가 있으므로 다음에서는 그에 해당되는 어사들의 말음을 비교해 보기로 한다.

표준어에서 어간 말음에 'ㅈ'를 가진 '빚, 목젖, 젖, 낮'의 경우는 (8ㄱ)에서 보는 것처럼 강릉에서는 그 기저형이 'ㅈ'형으로 설정된다. 그러나 영덕, 울진, 삼척에서는 '빚, 목젖, 젖'의 경우는 그 기저형이 'ㄷ'형으로 설정되고, '낮'의 경우에는 조사 '애, 이'와 결합될 때는 '낮'으로, 여타의 조사와 결합될 때는 '낟'으로 실현되는데(8ㄴ), 조사 '애' 앞에서 '낮'이 실현되는 것은 주격조사 앞에서 구개음화된 형태가 이 경우에까지 확대 사용된 것으로 해석된다. 즉 어형이 평준화되어 가는 과정을 반영한 것으로, 여기서는 'ㄷ'형과 'ㅈ'형을 쌍형어간으로 취급해 둔다.

표준어에서 어간 말음에 'ㅊ'를 가진 '꽃, 빛, 윷, 숯, 옻, 닻, 돛, 낯'은 (8ㄱ)에서 보는 것처럼 어말이나 자음어미 앞에서는 그 말음이 'ㄷ'로, 모음어미 앞에서는 그 말음이 'ㅌ'로 실현되어 말음 'ㅌ'를 가진 형태를 그 기저형으로 설정할 수 있다. 그렇다면, 말음 'ㅌ'는 어말이나 자음어미 앞에서 평폐쇄음화되어 'ㄷ'형으로 교체되고, 모음어미(주격조사) '이' 앞에서는 구개음화에 의해 'ㅈ'형으로 교체되는 것으로 해석할 수 있다. 이 경우는 앞에서 본 'ㅈ' 말음 어사의 경우와는 달리 영덕, 울진, 삼척, 강릉 네 지역어가 동일하다. 다만, '닻'의 경우 영덕에서는 표준어와 동일한 '닻'으로 실현되어 다른 세 지역어와 차이가 있다(8ㄴ).

표준어에서 말음 'ㅅ'를 가진 '이웃'의 경우는 영덕에서는 '이웃'으로, 삼척에서는 '이웇'으로, 울진과 강릉에서는 '이웃'과 '이웇'의 쌍형어간으로 나타나는데(8ㄴ), 이것은 두시언해 초간본(15:5)에 '이우제'와 같은 형태가 나타나는 것으로 보아 'ㅈ>ㅅ' 변화가 완성된 지역과 아직 진행 중에 있는 지역의 차이를 반영하는 것으로 보인다. 그리고 표준어에서 말음 'ㅋ'를 가진 '부엌'의 경우는 (8ㄴ)에서 보는 바와 같이 영덕에서만 그 기저형이 '부억'으로 재구조화되었다.

네 지역어에서 어간 말음이 재구조화된 양상을 표로 보이면 <표 2>와 같다.

<표 2> 곡용 어간 말 자음의 비교

표준어	영덕	울진	삼척	강릉	어사
ㅈ	ㄷ	ㄷ	ㄷ	ㅈ	①②③: 빋, 목젇, 젇, 낟(낮)//④: 빚, 목젖, 젖, 낮
ㅊ	ㅌ(ㅊ)	ㅌ	ㅌ	ㅌ	①②③④: 꼳(花), 낱(面), 빋(①)/삩(光), 숟(炭), 옫(漆), 욷(擲柶), 돋(帆), 닫(①)/땀(②③④)
ㅅ	ㅅ	ㅅ(ㅈ)	ㅈ	ㅅ(ㅈ)	이욷(①)/이웆(③)/이웃, 이웇(②④)
ㅋ	ㄱ	ㅋ	ㅋ	ㅋ	부억(①)/부엌(②)/버엌(③)/벅:(④)

(8) ㄱ. 빋/빚(負債), 꼳(花) + #, 도, 애/에, 어로/으로, 언/은, 얼/을, 이 → ①②③: 빋, 빋또, 비대, 비더로, 비던, 비덜, 비지//④: 빚, 빋또, 비제, 비즈로, 비즌, 비즐, 비지 ‖ ①②③: 꼳, 꼳또, 꼬태, 꼬터로, 꼬턴/꼬터넌(③), 꼬털, 꼬치/꼬치가(②)//④: 꼳, 꼳또, 꼬테, 꼬트로, 꼬튼, 꼬틀, 꼬치

ㄴ. 낟/낮(晝), 닫/땀, 이욷/이웆, 부억/부엌/버엌/벅:(廚) + #, 도, 애/에, 어로/으로, 언/은, 얼/을, 이 → ①②③: 낟, 낟또, 나재, 나더로, 나던, 나덜, 나지/나지가(②)//④: 낟, 낟또, 나제, 나즈로, 나즌, 나즐, 나지 ‖ ①: 닫, 닫또, 다채, 다처로, 다천, 다철, 다치// ②③: 땀, 땀또, 따태, 따터로, 따턴, 따털, 따치// ④: 땀, 땀또, 따테, 따트로, 따튼, 따틀, 따치 ‖ ①: 이욷, 이욷또, 이우새, 이우서로, 이우선, 이우설, 이우시// ②: 이욷, 이욷또, 이우재, 이우서로, 이우선, 이우설, 이우지// ③: 이욷, 이욷또, 이우재, 이우저로, 이우전, 이우절, 이우

지// ④: 이욷, 이욷또, 이우세/이우제, 이우스로/이우즈로, 이우슨/이우즌, 이우슬/이우즐, 이우시/이우지 ‖ ①: 부억, 부억또, 부어개, 부어거로, 부어건, 부어걸, 부어기// ②: 부억, 부억또, 부어캐, 부어커로, 부어컨, 부어컬, 부어키// ③: 버억, 버억또, 버어캐, 버어커로, 버어컨, 버어컬, 버어키// ④: 벅:, 벅:또, 버:케, 벅:크로, 버:큰, 버:클, 버:키.

2. 동 화

두 음의 연결에서 전후 음의 어느 한 쪽이 다른 한 쪽에, 또는 두 쪽이 서로 영향을 주고 받아 그 성질이 닮는 음운과정을 동화라고 한다. 이에는 비음화, 유음화, 순음화, 연구개음화, 원순모음화, 완전순행동화, 어미 '아X'[14]의 교체 등이 있다.

1) 비음화

어간 말음이 'ㅂ, ㄷ, ㄱ'이고, 여기에 'ㅁ, ㄴ'로 시작되는 어미가 결합되면, 전자는 후자의 조음방법에 동화되어 각각 'ㅁ, ㄴ, ㅇ'으로 바뀌고(9ㄱ), 어간 말음이 'ㅍ, ㅌ, ㅅ, ㅈ, ㅊ, ㅎ, ㆆ, ㄲ'인 경우에는 규칙(1)의 적용에 의해 어간 말음이 'ㅂ, ㄷ, ㄱ'로 바뀐 다음 각각 'ㅁ, ㄴ, ㅇ'으로 바뀌는데(9ㄴ), 이 과정은 네 지역어에서 동일하다. 그리고 (9ㄷ)의 'ㄼ, ㄺ' 자음군은 네 지역어에서 다 같이 후행 자음이 탈락되는 것이 원칙이나(자음군 단순화 참조) 예외적으로 선행 'ㄹ'가 탈락되어 비음화에 참가한 것이다. 활용 어간에서 선행 'ㅂ, ㄱ'가 탈락되는 경우에는 그것이 탈락된 다음 비음화규칙이 아닌 유음화규칙이 적용된다. 비음화 과정을 규칙화하면 규칙(2)와 같고, 그 예는 (9)와 같다.

---

14) 여기서의 어미 '아X'는 '아, 아도, 아서, 았다' 등을 대표한다.

규칙(2): $\begin{bmatrix} +\text{자음성} \\ -\text{공명성} \end{bmatrix}$ → [+ 비음성] / —— + [+ 비음성]

(9) ㄱ. 잡—(捕), 믿—(信), 익—(熟) + 나 → ①②③④: 잠나∥ 민나∥ 잉나.
　　　 밥(飯), 젖(乳), 떡(餠) + 만 → ①②③④: 밤만, 전만(①③)/점만(②),
　　　 떵만.
　　ㄴ. 갚—(報), 맡—(任), 벗—(脫), 넣/늧—(漫), 놓—(放), 낫:—(愈), 뽂—
　　　 (炒), 쫓—(追) + 나 → ①②③④: 감나∥ 만나∥ 번나∥ 넌나/는나
　　　 (④)∥ 논나∥ 난:나∥ 뽕나∥ ①②④:쫀나.
　　　 앞(前), 밭(田), 옷(衣), 젖(乳), 닻, 밖(外) + 만 → ①②③④: 암만,
　　　 반만(①③)/밤만(②④), 온만(①③)/옴만(②④), 점만(④), 단만(①),
　　　 방만(①③④).
　　ㄷ. 값(價), 닭(鷄), 흙(土), 넋(魂) + 만→ ①②③④: 감만, 당만(②③④),
　　　 헝만(③), 넝만(④).
　　　 없(:)/욦:—(無), 꾫—(跪) + 나 → ①: 엄나//②③: 엄:나//④: 움:나∥
　　　 ③: 꿈나.

2) 유음화

　‘ㄹ’계 자음군 ‘ㄹㄱ, ㄹㅂ, ㄹㅌ, ㄹㅎ, ㄹㅁ’로 끝나는 어간 뒤에 ‘ㄴ’로 시작
되는 어미가 결합될 때는 두 번째 자음이 탈락되고 ‘ㄹ’가 남는데, 이
남은 ‘ㄹ’의 조음방법이 어미의 두음 ‘ㄴ’에 영향을 미쳐 ‘ㄴ’가 ‘ㄹ’
로 바뀌는 음운과정을 유음화라고 한다. 이 과정은 네 지역어에서 동
일하다. 유음화 과정을 규칙화하면 규칙(3)과 같고, 그 예는 (10)과 같
다. 이 규칙은 자음군단순화규칙과 유음탈락규칙이 적용된 뒤에 적용
된다.

규칙(3): $\begin{bmatrix} +\text{비음성} \\ +\text{전방성} \\ +\text{설정성} \end{bmatrix}$ → [+유음성] / [+유음성] + ——

(10) 맑-(淸), 밟-(踏), 핥-(舐), 앓-(痛), 싫:/싣:-(載) + 나 → ①②③
④: 말라∥ 발라∥ 할라∥ 알라∥ 실:라(②③④)/신:나(①).

3) 순음화

곡용어간말 자음 'ㄷ, ㄴ'가 어미의 두음 'ㅂ, ㅁ'의 조음위치에 동
화되어 각각 'ㅂ, ㅁ'로 바뀌는 음운과정을 순음화라고 하는데, 어간
말음이 'ㅌ, ㅅ, ㅈ, ㅊ' 등일 때는 평폐쇄음화된 다음 순음화된다. 영
덕에서는 전혀 순음화되지 않는데, 지역별로 순음화가 진척된 정도는
<표 3>과 같다.

〈표 3〉 순음화 정도

지역	영덕	울진	삼척	강릉
백분율	0(0/41)	73(35/48)	35(17/49)	87(41/47)

순음화 과정을 규칙화하면 규칙(4)와 같고, 그 예는 (11)과 같다.

규칙(4): $\begin{bmatrix} +전방성 \\ -유음성 \end{bmatrix} \rightarrow [-설정성] / \underline{\quad\quad} + \begin{bmatrix} +전방성 \\ -설정성 \end{bmatrix}$

(11) 산(山), 빋(①②③)/빚(債務)(④), 맛(味), 꽃(花) + 보다(①)/보다가(②③)/
버덤(④), 만 → ①②③④: 산보다/삼보다가/산보다가/삼버덤, 산만/삼
만/산만/삼만∥ 빋뽀다/빕뽀다가/빕뽀다가/빕뻐덤, 빈만(①)/빔만(②③
④)∥ 맏뽀다/맙뽀다가/맙뽀다가/맙뻐덤, 만만(①)/맘만(②③④)∥ 꼳
뽀다/꼽뽀다가/꼳뽀다가/꼽뻐덤, 꼰만/꼼만/꼰만/꼼만.

4) 연구개음화

어간말 자음 'ㄷ, ㄴ, ㅂ, ㅁ' 등이 후행 어미의 두음 'ㄱ, ㄲ'의 조
음위치에 동화되어 각각 'ㄱ, ㅇ, ㄱ, ㅇ' 등으로 바뀌는 음운과정을

연구개음화라고 하는데, 이 과정은 네 지역어에서 다소의 차이를 보인다.

먼저 영덕의 경우부터 보면, 활용어간 말음이 'ㄷ, ㄴ'인 경우와 곡용어간 말음이 'ㄷ'인 경우에 연구개음화된다. 이에 비해 강릉에서는 활용과 곡용의 구별 없이 'ㄷ, ㄴ'인 경우에 연구개음화되어 영덕보다는 그것이 더 많이 진척되어 있다. 그리고 삼척에서는 활용어간 말음이 'ㄷ, ㄴ, ㅂ'인 경우와 곡용어간 말음이 'ㄷ'인 경우에까지 연구개음화되고, 울진의 경우에는 활용어간 말음이 'ㄷ, ㄴ, ㅂ, ㅁ'인 경우와 곡용어간 말음이 'ㄷ, ㄴ'인 경우에까지 연구개음화되어 네 지역 가운데 그것이 가장 많이 진척되어 있다(12ㄱ).

어간말 자음이 'ㅌ, ㅅ, ㅈ, ㅍ'인 (12ㄴ)의 경우와 어간말 자음이 'ㄵ, ㄻ, ㅄ'인 (12ㄷ)의 경우에는 각각 평폐쇄음화규칙과 자음군단순화규칙이 적용된 다음에 연구개음화규칙이 적용되고, (12ㄹ)의 경우에는 유기음화규칙이 적용된 다음에 연구개음화규칙이 적용된다.

네 지역어에서 연구개음화가 진척된 정도를 통계적으로 보면 <표 4>와 같다. 그런데 앞에서 본 것처럼 곡용일 때는 'ㄴ, ㄷ'에까지, 활용일 때는 'ㄴ, ㄷ, ㅁ, ㅂ'에까지 연구개음화가 확산되어 차이를 보이므로 곡용과 활용의 경우를 구별하여 그 진척 정도를 백분율로 처리한 다음 다시 그 둘을 평균하여 네 지역어의 연구개음화 진척 정도를 계산하였다.

<표 4> 연구개음화 정도

지 역	영 덕	울 진	삼 척	강 릉
곡 용	82(40/49)	90(43/48)	82(40/49)	87(41/47)
활 용	41(33/80)	95(71/75)	63(42/67)	33(25/75)
평균(%)	62	93	73	60

연구개음화된 예는 (12)와 같고, 그것이 가장 많이 진척된 울진의 경우를 중심으로 그 과정을 규칙화하면 규칙(5)와 같다.

$$규칙(5): \begin{bmatrix} +자음성 \\ \alpha설정성 \\ -유음성 \end{bmatrix} \rightarrow [+후설성] / \underline{\quad} + \begin{bmatrix} +자음성 \\ -설정성 \\ +후설성 \end{bmatrix}$$

(곡용일 때는 [+설정성]만 선택됨.)

(12) ㄱ. 떤/뜯-(摘), 신(:)-(履), 꼽-(揷), 남-(餘) + 고 → 떡꼬(①②③)/뜩꼬(④), 싱꼬(①③④)/싱:꼬(②), 꼭꼬(①②)/꼽꼬(③④), 낭꼬(②)/남꼬(①③④).
빈/빛(債), 산(山) + 까지(①③)/꺼지(②)/꺼정(④) → 빅까지/빅꺼지/빅꺼정, 산까지/산꺼지/상꺼정.

ㄴ. 맡-(任), 삣-(梳), 낮-(低), 쫓/쪼치-(追), 갚-(報) + 고 → ①②③④: 막꼬, 삑꼬, 낙꼬, 쪽꼬(①②④)/쪼치고(③), 갑꼬(①④)/각꼬(②③).
꽅(花), 갓(笠), 이웃(①②④)/이웇(隣)(③), 젇(①②③)/젖(乳)(④), 닻(①)/땉(②③④) + 까지(①③)/꺼지(②)/꺼정(④) →꼭까지/꼭꺼지/꼭꺼정, 각까지/각꺼지/각꺼정, 이욱까지/이욱꺼지/이욱꺼정, 적까지/적꺼지/적꺼정, 닥까지/딱꺼지/딱꺼정.

ㄷ. 앉/안지-(坐), 굶-(飢), 없(:)/읎:-(無) + 고 → 앙꼬(①)/안지고(②③)/안꼬(④), 굼꼬(①③④)/궁꼬(②), 업꼬(①)/억:꼬(②)/엄:꼬(③)/읍:꼬(④).

ㄹ. 많:-(多) + 고 → 망:코(①②③)/만:코(④).

5) 원순모음화

‘ㅁ, ㅂ, ㅍ’를 말음으로 가진 활용어간과 ‘ㅍ’를 말음으로 가진 곡용어간에 매개모음 ‘어/으’로 시작되는 어미가 결합되면, 어미의 ‘어/으’가 앞의 순음에 동화되어 ‘우’로 바뀌는 음운과정을 원순모음화라고 한다. 그러나 영덕의 경우에는 이 과정이 실현되지 않는다. 울진,

삼척, 강릉의 경우에는 활용에서는 어미 '어먼(②)/어머(③)/으먼(④),
어이꺼내(②)/어이깨내(③)/으니(④)'가 결합될 때 다 같이 원순모음화
되고, 곡용에서는 울진의 경우 어미 '어로, 얼'이, 삼척의 경우 '어로'
가, 강릉의 경우 '으로, 은, 을'이 결합될 때 원순모음화되어 지역에
따른 차이가 발견된다. 네 지역어에서 원순모음화가 진척된 정도를
보면 <표 5>와 같다.[15)

<표 5> 원순모음화 정도

지 역	영 덕	울 진	삼 척	강 릉
곡 용	0(0/21)	61(11/18)	56(10/18)	100(15/15)
활 용	0(0/94)	98(92/94)	82(49/60)	91(62/68)
평균(%)	0	80	69	96

원순모음화된 예는 (13)과 같고, 그것이 가장 많이 진척된 강릉의
경우를 중심으로 이 과정을 규칙화하면 규칙(6)과 같다.

규칙(6): ㅓ / ㅡ → [+ 원순성] / [[+ 자음성
                                    + 순음성
                                    < + 기음성 >]] + ——
                                                    Vst <N.>

(13) ㄱ. 앞+어로/으로, 언/은, 얼/을 → ①②③④: 아퍼로/아푸로/아푸로/아
         푸로, 아펀/아펀/아펀/아푼, 아펄/아풀/아펄/아풀.
    ㄴ. 닮−(似), 얇−(薄), 숨−(隱), 업−(負), 덮−(覆) + 어머(①③)/어먼
         (②)/으먼(④), 어~이~(①)[16)/어이꺼내(②)/어이깨내(③)/으니(④) →

---

15) 곡용의 경우는 어간 말음이 'ㅍ'이고 여기에 어미 '어로/으로, 언/은, 얼/
    을'이 결합될 때의 곡용형 각각을 하나의 어사로 취급하여 통계 처리하
    고, 활용의 경우는 어간 말음이 'ㅁ, ㅂ, ㅍ'이고 여기에 어미 '어머/어먼/
    으먼, 어~이~/어이꺼내/어이깨내/으니'가 결합될 때의 활용형 각각을 하나
    의 어사로 취급하여 통계 처리하였다.

①②③④: 달머머/달무면/달무머/달무면, 달머~이~/달무이꺼내/달무이깨내/달무니 ‖ 얄버머/얄부면/얄부머/얄부면, 얄버~이~/ 얄부이꺼내/얄부이깨내/얄부니 ‖ 수머머/수무면/수무머/수무면, 수머~이~/수무이꺼내/수무이깨내/수무니 ‖ 어버머/어부면/어부머/어부면, 어버~이~/어부이꺼내/어부이깨내/어부니 ‖ 더퍼머/더푸면/더푸머/더푸면, 더퍼~이~/더푸이꺼내/더푸이깨내/더푸니.

6) 완전순행동화

모음으로 끝난 어간에 모음으로 시작되는 어미가 결합될 때, 어미

---

16) 표준어의 활용어미 '-으니까'에 해당되는 어미가 영덕에서는 자음으로 끝난 어간 뒤에서는 '어~이~'로, 모음으로 끝난 어간 뒤에서는 '이~'로 실현되어 공시태에서는 'ㄴ'의 존재를 확인할 수 없다. 이러한 현상은 영남의 여러 지역어에서 발견되는데, 이병선(1967)과 박정수(1993:86~87)에서는 각각 영남방언과 경남방언에서, 최명옥(1982:130~140), 성인출(1984:64~67), 조신애(1985:49~63), 정철(1991:154~155) 등에서는 각각 월성, 창녕, 안동, 의성 지역어에서 그러한 현상이 있음을 보고하였다.
그런데 이들 논문에서는 이 현상을 'ㄴ' 뒤에 모음 'ㅣ'가 올 때만 전후의 모음을 비모음화시키는 것으로 인식하여, 형태소 내부에 비음화된 모음을 지닌 형태를 기저형으로 설정하지 않고 'ㄴ'를 지닌 형태를 기저형으로 설정하였다. 그러나 본 논문에서는 통시적으로 형태소 내부에서 비모음화를 경험한 것을 공시적으로는 비모음을 가진 형태로 재구조화된 것으로 취급하여 그것을 그대로 기저형으로 설정하였는데, 그 이유는 다음과 같다.
첫째 공시태 '어~이~'에서 'ㄴ'의 존재가 확인되지 않는다.
둘째 형태소 내부에서 i에 선행하는 ŋ의 전후 모음이 비음화된 경우도 있고(예, 지피~이~(枕)), i에 선행하는 n의 전후 모음이 비음화된 경우(가마~이~(叺))도 있으므로, '어~이~'에 나타나는 비모음이 ŋ에 의해 비모음화된 것인지, n에 의해 비모음화된 것인지를 공시적 입장에서는 판단할 근거가 없다.
'어~이~'를 기저형으로 설정한다면, 영덕의 모음체계에는 이들 비모음이 포함되어야 할 것이다. 그러나 이 문제에 대해서는 더 많은 논의가 필요할 것으로 판단되어 앞의 모음체계 속에는 포함시키지 않았다.(여기서와 동일한 견해를 오종갑(2000b:81)에서도 밝힌 바 있음).

모음이 어간 모음을 닮아 그것과 동일한 모음으로 바뀌는 음운과정을
완전순행동화라고 한다.17)

(가) 어미 '아X'

모음으로 끝난 활용어간에 어미 '아X'가 결합되면, 어미의 '아'가
어간 모음을 닮아 그것과 동일한 모음으로 바뀌는데, 이렇게 완전순
행동화된 다음에는 대부분의 경우 음절축약이 이루어져 장음으로 실
현된다. 이 과정은 지역별로 다소 차이가 있는데, 영덕에서는 어간 말
음이 'ㅐ, ㅣ(ㅟ(wi))'인 경우, 울진에서는 'ㅐ, ㅣ, ㅗ'인 경우18), 삼척에
서는 'ㅐ, ㅣ, ㅗ'인 경우, 강릉에서는 'ㅔ, ㅐ, ㅟ(ü), ㅚ(ö), ㅗ, ㅣ'인
경우에 그것이 이루어진다(14ㄱ).19) 그리고 어간 말음이 후음 'ㅎ, ㆆ'
인 경우에는 그것이 탈락된 다음 완전순행동화가 이루어지기도 하는
데(14ㄴ), 이 경우는 영덕을 제외한 세 지역어에서만 나타난다.

규칙(7): ㅏ → V$_i$ / V$_i$]$_{vst.}$ + ——

$\quad$ (V$_i$={ㅐ, ㅣ}(①)/{ㅐ, ㅣ, ㅗ}(②③)/{ㅐ, ㅣ, ㅗ, ㅔ, ㅟ, ㅚ}(④))

(14) ㄱ. 케ㅡ(點燈), 매ㅡ(結), 쥐ㅡ(握), 되ㅡ(升), 쪼:ㅡ(啄), 히ㅡ(白) + 고,

---

17) 곡용어간에 어미 '애'가 결합될 때 영덕에서 완전순행동화되는 예가 몇몇
나타난다. 그러나 다른 지역에서는 예가 없고 영덕에서도 보편성이 없어
본론에서는 별도로 다루지 않았다. 영덕의 경우를 보면 다음과 같다.
'방, 땅, 마당, 거랑(渠) + 애 → 바~:, 따~:, 마다~:, 거라~:
18) 어간 말음이 'ㅜ'인 어사로서 완전순행동화되는 예는 네 지역어 가운데
울진의 '꾸ㅡ(夢) + 고, 아도 → ②: 꾸고, 꾸도' 한 예가 발견될 뿐이다.
그래서 통계 처리 과정에서 어간 말음이 'ㅜ'인 경우는 무시하였다.
19) 여기서 어미 '아X'의 '아'가 탈락된 것으로 보지 않고 그것이 완전순행동
화된 것으로 보는 이유에 대해서는 박정수(1993:74), 최명옥(1998:105), 오
종갑(2000b:82~87)을 참고하기 바람.

아도 → ④: 케고, 케:도 ‖ ①②③④: 매고, 매:도 ‖ ④: 쥐고, 쥐:도
‖ ④: 되고, 되:도 ‖ ②③④: 쪼:고, 쪼:도(②③)/쪼오도(④) ‖ ①②
③④: 히고, 히도.

ㄴ. 쫗:-(拾), 짛:-(造) + 고, 아도 → ③: 쪼:코, 쪼:도 ‖ ②④: 지:꼬,
지:도.

다음의 (15)는 어간 '하-'나 '하(ㅎ)-'가 접미되어 형성된 어간과
어간 '같-'에 어미 '아X'가 결합될 때의 활용형들인데, 통시적으로
볼 때, 이들은 'ㅎ+아X→ㅎ야X>히야X>해애X>해:X'의 발달 과정
을[20] 거친 것으로 추정된다. 그러나 공시적으로 볼 때는 네 지역어의
어디에서도 'ㅏ+ㅏ'가 'ㅐ'로 실현될 음운론적 근거를 찾을 수 없으
므로, 어미 '아X' 앞에서는 그 어간이 '해-'로, 여타의 어미 앞에서는
'하-'로 실현되는 쌍형 어간으로 취급할 수밖에 없다. 그렇다면, 이
경우에도 '해+아X'가 완전순행동화되어 '해애X'가 되었으나 음절축
약에 의해 '해:X'가 된 것으로 설명되는데, 지역에 따라 보상적 장음
이 실현되기도 하고 그렇지 않기도 한다.

(15) 해-(爲), 몬해/모해/모태-(劣), 가태-(如) + 아도 → ①: 해:도/②③
④: 해도 ‖ ①: 몬해도//②: 모해도//③④: 모태도 ‖ /①②③④: 가태도

이상에서 살펴본 바를 종합하여 어미 '아X'가 각 지역별로 완전순
행동화되는 정도를 표로 보이면 <표 6>과 같다.

---

20) 'ㅑ'가 'ㅐ'로 바뀔 수 있는 근거는 표준어 '갸름하다, 갈쭉하다'가 각각
'개롬하다(①②), 재롬하다(④)'와 '쩰쭉하다(①), 깰쭉하다(③), 쩰쫌하다
(④)' 등에서 찾을 수 있으며, 오종갑(1988:183)에서도 'ㅑ'가 'ㅐ'로 바뀜
을 지적한 바 있다.

〈표 6〉 '아X'의 완전순행동화 정도

지 역	영 덕	울 진	삼 척	강 릉
백분율(%)	27(33/123)	39(56/142)	26(35/137)	40(53/131)

(나) 어미 '어(˜)/으X'

모음이나 유음으로 끝난 활용어간에 어미 '어(˜)/으X'가 결합될 때
는 어미의 두음 '어(˜)/으'가 탈락된다(34ㄱ) 참조). 그런데 후음 'ㅎ,
ㆆ'로 끝난 어간에 '어(˜)/으X'가 결합될 때도 이 후음이 탈락된 다음
모음충돌을 피하기 위해 어미의 '어(˜)/으'가 탈락된 것으로 보이는 예
들이 발견된다(17). 그러나 후자의 경우에는 어미의 '어(˜)/으'가 탈락
된 것으로 보는 데는 어려움이 있다. 그 이유는 전자의 경우에는 어미
의 모음이 탈락됨과 동시에 그것이 지니고 있던 운소까지도 함께 탈
락되지만, 이 경우에는 운소가 그대로 존속되기 때문이다. 그래서 여
기서는 이 경우에도 어간 모음에 의한 완전순행동화가 이루어진 다음
다시 음절축약이 이루어진 것으로 해석하고자 한다.

예를 들어, '붛+어머'에서 'ㅎ'탈락규칙이 먼저 적용된 다음 'ㅓ'탈
락규칙이 적용되면, 그 표면형이 [*부머]와 같이 되어 비문법적인 형
태가 도출된다. 그러나 'ㅓ'탈락규칙이 먼저 적용된 다음 'ㅎ'탈락규
칙이 적용되고, 여기에 다시 완전순행동화규칙과 음절축약규칙이 적
용되면 문법적 형태 [부:머]가 도출된다. 그 도출 과정을 보면 다음과
같다.

(16) ㄱ. /보+어머/ # /붛+어머/
　　　　　　　　부어머　　'ㅎ'탈락
　　　보머　　　부머　　　'ㅓ'탈락
　　　—　　　　—　　　　규칙(8)
　　　—　　　　—　　　　음절축약(장음화)
　　[보머]　　[*부머]

ㄴ. /보+어머/ # /붛+어머/

보머	—	'ㅓ'탈락
—	부어머	'ㅎ'탈락
—	부우머	규칙(8)
—	부:머	음절축약(장음화)

[보머] # [부:머]

이러한 해석을 더욱 뒷받침해 주는 것은 '찡-(搗), 꾸ㅎ-(炙) + 으면, 으니 → ④: 찌이면, 찌이니 ‖ 꾸우면, 꾸우니'와 같이 실현되는 예가 발견되는 점이다. 이 경우에는 모음 사이에서 'ㅎ'가 탈락되어 '찌으면, 찌으니 ‖ 꾸으면, 꾸으니'가 된 다음 다시 선행 'ㅣ'와 'ㅜ'에 동화되어 후행 'ㅡ'가 각각 'ㅣ'와 'ㅜ'로 바뀐 것으로, 이것은 어간 모음에 의한 어미 모음의 동화가 실재함을 입증하는 것이다.

어미 '어머/어먼/으면, 어~이~/어이꺼내/어이깨내/으니'의 두음 '어(~)/으'가 완전순행동화되는 과정을 규칙화하면 규칙(8)과 같은데, 이 규칙은 '어(~)/으' 탈락규칙과 후음탈락규칙이 적용된 다음에 적용된다. 그런데 '어~'가 완전순행동화되는 경우에는 '붛-(腫)+어~이~→부어~이~→부우이~→부:이~→부~:이~'에서 보는 것처럼 후행의 비모음 '이~'에 의해 선행 음절로 비음성이 확산된다.

규칙(8): ㅓ(~)/ㅡ → V_j / V_j]vst. + ——

(17) 붛-(腫), 넣-(入), 찡/찡-(搗), 꿍:/꾸ㅎ-(炙)/ + 어머/어먼/으면, 어~이~/어이꺼내/어이깨내/으니 → ①: 부:머, 부:~이~//②: 부:먼, 부:이꺼내 ‖ ③: 너:머, 너:이깨내// ④: 너:먼, 너:니 ‖ ②: 찌:면, 찌:이꺼내//④: 찌이면, 찌이니 ‖ ②: 꾸:면, 꾸:이꺼내//④: 꾸우면, 꾸우니

위의 (17)에서는 어미 '어머/어먼/으면'이나 '어~이~/어이꺼내/어이

깨내/으니'나 구별 없이 어미 두음 'ㅓ'가 완전순행동화된다. 그러나 어사들 가운데는 전자에서는 완전순행동화되나 후자에서는 'ㅓ'가 아무런 변화도 경험하지 않아 어미의 종류에 따라 완전순행동화규칙의 적용에 차이를 보이기도 한다. 여기에 해당되는 어사로는 '①: 낳:－(愈), 짓:－(造)//③: 좋:－(好), 놓－(放)' 등이 있다.

'어(˜)/으X'의 '어(˜)/으'가 어간 모음에 완전순행동화되는 정도를 각 지역별로 보이면 <표 7>과 같다.

<표 7> '어(˜)/으X'의 완전순행동화 정도[21]

지 역	영 덕	울 진	삼 척	강 릉
백분율	21(11/52)	50(24/48)	21(12/58)	70(28/40)

7) 어미 '아X'의 교체

중세국어에서는 양성모음을 지닌 활용어간 뒤에서는 어미 '아X'가, 음성모음을 지닌 어간 뒤에서는 어미 '어X'가 연결됨으로써 모음조화가 이루어졌다. 그러던 것이 후대로 내려오면서 음성모음 뒤에서는 물론이고 양성모음 뒤에서도 '어X'가 연결됨으로써(이것은 어미 평준화의 과정으로 볼 수 있음) 모음조화는 점점 파괴되어 갔는데, 국어 음운사 전체로 보면, 어미 '아X'가 '어X'로 바뀌어 가는 과정에 있다고 할 수 있다(오종갑 1988:205～240 참조).

다음에서는 이러한 과정 속에 있는 'ㅏ→ㅓ'의 변화가 네 지역어에서 어떻게 실현되고 있는지 공시적 관점에서 살펴보기로 한다.[22]

영덕, 울진, 삼척의 경우에는 어간 말음절 모음이 개구도가 높은

---

21) 활용어간에 어미 '어머/어면/으면, 어˜이˜/어이꺼내/어이깨내/으니'가 결합될 때의 활용형 각각을 하나의 어사로 취급하여 통계 처리하였다.
22) 오종갑(1999c)에서는 a>ə 개신지가 경기도 남부와 충청도 지역이며, 여기서 발생한 개신파가 전국으로 전파되어 갔을 것으로 추정한 바 있다.

'ㅐ, ㅏ, ㅗ'일 때는 그것이 개음절이냐 폐음절이냐에 상관없이 개구
도가 높은 어미 '아X'만 결합되고(18ㄱ), 개구도가 낮은 'ㅣ, ㅓ, ㅜ'일
때도 개음절이냐 폐음절이냐에 상관없이 개구도가 높은 어미 '아X'가
주로 결합된다(18ㄴ). 그러나 후자의 경우에는 선행의 낮은 개구도에
동화되어 개구도가 낮은 '어X'가 결합되기도 하는데(18ㄷ), 전반적으
로 보아 개구도 동화의 세력이 매우 약한 편이다.

강릉의 경우에도 어간 말음절 모음이 'ㅐ, ㅏ, ㅗ'일 때는 그것이
개음절이냐 폐음절이냐에 상관없이 어미 '아X'만 결합되나(18ㄱ),
'ㅟ'일 때는 '어X'만 결합된다. 하지만 후자의 경우에는 어미 '아X'가
대부분 완전순행동화되기 때문에 '뛰ㅡ' 한 어사에서 '어X'가 결합된
것을 볼 수 있을 뿐이다. 어간 말음절 모음이 'ㅣ, ㅡ, ㅓ, ㅜ'일 때
는23) 어간에 따라 '아X'가 결합되기도 하고 '어X'가 결합되기도 하는
데 양자의 실현 정도는 비슷하다(18ㄴ, ㄷ).

어미 '아X'만이 결합되는 'ㅐ, ㅏ, ㅗ'의 경우를 제외하고, 어간 말
음절 모음이 'ㅣ, ㅟ, ㅡ, ㅓ, ㅜ'인 경우에 실현되는 'ㅏ→ㅓ'교체의
정도를 통계적으로 보이면 <표 8>과 같다.24)

<표 8> 'ㅏ→ㅓ'교체의 정도

지 역	영 덕	울 진	삼 척	강 릉
백분율(%)	19(45/241)	15(34/228)	9(22/245)	50(107/215)

영덕, 울진, 삼척에서의 'ㅏ→ㅓ' 교체를 규칙화하면 규칙(9-1)과

---

23) 어간말 모음이 'ㅔ, ㅚ'인 경우는 그 기저형이 재구조화되거나, 앞에서 본
바와 같이, 어미 '아X'가 어간말 모음에 완전순행동화되어 공시적으로는
'아→어' 교체를 논할 수가 없다.
24) 한 어사가 '아X'형으로도 실현되고 '어X'형으로도 실현 될 때는 그 실현
빈도를 0.5로 계산하였다.

같고, 강릉의 그것을 규칙화하면 규칙(9-2)과 같은데, 이 규칙의 적용을 받는 어사는 제한되어 있기 때문에 어휘부에서 그 적용 여부가 표시되어야 할 것이다.[25]

규칙(9-1): ㅏ → ㅓ / (C₁){ㅣ, ㅓ, ㅜ}(C₂)]$_{vst.}$ + ──

규칙(9-2): ㅏ → ㅓ / (C₁){ㅣ, ㅟ, ㅡ, ㅓ, ㅜ}(C₂)]$_{vst.}$ + ──

(18) ㄱ. 뺏-(奪), 오-(來), 속-(欺), 타-(乘), 닫-(閉) + 아도 → ①②③④: 빼사도 ∥ 와도 ∥ 소가도 ∥ 타도 ∥ 다다도.
ㄴ. 곤치-(改), 입-(衣), 맨들-(造), 바러/바리-(正)(④), 젖-(潤), 사우/싸우-(爭), 숨-(隱) + 아도 → ①②③④: 곤채도(①③)/곤차도(②) ∥ 이바도 ∥ 맨드라도(④) ∥ 발라도 ∥ 저자도 ∥ 사와도(①)/싸와도(②③④) ∥ 수마도.
ㄷ. 지-(負), 십-(苦), 짖-(吠), 믿-(信), 씻-(洗), 서-(立), 옇/넣-(入), 두-(置), 붛/붕-(注), 튀-(跳), 크-(長) + 아도 → ①②③④: 저도 ∥ 시버도(①) ∥ 지서도(②) ∥ 미더도(③) ∥ 씨꺼도(④) ∥ 서:도(①)/서도(②③④) ∥ 여:도(①)/여어도(②)/너:도(③④) ∥ 도:도 ∥ 버도(①)/부어도(②)/버:도(④) ∥ 튀어도(④) ∥ 커도(④).

3. 축   약

두 자음이 서로 영향을 주고받아 하나의 음으로 바뀌든지, V₁V₂의 연결에서 모음연결제약으로 말미암아 V₁이 [−성절성]으로 자질이 변경되어 두 음절이 한 음절로 바뀌는 음운과정을 축약이라고 한다. 전자에는 유기음화와 경음화가 있고 후자에는 'ㅣ(i)'가 y로 바뀌어 한 음절로 축약되는 y활음화와 'ㅗ(o)/ㅜ(u)'가 w로 바뀌어 한 음절로 축

─────────────────────────
25) (18ㄴ, ㄷ)에 제시된 예들 가운데 '곤치, 지, 두 + 아도'가 각각 '곤채도/곤차도, 저도, 도:도'로 실현되는 과정에 대해서는 뒤의 y활음화 및 w활음화를 참조하기 바람.

약되는 w활음화가 있다.

1) 유기음화

C_1C_2의 연결에서 C_1이 'ㅎ'이고 C_2가 평폐쇄음이거나, C_2가 'ㅎ'이고 C_1이 평폐쇄음일 때는 'ㅎ'가 전후의 평폐쇄음과 축약되어 유기음으로 바뀌는데, 이러한 음운과정을 유기음화라고 한다. 네 지역어에서 실현되는 유기음화를 보면 다음과 같다.

(19ㄱ)은 활용에서의 유기음화를 보인 것인데, 이 경우에는 네 지역어에서 모두 'ㅎ' 뒤에 'ㄷ, ㅈ, ㄱ'가 오면, 이 'ㅎ'는 뒤의 'ㄷ, ㅈ, ㄱ'를 유기음화시킨 다음 자신은 탈락한다. (19ㄴ)은 곡용에서의 유기음화를 보인 것인데, 이에 의하면 영덕과 울진에서는 곡용어간 말음의 종류에 관계없이 어미 '하고'가 결합될 때 유기음화되지 않고, 삼척에서는 'ㅍ'를 말음으로 가진 소수의 어사에서 유기음화되며, 강릉에서는 'ㅍ, ㅌ, ㅅ, ㅈ, ㅊ, ㅋ'를 말음으로 가진 어사에서 유기음화됨을 알 수 있다.

그런데 여기서 한 가지 문제가 되는 것은 'ㅂ, ㄱ'가 'ㅎ'와 결합하여 유기음화되지 않는 상황에서 'ㅍ, ㅋ'는 'ㅎ'와 결합하여 유기음화된다는 점이다. 'ㅍ, ㅋ'가 'ㅎ'와 결합하여 유기음화되려면 'ㅍ, ㅋ'가 평폐쇄음화에 의해 'ㅂ, ㄱ'가 된 다음 후행의 'ㅎ'와 축약되어야 한다. 그러나 삼척과 강릉에서는 'ㅂ, ㄱ'와 'ㅎ'의 결합에서 유기음화되지 않으므로 이 경우의 유기음 실현은 유기음화에 의한 것이라고는 할 수가 없게 된다. 그렇다면 이 경우의 유기음은 유기음화에 의한 것이 아닌 다른 곳에서 그 원인을 찾아야 할 것으로 판단되는데, 그 원인은 선행 'ㅍ, ㅋ'의 유기성과 후행 'ㅎ'의 유기성이 중복되자 후행의 'ㅎ'가 탈락된 것으로 이해된다. 이러한 설명이 타당하다면 곡용에서의 유기음화는 강릉 지역어에서, 그것도 어간 말음이 'ㅅ, ㅈ(→

ㄷ)'인 경우에 한정되는데, 이 경우에는 79%(16.5/21)의 유기음화율을 보인다.

강릉의 경우를 중심으로 유기음화 과정을 규칙화하면 활용의 경우는 규칙(10-1)과 같고, 곡용의 경우는 규칙(10-2)와 같은데, 후자는 규칙(1)이 적용된 다음에 적용된다.

$$
\text{규칙}(10-1): \quad \underset{1}{\overline{\text{ㅎ}]_{Vst.}} + \underset{2}{\{\text{ㄷ, ㅈ, ㄱ}\}} \Rightarrow \begin{bmatrix} 1 \\ \varnothing \end{bmatrix} \begin{bmatrix} 2 \\ +\text{유기성} \end{bmatrix}
$$

$$
\text{규칙}(10-2): \quad \underset{1}{\overline{\text{ㄷ}]_{N.}} + \underset{2}{\text{ㅎ}} \Rightarrow \begin{bmatrix} 1 \\ +\text{유기성} \end{bmatrix} \begin{bmatrix} 2 \\ \varnothing \end{bmatrix}
$$

(19) ㄱ. 껋/끊-(斷), 싫-(憎), 옇/넣-(入) + 더라, 지, 고 → ①②③/④: 껀터라/끈터라, 껀코/끈코, 껀치/끈치 ‖ 실터라, 실코, 실치 ‖ ①②: 여터라, 여코, 여치/③④: 너터라, 너코, 너치.

ㄴ. 국(羹), 부억(①)/부엌(②)/버엌(③)/벅:(④), 밥, 앞, 붓(筆), 젇(乳)(①②③)/젖(④), 닫(①)/땉(②③④), 밭(田) + 하고 → ①②③④: 국하고, 부억하고/부엌하고/버엌하고/벅:카고, 밥하고, 압하고(①②)/아파고(③)/압파고(④), 붇하고(①②③)/ 붇타고(④), 젇하고(①②③)/ 젇타고(④), 닫하고(①)/땉하고(②③)/땉타고(④), 받하고(①②③)/받타고(④).

2) 경음화

C_1C_2의 연결에서 C_1이 'ㅎ'이고 C_2가 평장애음('ㄷ, ㅅ, ㅈ, ㄱ')일 때는 축약되어 경음으로 바뀌는데, 이러한 음운과정을 경음화라고 한다. 네 지역어 가운데 'ㅆ'가 음소로 존재하는 울진, 삼척, 강릉에서는 'ㄷ, ㅅ, ㅈ, ㄱ'가 모두 경음화되나, 그것이 음소로 존재하지 않는 영덕에서는 'ㅅ'는 경음화되지 않는다(20).

울진, 삼척, 강릉의 경우를 중심으로 경음화 과정을 규칙화하면 규
칙(11)과 같다.

$$
규칙(11): \quad ㅎ + \{ㄷ, ㅅ, ㅈ, ㄱ\} \Rightarrow
\begin{bmatrix} 1 \\ ø \end{bmatrix}
\begin{bmatrix} 2 \\ + 경음성 \end{bmatrix}
$$
$$
\qquad\qquad\qquad 1 \qquad\quad 2
$$

(20) 낳:-(愈), 싫-(載) + 더라, 고, 지, 소 → ①②③④: 나:떠라, 나:꼬,
    나:찌, 나:소(①)/나:쏘∥실:떠라, 실:꼬, 실:찌, 실:소(①)/실:쏘.

어간 말음에 'ㅎ'를 가진 (20)과는 달리 어간 말음에 'ㅎ'를 가지지
않은 (22)에서도 경음화되는 예를 볼 수 있는데, 이 경우 네 지역어에
서 경음화가 어떻게 실현되는지 살펴보면 다음과 같다.

먼저 어간 말음이 무성자음이고 거기에 'ㄷ, ㅅ, ㅈ, ㄱ'로 시작되
는 어미가 결합될 때는 이들 어미의 두음은 네 지역어에서 다 같이
경음화된다. 다만, 어미 두음 'ㅅ'의 경우에는 'ㅆ'가 음소로 존재하는
울진, 삼척, 강릉에서는 경음화되나 그것이 음소로 존재하지 않는 영
덕에서는 경음화되지 않는다(22ㄱ, ㄴ).

어간말음이 유성자음인 경우에는 활용이냐 곡용이냐에 따라 경음
화에 차이를 보이는데, 활용의 경우에는 말음이 'ㄴ, ㅁ'일 때는 어미
의 두음 'ㄷ, ㅅ, ㅈ, ㄱ'가 네 지역어에서 다 같이 경음화되나(이 경
우에도 영덕에서는 'ㅅ'가 경음화되지 않음.) 말음이 'ㄹ'일 때는 그것
이 경음화되지 않는다. 이에 비해 곡용의 경우에는 말음이 'ㄹ'이고
거기에 어미 '도, 보다(①)/보다가(②③)/버덤(④)'이 결합될 때 전자의
두음 'ㄷ'는 경음화되나 후자의 두음 'ㅂ'는 경음화되지 않으며, 말음
이 'ㄴ, ㅁ, ㅇ'일 때는 어미의 두음이 전혀 경음화되지 않는다. 곡용
의 경우에는 네 지역어에서 경음화가 동일하게 실현된다.

그런데 여기서 한 가지 고려할 문제는 이 과정을 규칙으로 설정하

는 데 있어서, 한편으로는 평음이 바로 경음으로 바뀌는 것('ㄱ→ㄲ/ㄷ
—'형)으로 규칙을 설정할 수도 있고, 다른 한편으로는 'ㅎ'가 첨가되
는 규칙과, 첨가된 'ㅎ'와 뒤의 평음이 축약되어 경음으로 바뀌는 축
약(경음화)규칙의 둘로 나누어 규칙을 설정할 수도 있다는 점이다.

　설정되는 규칙의 수에서만 보면, 전자의 방법이 더 타당한 것으로
생각되나 문법 전반을 두고 볼 때는 사정이 달라진다. 후자의 방법에
서 설정되는 축약규칙은 이미 존재하는 규칙(11)로 대치되기 때문에
이 경우에는 'ㅎ'첨가규칙만 추가하면 된다. 그렇다면, 전후자의 어느
방법을 취하든지 규칙 수에서는 문제될 것이 없다.

　그러나 전자의 방법을 취할 때는 동일한 경음을 도출하기 위해 한
편에서는 축약(경음화)규칙(11)이 적용되고, 또 다른 한편에서는 별도
의 경음화규칙이 적용되는 것으로 해석되어야 한다. 이에 비해 후자
의 방법을 취할 때는 동일한 경음을 도출하기 위해 동일한 규칙이 적
용되는 것으로 해석되므로, 후자의 방법을 취하는 것이 문법을 보다
명료하게 하는 것으로 이해된다. 그래서 여기서는 후자의 방법을 취
해 평음이 경음으로 바뀌는 과정을 'ㅎ'첨가[26]와 축약의 두 과정으로
분리하여 해석하고자 한다.

　'ㅎ'가 첨가되는 과정을 규칙화하면 규칙(12)와 같고, 이 'ㅎ'가 후
행 자음과 축약되어 경음화되는 과정을 규칙화하면 앞의 규칙(11)과
같다. 그리고 이들 규칙이 적용되어 표면형이 도출되는 과정을 보이
면 (21)과 같다.

---

26) 제주도 방언에서는 복합어를 형성할 때 후두긴장 혹은 'ㅎ'가 첨가된 발
　음을 들을 수 있는데(현평효:1962 참조), 이러한 예의 존재는 'ㅎ'가 첨가
　되었다고 보는 여기서의 주장에 대한 방증이 될 수 있을 것이다.
　빵－집[ppaŋ－ččip]～[ppaŋ－čhip], 실－밥[ssil－ppap]～[ssil－phap], 나물
　－국[nɔmɔl－kkuk]～[nɔmɔl－khuk] 등.
　장애음 뒤의 'ㅎ'첨가에 대한 자세한 논의는 오종갑(1999b)를 참고하기 바람.

규칙(12): $\phi \rightarrow \bar{o} /$ $\left\{ \begin{array}{l} \left[\begin{array}{l} [+자음성] \\ [-비음성] \\ \bar{o} \end{array} \right]_{Vst.} \\ \left[\begin{array}{l} +자음성 \\ -비음성 \end{array} \right]_{N.} \end{array} \right\}$ ——— + {ㅂ, ㄷ, ㅅ, ㅈ, ㄱ}

(활용어간 발음이 'ㅎ'인 경우와 곡용어간 발음이 'ㄹ'인 경우는 각각 'ㅅ', 'ㄷ' 앞에서만 'ㅎ'이 첨가됨)

(21)

/짖:+고/	/많+소/	/익+고/	/살+고/	/쫓+고/	/앉+고/	
—	많ㅎ소	익ㅎ고	—	쫓ㅎ고	앉ㅎ고	규칙(12)
지:꼬	많쏘	익꼬	—	쫓꼬	앉꼬	규칙(11)
—	만쏘	—	—	—	안꼬	규칙(20)
—	—	—	—	쫃꼬	—	규칙(1)
—	—	—	—	쪽꼬	앙꼬	규칙(5)
[지:꼬]	[만쏘]	[익꼬]	[살고]	[쪽꼬]	[앙꼬]	

(22) ㄱ. 녹-(解), 깎-(削), 앉-(坐), 닫-(閉), 긁/긇-(搔), 갋(①②④)/갋:-(並)(③), 핥-(舐), 업-(負), 없:(①②③)/욹:-(無)(④), 벗-(脫), 넛(①②③)/늦-(漫)(④), 쫓-(追), 붙-(附), 갚-(報), 놓-(放) + 더라, 고, 지, 소 → ①②③④: 녹떠라, 녹꼬, 녹찌, 녹소(①)/녹쏘 ‖ 깍떠라, 깍꼬, 깍찌, 깍소(①)/깍쏘 ‖ ①④: 안떠라, 앙꼬(①)/안꼬(④), 안찌, 안소(①)/안쏘 ‖ 닫떠라, 닥꼬, 닫찌, 다소(①)/다쏘 ‖ ①③④: 깔떠라, 깔꼬, 깔찌, 깔소(①)/깔쏘// ②: 깔터라, 깔코, 깔치, 깔쏘 ‖ 갈(:)떠라, 갈(:)꼬, 갈(:)찌, 갈소(①)/갈(:)쏘 ‖ 할떠라, 할꼬, 할찌, 할소(①)/할쏘 ‖ 업떠라, 업꼬(①④)/억꼬(②③), 업찌, 업소(①)/업쏘 ‖ 업:떠라/웁:떠라, 업:꼬(①)/억:꼬(②)/엄:꼬(③)/웁:꼬(④), 업:찌/웁:찌, 업:소(①)/업:쏘/웁:쏘 ‖ 벋떠라, 벅꼬, 벋찌, 버소(①)/버쏘 ‖ 넏떠라/ 는떠라, 넉꼬/ 늑꼬, 넏찌/늗찌, 너소(①)/너쏘/느쏘 ‖ ①②④: 쫃떠라, 쪽꼬, 쫃찌, 쪼소(①)/쪼쏘 ‖ 붇떠라, 북꼬, 붇찌, 부소(①)/부쏘 ‖ 갑떠라, 갑꼬(①④)/각꼬(②③), 갑찌, 갑소(①)/갑쏘 ‖ 노터라, 노코, 노치, 노소(①)/노쏘.

ㄴ. 신-(履), 팔-(賣), 굶-(飢), 숨-(隱) + 더라, 고, 지, 소 → ①②③ ④: 신떠라, 싱꼬, 신찌, 신소(①)/신쏘 ‖ 팔더라(②③)/파더라(①④), 팔고, 파지, 파오 ‖ 굼떠라, 굼꼬/궁꼬(②), 굼찌, 굼소(①)/굼쏘 ‖ 숨떠

라, 숨꼬/숭꼬(②), 숨찌, 숨소(①)/숨쏘.

ㄷ. 국, 밖, 닭, 여덟, 밥, 값, 갓, 젖, 닻(①), 부엌(①)/부억(②)/버억(③)/
벅:(④), 밭, 잎 +도, 보다(①)/보다가(②③)/버덤(④) → 국또, 국뽀다
/국뽀다가/국뻐덤 ‖ 박또, 박뽀다/박뽀다가/박뻐덤 ‖ 달또(①)/닥또(②
③④), 달보다/닥뽀다가/닥뻐덤 ‖ 여덜또, 여덜보다/여덜보다가/여덜
버덤 ‖ 밥또, 밥뽀다/밥뽀다가/밥뻐덤 ‖ 갑또, 갑뽀다/갑뽀다가/갑뻐
덤 ‖ 간또, 간뽀다/간뽀다가/갑뻐덤 ‖ ②③④:전또, 전뽀다가/접뽀다
가 /접뻐덤 ‖ 닫또, 닫뽀다 ‖ 부억또/부억또/버억또/벅:또, 부억뽀다/
부억뽀다가/버억뽀다가/벅:뻐덤 ‖ 받또, 받뽀다/밥뽀다가/받뽀다가/
밥뻐덤 ‖ 입또, 입뽀다/입뽀다가/입뻐덤

ㄹ. 산(山), 달(月), 몸, 콩 + 도, 보다(①)/보다가(②③)/버덤(④) → 산도,
산보다/삼보다가/산보다가/삼버덤 ‖ 달또, 달보다/달보다가/달버덤 ‖
몸도, 몸보다/몸보다가/몸버덤 ‖ 콩도, 콩보다/콩보다가/콩버덤.

3) y활음화

곡용어간 말음이 'ㅣ'이고 여기에 어미 '애/에'가 결합되면 'ㅣ'가 y
활음화될 환경을 구성하나 영덕, 울진, 삼척에서는 전혀 활음화되지
않는다. 이에 비해 강릉에서는 제한된 어사에서 활음화를 보이는데
그것을 보면 (23)과 같다.

(23) ㄱ. 제비, 나비, 하리(爐), 가오리, 다리(脚), 까시(棘), 대지(豚), 짐치, 고
기(魚), 잘기(柄), 잘기(袋), 갈기(粉) + 에 → ④: 제베, 나베, 하레,
가오레, 다레, 까세, 대제, 짐체, ko^{y}ge, 잘게, 잘게, 갈게.
ㄴ. 가재미, 골미, 띠(帶), 베리(硯), 하리(一日), 벌시(버릇), 목시(몫), 문
지(塵), 바가치(弧), 칼치, 칠기, 베리기(벼룩), 키(身長) + 에 → ④:
가재미에, 골미에, 띠에, 베리에, 하리에, 벌시에, 목시에, 문지에,
바가치에, 칼치에, 칠기에, 베리기에, 키에.

위의 (23ㄱ)에서 보는 바와 같이 'ㅣ'에 선행하는 자음이 순음, 치조
음, 경구개음, 연구개음 등이므로 선행자음의 종류와 상관없이 곡용어
간 말음 'ㅣ'는 어미 '에' 앞에서 y로 바뀌어 활음화됨을 알 수 있다.

이렇게 활음화되어 실현되는 ye는 다시 y탈락에 의해 e로 바뀌는데, 여기서 y가 탈락되는 이유는 [+전설성]을 지닌 두 음이 연속적으로 조음됨을 꺼려하기 때문인 것으로 해석된다. 그러나 (23ㄴ)에서 보는 바와 같이 동일한 환경인데도 활음화되지 않는 예들이 다수 발견되므로 일률적으로 활음화된다고는 할 수 없다. 그러므로 (23ㄱ)의 어사들은 y활음화규칙이 적용됨을 어휘부에서 별도로 명시할 필요가 있다.

활용어간 말음이 'ㅣ'이고 여기에 어미 '아X(→어X)'가 결합되면, 이 'ㅣ'는 활음 y로 바뀌고, 'ㅎ, ㆅ'가 후행하는 'ㅣ'의 경우에는 'ㅎ, ㆅ'가 탈락된 다음 활음 y로 바뀐다. 그런데 이 y가 후행 '아/어'와 결합될 때는 ① 'ㅕ'로 실현되는 유형, ② 'ㅏ/ㅓ'로 실현되는 유형, ③ 'ㅒ(yE)/ㅖ(ye)'로 실현되는 유형, ④ 'ㅐ(E)/ㅔ(e)'로 실현되는 유형의 네 유형으로 나타난다.

먼저 'ㅕ'로 실현되는 유형은 어간 말음 'ㅣ'에 어미 두음 'ㅓ'가 결합될 때 모음연결제약 때문에 'ㅣ'가 활음 y로 바뀌어 음절이 축약된 것인데, 그 예는 '이-(戴), 모이-(集), 시키-(使)'의 세 어사에 한정되어 있으며, 그나마 울진에서는 하나의 어사에서도 실현되지 않는다 (24ㄱ). 그 이유는 (24)의 모든 어사가 이 과정을 겪었지만 그에 이어 또 다른 음운과정을 겪었기 때문인데, 선행자음이 없는 경우에 이 유형이 오래 존속됨을 짐작할 수 있다.

'ㅏ/ㅓ'로 실현되는 유형은 앞에서 본 활음화 과정에 의해 'ㅑ/ㅕ'가 되었으나 경구개음 'ㅈ, ㅉ, ㅊ' 및 경구개음화 된 음 'ㄹ, ㅅ' 뒤에서 역시 경구개음성을 지닌 y가 연속적으로 조음됨을 꺼려 y가 탈락된 것이다. 이 유형은 울진에서 가장 많이 나타난다(24ㄴ).

'ㅒ(영덕, 울진, 삼척)/ㅖ(강릉)'로 실현되는 유형은 'ㅣ+ㅏ/ㅓ(←ㅏ)'의 결합에서 'ㅣ'가 활음화되어 'ㅑ/ㅕ'가 된 다음 다시 y순행동화에 의해 'ㅑ/ㅕ'의 'ㅏ/ㅓ'가 'ㅐ/ㅔ'로 바뀐 것이다('i+a/ə → ya/yə →

yE/ye')(24ㄷ). 이 유형에 속하는 어사는 '고이-(溜), 모이-(集)'의 둘
이 있는데, 이 두 어사는 'ㅣ'에 자음이 선행되지 않음이 특징이다. 삼
척에서는 이 유형이 나타나지 않는다.

　'ㅐ/ㅔ'로 실현되는 유형은 앞에서 본 'i+a/ə → ya/yə → yE/ye'의 과
정에서 다시 y가 탈락된 것인데('i+a/ə → ya/yə → yE/ye → E/e')(24ㄹ),
그것이 탈락되는 이유는 [+전설성]을 지닌 y가 역시 [+전설성]을 지
닌 E/e와 연속적으로 조음됨을 꺼려하기 때문인 것으로 해석된다.

　이상에서 살펴본 바를 종합하여 y가 후행 '아/어'와 결합될 때의 유
형을 재분류하면, y의 유지 여부에 의해서는 y유지형('ㅕ, ㅐ/ㅔ'로 실
현되는 유형)과 y탈락형('ㅏ/ㅓ, ㅐ/ㅔ'로 실현되는 유형)으로 나눌 수
있고, y순행동화 여부에 의해서는 y순행동화형('ㅐ/ㅖ, ㅐ/ㅔ'로 실현
되는 유형)과 비y순행동화형('ㅏ/ㅓ, ㅕ'로 실현되는 유형)으로 나눌
수 있다.

　y활음화가 실현되는 정도와, y활음화 이후 경험하게 되는 y의 유지
여부 및 y순행동화 여부를 중심으로 그 실현 정도를 통계적으로 살펴
보면 각각 <표 9>, <표 10>, <표 11>과 같다.

<표 9> y활음화 정도

지 역	영 덕	울 진	삼 척	강 릉
백분율(%)	91(81/89)	73(79/108)	97(94/97)	71(71/100)

<표 10> y탈락 정도

지 역	영 덕	울 진	삼 척	강 릉
유지형	4(3/81)	3(2/79)	1(1/94)	4(3/71)
탈락형	96(78/81)	97(77/79)	99(93/94)	96(68/71)
합 계	100	100	100	100

<표 11> y순행동화 정도

지 역	영 덕	울 진	삼 척	강 릉
비순행동화형	22(18/81)	46(36/79)	12(11/94)	25(18/71)
순행동화형	78(63/81)	54(43/79)	88(83/94)	75(53/71)
합 계	100	100	100	100

이상에서 살펴본 y활음화, y탈락, y순행동화의 과정을 강릉의 경우
를 중심으로 규칙화하면 각각 규칙(13), (14), (15)와 같다.

규칙(13): ㅣ → y / ——]$_{Vst.\langle N.\rangle}$ + {ㅏ, ㅓ, ⟨ㅔ⟩}

규칙(14): y → ø / $\left\{ \begin{array}{c} [\,+경구개음성\,] \\ C\text{——}ㅔ \end{array} \right\}$ ——

규칙(15): ㅓ → [+전설성] / y ——

(24) ㄱ. 이-(戴), 모이-(集), 시키-(使) + 아도 → 여:도(①)/여도(④) ‖
    모여:도(③) ‖ 시켜도(①).
   ㄴ. 새(:)리-(算), 무리-(軟), 꿈불리-(轉), 오시-(來), 마시-(飮), 지
    -(負), 찌-(揷), 치-(打), 짛:-(造), 찧-(搗) + 아도 → 새:라도
    (①)/새라도(②) ‖ 물러도(①)/물라도(②④) ‖ 꿈불라도(③) ‖ 오서도(
    ①④) ‖ 마사도(②) ‖ 저도(①②③④) ‖ 쩌도(①②④) ‖ 처도(①②
    ③④) ‖ 저:도(①) ‖ 쩌:도(①).
   ㄷ. 고이-(溜), 모이-(集) + 아도 → 고애도(②)/괴예도(④) ‖ 모애도
    (①②)/모예도(④).
   ㄹ. 꾸기/꾸깋-(鄒), 째끼/찌끼/때끼/쩨끼-(瘤小便), 전디/견디-(忍),
    띠-(走), 기리/그리-(畵), 미:-(肩負), 누비-(縫), 떠시/뜨시-
    (溫), 조이-(縮), 껀지-(救), 짛:-(吠), 찧-(搗), 마치-(終), 시키
    -(使), 이피-(使衣) + 아도 → 꾸개:도 ‖ 째깨도(①)/찌깨도(②)/
    때깨도(③)/쩨께도(④) ‖ 전대도(①②)/견대도(③)/전데도(④) ‖ 때:
    도(③) ‖ 기래도(①②③)/그레도(④) ‖ 매:도(③) ‖ 누배도(①②③)/
    누베도(④) ‖ 떠새도(①②③)/뜨세도(④) ‖ 조애도(③) ‖ 껀재도(①
    ③)/껀제도(④) ‖ 재:도(③) ‖ 쩨:도(③) ‖ 마채도(①③)/마체도(④) ‖
    시캐도(②③)/식케도(④) ‖ 이패도(①②③)/입페도(④).

4) w활음화

활용어간 말음이 'ㅗ, ㅜ'이고 여기에 어미 '아X(→어X)'가 결합되면, 이 'ㅗ, ㅜ'는 활음 w로 바뀌고, 'ㅎ, ㆆ'가 후행하는 'ㅗ, ㅜ'의 경우에는 'ㅎ, ㆆ'가 탈락된 다음 활음 w로 바뀐다. 그런데 이 w가 후행 'ㅏ'와 결합되어 실현되는 방언형을 보면, (1) w가 유지되는 유형, (2) w가 탈락되는 유형, (3) 'w+ㅔ/ə→o'로 축약되는 유형의 세 유형이 있음을 알 수 있다.

w가 유지되는 유형은 어간 말음 'ㅗ, ㅜ'와 어미 두음 'ㅏ'가 결합될 때 모음연결제약 때문에 'ㅗ, ㅜ'가 활음 w로 바뀌어 음절이 축약된 것이다. 이 유형은 'ㅗ, ㅜ'에 자음이 선행되지 않는 경우에는 네 지역어에서 공통적으로 나타난다. 그러나 자음이 선행되는 경우에는 [+후설성]을 지닌 'ㄱ, ㄲ, ㅋ'에 한정되는데, 지역적으로는 영덕, 삼척, 강릉에서 나타나고 울진에서는 나타나지 않는다(25ㄱ).

w가 탈락되는 유형은 앞에서 본 활음화 과정에 의해 'ㅘ'가 되었으나 다시 w가 탈락된 것인데, 이 경우에는 지역에 따라서 차이가 있다(25ㄴ).

먼저 'ㅗ, ㅜ'에 자음이 선행되지 않을 경우에는 영덕과 울진에서 각각 '왜우-(暗誦)', '피우-(喫煙)'의 한 어사에서만 w가 탈락될 뿐 여타의 어사들은 네 지역어 모두에서 w가 탈락되지 않는 유형으로 실현된다.

[+순음성]을 지닌 자음이 선행될 때는 네 지역어 모두에서 w가 탈락된 유형으로 실현된다.

[+설정성]을 지닌 자음이 선행될 때는 영덕과 울진에서는 일부의 어사에서는 w가 탈락되나 일부의 어사에서는 다음에서 보게 될 'ㅗ' 형으로 실현되고, 삼척에서는 'ㅗ'형으로 실현되는 '두-(置)'한 어사를 제외한 전부에서 w가 탈락되나 강릉에서는 거의 전부의 어사에서

'ㅗ'형으로 실현되고 '놓-(産)'한 어사에서만 w가 탈락된다.

[+후설성]을 지닌 자음이 선행될 때는 영덕에서는 일부의 어사에서 w가 탈락되나 탈락되지 않는 어사의 세력이 우세하며, 삼척에서도 일부의 어사에서 w가 탈락되나 탈락되지 않는 어사의 경우와 비슷한 세력을 보인다. 울진에서는 'ㅗ'형으로 실현되는 '꿇:-(炙)'한 어사를 제외한 전부에서 w가 탈락되고, 강릉에서는 '숭구-(植), 농구-(分)'의 두 어사에서 w가 탈락되는데 w유지형과 축약형에 비해 그 세력이 다소 약하다.

축약되는 유형은 어간 말음 'ㅜ'가 활음 w로 바뀐 다음 자신의 원순성을 후행의 'ㅓ(←ㅏ)'에 넘겨주고 자신은 탈락된 것인데, 이 경우에는 대부분의 어사에서 보상적 장음화가 이루어진다. 이 유형은 선행자음이 없거나 [+순음성]을 지닌 'ㅂ, ㅃ, ㅍ' 등일 때는 발견되지 않으며, 지역적으로는 강릉에서 많이 나타나고 삼척에서는 '두-(置)'한 어사에서만 나타나 그 세력이 매우 약하다(25ㄷ).

(25ㄹ)에서 보면, 강릉의 경우에는 '뿌수-(碎), 거두-(收), 가두-(因)'의 세 어사에서 활음화되지 않음을 알 수 있는데, 그것은 이 지역에서는 아직 이들 어사에 w활음화규칙이 확산되지 않았음을 의미한다. 또한 (25ㄹ)에서는, 극소수의 예이긴 하지만 네 지역어 모두에서 나타나는 현상으로, 어간 말음 'ㅎ, ㆆ'가 탈락되어도 (25ㄱ~ㄷ)에서와 같은 활음화를 경험하지 않은 예를 볼 수 있는데, 이 경우 역시 이들 어사에는 아직 w활음화규칙이 확산되지 않았음을 의미한다.

이상에서 살펴본 w활음화와, w활음화 이후 경험하게 되는 w의 유지 여부 및 축약(wɛ/wə→o) 여부를 중심으로 그 실현 정도를 통계적으로 살펴보면 각각 <표 12>, <표 13>과 같고, 삼척을 중심으로 그 과정의 대략을 규칙화하면 규칙(16), (17), (18)과 같다.

〈표 12〉 w활음화 정도

지 역	영 덕	울 진	삼 척	강 릉
백분율(%)	96(53/55)	88(46/52)	86(42/49)	89(47/53)

〈표 13〉 w의 변화 정도

지 역	영 덕	울 진	삼 척	강 릉
유지형	32(17/53)	18(8/46)	31(13/42)	28(13/47)
탈락형	51(27/53)	67(31/46)	67(28/42)	32(15/47)
축약형	17(9/53)	15(7/46)	2(1/42)	40(19/47)
합 계	100	100	100	100

규칙(16): {ㅗ, ㅜ} → w / ────]$_{vst.}$ + {ㅏ, ㅓ}

규칙(17): w → ø / C ──── + {ㅏ, ㅓ}
　　　　　　　('C=연구개음'일 때는 임의적임.)

규칙(18): w ㅓ ⇒ [1] [2]
　　　　　　1 2 　　 [ø] [+원순성]

(25) ㄱ. 오-(來), 배우-(學), 당궁/당구-(沈), 뿔구-(使增), 바꿍/바꾸-
　　　(換), 일쿠/이루쿠-(使起) + 아도 → 와도 ‖ 배와도 ‖ 당과도(①④)
　　　‖ 뿔과도(③) ‖ 바꽈:도(①)/바꽈도(④) ‖ 일콰도(①)/이루콰도(③).
　　ㄴ. 숭궁(①)/숭구-(植)(②③④), 놓-(產), 가둥/가두ㅎ-(因), 말룽(①)/
　　　말루ㅎ(③)/말룽-(使乾)(②), 보-(見), 바뿌-(忙), 뿌수:-(碎), 떠
　　　쑹-(使溫), 왜우-(暗誦), 피우-(喫煙), 전중-(照準), 마추/맏추-
　　　(組合), 시쿠-(使冷), 야푸/나푸-(淺) + 아도→숭가도 ‖ 나아도(①
　　　②④)/나:도(③) ‖ 가다도(①)/가다:도(②③) ‖ 말라도(①③)/말랴도
　　　(②) ‖ 바:도 ‖ 바빠도 ‖ 뿌사:도(①②) ‖ 떠쌰:도(③) ‖ 왜아도(①) ‖ 피
　　　아도(②) ‖ 전자:도(①②③) ‖ 마차도(①)/맏차도(②)/마차:도(③) ‖ 시
　　　카도(②) ‖ 야파도(①②)/나파도(③④).
　　ㄷ. 꾸-(夢), 꿍:/꾸ㅎ-(炙), 누-(尿), 두-(置), 따루-(注), 수/쑤-
　　　(射), 주-(授), 추-(舞) + 어도(←아도) → 꼬도(①)/꼬:도(④) ‖
　　　꼬:도(②)/꼬:도(④) ‖ 노:도(①②④) ‖ 도:도(①②③④) ‖ 따로:도(④)

‖ 소:도(①)/쏘:도(②④) ‖ 조:도(①④) ‖ 초:도(①②④).

ㄹ. 조ㅎ—(拾), 좋(:)—(好), 붓—(腫), 붓—(注), 뿌수—(碎), 거두—(收), 가두—(囚) + 아도→ 조아도(①) ‖ 조아도(①②④)/조:아도(③) ‖ 부어도(②) ‖ 부어도(②) ‖ 뿌수어도(④) ‖ 거두어도(④) ‖ 가두어도(④).

4. 첨 가[27]

곡용어간의 말음이 'ㅣ, ㅐ'이고 여기에 어미 '애/에'가 결합되면 'ㅣ, ㅐ'의 영향으로 y가 첨가되어 'ㅒ/ㅖ'로 실현된다. 이렇게 y가 첨가된 음운론적 기제는 전설성을 지닌 두 모음의 연속을 꺼려하기 때문인 것으로 이해되는데, 울진에서는 그러한 예가 발견되지 않는다. 강릉에서는 극소수의 어사에서, 삼척에서는 상당수의 어사에서 그러한 예가 발견되나 곡용어간 말음이 'ㅣ'인 경우에 한정되며, 영덕에서는 어간말음이 'ㅣ'인 경우와 함께 'ㅐ'인 경우에도 y가 첨가되나 후자의 경우에는 그 예가 많지 않다. 어간 말음이 'ㅣ, ㅐ'인 경우를 기준으로 하여 네 지역어에서 y가 첨가되는 정도를 보면 <표 14>와 같고 영덕을 중심으로 그 과정을 규칙화하면 규칙(19)와 같으며, 이에 해당되는 예는 (26)과 같다.

〈표 14〉 y첨가의 정도

지 역	영 덕	울 진	삼 척	강 릉
백분율(%)	52(34/65)	0(0/75)	26(18/69)	3(2/70)

규칙(19): ø → y / {i, E} + —— E

(26) 이(齒), 사이, 나비, 무늬(紋), 마디/매디, 베리(硯), 문지(塵), 고기, 배(布),

---

27) 앞의 Ⅲ.3.2)에서 다룬 'ㅎ' 첨가의 경우도 여기서 다루는 것이 마땅하겠으나 기술의 편의상 앞에서 다루었음을 밝혀둔다.

쵀(罪) + 애/에 → 이애(①③), 사이예(④), 나비애(①③), 무니애(①),
마디애(①)/매디애(③),베리예(④), 문지애(①), 고기애(①③), 배애(①),
쵀얘(①)

5. 탈 락

여러 가지 음운론적 제약에 의해 음이 떨어지는 음운과정을 탈락이
라고 한다. 이에는 자음군 단순화, 후음탈락, 유음탈락, 어간 말음 'ㅏ,
ㅓ' 탈락, 어간 말음 'ㅓ/ㅡ' 탈락, 어미 두음 'ㅓ(~)/ㅡ' 탈락 등이 있다.

1) 자음군 단순화

네 지역어에서는 자음군(C_1C_2)으로 끝난 어간이 단독으로 사용되거
나, 그 뒤에 자음으로 시작되는 어미가 결합되면, 음절말에 두 자음이
올 수 없는 음절말음제약 때문에 두 자음 가운데 하나가 탈락되는데,
이 음운과정을 자음군 단순화라고 한다. 그러나 자음군 C_1C_2에서 어
느 자음이 탈락되는지에 대해서는 지역어에 따라 차이가 있다.

먼저 네 지역어의 음절말 자음군을 보면, 영덕에는 'ㄵ, ㄶ, ㄺ, ㄻ,
ㄼ, ㄾ ,ㅀ, ㅄ'가, 울진에는 'ㄶ, ㄺ, ㄻ, ㄼ, ㄾ, ㅀ, ㅀ, ㅄ, ㅇㅎ'가[28], 삼
척에는 'ㄶ, ㄺ, ㄻ, ㄼ, ㄾ, ㅀ, ㅀ, ㅄ'가, 강릉에는 ' ㄲ, ㄵ, ㄶ, ㄺ, ㄻ,
ㄼ, ㄾ, ㅀ, ㅀ, ㅄ'가 있음을 알 수 있는데, 이들 가운데 'ㅀ, ㅇㅎ'는 표
준어에서는 볼 수 없는 것이다.

다음에서는 이들 자음군이 네 지역어에서 어떻게 단순화되는지 살
펴보기로 한다.

네 지역어의 경우 음절말 자음군 'ㄲ, ㄵ, ㄶ, ㄺ, ㄼ, ㄾ, ㅀ, ㅀ, ㅄ,

---

28) 울진에서는 '삶:-(烹)'에 '아도'가 결합되면 '살마도/삼마도'와 같이 두
유형으로 실현되는데, 이 경우를 고려하면 음절말에 복자음 'ㅁㅁ'을 추
가할 수 있다.

ㅇㅎ' 등에서는 후행 자음이 탈락되는 것이 원칙이다(27ㄱ~ㄷ). 이 과정을 규칙화하면 규칙(20)과 같은데, 이 규칙은 자음축약(경음화, 유기음화)규칙이 적용된 다음에 적용된다.

규칙(20): $C_2 → ø / C_1 ——]_σ$

(27ㄹ)의 경우는 네 지역어에서 동일한 양상을 보이는데, 두 자음 가운데 한 자음이 탈락되는 점에서는 (27ㄱ~ㄷ)의 경우와 차이가 없으나, 후행 자음이 아닌 선행 자음이 탈락된다는 점에서 차이가 있다. 특히, (27ㄱ)의 'ㄺ, ㄼ'와 이 경우의 'ㄻ'를 비교하면, 다 같이 'ㄹ'를 선행시키고 있는 점에서 동일한데도 탈락의 과정에서 차이를 보이는 것은 음절말음제약 이외의 다른 요인도 여기에 작용하고 있음을 의미한다.

(27)의 예들을 다시 검토해 보면, (27ㄱ~ㄷ)의 경우에는 그 음의 연결이 '공명자음+비공명자음', 혹은 '비공명자음+비공명자음'으로 되어 있는데 반해, (27ㄹ)의 경우에는 '공명자음+공명자음'이란 차이를 발견할 수 있다. 그리고 후자의 경우에는 음운론적 강도가 약한 'ㄹ'가 삭제됨도 알게 된다.[29] 이 과정을 규칙화하면 규칙(21)과 같은데, 이것은 규칙(20)에 앞서서 적용되어야 한다.

규칙(21): $\begin{bmatrix} C_1 \\ +공명성 \end{bmatrix} → ø / —— \begin{bmatrix} C_2 \\ +공명성 \end{bmatrix}]_σ$

(27ㅁ)의 경우는 삼척과 강릉에서만 발견되는 예인데, 표준어의 '곬

---

29) 김차균(1983:29)에서는 치조음보다 순음과 연구개음이 음운론적 강도가 강한 것으로 보고 있으며, 배주채(1998:100)에서도 그렇게 보고 있다.

(跪)—'이 이 지역에서 '跆—'으로 재구조화된 어사로서, 이 어사를 제외한 'ㄿ' 말음 어사들이 전부 C_2가 탈락됨에도 불구하고, 삼척에서는 C_1이 탈락되고 강릉에서는 어미에 따라 C_1이 탈락되기도 하고 C_2가 탈락되기도 한다. 그 이유는 앞의 규칙(20)과 규칙(21)이 경쟁적으로 적용되어 'ㄿ'를 말음으로 가진 어사들 가운데 이 어사에서만 규칙(21)이 적용되었기 때문인 것으로 해석된다. 이러한 경향은 (27ㅂ)에서도 볼 수 있는데, 이 예는 울진과 강릉에서만 나타나는 것으로서 앞의 (27ㄱ, ㄷ)의 경우로 비추어 C_2가 탈락되어야 함에도 C_1이 탈락되어 규칙(21)이 그 세력을 확산시켜 가는 모습을 보여 준다.

규칙(20)과 규칙(21)이 경쟁적으로 적용되고 있음은 (27ㅅ)의 예에서 더욱 분명해진다. 울진과 삼척에서는 'ㄼ' 말음을 지닌 곡용어간이 그 뒤에 결합되는 조사의 종류에 따라 규칙(20)이 적용되기도 하고 규칙(21)이 적용되기도 하여 두 규칙이 경쟁하고 있으며, 강릉의 경우에는 어미에 따른 차이뿐만 아니라 동일한 어미에서까지 규칙(20)과 규칙(21)이 경쟁적으로 적용되는 모습을 보여 준다.[30]

이상에서 본 바와 같이 'ㄼ, ㄿ, ㄿ' 가운데 'ㄿ'의 경우에는 네 지역어에서 모두 C_1이 탈락되고, 'ㄼ'의 경우는 곡용어간에서, 'ㄿ'의 경우에는 활용어간에서 각각 C_1이 탈락되는 어사가 발견되므로 'ㄼ, ㄿ'의 경우에 한정하여 C_1이 탈락되는 정도를 보이면 다음의 <표 15>와 같다. 그런데 실현 어사의 수가 매우 적기 때문에 이것을 통계로 처리하는 것이 무의미한 것처럼 생각될 수도 있겠으나 'ㄼ, ㄿ' 자음군에서

---

30) 오종갑(1999c)에서는 「한국방언자료집」의 자료를 바탕으로 C_1탈락규칙의 개신지를 전남지역으로, C_2탈락규칙의 개신지를 경북지역으로 추정하고, 이 두 규칙이 경쟁하면서 전국적으로 확산되어 가고 있음을 밝힌 바 있다. 이에 의하면 본론에서 보여 주는 이러한 모습은 영덕에는 'ㄼ, ㄿ'에서 C_1이 탈락되는 개신파가 아직 전파되지 않았으나 나머지 세 지역에는 그것이 이미 전파되었음을 의미한다.

는 C_2탈락이 원칙인 상황에서 C_1탈락규칙의 적용을 받는 어사가 발견
된다는 것은 네 방언의 같고 다름을 판단하는 데 중요한 의미를 지닌
것으로 생각된다.

〈표 15〉 C_1탈락의 정도[31]

지 역	영 덕	울 진	삼 척	강 릉
곡용(ㄹㄱ)	0(0/2)	33(1/3)	50(1/2)	50(1.5/3)
활용(ㄹㅂ)	0(0/6)	0(0/7)	17(1/6)	5(0.5/11)
평 균	0	17	34	28

(27) ㄱ. 앉-(坐), 늙/늚-(老), 얇(:)-(薄), 핥-(舐), 없(:)/읎:-(無) + 나, 더
라, 지, 고 → ①: 안나, 안떠라, 안찌, 앙꼬//④: 안나, 안떠라, 안찌,
안꼬‖ ①②③/④: 널라/늘라, 널떠라/늘떠라, 널찌/늘찌, 널꼬/늘꼬
‖ ①④: 얄라, 얄떠라, 얄찌, 얄꼬//②③: 얄:라, 얄:떠라, 얄:찌, 얄:
꼬‖ ①②③④: 할라, 할떠라, 할찌, 할꼬‖ ①: 엄나, 업떠라, 업
찌, 업꼬/②: 엄:나, 업:떠라, 업:찌, 억:꼬//③: 엄:나, 업:떠라, 업:찌,
엄: 꼬//④: 움:나, 움:떠라, 움:찌, 움:꼬.
ㄴ. 싫:-(載), 끊/끊-(斷), 옳-(安當), 땋ㅎ-(辮) + 나, 더라, 지, 고
→ ②③④: 실:라,실:떠라, 실:찌, 실:꼬‖ ①②③/④: 껀나/끈나, 껀
터라/끈터라, 껀치/끈치, 껑코①②/껀코③/끈코④‖ ①②③④: 올
라, 올터라, 올치, 올코‖ ②: 땅나, 땅터라, 땅치, 땅코.
ㄷ. 흙, 돍(石),[32] 여덟, 넋, 값 + 도, 까지/꺼지/꺼정, 보다/보다가/버텀,
만, 하고 → ①②: 헐또, 헐까지(①)/헐꺼지(②), 헐보다(①)/헐보다
가(②), 헐만, 헐하고‖ ④: 돌또, 돌꺼정, 돌버텀, 돌만, 돌하고‖ ②

---

31) 하나의 어사에서 C_1이 탈락되기도 하고 C_2가 탈락되기도 하는 경우에는
그 빈도를 0.5로 계산하였다.
32) 강릉에서는 표준어의 '돌(石)'에 해당되는 어사가 단독으로 쓰이거나 자
음으로 시작되는 조사와 결합될 때는 '돌'로 실현되나 모음으로 시작되는
조사 '은, 을'이 결합될 때는 '돍'으로, '에, 으로, 이'가 결합될 때는 '돍/
돌'로 실현되어 그 기저형이 '돍'에서 '돌'로 재구조화되어 가는 과정에
있음을 보여 준다. (돌(石), 돌또, 돌꺼정, 돌버텀, 돌만, 돌하고, 돌근, 돌
글, 돌개/도래, 돌그로/돌로, 돌기/도리).

③④: 여덜또, 여덜꺼지(②)/여덜까지(③)/여덜꺼정(④), 여덜보다
가(②③)/여덜버덤(④), 여덜만, 여덜하고 ‖ ④: 넉또, 넉꺼정, 넉뻐
덤, 넝만, 넉하고 ‖ ①②③④: 갑또, 갑까지(①③)/갑꺼지(②)/각꺼
정(④), 갑뽀다(①)/갑뽀다가(②③)/ 갑뻐덤(④), 감만, 갑하고.
ㄹ. 삶/쌂(:)－(烹) + 나, 더라, 지, 고 → ①: 삼:나, 삼:떠라, 삼:찌, 삼:
꼬//②: 삼:나, 삼:떠라, 삼:찌, 삼:꼬//③: 쌈:나, 쌈:떠라, 쌈:찌, 쌈:꼬
//④: 삼나, 삼떠라, 삼찌, 삼꼬.
ㅁ. 꿂－(跪) + 나, 더라, 지, 고, 넌다 → ③: 꿈나, 꿈떠라, 꿈찌, 꿈꼬,
꿈넌다//④:꿀라, 꿀떠라, 꿀찌, 꿀꼬/꾹꼬, 꿀런다/꿈넌다.
ㅂ. 닭 + 도, 꺼지/꺼정, 보다가/버덤, 만, 하고 → ②/④: 닥또, 닥꺼지/
닥꺼정, 닥뽀다가/닥뻐덤, 당만, 닥하고.
ㅅ. 닭, 헑/흙 + 도, 까지/꺼정, 보다가/버덤, 만, 하고 → ③:닥또, 달까
지, 닥뽀다가, 당만, 닥하고 ‖ ③: 헐또, 헐까지, 헐보다가, 형만, 헉
하고//④: 흘또/흑또, 흘꺼정, 흑뻐덤, 흘만/흥만, 흑하고.

2) 후음 탈락

네 지역어에서는 후음 'ㅎ, ㆆ'가 말음인 어간에 모음으로 시작되는
어미가 결합되면 이 후음은 모두 탈락되는데(28), 이러한 음운과정을
후음 탈락이라고 한다. 이 과정을 규칙화하면 규칙(22)와 같다.

$$\text{규칙(22):} \quad \begin{bmatrix} -\text{자음성} \\ -\text{향음성} \end{bmatrix} \rightarrow \emptyset / [+\text{유성성}] \text{——} + V$$

(28) 놓－(放), 괜찮/갠찮－(無妨), 옳－(妥當), 낫:－(愈), 걿(:)－(步) + 아도,
어머/어먼/으먼, 어~이~/어이꺼내/어이깨내/으니→①: 나아도, 노
어머, 노어~이~ ‖ 괜차나도, 괜차너머, 괜차너~이~ ‖ 오라도, 오러
머, 오러~이~ ‖ 나아도, 나아머, 나어~이~// ②: 나:도, 노:먼, 노:이
꺼내 ‖ 갠차나도, 갠차너먼, 갠차너이꺼내 ‖ 오래도, 오러먼, 오러
이꺼내 ‖ 나아도, 나:먼, 나:이꺼내 ‖ 거러도, 거러먼, 거러이꺼내//
③: 나:도, 노:머, 노어이깨내 ‖ 갠차나도, 갠차너머, 갠차너이깨내
‖ 오래도, 오러머, 오러이깨내 ‖ 나:도, 나:머, 나이깨내 ‖ 거라도,

거러머, 거러이깨내// ④: 노:도, 노:먼, 노:니 ‖ 괜차나도, 괜차느
먼, 괜차느니 ‖ 오라도, 오르먼, 오르니 ‖ 나:도, 나:먼, 나:니 ‖ 거라
도, 거르먼, 거르니.

3) 유음 탈락

‘ㄹ’계 자음군에서 유음 ‘ㄹ’가 탈락되는 경우는 앞의 자음군 단순
화에서 이미 보았다. 그러므로 여기서는 그 이외의 경우에서 ‘ㄹ’가
탈락되는 경우를 살펴보기로 한다.

네 지역어에서는 다 같이 ‘ㄹ’를 말음으로 가진 어간에 ‘ㄴ’로 시작
되는 어미(나, ㄴ다, 니더, 넌/는)가 결합되면 말음 ‘ㄹ’가 탈락된다. 그
이유는 동일 조음위치의 두 음이 연속적으로 조음됨을 꺼리기 때문이
며, ‘ㄴ’가 탈락되지 않고 ‘ㄹ’가 탈락되는 것은 ‘ㄴ’가 ‘ㄹ’보다 음운
론적 강도가 강하기 때문이다.

그리고 네 지역어에서는 ‘ㄹ’와 조음위치가 동일한 ‘ㄷ’와 경구개
음 ‘ㅈ’ 앞에서까지 ‘ㄹ’가 탈락되어 그 범위가 확대되어 있음을 볼
수 있는데(29ㄱ), 영덕, 울진, 강릉에서는 그 세력이 강하고 삼척에서
는 일부의 어사에서만 그것이 탈락되어 앞의 세 지역보다는 그 세력
이 약하다. 어미의 두음이 ‘ㄱ’인 경우에도 ‘ㄹ’가 탈락되는 경우가
있는데, 삼척과 강릉에서는 각각 하나의 어사에서, 영덕에서는 소수
의 어사에서, 울진에서는 절반 이상의 어사에서 ‘ㄹ’가 탈락된다.

‘어/으’로 시작되는 어미가 ‘ㄹ’를 말음으로 가진 어간에 결합되면,
어간 말음 ‘ㄹ’가 탈락되기도 하는데(29ㄴ), 어미 ‘언/은, 어~이~/어이
꺼내/어이깨내/으니’와 ‘엄니다/음니다’가 결합될 때는 모든 어사에서
‘ㄹ’가 탈락되고, ‘어머/어먼/으먼’이 결합될 때는 영덕에서는 탈락이
우세하고, 울진에서는 거의 전부 탈락되며, 삼척과 강릉에서는 일부
의 어사에서 그것이 탈락된다. 이 경우에는 모두 ‘ㄹ’ 아래서 ‘어/으’
가 탈락되는 점에서는 동일한데도 ‘ㄹ’탈락의 정도에는 차이가 있는

데, 그 이유를 어간 '울－'을 예로 들어 설명하면 다음과 같다.

'울+언/은'의 경우에는 '어/으'가 탈락되어 '울ㄴ'이 된 다음 동일 조음위치의 두 자음이 연속됨을 꺼려 음운론적 강도가 약한 'ㄹ'가 탈락되어 '운'으로 실현된다. '울+어˜이˜/어이꺼내/어이깨내/으니'의 경우에는 '어(˜)/으'가 탈락되어 '울이˜/울이꺼내/울이깨내/울니'가 된 다음 다시 '울이˜/울이꺼내/울이깨내'에서는 '이(˜)' 앞에서 'ㄹ'가 탈락되고, '울니'에서는 'ㄹ'가 'ㄴ' 앞에서 탈락되어 '우이˜/우이꺼내/우이깨내/우니'가 된 것으로 해석되는데,33) '우이˜'의 경우에는 '이˜'의 비음성에 의한 역행동화로 '우˜이˜'가 된다.

'울+엄니다/음니다'의 경우에는 'ㄹ' 아래서 '어/으'가 탈락되어34) '울ㅁ니다'가 되는데, 이 경우에는 모음간에 세 자음이 올 수 없는 표면음성제약 때문에 자음군단순화규칙이 적용되어 '움니다'로 실현된다. 이에 비해 '울+어머/어면'의 경우에는 '어'가 탈락되어 '울머/울면'이 되었으나, '울+엄니다/음니다'의 경우와는 달리, 치조음 'ㄴ' 앞에서 'ㄹ'가 탈락되는 규칙이 그 적용 범위를 경구개자음 'ㅈ'를 거쳐 앞에서 본 연구개음 'ㄱ'의 경우와 더불어 순음 'ㅁ'의 경우에까지 확대시켜 갔기 때문인 것으로 해석된다.

'ㄴ, ㄷ, ㅈ, ㅁ35), ㄱ' 앞에서 어간 말음 'ㄹ'가 탈락되는 정도를 통계적으로 보이면 <표 16>과 같다.

---

33) 역사적으로는 네 지역어가 다 같이 'ㄴ' 앞에서 'ㄹ'를 탈락시킨 것이지만 공시적으로는 강릉을 제외하고는 문법이 재구성되어 '이(˜)' 앞에서 'ㄹ'가 탈락된 것으로 해석된다.

34) '으'탈락과 관련된 음운론적제약에 대해서는 오종갑(1994)를 참고하기 바람.

35) 'ㄹ' 말음 어간에 어미 '어머/어면/으면'이 결합되는 경우를 통계적으로 조사하였음.

〈표 16〉 유음 탈락의 정도

지역	ㄴ	ㄷ	ㅈ	ㅁ	ㄱ	평균(%)
영덕	100(25/25)	100(25/25)	100(25/25)	72(18/25)	20(5/25)	78
울진	100(25/25)	100(25/25)	100(25/25)	92(23/25)	68(17/25)	92
삼척	100(23/23)	39(9/23)	30(7/23)	22(5/23)	4(1/23)	39
강릉	100(26/26)	100(26/26)	100(26/26)	69(18/26)	4(1/26)	75

'ㄹ' 탈락이 가장 광범위하게 실현되는 울진의 경우를 중심으로 'ㄹ'탈락 과정을 규칙화하면 규칙(23)과 같은데, 이 규칙은 자음군단 순화규칙에 앞서서 적용된다.

규칙(23): [+유음성] → ø / ────]$_{vst.}$ + {C, i(~)}

(29) ㄱ. 덜/들−(擧), 길:/질:−(長) + 나, ㄴ다/다, 더라, 지, 고, → ①: 더나, 던다, 더더라, 더지, 덜고∥지:나, 지:다, 지:더라, 지:지, 질:고// ②: 더나, 던다, 더더라, 덜지, 덜고∥기:나, 길:다, 기:더라, 기:지, 기:고// ③: 더나, 던다, 더더라, 덜지, 덜고∥지:나, 질:다, 질:더라, 질:지, 질:고// ④: 드나, 든다, 드더라, 드지, 들고∥지:나, 지:다, 지:더라, 지:지, 질:고.

ㄴ. 덜/들−(擧), 길:/질:−(長) + 언/은, 어~이~/어이꺼내/어이깨내/으니, 어머/어먼/으면, 엄니다/음니다 → ①: 던, 더~이~, 덜머, 덤니더∥진:, 지:~이~, 지:머, 짐:니더// ②: 던, 더이꺼내, 더먼, 덤니더∥긴:, 기이꺼내, 기:먼, 김:니더// ③: 던, 더이깨내, 덜머, 덤니다∥진:, 지이깨내, 지:머, 짐:니다// ④: 든, 드니, 드먼, 듬니다∥진:, 지:니, 지:먼, 짐:니다.

4) 어간 말음 'ㅏ, ㅓ' 탈락

표준어에서 어간 말음이 'ㅏ, ㅓ'인 활용어간은 이 네 지역어에서도 그대로 'ㅏ, ㅓ'를 지니는데, 여기에 어미 '아도'가 결합되면 어간 말음이 'ㅏ'인 경우에는 그것이 탈락되고, 어간 말음이 'ㅓ'인 경우에

는 어미의 '아도'가 '어도'로 교체된 다음 어간 말음 'ㅓ'가 탈락된다
(30). 이 음운과정은 동음이 연속적으로 조음됨을 꺼려하기 때문이다.
　그런데 여기서 어미 모음이 아닌 어간 모음이 탈락된 것으로 보는
첫째 이유는, (31ㄱ)에서 보는 바와 같이, 어간과 어미의 모음이 충돌
할 때는 어간 모음이 탈락되든지 혹은 활음화된 다음 다시 탈락되는
것이 일반적인 현상이기 때문이다. 둘째 이유는, (31ㄴ)의 '싸/사-
(廉)'와 '사′-(買)'의 활용형에서 보는 바와 같이, 저조(L)인 어간에 저
저조(LL)의 어미가 결합될 때 그 활용형의 성조가 저저조(LL)로, 고조
(H)인 어간에 저저조(LL)의 어미가 결합될 때도 저저조(LL)로 실현되어
어간의 성조가 탈락되는데, 이것이 어간 모음의 탈락을 의미하기 때
문이다.
　어간 말음 'ㅏ, ㅓ'가 탈락되는 과정을 규칙화하면 규칙(24)와 같은
데, 이것은 규칙 (9)가 적용된 다음에 적용된다.

　　　　규칙(24): {ㅏ, ㅓ} → ø / ────]$_{vst.}$ + {ㅏ, ㅓ}

(30) ㄱ. 타-(乘) + 아도 → ①②③④: 타도
　　　ㄴ. 서-(立) + 어도(←아도) → 서도(①②③)/서:도(④).

(31) ㄱ. 지-(負), 크-(大), 외우-(暗誦), 보-(見) + 아도 → 저도, 커도,
　　　　외아도, 바:도.
　　　ㄴ. 싸/사-(廉), 사′-(買) + 아도 → 싸/사도, 사도.

5) 어간 말음 'ㅓ/ㅡ' 탈락

　표준어의 '으'불규칙에 해당되는 어간의 말음 'ㅡ'는 영덕, 울진, 삼
척에서는 'ㅓ'로, 강릉에서는 'ㅡ'로 대응되는데, 이 어간에 어미 '아
도'가 결합되면, 어간 말음 'ㅓ/ㅡ'가 탈락된다. 이 과정은 네 지역어
에서 모두 필수적인데, 그 예는 (32)와 같다.[36]

(32) ㄱ. 꺼/끄-(消), 커/크-(長), 떠/뜨-(浮) + 아도
    → ①②③④: 꺼도, 커도, 떠도.

  표준어의 '르'불규칙에 해당되는 어간의 말음 'ㅡ'는 영덕에서는
'ㅓ'나 'ㅣ'로 대응되는데 그 비율이 비슷하고, 울진에서는 대부분
'ㅣ'로 대응되며, 삼척에서는 다수가 'ㅓ'로 대응되고, 강릉에서는 '따
르-(注)'가 '따루-'로 바뀐 것 이외에는 전부 'ㅣ'로 대응된다. 그
결과 이들 어간에 어미 '아도'가 결합될 때의 양상도 양자 사이에는
차이가 있다.
  (33ㄱ)에서 보는 바와 같이, 소위 '르'불규칙활용 어간 말음 '르'가
'러'로 바뀐 어사들의 경우에는 어미 '아도'가 결합되면 '러'의 'ㅓ'가
탈락된다. 그런데 'ㅓ'가 탈락되고 남은 'ㄹ'는 후행 어미의 두음에
바로 연음되지 않고 'ㄹ'가 하나 더 첨가된다. 그러므로 여기서는 이
들을 어미 '아도' 앞에서는 'Xㄹ러-'로, 여타 어미 앞에서는 'X러-'
로 교체되는 쌍형 어간으로 취급하여, 전자에서는 어미 '아도'가 결합
될 때 어간 말음 'ㅓ'가 탈락되는 것으로 해석하고자 한다.
  이에 비해, '르'불규칙 어간의 말음절 '르'가 '리'로 바뀐 어사들의
경우에는 (33ㄴ, ㄷ)에서 보는 바와 같이 자음어미가 결합될 때는 다
같이 '리'로 실현되나 어미 '아도'가 결합될 때는 ① '마리+아도→말
라도, 모리+아도→몰래도'처럼 'ㄹ'가 첨가되는 유형과, ② '쪼리+아
도→쪼라도, 흐리+아도→흐레도'처럼 'ㄹ'가 첨가되지 않는 유형의
둘로 실현된다. 그런데 원래부터 '리'를 지닌 (33ㄹ)의 경우를 보면,

---

36) 표준어의 '으'불규칙에 해당되는 어간이라도 양순음이 선행하는 어간들
   은 네 지역어에서 모두 원순모음화되어 '바뿌-(忙), 고푸-(餓), 아푸-
   (痛), 기푸(①④)/기뿌-(喜)(②③), 설푸/슬푸-(哀)' 등과 같이 재구조화되
   었고, 연구개음이 선행하는 '장구-(<잠그-), 당구-(<담그-)'도 'ㅜ'
   말음 어간으로 재구조화되어 'ㅓ/ㅡ'탈락과는 무관하다.

자음어미가 결합될 때는 '리'로 실현되어 (33ㄴ, ㄷ)의 경우와 차이가 없고, 어미 '아도'가 결합될 때는 '개리+아도→개라도, 그리+아도→그레도'처럼 실현되어 앞의 ②와는 동일한 변화 유형을 보이고, ①과는 'ㄹ'가 하나 더 첨가되는지의 여부에 차이가 있을 뿐이다. 그러므로 여기서는 ①의 유형으로 활용되는 어간은 어미 '아도' 앞에서는 'Xㄹ리-'로, 여타의 어미 앞에서는 'X리-'로 교체되는 쌍형어간으로 다루기로 한다. 그렇다면, 이 경우는 '어'탈락과는 무관하게 된다.

이상에서 살펴본 어간 말음 'ㅓ/ㅡ'가 탈락되는 과정을 규칙화하면 규칙(25)와 같다.

규칙(25): ㅓ/ㅡ → ø / ──]$_{Vst.}$ + {ㅏ, ㅓ}

(33) ㄱ. 바러/발러-(正), 허러/헐러-(流) + 고, 아도/어도 → ①②③: 바러고, 발라도 ‖ ①③: 허러고, 헐러도(①)/헐라도(③).
ㄴ. 마리/말리-(乾), 무리/물리-(軟), 너리/널리-(廣), 허리/헐리-(流) + 고, 아도/어도 → ①②: 마리고, 말라도 ‖ ①②④: 무리고, 물러도(①)/물라도(②④) ‖ ③: 너리고, 널라도 ‖ ②: 허리고, 헐라도
ㄷ. 모리/몰리-(不知), 쪼리/조리/졸리-(使縮), 흐리-(流) + 고, 아도/어도 → ①②③: 모리고, 몰래도(①)/몰래:도(②③) ‖ ②: 쪼리고, 쪼라도// ③: 쪼리고, 쪼래도// ④: 조리고, 졸레도 ‖ ④: 흐리고, 흐레도.
ㄹ. 개리-(選別), 채리-(備), 기리/그리-(畵), 너리/느리-(慢) + 고, 아도/어도 → ①: 개리고, 개라도 ‖ ②: 채리고, 채라도 ‖ ①②③: 기리고, 기래도// ④: 그리고, 그레도 ‖ ①②③: 너리고, 너래도 // ④: 느리고, 느레도.

6) 어미 두음 'ㅓ(˘)/ㅡ' 탈락

말음이 모음이나 유음인 활용어간에 'ㅓ(˘)/ㅡ'로 시작되는 어미('어˘/이˘/어이꺼내/어이깨내/으니, 어머/어먼/으먼')가 결합되면, 어미의

두음 'ㅓ(~)/ㅡ'는 탈락되고, 말음이 후음('ㅎ, ㆆ')인 어간에 그것이 결합될 때는 'ㅎ, ㆆ'가 탈락된 다음 전자의 경우와 마찬가지로 어미의 두음이 탈락된다(34ㄱ, ㄴ). 그런데 영덕의 경우에는 어미 '어~이~'의 두음 'ㅓ~'가 탈락되고 남은 '이~'의 비음성이 다시 선행 음절의 모음을 비음화시킨다.

극소수의 예이긴 하나 'ㅎ, ㆆ'를 말음으로 가진 어간에 어미 '어머/어먼'이 결합될 때는 'ㅓ'가 탈락되지 않다가 어미 '어~이~/어이꺼내/어이깨내'가 결합될 때는 'ㅓ(~)'가 탈락되어 어미에 따라 차이를 보이는 경우도 있다(34ㄷ). 그리고 (34ㄹ)의 경우는 어간 말음 'ㅎ, ㆆ'가 탈락된 다음 모음과 모음의 연결이 되어도 어미 두음 'ㅓ'가 탈락되지 않는 예들이다. 이 경우에는 아직 어간 말음 'ㅓ'가 탈락되는 규칙이 이들 어사에까지 확산되지 않았기 때문이다.

곡용에서도 어미 두음 'ㅓ/ㅡ'가 탈락되는 경우가 있는데, 그것은 어미 '어로/으로'가 모음이나 유음으로 끝난 곡용어간에 결합될 때에 한정되며(34ㅁ), 이 과정은 네 지역어에서 동일하다.

이상에서 살펴본 바와 같이 어미 두음 'ㅓ(~)/ㅡ'는 모음과 유음으로 끝난 어간 뒤에서는 네 지역어 모두에서 필수적으로 탈락되므로 네 지역어 사이에 차이가 없다. 그래서 여기서는 어간 말음이 'ㅎ, ㆆ'인 경우를 중심으로 어미의 두음 'ㅓ(~)/ㅡ'가 탈락되는 정도를 통계적으로 조사하여 비교하였는데 그것을 보이면 <표 17>과 같고, 'ㅓ(~)/ㅡ'가 탈락되는 과정을 규칙화하면 규칙(26)과 같다.

<표 17> 어미 두음 'ㅓ(~)/ㅡ'의 탈락 정도

지역	영덕	울진	삼척	강릉
백분율(%)	46(24/52)	44(21/48)	74(43/58)	25(10/40)

규칙(26): ㅓ(~)/ㅡ → ø / $\begin{bmatrix} +유성성 \\ -비음성 \end{bmatrix}$] + ──── 〈로〉 Vst. 〈N.〉

(34) ㄱ. 보-(見), 팔-(賣) + 어머/어먼/으면, 어~이~/어이꺼내/어이깨내/으니
　　　→ ①②③④: 보머(①③)/보먼(②④), 보~이~(①)/보이꺼내(②)/보이깨
　　　내(③)/보니(④) ‖ 팔머(①③)/파먼(②④), 파~이~(①)/파이꺼내(②)/파이
　　　깨내(③)/파니(④).
　　ㄴ. 말룽/말룽/말루ㅎ-(使乾), 이숭-(連) + 어머/어먼/으면, 어~이~/
　　　어이꺼내/어이깨내/으니 → ①: 말루머, 말루~이~//②: 말류먼, 말
　　　류이꺼내// ③: 말루머, 말루이깨내 ‖ ④: 이수먼, 이수니.
　　ㄷ. 조ㅎ-(拾), 영-(入), 놓-(産) + 어머/어먼, 어~이~/어이꺼내/어이
　　　깨내 → ①: 조어머, 조~이~// ②: 여어먼, 여이꺼내// ③: 노어머,
　　　노이깨내.
　　ㄹ. 찧-(搗), 꺼ㅎ:-(劃) + 어머/어먼, 어~이~/어이꺼내 → ①: 찌어
　　　머, 찌어~이~ ‖ ②: 꺼어먼, 꺼어이꺼내.
　　ㅁ. 대(竹), 말(馬) + 어로/으로 → ①②③④: 대로, 말로.

IV. 방언 구획

　방언구획의 방법으로는 ㉮ 등어선속(bundle of isogloss)의 두께에 의
한 방법, ㉯ 언어적 거리(linguistic distance)의 차이에 의한 방법, ㉰ 이
미지 등어선(image isogloss)에 의한 방법 등이 있다.[37] ㉮의 방법에 의
한 국내의 연구로는 이익섭(1981), 소강춘(1988), 박정수(1993), 최명옥
(1994) 등이 있고, ㉯의 방법에 의한 연구로는 이기갑(1986), 김충회
(1992), 김택구(1991) 등이 있으며, ㉰의 방법에 의한 연구로는 이익섭
(1981)과 신승원(1990) 등이 있는데, 여기서는 부분적으로 이 방법이
적용되었다.

───────────────

37) 각 방법에 대한 자세한 설명은 이상규(1995:129~146)를 참고하기 바람.

본 연구에서는 ㉯의 방법을 원용하여 동해안 어촌 지역어가 하나의 방언권으로 설정될 수 있는지의 여부를 판단해 보고자 한다. 이 방법은 수집된 방언 자료의 인접 지역간의 대비를 통해 일치하지 않는 항목수의 백분율(언어적 거리, linguistic distance)을 기준으로 방언권을 구획하는 것으로 Jean Séguy(1973)에 의해 고안되었다. 그러나 여기서는 인접 지역간의 언어적 거리를 백분율로 환산하지 않고 규칙 적용의 차이를 그대로 언어적 거리로 보고 이것을 기준으로 방언권을 구획하고자 한다.

그런데 앞의 Ⅱ에서 고찰한 음운체계와 Ⅲ에서 고찰한 음운규칙들은 지역어에서 차지하는 비중이 동일하다고는 할 수 없으므로 이 두 경우를 구별하여 언어적 거리를 측정할 필요가 있다. 그리고 후자의 경우에는 다시 규칙에 따라 그 적용률이 전반적으로 높은 경우도 있고, 전반적으로 낮은 경우도 있어 일정하지 않으나 이 적용률은 절대적인 의미를 지니기보다는 통계의 대상으로 삼은 자료의 다소에 의해 바꾸어질 수 있는 상대적 의미의 우열을 나타내는 것이다. 그러므로 여기서는 각 규칙 단위로 그 규칙의 최고 적용률을 2등분하여 적용 정도가 절반 이상인 경우를 +로, 절반 이하인 경우를 -로 표시하여 지역어 사이의 언어적 거리를 측정하고자 한다.

먼저 음운체계에서 그 언어적 거리를 측정해보면, 영덕과 울진 사이에는 자음체계에서만 차이를 보이므로 언어적 거리는 1이 되고, 울진과 삼척 사이에는 이중모음체계에서만 차이를 보이므로 그 언어적 거리는 역시 1이다. 그리고 삼척과 강릉 사이에는 단모음체계와 이중모음체계에서 차이를 보이므로 언어적 거리는 2가 된다. 음운체계상으로 본 이와 같은 언어적 거리의 차이는 네 지역어 가운데서 <영덕·울진·삼척>과 <강릉> 사이에 큰 구획선이 그어질 수 있으며, 전자는 다시 <영덕>과 <울진> 사이와, <울진>과 <삼척> 사이에 하위 구획선이 그어질 수 있음을 보여 준다.

음운규칙((1) 평폐쇄음화, (2) 비음화, (3) 유음화, (4) 순음화, (5) 연구개음화, (6) 원순모음화, (7) '아X'의 완전순행동화, (8) '어/으X'의 완전순행동화, (9) 'ㅏ→ㅓ'교체, (10) 유기음화, (11) 경음화, (12) y활음화(곡용), (13) y활음화(활용), (14) y탈락, (15) y순행동화, (16) w활음화, (17) w탈락, (18) wㅐ→o, (19) y첨가, (20) C₁탈락, (21) 후음탈락, (22) 유음탈락, (23) 어간 말음 'ㅏ, ㅓ' 탈락, (24) 어간 말음 'ㅓ/ㅡ' 탈락, (25) 어미 두음 'ㅓ(͠)/ㅡ' 탈락)의 경우에는 절반 이상 적용률을 가진 경우는 [o]로, 절반 미만인 경우는 [x]로 표시하면 <표 18>과 같다.

〈표 18〉 음운규칙별 적용 정도

규칙	(1)	(2)	(3)	(4)	(5)	(6)	(7)	(8)	(9)	(10)	(11)	(12)
영덕	o	o	o	x	o	x	o	x	x	x	x	x
울진	o	o	o	o	o	o	o	o	x	x	o	x
삼척	o	o	o	x	o	o	o	x	x	x	o	x
강릉	o	o	o	o	o	o	o	o	o	o	o	o

규칙	(13)	(14)	(15)	(16)	(17)	(18)	(19)	(20)	(21)	(22)	(23)	(24)	(25)
영덕	o	o	o	o	o	x	o	x	o	o	o	o	o
울진	o	o	o	o	o	o	x	x	o	o	o	o	o
삼척	o	o	o	o	o	x	o	o	o	x	o	o	o
강릉	o	o	o	o	x	o	x	o	o	o	o	o	x

위의 <표 18>에 의하면 음운규칙에서는 영덕과 울진, 울진과 삼척, 삼척과 강릉 사이에 언어적 거리가 각각 6, 4, 10으로 나타난다. 이 경우도 앞의 음운체계의 경우와 마찬가지로 삼척과 강릉 사이의 언어적 거리가 가장 멀므로 <영덕·울진·삼척>과 <강릉> 사이에 큰 구획선이 그어지고, <영덕>과 <울진>, <울진>과 <삼척> 사이에는 하위의 구획선이 그어진다고 할 수 있다.

다시 인접 지역간의 대비가 아닌 지역 상호간의 언어적 거리를 음운규칙의 측면에서 측정해 보면, 영덕과 울진, 영덕과 삼척, 울진과 삼척 사이에서는 각각 6, 4, 4의 언어적 거리를 가지는 데 비해 강릉과 영덕, 강릉과 울진, 강릉과 삼척 사이에는 상대적으로 언어적 거리가 먼 12, 6, 10의 거리를 가져 앞에서의 방언구획이 타당성이 있음을 확인시켜 준다.

그런데 지역 상호간의 언어적 거리 측정에서 한 가지 주목을 끄는 것은 강릉의 경우에 인접한 삼척보다 울진과 언어적 동질성을 더 많이 가진다는 점이다. 이러한 사실은 평야지대에서 동심원을 그리면서 방언이 전파되어 가는 것과는 달리 이들 지역 사이에는 육로를 통한 언어의 전파 이외에 어로 활동과 같은 해로를 통한 언어의 전파가 또 하나의 요인으로 작용하기 때문이 아닐까 하는 추정을 해 본다.

V. 농촌어와의 비교

여기서는 앞에서 살펴본 어촌어의 음운체계와 방언구획이 그에 대응되는 농촌어에서는 어떠한지를 상호 비교해 봄으로써 양자 사이에 어떠한 차이가 있는지 알아보기로 한다.[38]

먼저 음운체계를 비교하면 다음과 같다.

영덕 농촌어(괴시)의 음운체계는, 최명옥(1980)에 의하면, 자음 20개 ('ㅂ, ㅃ, ㅍ, ㅁ, ㄷ, ㄸ, ㅌ, ㅅ, ㅆ, ㄴ, ㄹ, ㅈ, ㅉ, ㅊ, ㄱ, ㄲ, ㅋ,

---

[38] 어촌어와 농촌어의 비교에서는 음운규칙의 적용 정도에 대한 비교도 필요할 것으로 생각된다. 그러나 본 연구에서는 각각의 음운규칙이 각 어촌어에서 어느 정도의 적용률을 가지고 실현되는지에 관심을 둔 데 비해 기존의 연구 업적들에서는 그러한 것을 찾아볼 수 없어 음운규칙의 적용 정도에 대한 비교는 불가능하다. 이 점에 대해서는 후일을 기약할 수밖에 없다.

ㅇ, ㅎ, ʔ', 단모음 8개('ㅣ, ㅔ, ㅐ, ㅡ, ㅓ, ㅏ, ㅜ, ㅗ'), 이중모음 9개
('ㅒ, ㅕ, ㅑ, ㅠ, ㅛ, ㅟ, ㅙ, ㅝ, ㅘ')가 있으나 영덕 어촌어(대진)에서
는 'ㅆ'가 없고, 'ㅔ, ㅐ' 및 'ㅡ, ㅓ'가 각각 'E'와 'ɐ'로 합류된 것으
로 보았는데, 어촌어의 음운체계는 본고에서도 동일하게 조사되었다.

울진 농촌어의 음운체계는, 주상대(1989)에 의하면, 자음 19개('ㅂ,
ㅃ, ㅍ, ㅁ, ㄷ, ㄸ, ㅌ, ㅅ, ㅆ, ㄴ, ㄹ, ㅈ, ㅉ, ㅊ, ㄱ, ㄲ, ㅋ, ㅇ, ㅎ',
단모음 6개('ㅣ, ㅔ(e), ㅓ(ə), ㅏ, ㅜ, ㅗ'), 이중모음 9개('ㅖ(ye), ㅕ, ㅑ,
ㅠ, ㅛ, ㅟ, ㅔ(we), ㅝ, ㅘ')로 보고 있으며, 김주원(2003)에서는 단모
음에 8개('ㅣ, ㅔ, ㅐ, ㅡ, ㅓ, ㅏ, ㅜ, ㅗ')를 인정하고 있다.

두 논문을 종합하여 어촌어와 비교할 때 자음에서 차이를 보인 'ʔ'
는 주상대(1989:10)에서 밝힌 것처럼 모음 음운현상에 치중하여 자음
에 관해서는 깊이 천착하지 않았기 때문에 나타난 차이로 생각되며,
단모음의 경우는 김주원(2003)에 비추어 볼 때 어촌어에서는 농촌어
의 'ㅔ, ㅐ' 및 'ㅡ, ㅓ'가 각각 'E' 및 'ɐ'로 합류되어 그 체계가 단순
화되었음을 알 수 있다.

삼척 농촌어의 음운체계는, 이상녀(1991)에 의하면, 자음 20개('ㅂ,
ㅃ, ㅍ, ㅁ, ㄷ, ㄸ, ㅌ, ㅅ, ㅆ, ㄴ, ㄹ, ㅈ, ㅉ, ㅊ, ㄱ, ㄲ, ㅋ, ㅇ, ㅎ,
ʔ'), 단모음 10개('ㅣ, ㅔ, ㅐ, ㅟ, ㅚ, ㅡ, ㅓ, ㅏ, ㅜ, ㅗ'), 이중모음
11개('ㅖ, ㅒ, yi, ㅕ, ㅑ, ㅠ, ㅛ, ㅔ, ㅙ, ㅝ, ㅘ')로 이루어져 있는데,
김봉국(2002)에서도 이상녀(1991)과 동일하게 자음 20개, 단모음 10개
를 인정하고 있다. 이중모음의 경우에는 그 수에서는 11개로 동일하
나 yi를 인정하지 않는 대신 'ㅚ(yö)'를 인정하여 차이를 보인다.

어촌어와 비교할 때 자음체계는 차이가 없으나 단모음에서는 농촌
어의 'ㅔ, ㅐ' 및 'ㅡ, ㅓ'가 각각 E 및 ɐ로 합류되었고, 'ㅟ, ㅚ'는 각
각 이중모음 wi, wE로 변화되었으나 wi에서는 w가 다시 탈락되어 wi
는 어촌어에서 존재하지 않는다. 이중모음에서는 'ㅔ, ㅐ' 및 'ㅡ, ㅓ'

의 합류에 의한 당연한 귀결로 'ㅖ, ㅐ', 'yɨ, ㅓ', 'ㅔ, ㅙ'가 각각 yE, yɛ, wE로 합류되었다.

강릉 농촌어의 음운체계는, 김옥영(1997)에 의하면, 자음 19개('ㅂ, ㅃ, ㅍ, ㅁ, ㄷ, ㄸ, ㅌ, ㅅ, ㅆ, ㄴ, ㄹ, ㅈ, ㅉ, ㅊ, ㄱ, ㄲ, ㅋ, ㅇ, ㅎ'), 단모음 10개('ㅣ, ㅔ, ㅐ, ㅟ, ㅚ, ㅡ, ㅓ, ㅏ, ㅜ, ㅗ'), 이중모음 13개 ('ㅖ, ㅐ, yö, yɨ, ㅕ, ㅑ, ㅠ, ㅛ, iy, ㅔ, ㅙ, ㅝ, ㅘ')를 이루어져 있는데, 자음에서 'ㅎ'을 인정하지 않은 것은 그것을 자음의 불파음화 다음에 첨가되는 음으로 인식하였기 때문이므로 본고의 경우와는 해석상의 차이에 의한 것이다. 그러므로 이 경우는 동일한 것으로 취급하여도 무방하리라 생각된다. 김봉국(2002)에서는 앞의 삼척의 경우와 마찬가지로 자음 20개, 단모음 10개, 이중모음 11개를 인정하고 있다. 어촌어와 비교할 때 자음과 단모음은 동일하고, 이중모음의 경우는 농촌어의 yɨ, iy가 어촌어에서는 음소로 설정되지 않는 차이가 있다.

이상에서 살펴본 네 지역 농어촌어의 음운체계의 차이를 종합적으로 보면, 양자의 차이는 주로 'ㅅ:ㅆ'의 대립 여부, 'ㅟ, ㅚ'의 단모음화 여부, 'ㅖ, ㅐ' 및 'ㅡ, ㅓ'의 합류 여부, 그리고 강릉 농어촌어 사이에 나타나는 'ㅢ'의 존재 여부에 귀착된다. 다음에서는 이러한 차이를 가져온 원인이 어디에 있는지를 살펴보기로 한다.

울진, 삼척, 강릉의 농어촌어에서는 'ㅆ'가 음소로 설정되어 차이가 없다. 그러나 영덕의 경우에는 농촌어에서는 그것이 음소로 설정되나 어촌어에서는 그것이 음소로 설정되지 않아 차이를 보인다. 그런데 김덕호(1993:93)에서는 어두에서의 'ㅅ>ㅆ' 변화의 개신지를 서남방 언권으로 추정하고, 경북 지역 가운데 청도, 월성, 경산, 영천, 영일을 어두 'ㅅ' 비경음 실현지역으로, 대구, 달성, 고령, 성주, 칠곡, 군위, 청송, 영덕, 울진(일부)는 전이지역으로, 여타 지역은 'ㅆ' 실현 지역으로 구분하였다. 이에 따르면 영덕과 울진은 어두 경음화의 전이지역에 속함을 알 수 있다. 그렇다면 영덕 어촌어에서 'ㅆ'가 음소로 설정되지 못함은 'ㅅ>ㅆ'의 개신파가 농촌어와는 달리 아직 전파되지 않았기 때문이라고 할 수 있겠다.

'ㅟ, ㅚ'의 변화는 크게 두 방향으로 나누어 볼 수 있다. 「한국방언자료집」의 '귀, 쉬'와 '외국, 죄'를 자료로 하여 그들의 방언형을 통계 처리한 오종갑(1997)에서는 영남지역을 제외한 전국의 대부분 지역에서 'ㅟ, ㅚ'는 단모음 ü(<uy), ö(<oy)로 실현되고, 영남지역에서는 이중모음 wi(<wiy<uy), we(<wəy<oy)로[39] 실현됨을 지적하였는데, 이는 'ㅟ, ㅚ'의 변화에 대한 개신파가 두 종류가 있음을 의미하는 것이다. 이에 따르면 강릉 농어촌어와 삼척 농촌어의 ü, ö는 전자의 개신파에 영향을 받은 것으로, 영덕 농어촌어, 울진 농어촌어, 삼척 어촌어의 wi, we(>wE)는 후자의 개신파에 영향을 받은 것으로 해석된다.

영덕, 울진, 삼척의 어촌어가 농촌어보다 'ㅔ, ㅐ' 및 'ㅡ, ㅓ'의 합류가 일찍 완성된 것은 다음처럼 해석된다.

오종갑(1998)에서 e>E 변화는 경남 지역에서 발생한 ε>E로 말미암아 음운체계에 구조적 압력이 가해지자 경북 지역(개신지: 문경, 상주)에서는 e가 i로 상승하는 변화가 일어나고, 경남 지역(개신지: 남해, 통영, 거제)에서는 오히려 e가 E로 하강하는 변화가 일어났음을 입증한 바 있다. 이에 따르면 영덕, 울진, 삼척의 어촌어에서 e와 ε의 합류가 완성된 것은 경남 지역에서 발생한 ε>E, e>E 개신파가 농촌 지역보다 일찍 전파되었기 때문인 것으로 해석된다.

그런데 전혜숙(2003:115)에서는 강원도 동해안에서 직업별로 단모음 'ㅔ(e)'의 실현 정도를 비교하였는데, 공무원 21%, 상업 33%, 농업 64%, 어업 47%로 실현되어 앞으로 이 방언의 단모음 e는 ε[E]로의 통합을 암시한다고 하였다. 이에 따르면 어업에 종사하는 사람들이 농

---

39) wi(<wiy<uy), we(<wəy<oy)의 변화 과정은 백두현(1992:111)에 의거하였다.

업에 종사하는 사람보다 e>ɛ[ɜ]의 변화가 빠름을 볼 수 있으며, 이것
은 영덕, 울진, 삼척에 이어 강릉의 어촌에도 e>E 변화가 상당히 전파
되어 있음을 짐작하게 한다.

'ㅡ, ㅓ'의 합류에 대해서는 오종갑(1999a:12~15)에서 논의한 바 있
는데, 그에 의하면 ə<E 변화의 개신지는 영남 지역으로, i>E 변화의
개신지는 경남의 북부 지역으로 추정하였다. 그렇다면 영덕, 울진, 삼
척의 어촌어에서는 농촌어보다 빨리 ə>E 변화와 i>E 변화의 개신파
를 받아들인 것으로 해석된다.

강릉 농어촌어 사이에 나타나는 'ㅢ'의 존재 여부 역시 개신파를
어느 쪽이 빨리 수용하였느냐와 관련된 것으로 해석된다. 오종갑
(1999a)에서는 'iy>i'의 개신지를 영남지역으로 보고 있는데, 이에 따
르면 어촌어가 농촌어보다 빨리 이 개신파를 수용하여 변화가 완성되
었기 때문에 어촌어에서는 이중모음 iy가 소멸된 것으로 해석된다.

다음에서는 어촌어를 중심으로 설정된 방언 구획과 농촌어를 중심
으로 설정된 방언 구획 사이에 어떠한 차이가 있는지를 살펴보기로
한다.

영덕과 울진 지역어는 대방언권으로 구분할 때 동남방언권에 속하
고, 중방언권으로 구분할 때는 경북방언권에 속한다고 할 수 있는데,
소방언권으로 구분할 때는 학자에 따라 다소의 차이가 있다. 천시권
(1965)에서는 의문형어미의 분포를 기준으로 3개 방언권('-능교'형
지역, '-니껴'형 지역, '-여'형 지역)을 설정하였는데, 이에 따르면
영덕은 '-능교'형 지역으로, 울진은 '-니껴'형 지역으로 구분하였
다. 이기백(1969)에서는 음운면, 어휘면, 어법면으로 나누어 방언을 구
분하였는데, 음운면에서는 경북방언을 동남반부와 북서반부로 양분
한 뒤, 다시 동남반부는 동북해안지역과 내륙지역으로, 북서반부는
북서접경지역과 내륙지역으로 나누고 있다. 이에 의하면, 영덕과 울

진은 함께 동북해안지역 방언권에 속하게 된다. 박지홍(1983)에서는 종결어미를 대상으로 경상남북도의 방언구획을 시도하였는데, 그 가운데서 경북방언을 상주방언권, 안동방언권, 경주방언권, 대구방언권으로 나누었다. 여기서는 영덕을 경주방언권에, 울진을 안동방언권에 귀속시켰다. 최명옥(1998:417)에서는 음운, 어휘, 어법을 중심으로 경북방언을 경북중동부방언과 경북서부방언으로 나누고, 전자를 다시 경북중동동부방언과 경북중동서부방언으로 나누었는데, 영덕과 울진을 동일하게 경북중동동부방언에 소속시키고 있다. 김덕호(1997)에서는 음운, 어휘, 문법, 의미와 관련된 201개의 조사항목을 중심으로 경북방언을 동남, 동북, 서남, 서북의 네 방언권으로 구획하였는데, 이에 의하면 영덕과 울진은 함께 동북방언권에 속하게 된다. 오종갑(1999d)에서는『한국방언자료집』의「음운편」의 자료를 중심으로 영남방언을 구획하였는데, 영덕을 경북북부방언권에, 울진을 경북최북부방언권에 소속시켰다.

삼척과 강릉 지역어를 포함하는 강원도 방언의 대방언권 소속에 대해서는 크게 세 가지의 견해로 나뉜다(박성종 1998:67~77 참조). 첫째 강원도 전역을 경기 방언에 포함시키는 견해(소창진평 1944), 둘째 영서지역은 중부방언에, 영동지역은 인접한 경상방언 또는 함경방언에 귀속시키는 견해(이진모 1953), 셋째 강원도를 동남지역과 서북지역으로 사선으로 나누어 오른쪽 하단 지역은 영남방언권에, 그 나머지 지역은 중부방언권에 귀속시키는 견해(이극로 1948)이다. 둘째 및 셋째의 견해에 따르면 삼척과 강릉은 영남방언권에 속하게 된다.

강원도 방언의 하위방언권 구분에 대한 견해를 보면, 이익섭(1981)에서는 강원도 방언을 영동방언권과 영서방언권으로 구분하고, 영동방언권을 다시 북단영동방언, 강릉방언, 삼척방언, 서남방언으로 구분하여 삼척과 강릉을 별개의 하위방언권으로 구분하였다. 그러나 김봉국

(2002)에서는 어간기저형과 규칙 적용의 차이를 고려할 때 강원도 남부 지역 방언은 <강릉, 삼척, 정선>과 <원주>로 나누어지고, 운소적인 면을 고려할 때 <강릉, 삼척, 정선>은 다시 <강릉, 삼척>과 <정선>으로 나누어진다고 한다. 이것은 삼척과 강릉이 동일한 방언권에 속함을 의미하는 것이다.

위에서 살펴본 견해들을 대체적으로 종합해 보면, 삼척과 강릉이 대방언권에서는 영덕 및 울진과 동일한 동남방언권에 귀속될 수 있는 가능성을 보여 준다. 그러나 하위방언권의 구획에서는 영덕과 울진, 삼척과 강릉 각각에 대해서는 그 구획 여부가 논의되었으나 네 지역을 함께 고려한 방언권 구획은 볼 수가 없다. 그래서 여기서는『한국방언자료집』의「음운편」에 실린 자료들을 통계적으로 처리하여 거기에서 얻어진 결과와 어촌어에서 얻어진 결과를 비교해 보기로 한다.

오종갑(1999d)에서는『한국방언자료집』의「음운편」에 실린 자료들에 적용된 통시적인 음운규칙들을 중심으로 그 규칙들((1) ɛ>E, (2) e>E, (3) e>i, (4) ə>E, (5) ɨ>E, (6) y>ø, (7) yə>e, (8) ɨy>i, (9) w>ø, (10) i완전순행동화, (11) u완전순행동화, (12) a>ə, (13) i(y)역행동화, (14) C₂>ø, (15) b>p, (16) z>s, (17) 유기음화, (18) 경음화)의 적용 빈도를 전국적으로 조사한 바 있다. 거기에 제시된 통계 자료 가운데 영덕, 울진, 삼척, 강릉의 것을 적출하여 표로 보이면 다음의 <표 19>와 같고, 최고 적용률을 기준으로 그 절반 이상인 경우를 [o]로, 절반 이하인 경우를 [x]로 표시하면 <표 20>과 같다.

〈표 19〉 음운규칙 적용 빈도(1)(백분율)

규칙 \ 지역	(1)	(2)	(3)	(4)	(5)	(6)	(7)	(8)	(9)	(10)	(11)	(12)	(13)	(14)	(15)	(16)	(17)	(18)
영덕	71	28	47	100	88	35	54	100	50	30	4	71	26	74	41	75	50	54
울진	82	31	13	94	59	27	59	90	17	40	0	78	27	74	27	10	91	83
삼척	6	7	7	0	0	18	54	90	0	0	0	63	38	60	4	0	92	96
강릉	6	0	6	0	0	13	47	100	0	0	0	88	22	62	4	0	100	96

〈표 20〉 음운규칙 적용 빈도(2)

규칙 \ 지역	(1)	(2)	(3)	(4)	(5)	(6)	(7)	(8)	(9)	(10)	(11)	(12)	(13)	(14)	(15)	(16)	(17)	(18)
영덕	o	o	o	o	o	o	o	o	o	o	o	o	o	o	o	o	o	o
울진	o	o	x	o	o	o	o	o	x	o	x	o	o	o	o	x	o	o
삼척	x	x	x	x	x	o	o	o	x	x	x	o	o	o	x	x	o	o
강릉	x	x	x	x	x	x	o	o	x	x	x	o	o	o	x	x	o	o

위의 <표 20>에 의하면, 영덕과 울진 사이의 언어적 거리는 4로, 울진과 삼척 사이의 언어적 거리는 6으로, 삼척과 강릉 사이의 언어적 거리는 1로 나타나 언어적 거리가 6으로 나타나는 <영덕·울진>과 <삼척·강릉> 사이에 큰 구획선이 그어지고, 하위구획선은 <영덕>과 <울진> 사이에, <삼척>과 <강릉> 사이에 각각 그어지나 후자의 경우에는 굳이 구획선을 긋지 않아도 무방할 것으로 보인다.

그런데 인접 지역간의 대비가 아닌 지역 상호간의 언어적 거리를 측정해 보면, 영덕과 울진, 삼척, 강릉 사이에서는 각각 4, 10, 11로, 울진과 삼척, 강릉 사이에는 각각 6, 7로, 삼척과 강릉 사이에는 1로 나나타 인접 지역 간의 대비에 의한 언어적 거리 측정 결과와 차이 없이 영덕과 울진 사이, 삼척과 강릉 사이에 언어적 동질성이 더 많이 나타난다.

앞의 어촌어를 중심으로 한 방언구획에서는 <영덕·울진·삼척>

과 <강릉> 사이에 큰 경계선이 그어지고 <영덕·울진·삼척>은 다시 <영덕>, <울진>, <삼척>이 별개의 하위방언권으로 구획되는 것으로 보았다. 그러나 농촌어의 경우에는 그것과는 달리 <영덕·울진>과 <삼척·강릉> 사이에 큰 구획선이 그어지고 <영덕·울진>은 다시 <영덕>과 <울진>으로 하위구분 된다. 어촌어와 농촌어에서 보이는 이러한 차이는 이미 언급한 바와 같이 주로 육로를 통해 개신파가 전파되는 농촌어와, 육로 및 해로, 특히 여러 지역 사람이 같은 배를 타고 공동 어로 작업을 하는 과정에서 개신파가 전파되는 어촌어 간의 개신파 전파 과정의 차이가 주된 원인인 것으로 이해된다.

VI. 결 론

농촌어는 주로 육로를 통해서 전파되고, 어촌어는 육로 및 해로를 통해서, 특히 각지의 사람들이 한 배를 타고 공동 어로 작업을 하는 과정에서 전파되므로 양자 사이에는 개신파의 전파 과정에 차이가 있는데, 이러한 차이가 농촌어와 어촌어의 분화를 가져왔으리라는 가정을 할 수 있다. 본 논문에서는 이러한 가정 위에서 동해안의 어촌 지역 네 곳(영덕, 울진, 삼척, 강릉)을 골라 그들 지역어를 음운론적으로 비교하고, 그 결과를 바탕으로 방언권을 구획하였다. 그리고 기존의 농촌어 중심의 연구 결과와도 비교함으로써 농촌어와 어촌어 사이의 차이가 특정의 개신파를 보다 먼저 수용하느냐 그렇지 않으냐와, 동일한 구조조건에 적용되는 개신파가 둘 이상일 때는 어느 개신파를 수용하느냐와 관련이 있음을 알 수 있었다.

본 연구에서 얻어진 결과를 요약하면 다음과 같다.

(1) 울진, 삼척, 강릉 지역어에는 20개('ㅂ, ㅃ, ㅍ, ㅁ, ㄷ, ㄸ, ㅌ, ㅅ, ㅆ, ㄴ, ㄹ, ㅈ, ㅉ, ㅊ, ㄱ, ㄲ, ㅋ, ㅇ, ㅎ, ㆆ')의 자음음소가 설정되고, 영덕 지역어에는 'ㅆ'를 제외한 19개의 자음음소가 설정된다.

(2) 영덕, 울진, 삼척에는 6개('ㅣ, ㅐ(E), ㅓ(ㅌ), ㅏ, ㅜ, ㅗ')의, 강릉에는 10개('ㅣ, ㅔ(e), ㅐ(ɛ), ㅟ(ü), ㅚ(ö), ㅡ(i), ㅓ(ə), ㅏ, ㅜ, ㅗ')의 단모음 음소가 각각 설정된다. 그리고 영덕, 울진에는 y계이중모음에 'ㅒ(yE), ㅕ(yㅌ), ㅑ, ㅠ, ㅛ', w계이중모음에 'ㅟ(wi), ㅙ(wE), ㅝ(wㅌ), ㅘ'가 있고, 삼척에는 'ㅒ(yE), ㅕ(yㅌ), ㅑ, ㅠ, ㅛ'와 'ㅙ(wE), ㅝ(wㅌ), ㅘ'가 있으며, 강릉에는 'ㅖ(ye), ㅒ(yɛ), ㅚ(yö), ㅕ(yə), ㅑ, ㅠ, ㅛ'와 'ㅞ(we), ㅙ(ɜwɛ), ㅝ(wə), ㅘ'가 있다.

(3) 네 지역어에서는 다 같이 어간 말음 'ㅍ', 'ㅌ, ㅅ, ㅆ, ㅈ, ㅊ, ㅎ, ㆆ', 'ㄲ'가 음절말에서 각각 평폐쇄음 'ㅂ', 'ㄷ', 'ㄱ'로 교체된다. 그런데 표준어에서 'ㅈ' 말음을 지닌 곡용어간이 강릉에서는 그대로 실현되나 영덕, 울진, 삼척에서는 'ㄷ'로 재구조화되고, 표준어에서 'ㅊ' 말음을 지닌 곡용어간은 네 지역어 모두에서 'ㅌ'로 재구조화되었다.

(4) 동화에는 비음화, 유음화, 순음화, 연구개음화, 원순모음화, 완전순행동화, 'ㅏ → ㅓ' 교체 등이 있다.

① 비음화는 평폐쇄음이 말음인 어간에 비자음으로 시작되는 어미가 결합될 때 전자가 후자의 조음방법에 동화되는 것으로, 이 과정은 네 지역어에서 동일하다.

② 어미 두음 'ㄴ'는 'ㄹ'계 자음군('ㄺ, ㄼ, ㄾ, ㅀ, ㄻ')이 단순화되고 남은 'ㄹ'의 조음방법에 동화되어 유음화되는데, 이 과정은 네 지역어에서 동일하다.

③ 말자음이 치경음인 곡용어간에 순음으로 시작되는 어미가 결합되면 치경음이 순음의 조음위치에 동화되어 순음으로 바뀌

는데, 영덕에서는 이 과정이 나타나지 않는다.

④ 어간말의 치경음이나 순음이 연구개음인 어미 두음의 조음위치에 동화되어 연구개음으로 바뀌는데, 이 과정은 영덕과 강릉에서는 어간 말음이 치경음일 때만 실현되고, 삼척과 울진에서는 치경음과 순음일 때 실현되어 차이가 있고, 곡용어간 말음이냐 활용어간 말음이냐에 따라서도 차이가 있다. 네 지역어 가운데 울진에서 그것이 가장 많이 진척되어 있다.

⑤ 어미 두음 'ㅓ/ㅡ'가 어간말의 순음에 동화되어 'ㅜ'로 바뀌는 과정을 원순모음화라고 하는데, 곡용의 경우는 어간말 자음이 'ㅍ'인 경우에만 원순모음화된다. 영덕에서는 이 과정이 실현되지 않는다.

⑥ 활용어미 '아X', '어(~)/으X'의 두음이 각각 어간 모음을 닮아 그것과 동일한 모음으로 바뀌는 음운과정을 완전순행동화라고 한다.

· 어미 '아X'의 경우 영덕에서는 어간 말음이 'ㅣ, ㅐ'인 경우, 울진과 삼척에서는 'ㅣ, ㅐ, ㅗ'인 경우, 강릉에서는 'ㅣ, ㅔ, ㅐ, ㅟ(ü), ㅚ(ö), ㅗ'인 경우에 완전순행동화가 이루어진다.

· 후음 'ㅎ, ㆆ'로 끝난 어간에 어미 '어(~)/으X'가 결합될 때는 이 후음이 탈락된 다음 어간 모음에 의한 완전순행동화가 이루어진다. 이 과정은 네 지역어에서 모두 나타나나 강릉에서 그 실현 정도가 가장 높다.

⑦ 네 지역어에서는 활용어미 '아X'의 두음 'ㅏ'가 어간 말음절 모음의 개구도에 동화되어 'ㅓ'로 교체되는데, 교체 환경은 지역어에 따라 차이가 있다. 즉, 영덕, 울진, 삼척에서는 말음절 모음이 'ㅣ, ㅓ, ㅜ'일 때, 강릉에서는 'ㅣ, ㅟ, ㅡ, ㅓ, ㅜ'일 때 'ㅏ→ㅓ' 교체가 이루어지는데, 전자에서는 10%대, 후자에서

　　는 50%대의 교체율을 보여 그 비율이 전반적으로 낮다.

(5) 축약에는 유기음화, 경음화, y활음화에 의한 축약, w활음화에 의한
　　축약이 있다.

　① 활용의 경우에는 네 지역어 모두에서 어간 말음 'ㅎ'와 어미
　　　두음 'ㄷ, ㅈ, ㄱ'가 결합되면 이들은 축약되어 유기음화된다.
　　　그러나 곡용의 경우에는 강릉의 경우에만, 그것도 곡용어간 말
　　　음이 'ㄷ(←ㅅ, ㅈ)'인 경우에만 유기음화된다.

　② 'ㅎ'를 말음으로 가진 활용어간에 평장애음 'ㄷ, ㅅ, ㅈ, ㄱ'로
　　　시작되는 어미가 결합되면 이들은 축약되어 경음으로 바뀐다.
　　　그리고 어간 말음에 'ㅎ'를 가지지 않으면서 어미의 두음이 경
　　　음화되는 경우가 있는데, 어간 말음이 무성자음일 때는 활용과
　　　곡용의 구별 없이 어미 두음 'ㄷ, ㅈ, ㄱ, ㅅ' 앞에서, 어간 말
　　　음이 유성자음일 때는 활용에서는 말음이 'ㄴ, ㅁ'이고 어미의
　　　두음이 'ㄷ, ㅈ, ㄱ'일 때, 곡용에서는 말음이 'ㄹ'이고 어미의
　　　두음이 'ㄷ'일 때 각각 'ㅎ'가 첨가되고, 이 첨가된 'ㅎ'가 다
　　　시 후행 어미의 두음과 축약되어 경음화된다. 이 과정은 네 지
　　　역어에서 동일하나 어미의 두음이 'ㅅ'인 경우에는 영덕에서
　　　경음화되지 않는다.

　③ 곡용어간 말음이 'ㅣ'이고 여기에 어미 '에'가 결합될 때와 활
　　　용어간 말음이 'ㅣ'이고 여기에 어미 '아X'가 결합될 때는 말
　　　음 'ㅣ'가 y로 활음화되는데, 전자는 강릉에서만 나타나고, 후
　　　자는 네 지역어 모두에서 나타나나 완전순행동화('ㅣ')와 경쟁
　　　하기 때문에 활음화의 정도에는 지역어에 따라 차이가 있다.

　④ 말음이 'ㅗ, ㅜ'인 활용어간에 어미 '아X'가 결합될 때는 이
　　　'ㅗ, ㅜ'가 활음 w로 바뀌고, 'ㅎ, ㆆ'가 후행하는 'ㅗ, ㅜ'의 경
　　　우에는 'ㅎ, ㆆ'가 탈락된 다음 활음 w로 바뀌는데, 네 지역어

모두에서 w활음화의 비율이 매우 높다.

(6) 곡용어간의 말음이 'ㅣ, ㅐ'이고 여기에 어미 '애/에'가 결합되면 'ㅣ, ㅐ'의 영향으로 y가 첨가되어 'ㅒ/ㅖ'로 실현되는데, 영덕에서 그 세력이 강하고, 울진, 강릉에서는 그 세력이 매우 약하다.

(7) 탈락에는 자음군 단순화, 후음탈락, 유음탈락, 어간 말음 'ㅏ, ㅓ' 탈락, 어간 말음 'ㅓ/ㅡ' 탈락, 어미 두음 'ㅓ(⌒)/ㅡ' 탈락 등이 있다.

① 어간말 자음군(C_1C_2) 가운데 'ㄻ'에서는 네 지역어 모두에서 C_1이 탈락되고, 여타의 자음군에서는 C_2가 탈락되는 것이 원칙이나 울진, 삼척, 강릉에서는 'ㄺ, ㄻ'를 말음으로 가진 일부 어사에 C_1탈락규칙이 적용되고 있다.

② 후음 'ㅎ, ㆆ'가 말음인 어간에 모음으로 시작되는 어미가 결합되면 이 후음은 모두 탈락되는데, 이 음운과정은 네 지역어에서 동일하다.

③ 활용어간 말음 'ㄹ'는 'ㄴ, ㄷ, ㅈ, ㄱ'로 시작되는 어미 앞에서, 그리고 어미 '어머/어먼/으먼'의 두음 '어/으'가 탈락되고 남은 'ㅁ' 앞에서까지 탈락되는데, 이 과정은 네 지역어에서 동일하나 그 실현 정도에는 차이가 있다.

④ 어간 말음 'ㅏ, ㅓ'는 어미 '아/어X' 앞에서 탈락되는데, 이 음운과정은 네 지역어에서 동일하다.

⑤ 어간 말음 'ㅓ/ㅡ'는 어미 '아/어X' 앞에서 탈락되는데, 이 음운과정은 네 지역어에서 동일하다.

⑥ 활용어미 '어(⌒)/으X'의 두음 'ㅓ(⌒)/ㅡ'는 어간 말음이 모음이나 유음일 때 탈락되고, 어간 말음이 'ㅎ, ㆆ'일 때는 'ㅎ, ㆆ'가 탈락된 다음 그것이 탈락된다. 그리고 곡용어미 '어로/으로'의 두음 'ㅓ/ㅡ'도 모음이나 유음으로 끝난 어간에 결합되면

　　탈락된다. 이 음운과정은 네 지역어에서 동일하나 어간 말음이
　　'ㅎ, ㆆ'일 때는 지역어에 따라 탈락률에 차이가 있다.
(8) 네 지역의 농촌어를 중심으로 할 때는 <영덕·울진>과 <삼척·
　　강릉>으로 방언이 구획되나 어촌어를 중심으로 할 때는 <영덕·
　　울진·삼척>과 <강릉>으로 방언이 구획되어 차이를 보인다.
(9) 네 지역 농어촌어 사이에 나타나는 음운체계의 차이는 주로 'ㅅ:
　　ㅆ'의 대립 여부, 'ㅟ, ㅚ'의 단모음화 여부, 'ㅐ, ㅔ' 및 'ㅓ, ㅡ'의
　　합류 여부, 그리고 'ㅢ'의 존재 여부에 귀착되는데, 이러한 차이는
　　개신파의 수용 양상으로써 설명된다.

　　영덕 어촌어와 농촌어 사이에 나타나는 'ㅅ:ㅆ'의 대립 여부는 서
남방언권을 개신지로 하는 'ㅅ>ㅆ' 개신파가 어촌어에서는 아직 수
용하지 않았기 때문에 나타난 차이로, 'ㅟ, ㅚ'의 단모음화 여부는 두
개의 개신파, 즉 'uy>ü, oy>ö'(개신지는 비영남지역으로 추정)와
'uy>(wɨy)>wi, oy>(wəy)>we'(개신지는 영남지역으로 추정) 중에서 강
릉 농어촌어와 삼척 농촌어에서는 전자를, 영덕 농어촌어, 울진 농어
촌어, 삼척 어촌어에서는 후자를 수용했기 때문에 나타난 차이로 해
석된다.
　　'ㅐ, ㅔ' 및 'ㅓ, ㅡ'의 합류 여부는 경남 지역을 개신지로 하는 'ɛ
>E, e>E' 개신파와, 각각 영남지역과 경남 북부지역을 개신지로 하는
'ə>ɵ, ɨ>ɵ' 개신파를 영덕, 울진, 삼척의 어촌어에서는 보다 빨리 수
용한 데 비해, 영덕, 울진, 삼척의 농촌어와 강릉의 농어촌어에서는
아직도 그것을 수용하는 과정에 있기 때문에 나타난 차이로 해석된
다. 그리고 'ㅢ'의 존재 여부도 역시 영남지역에서 발생한 'ɨy>i' 개신
파를 영덕, 울진, 삼척의 농어촌어와 강릉의 어촌어에서는 보다 빨리
수용한 데 비해, 강릉의 농촌어에서는 그것을 수용하는 과정에 있기
때문에 나타난 차이로 해석된다.

參 考 文 獻

건설부 국립지리원, 1984, 『韓國地誌(지방편Ⅱ)』.

_____, 1985, 『韓國地誌(지방편Ⅲ)』.

곽충구, 1994, 『함북 육진방언의 음운론』, 국어학회.

김덕호, 1993, "어두 ㅅ비경음실현지역." 『어문론총』 27, 경북대.

_____, 1997, "경북방언의 지리언어학적 연구." 박사학위논문, 경북대.

김무헌, 1977, "영동지방 어민어 조사 연구." 『논문집』 9, 강릉교육대학.

김봉국, 2002, "강원도 남부지역 방언의 음운론." 박사학위논문, 서울대.

김옥영, 1997, "강릉 방언의 음운론적 연구." 석사학위논문, 강릉대.

김주원, 2003, "음운론적 관점에서 본 동해안 방언의 특성." 『동해안 지역의 방언과 구비문학 연구』, 영남대 출판부.

김차균, 1983, 『음운론의 원리』, 창학사.

김충회, 1992, 『충청북도의 언어지리학』, 인하대 출판부.

김택구, 1991, "경상남도방언의 지리적 분화에 관한 연구." 박사학위논문, 건국대.

남기탁·손주일, 1990, "강원도 어촌 문화와 산촌 문화의 인류학적 비교 연구-방언부문." 『강원문화연구』 10, 강원대.

남영종, 1988, "영해지역어의 통시음운론적 연구." 석사학위논문, 영남대.

박성종, 1995, "영동 지역의 어촌 언어." 『강릉 어촌지역 전설 민속지』, 강원도.

_____, 1998, "강원도 방언의 성격과 특성." 『방언학과 국어학』(청암 김영태 박사 화갑기념 논문집), 태학사.

박정수, 1993, "변동규칙에 의한 경남방언의 분화 연구." 박사학위논문, 동아대.

박지홍, 1983, "경상도 방언의 하위방언권 설정."『인문논총』 24, 부산대.

배주채, 1998, 『고흥방언 음운론』, 국어학회.

백두현, 1992, 『영남문헌어의 음운사 연구』, 태학사.

성인출, 1984, "창녕지역어의 음운론적 연구." 석사학위논문, 계명대.

소강춘, 1989, 『방언분화의 음운론적 연구』, 한신문화사.

신승원, 1990, "영풍지역어의 분화 양상."『영남어문학』 17, 영남어문학회.

오종갑, 1988, 『국어 음운의 통시적 연구』, 계명대 출판부.

_____, 1994, "19세기 후기 전라방언의 모음 음운현상과 제약."『인문연구』 16-1, 영남대.

_____, 1997, "w계이중모음의 변화와 관련된 영남방언의 특성과 그 전개."『영남어문학』 32, 영남어문학회.

_____, 1998, "ㅔ, ㅐ의 변화와 관련된 영남방언의 특성과 그 전개."『국어학과 방언학』(청암 김영태 박사 화갑기념 논문집), 태학사.

_____, 1999a, "y계이중모음의 변화와 관련된 영남방언의 특성과 그 전개."『인문연구』 20-2, 영남대.

_____, 1999b, "경음화와 영남방언."『어문학』 67집, 한국어문학회.

_____, 1999c, "자음탈락과 영남방언."『한글』 246, 한글학회.

_____, 1999d, "영남방언의 음운론적 특성과 그 전개."『한민족어문학』 35, 한민족어문학회.

_____, 2000a, "영남 하위 방언의 자음 음운현상 대조."『어문학』 70, 한국어문학회.

_____, 2000b. "영남 하위 방언의 모음 음운현상 대조."『한글』 250, 한글학회.

이극로, 1948, "조선말의 사투리."『동광』 1.

이기갑, 1986, 『전라남도의 언어지리』, 탑출판사.

이기백, 1969, "경상북도의 방언구획."『동서문화』 3, 계명대.

이병근, 1973, "동해안 방언의 이중모음에 대하여."『진단학보』 36, 진단학회.

이병선, 1967, "비모음화현상고 — 경상도 방언을 중심으로 — ."『국어국문학』 37·38, 국어국문학회.

이상규, 1995,『방언학』, 학연사.

이상녀, 1991, "삼척 지역어의 음운 연구." 석사학위논문, 인하대.

이익섭, 1976, "한국 어촌방언의 사회언어학적 연구." 진단학보』 42, 진단학회.

이익섭, 1981,『영동 영서의 언어분화』, 서울대 출판부.

이진모, 1953,『국어학개설』, 창문사.

전혜숙, 2003, "강원도 동해안 방언의 사회언어학적 연구." 박사학위논문, 한국외국어대.

정 철, 1991,『경북 중부 지역어 연구』, 경북대 출판부.

조신애, 1985, "안동지역어의 음운론적 연구." 석사학위논문, 계명대.

주상대, 1989, "울진지역어의 모음음운현상." 박사학위논문, 계명대.

천시권, 1965, "경북지방의 방언구획."『어문학』 13, 한국어문학회.

최명옥, 1980,『경북 동해안 방언 연구』, 영남대 출판부.

_____, 1982,『월성지역어의 음운론』, 영남대 출판부.

_____, 1994, "경상북도 방언구획 시론."『우리말의 연구』, 우골탑.

_____, 1998,『한국어 방언연구의 실제』, 태학사.

최전승, 1995,『한국어 방언사 연구』, 태학사.

한국정신문화연구원, 1987~1995,『한국방언자료집』 Ⅰ - Ⅸ.

현평효, 1962,『제주도방언연구』, 정연사.

小倉進平, 1944,『朝鮮語方言の硏究』(上·下), 岩波書店.

Séguy, J. 1973, "Les atlas linguistique de la France par régions", Langue Francais 18.

어촌 경제생활과 관련된 어휘 연구
－ 사회언어학적 관점에서
(영덕, 울진, 삼척, 강릉) －

남 경 란*

Ⅰ. 서 론

1. 연구개괄

한국의 동해안 지역은 일찍이 대륙문화가 남하하는 통로의 하나였으며, 서쪽으로 백두대간과 낙동정맥이 가로막혀 있어 내륙지방이나 서해안과는 구별되는 독특한 문화권을 형성하였다는 점에서 역사

---

* 영남대학교 민족문화연구소 전문연구교수.

적·문화적으로 매우 중요한 위치를 점하고 있다. 이런 측면에서 본 연구는 동해안지역 어촌사회의 생산기술이나 생산도구의 변화 및 사회·경제구조, 그리고 언어의 분화가 그들의 생활에 어떤 영향을 미치고 생활문화를 변화시켰느냐하는 문제를 살펴보고자 한다.

사회를 형성하고 그 사회의 구성원들과 의사소통을 함으로써 공동의 의식과 가치관을 가질 수 있게 해주는 중요한 매개체 중 하나가 언어이며, 이런 측면에서 언어의 분화는 바로 사회적 배경의 차이를 알 수 있게 해주는 중요한 단서이다. 연령별, 성별, 지역별 등 사회적 요인이 언어분화에 미치는 영향과 동해안 지역 어민들의 경제생활과 관련된 언어를 검토해 보는 것은 그들의 생활을 이해하고 나아가 그들의 미래적 삶에 대한 예견을 가늠할 수 있는 중요한 연구이다. 이러한 연구를 위해서는 아울러 앞서 연구된 "울릉도·동해안 지역의 방언"과의 비교·분석을 통하여 동해안 방언권의 설정 가능성을 재검토하는 기준인 동시에 동해안 지역 주민의 생활문화와 그 변천·발전에 관한 연구의 기초가 되며, 나아가 그 구체적 실현이기도 하다.

그러므로 본 연구는 동해안 어촌 주민들의 삶을 현실적으로 표현해 내는 행위의 매체인 언어변화를 연구함으로써 동해안 지역의 생활문화 연구에 일조를 하게 될 것이다.

2. 연구내용 및 범위

동해안 방언권 설정의 타당성 여부를 검증하고자 하는 본 연구는 음운, 어휘의 두 영역으로 나누어 진행된다. 이처럼 두 영역으로 나누어 연구를 진행하는 것은, 이미 앞에서 언급한 바 있듯이, 방언은 한 언어의 분화체로서 그 자체가 독립된 언어체계를 가지며, 방언간의 체계적인 차이를 논하기 위해서는 음운의 측면이 중시되는 것이 일반

적이나, 화자(話者)들의 현실 생활을 좀더 적극적으로 반영하고 있다
는 점을 고려할 때, 무엇보다도 어휘적 측면이 중요하다고 생각되기
때문이다. 특히 사회언어학적 측면에서 동해안 어민들의 생활문화와
언어를 살펴보기 위해서는 더욱 그러하다고 하겠다.

  따라서 본 연구에서는 한국정신문화연구원의 <韓國方言調査 質問
紙>를 비롯하여, 최명옥(1980), 최학근(1990), 이상규(2000) 등에 제시
된 어휘목록 가운데 어민들의 생활과 직접 관련을 지을 수 있는 천문,
지리, 시후, 방위, 음식, 비금류, 어패류 등을 조사항목을 확정하고, 현
지조사를 통하여 이들 항목이 각 지역별, 연령별, 성별에서 어떻게 나
타나는지 살펴보기로 한다. 이는 사회언어학적 측면에서 동해안 어민
들의 생활문화와 언어를 살펴보기 위해서이다. 특히 조사 대상지역이
동해안 지역(영덕, 울진, 강릉, 삼척)의 어민임을 고려하여 해양문화를
반영하는 특징적인 현상이 무엇인지 검토할 것이며, 앞서 연구된 '경
북 동해안 지역의 방언'과도 비교·분석하고자 한다.

Ⅱ. 조사 방법과 과정

1. 조사 방법

  본 연구를 성공적으로 수행하기 위한 구체적인 방법은 다음과 같다.
  본 연구에서는 일단 현지조사의 범위를 강원도 동해안과 경상북도
동해안(영덕, 울릉, 울진, 강릉, 동해, 삼척) 지역의 언어로 한정하고,
경남 동해안과 영동지역, 그리고 북한의 동해안 지역에 대해서는 한
국정신문화연구원의 『韓國方言資料集』과 오종갑, 이상규, 최학근 등
기존 업적을 토대로 하여 검토하기로 한다. 이처럼 현지조사의 범위

를 한정하는 것은 여러 가지 제약을 고려한 것이며 장기적으로 좀더 체계적이고 내실있는 연구를 추진하기 위한 기반을 확실히 닦아놓기 위한 것이기도 하거니와 사회언어학적 측면에서 동해안 방언을 조사하기에 가장 적합한 지역이라고 생각되기 때문이기도 하다.

먼저 현지 조사에 앞서, 문헌에 대한 종합적인 고찰을 행하여 동해안 지역의 역사, 지리적 특징을 파악하고, 한편으로 강원도 동해안 지역의 방언과 경상북도 동해안 지역의 방언을 다룬 기존 업적들을 검토한다. 여기에는 경상도 동해안의 방언을 다룬 오종갑(1997・1998), 최명옥(1980), 김태엽(1992), 이상규(1991・1997・2000), 최동주(2001), 김주원(2001), 김문오(2001), 남경란(2001), 영남대학교 민족문화연구소(1998) 등과 영동 지역의 방언 분화를 논의한 것과 북한 지역의 동해안 방언을 다룬 것 등을 비롯한 동해안 방언에 관한 대부분의 연구 업적들이 포함될 것이다. 뿐만 아니라 동해안 방언이 어떠한 점에서 다른 지역과 구별되는지 밝히기 위하여 내륙지역의 방언을 다룬 논의들도 검토의 대상이 된다.

현지 조사는 강릉, 삼척을 중심으로 하여 영덕, 울진 등의 지역을 3차례에 걸쳐서 실시할 계획이며, 먼저 1차례 조사를 거친 상태이다. 실시된 조사는 그 동안의 업적과 선행연구에 제시된 질문지에 대한 검토를 바탕으로 어민들의 생활과 직접 관련을 지을 수 있는 천문, 지리, 시후, 방위, 음식, 어업기구, 비금류, 어패류 등의 조사항목을 설정하여 비교・분석이 용이하도록 하였다. 또 이 질문지를 중심으로 한 예비 조사를 실시하여 동해안 지역 어민들의 방언차를 보여 줄 수 있도록 이들 항목이 각 지역별, 연령별(10~20대, 30~40대, 50대 이상), 성별(남, 여)로 분석표를 만들었다. 조사 과정에서 합리적이고 효과적인 질문지를 작성하기 위해 다양한 사례들을 검토하였으며, 직접 질문하는 면접법과 서면으로 질문하는 질문법을 사용하였다.[1)]

2. 조사 과정

1) 조사 지역

(1) 영덕군 강구면·축산면

영덕군은 면적이 740.89㎢, 인구 약 5만 5,999명인 군으로 북쪽은 울진군, 서쪽은 영양군·청송군, 남쪽은 포항시와 접경하고 동쪽은 동해에 면한다. 군의 전지역이 태백산맥의 동사면을 차지하여 서쪽이 높고 동쪽으로 점차 낮아지는 지형을 이룬다. 서쪽의 군경계는 태백 산맥의 분수령이며 칠보산(七寶山)·등운산(騰雲山)·독경산(讀經山)·형제봉·명동산(明童山:812m)·삿갓봉·마고산·바데산 등 높은 산이 연봉을 이룬다. 해안선은 단조로우며 산지가 해안까지 연장되어 경지가 좁고, 해안은 곳곳에 암석이 노출되어 항구가 발달하기 어렵다. 송천·유천 등의 하구부에는 해안사구(海岸砂丘)가 발달하여 해수욕장으로 이용되며 장사(長沙)·대진(大津) 등은 여름 피서지이다. 그 가운데 본 연구의 주요 조사지인 강구면은 인구가 약 9,916명이고 면적은 36.81㎢에 달하는 지역으로 10개리로 이루어져 있는 영덕군 남동부에 있는 면이다. 북쪽으로 영덕읍, 서쪽으로 달산면(達山面), 남쪽으로 남정면(南亭面)과 맞닿아 있고, 동쪽으로 동해에 면한다. 오십천(五十川) 하류에 있으며 서쪽의 삿갓봉(320m)을 기점으로 동으로 경사지가 전개된다. 해안은 암빈해안(岩濱海岸)으로 경지가 부족하며, 연안 및 그 지류의 해안에 충적토로 된 농경지가 펼쳐진다. 강구리를 중심으로 어업활동이 이루어지며, 게·노가리·명태·쥐치·도루묵·꽁치·오징어·미역·전복 등이 잡힌다. 동해고속도로의 개통으로 상업이 발달하고, 또 부근에 대진 해수욕장과 삼사(三思)

---

1) 조사방법, 질문지 종류, 질문방법, 제보자 조건 등에 대한 자세한 설명은 이익섭(1992), 이상규(2003)을 참조할 수 있다.

해상공원이 있어 관광산업이 활발하다. 강릉·안동·포항으로 통하는 국도가 하천과 해안을 따라 지난다.

또한 축산면은 영덕군 중동부에 있는 면으로 면적이 59.32㎢이고 인구가 약 4,533명이며 11개 리로 이루어져 있는데 북쪽은 영해면(寧海面), 서쪽으로 지품면(知品面), 남쪽으로 영덕읍과 접하며, 동쪽은 동해에 면한다. 이곳의 해안선은 단조롭고 해안까지 산지가 임박하여 항구 발달에 불리하나 북동쪽의 축산항은 강구(江口)와 더불어 영덕군의 2대 어항을 이룬다. 주요 농산물은 쌀·콩·고추 등이며, 미역·전복의 양식업이 성하나 1979년 동해고속도로의 개통으로 생산물 수송의 호전과 관광산업의 개발로 지역주민의 소득이 증가하고 있는 면이기도 하다.

이 두 면을 조사지로 택한 이유는 원래부터 어업을 주된 업으로 삼고 있는 곳이기도 하지만 동해고속도로의 개통으로 상업이 발달하기 시작했고, 또 부근에는 대진 해수욕장과 삼사(三思)해상공원이 있어 관광산업이 활발하여 주민의 다수가 전업을 하고 있는 지역이라 어촌지역 주민들의 생활 변화와 언어 변화의 속도 등을 찾아보기에 적합하다고 여겨졌기 때문이다. 또한 이 연구에 적합한 노년층과 장년층, 그리고 청소년층의 제보자를 쉽게 접할 수 있는 지역이라는 여겨졌기 때문이기도 하다.

(2) 울진군 후포면·평해읍

울진군은 면적이 988.82㎢이고 인구는 약 6만 8426명으로 경상북도 최동북단에 있는 군이다. 북쪽은 갈령산을 경계로 강원도 삼척시 원덕읍과 접하고, 서쪽은 봉화군 낙동강 조항천을 경계로 소천면과 접하며, 남서쪽은 일월산맥과 고초령 백암산을 경계로 영양군 수비면·일월면과 접한다. 남쪽은 등운산을 경계로 영덕군 병곡면과 접하며,

동쪽은 동해와 맞닿는다.

그 가운데 본 연구의 주요 조사지인 후포면은 인구가 약 1만 1,724명이고 면적은 22.08㎢에 달하는 지역으로 3개 리로 이루어져 있는 울진군 남동부에 있는 면이다. 북쪽은 평해읍, 서쪽은 온정면(溫井面), 남쪽은 영덕군 병곡면(柄谷面)과 접하고, 동쪽은 동해에 면한다. 8km의 해안선을 따라 T자형으로 마을이 형성되어 있는 동해안의 중요한 어업전진기지로, 주민의 60%가 어업에 종사하며 수산물 가공업이 발달하였다. 주요 어종은 꽁치·오징어·붉은 대게이고, 특히 대게 살은 가공하여 미국·일본 등지에 수출한다. 면의 동쪽에는 3면이 바다로 둘러싸인 동기산이 있고, 그 절벽 위에는 후포등대가 있는데, 이곳은 여름철 피서지로 각광을 받고 있다.

또한 평해읍은 울진군 동남부에 있는 읍으로 면적이 37.17㎢이고 인구가 약 4,922명이며 7개 리로 이루어져 있다. 북쪽으로 기성면(箕城面), 서쪽으로 온정면(溫井面), 남쪽으로 후포면(厚浦面)에 접하고, 동쪽으로 동해에 면한다. 이곳의 주요 산업은 농업과 어업이다. 평해 들을 중심으로 한 벼농사가 주업이고 밭농사로 수박·배추 등을 재배한다. 연안에서는 명태·오징어·쥐치·꽁치 등이 많이 잡히고 미역 양식도 성하며 거일리(巨逸里)·직산리(直山里) 등의 어촌에서 주로 이루어진다.

이 두 곳을 조사지로 택한 이유는 울진이 경상북도의 최동북단에 있는 군이기도 하지만 특히 후포와 평해는 원래부터 어업을 주된 업으로 삼고 있는 곳이기 때문이다. 뿐만 아니라 1987년이래 후포~울릉 간 정기여객선이 취항하면서 관광객이 더욱 늘고 있으며 이에 따른 상업의 발달과 또 관광업의 활성화로 주민의 다수가 이주하거나 전업을 하고 있는 지역이라 어촌 지역 주민들의 생활 변화와 언어 변화의 속도 등을 찾아보기에 적합하다고 여겨졌기 때문이다. 또한 이

연구에 적합한 노년층과 장년층, 그리고 청소년층의 제보자를 쉽게
접할 수 있는 지역이라고 여겨졌기 때문이기도 하다.

(3) 삼척시 근덕면

삼척시는 면적 1,185.86㎢, 인구 약 8만 4523명의 시로 북쪽은 동해
시, 서쪽은 정선군·태백시, 남쪽은 경상북도 울진군·봉화군에 접하고,
동쪽은 동해에 면한다. 현재 2읍 6면 4동으로 이루어져 있으며, 시청
소재지는 삼척시 교동 592번지이다. 태백산맥의 분수령에 해당하는
청옥산(1,404m)·두타산(1,353m)·중봉산(1,284m)·백병산(1,259m) 등
의 연봉이 남북으로 솟아 있다. 서쪽으로는 1,000m 이상의 고위평탄
면을 이루며, 동쪽은 급경사를 이루어 해안 가까이에 좁은 해안평야
를 형성한다. 58.4km의 해안선은 극히 단조롭고, 해식애와 해안단구
가 발달하였으나, 후진(後津)·맹방(孟芳)·호산(湖山) 등지에는 비교
적 긴 사빈이 발달하여 해수욕장으로 개발되고 있다. 또한 정라진(汀
羅津)을 비롯하여 초곡리·장호리·임원리·호산리 등지에 소규모의
만입이 있어 어항으로 이용되고 있다. 연안은 수심이 깊고 계절에 따
라 한·난류가 교류하여 어족이 풍부하다.

그 가운데 본 연구의 주요 조사지인 근덕면은 인구가 약 8,049이고
면적이 133.32㎢에 달하는 14개리로 이루진 삼척시 중동부에 위치해
있는 면이다. 북쪽으로 사직동(史直洞), 서쪽으로 노곡면(蘆谷面), 남
쪽으로 원덕읍에 접하고, 동쪽으로 동해에 면한다. 본래 고구려의 해
리현(海利縣)인데, 1629년(인조 7) 덕번면(德番面)이라 하다가, 1662년
(현종 3) 근덕번면(近德番面)과 원덕번면(遠德番面)으로 나누었다. 후
에 근덕번면을 줄여서 근덕면이라 하였고, 1973년 7월 1일 노곡면 금
학리(金鶴里)를 편입하였다. 산지가 해안까지 뻗어 있어 평야가 적으
며, 중앙부를 북동류하는 마읍천(麻邑川)의 주변에 약간의 평야를 이

룬다. 맹방(孟芳)·궁촌(宮村) 등 6개의 소규모 어촌이 있으나 대부분 영세어업이며, 초당저수지(草堂貯水池)에 연어양식장이 있고, 관광지로 맹방해수욕장, 근덕해수욕장 등이 있다.

이 면을 조사지로 택한 이유는 삼척시 자체가 원래 북쪽은 동해시, 서쪽은 정선군·태백시, 남쪽은 경상북도 울진군·봉화군에 접하고 있어, 각 지역 방언들의 영향을 받는 전이지역으로서의 양상을 지니고 있다고 여겨지며 또한 최근 관광지로 개발된 맹방해수욕장, 근덕해수욕장 등 여러 해수욕장들이 있어 어촌 지역 주민들의 생활 변화와 언어 변화의 속도 등을 찾아보기에 적합하다고 여겨졌기 때문이다. 또한 이 연구에 적합한 노년층과 장년층, 그리고 청소년층의 제보자를 쉽게 접할 수 있는 지역이라고 여겨졌기 때문이기도 하다.

(4) 강릉시 연곡면

강릉시는 면적 1,039.97㎢, 인구 약 22만 9449명의 시로 북쪽으로 양양군, 서쪽으로 홍천군·평창군·정선군, 남쪽으로 동해시와 접하고, 동쪽으로 동해와 만난다. 태백산맥 동쪽 급경사 산간지대부터 동해안까지 이르는 곳에 있으므로 지형은 대체로 험준한 산지, 완만한 산록 및 좁은 해안평야로 나뉜다. 하천은 짧고 급류이며, 연곡천·사천·남대천·주수천(珠樹川)이 대표적이다. 이들 하천은 동해로 흘러들면서 작은 충적평야를 형성하여 농경지로 이용된다. 여러 하천이 운반한 화강암질의 하얀 모래는 해안에서 사주·사취 등을 이루고 석호인 경호(鏡湖)를 형성하였다. 이에 따라 해안선은 사빈과 암석으로 구성되며, 주문진만은 육지 쪽으로 깊숙히 들어온 큰 천연의 양항(良港)이다. 연안은 수심이 깊고 계절에 따라 한류와 난류가 흘러 어족이 풍부한 지역이다. 또한 바다를 통한 수산업은 근해에 한류와 난류가 교차하여 한류성 어족과 난류성 어족이 풍부한 관계로 앞 바다에서는 오징어 ·

꽁치·명태 등이 많이 잡히고, 해조류인 미역 채취를 많이 한다.

그 가운데 본 연구의 주요 조사지인 연곡면은 인구는 현재 약 5,700이며 면적은 202.48㎢에 달하는 지역으로 9개리로 이루어져 있는 강릉시 북부에 위치해 있는 면이다. 북쪽으로 주문진읍과 양양군 현북면(縣北面), 서쪽으로 평창군 진부면(珍富面)과 양양군 서면(西面), 남쪽으로 사천면(沙川面) 및 평창군 도암면(道岩面)과 접하고, 동쪽으로 동해에 면한다.

이 면을 조사지로 택한 이유는 주변이 오대산국립공원의 일부에 속하며, 동덕리(冬德里)에는 깨끗한 모래사장과 울창한 해송림으로 유명한 연곡해수욕장이 있어 동해안 어촌 지역 주민들의 생활변화를 알아 볼 수 있을 뿐만 아니라 전국적으로 이름난 명승지라 다른 지역들에 비해 문화적 변화나 언어 변화의 속도 등을 찾아보기에 적합하다고 여겨졌다. 또한 이 연구에 적합한 노년층과 장년층, 그리고 청소년층의 제보자를 모두 접할 수 있는 지역이라는 연곡면사무소 여직원의 친절한 소개가 있었기 때문이기도 하다.

2) 질문지와 제보자

이익섭(1992)·이상규(2003)에 의하면 방언조사를 하려면 우선 무엇을 조사하여야 할 것인가를 결정하여야 하는데 이 '무엇'을 정리해 놓은 조사도구가 곧 질문지(質問紙)이다. 질문지를 작성하는 일은 우선 질문항목을 선정하는 일에서부터 시작되는데, 즉 어떠어떠한 어휘를 조사할 것인가를 결정해야 하며, 몇 개의 조사항목을 질문지로 만들 것인가를 결정해야 한다는 것이다.

방언은 한 언어의 분화체이기 때문에 방언조사에서 그 변화된 모습에 역점을 둔다는 것은 당연하다. 전국적으로 아무런 분화를 보이지 않는 항목을 조사하는 일은 방언조사에서 거의 徒勞에 가깝다고 할 수 있다. 그 항목이 전국적으로 아무런 분화를 일으키지 않는다는 사실도 중요한 情報의 하나이기는 하겠으나 그것으로써 어느 지역이 어느 지역과 언어적으로 어떻게 다른가를 알 길은 전혀 없다. 따라서 조사항목을 選定할 때 가장 기본이 되는 조건은 각 방언의 특성을 잘 드러내 줄 有意한 分化形을 가지는 항목부터 選定하여야 한다는 점일 것이다.[2] 그러므로 본 연구에서는 방언간의 어휘 분화가 가장 쉽게 일어나는 어휘들을 중심으로, 특히 어촌 경제생활과 관련된 어휘들을 중심으로 항목을 선정하여 질문지를 작성하였다. 이들 질문지를 바탕으로 과연 사회적, 경제적 변수에 따라 강릉, 삼척, 영덕, 울진 방언들에 언어 분화 현상이 일어나고 있는가. 그렇다면 어느 지역, 어느 세대, 어느 성별에서 그 현상이 현저하게 나타나는가에 의미를 두고 조사하여 비교 확인하는데 주안점을 두었다.

일반적으로 제보자는 토박이, 나이, 신체적 조건, 성별, 학업정도 등의 여러 가지 조건을 갖추어야 하는데 본 연구에서는 동해안 어촌 경제 생활과 관련된 방언들을 사회언어학적 관점에서 고찰하는 것이므로 노년층, 장년층은 각 해당 지역에서 3대 이상 지속적으로 살아온 자들을 우선 선정하였으며, 장년층은 출생이 그 지역이 아니더라도 20년 이상 그 지역에서 거주한 사람들도 다수 포함하였다. 청소년층 역시 3대 이상이 지속적으로 살아온 자 가운데서 우선 선정하여 전통적인 방언 제보자 조건에 부합하도록 노력하였다.

그러나 실제로 연령에 적합한 제보자를 찾아 직접 면접하기에는 너무 힘이 들었다. 면사무소나 동장, 혹은 이장으로부터 소개를 받아 방문하는 것을 우선으로 하였지만, 막상 방문을 하였을 때는 대부분의 제보자들 태도가 경제활동을 핑계로 회피한다든지, 외면한다든지, 혹은 제보하기 힘들 정도의 상태가 되어 있다든지 하여 조사에 많은 어

---

2) 이익섭 (1992:45~46).

려움이 있었기 때문이다. 물론 어촌 지역의 경제가 단순한 어업 형태
에서 관광업과 연계된 상업으로 전환하면서 가장 바쁘게 움직이는 여
름 피서철과 맞물려 조사를 나간 본 연구자의 탓도 무시할 수는 없을
것이다. 그럼에도 불구하고 제보에 기꺼이 응해주신 각 지역의 여러
제보자들 덕분에 강릉3) 지역을 제외하고는 조사를 마칠 수 있었다.
  제보자별 세대 구분 실태와 각 지역별 제보자를 제시하면 아래와
같다.4)

  · 노년층 : 60대 이후의 남·여, 무학자 우선, 어촌생활자.
  · 장년층 : 30~40대의 남·여, 중등교육자 우선, 어촌생활자.
  · 청소년층 : 10~20대의 남·여, 학생 우선, 어촌생활가정.

  □ 영 덕

김정학 : 男 58세, 경북 영덕군 강구면 강구 4리(고향-오포)
유정옥 : 女 52세, 경북 영덕군 강구면 강구 4리
          (고향-영덕군 지품면 수암동)
신남수 : 男 49세, 경북 영덕군 축산면 축산 1리(고향-수암)
최승하 : 男 46세, 경북 영덕군 강구면 오포 2리(고향-강구)
김은은 : 女 25세, 경북 영덕군 축산면 축산 1리(고향-달산)
김금금 : 女 25세, 경북 영덕군 축산면 축산 1리(고향-달산)
한영호 : 男 19세, 경북 영덕군 영덕읍 대탄리(고향-대탄)

---

3) 강릉시 연곡면에 조사를 나갔을 당시 여름 피서철과 맞물린 7월 하순에
   서 8월 초순까지여서 제보자를 구하기가 쉽지 않았으며, 소개를 받아 방
   문했으나 제보자의 생업관계로 본 연구에 충분한 조사를 할 수 없었다.
4) 각 지역별 제보자는 나이순으로 제시하였다.

□ 울 진

손명분 : 女 80세, 경북 울진군 후포면 삼율4리 1반(고향 - 금음)
정갑수 : 男 79세, 경북 울진군 후포면 삼율4리 1반(고향 - 금음)
김칠예 : 女 74세, 경북 울진군 평해면 거일2리(고향 - 거일)
정혜연 : 女 71세, 경북 울진군 평해면 거일2리(고향 - 평해)
엄명란 : 女 69세, 경북 울진군 평해면 거일2리(고향 - 온정면 덕산)
오춘화 : 女 55세, 경북 울진군 평해면 거일2리(고향 - 축산면)
이만식 : 男 42세, 경북 울진군 후포면 삼율1리(고향 - 후포)
김용환 : 男 42세, 경북 울진군 평해읍 학곡2리(고향 - 후포)
박용진 : 男 42세, 경북 울진군 후포면 삼율2리(고향 - 온정면 덕인리)
송광준 : 男 42세, 경북 울진군 후포면 금음1리 2반(고향 - 삼율)
손수철: 男 42세, 경북 울진군 후포면 삼율4리(고향 - 삼율)
김기출 : 男 42세, 경북 울진군 후포면 삼율2리(고향 - 삼율)
김태한: 男 41세, 경북 울진군 후포면 삼율1리(고향 - 삼율)
김경란: 女 28세, 경북 울진군 후포면 후포리(고향 - 후포)
김정환: 男 27세, 경북 울진군 온정면 덕산1리(고향 - 덕산)
배장미: 女 26세, 경북 울진군 후포면 삼율4리(고향 - 삼율)

□ 삼척시

양재수 : 男 71세, 강원도 삼척시 근덕면 장호 2리 5반(고향 - 삼척)
김순자 : 女 67세, 강원도 삼척시 근덕면 장호 2리 1반(고향 - 삼척)
박순여 : 女 66세, 강원도 삼척시 근덕면 장호 2리 5반(고향 - 삼척)
김연순 : 女 59세, 강원도 삼척시 근덕면 장호 2리(고향 - 영월)
김진길 : 男 38세, 강원도 삼척시 근덕면 장호 2리 4반(고향 - 삼척)
이금년 : 女 38세, 강원도 삼척시 근덕면 장호 2리 4반(고향 - 울진)
김정화 : 女 14세, 강원도 삼척시 근덕면 장호 2리 2반(고향 - 삼척)

□ 강릉시

홍영표 : 男 73세, 강원도 강릉시 연곡면 영진 2리 1반(고향－강릉)

문덕순 : 女 71세, 강원도 강릉시 연곡면 영진 2리 3반(고향－강릉)

박정자 : 女 53세, 강원도 강릉시 주문진읍 주문 1091－1(고향－강릉)

김승철 : 男 46세, 강원도 강릉시 연곡면 동덕 2리 1반 (고향－연곡)

문순희 : 女 45세, 강원도 강릉시 연곡면 동덕 2리 1반(고향－청주)

오정환 : 男 28세, 강원도 강릉시 연곡면 송림리 392(고향－강릉)

김창현 : 男 18세, 강원도 강릉시 연곡면 동덕 2리 1반(고향－강릉)

김다혜 : 女 17세, 강원도 강릉시 주문진읍 교항 4리 9반

　　　　　　　(고향－주문진)

Ⅲ. 사회언어학적 측면에서의 어휘 고찰

어민들의 생활과 직접 관련을 지을 수 있는 천문, 지리, 시후, 방위, 음식, 어업기구, 비금류, 어패류 등을 선택하여 다음과 같은 조사표를 작성하였다. 이는 조사된 항목들이 각 지역별, 연령별, 성별에서 어떻게 나타나는지 살펴보기 위함이다. 선택된 어휘의 항목은 총 270개로 조사 결과 영덕과 울진에서는 대부분의 제보자들이 자음 'ㅆ'을 'ㅅ'으로 발음하고 있는 것으로, 모음 'ㅡ'와 'ㅓ', 'ㅔ'와 'ㅐ'는 구분되지 않는 것으로 조사되었다. 또한 삼척과 강릉에서는 대부분의 제보자들이 자음 'ㅅ'과 'ㅆ'을 구분하고 있는 것으로 조사되었으나, 모음 'ㅡ'와 'ㅓ', 'ㅔ'와 'ㅐ'에 있어서는 삼척은 구분이 안되는 반면 강릉은 그 구분에 혼란이 있는 것으로 조사되었다.

1. 지역별

1) 경음화 현상

조사된 항목 270개 가운데 12개의 항목을 선택하여 영덕, 울진, 삼척, 강릉 각 지역의 성별, 연령별 경음화 현상을 비교·분석한 결과 아래의 <표 1>과 같은 성과를 얻을 수 있었다. 경음화 현상을 살펴보기 위해 선택된 항목은 '샛별, 함박눈, 물결, 봉우리, 티끌, 한밤중, 건더기, 고기, 군밤, 막걸리, 가자미, 물고기'의 12개 어휘이다. 현지조사에서 조사된 각 지역의 경음화 어휘는 항목 2−1)에 제시된 어휘로 대신하기로 한다.

　ㅇ 샛별, 함박눈, 물결, 봉오리, 티끌, 한밤중, 건더기, 고기, 군밤, 막걸리,
　　가자미, 물고기

〈표 1〉 지역별 경음화 현상 비교

		영 덕	울 진	삼 척	강 릉
성별	남	23	11	7	10
	여	24	15	7	7
연령	50대 이상	18	6	7	7
	30~40대	15	9	6	8
	10~20대	14	11	1	2
지역별 총 빈도		47	26	14	17

위의 표에서 살펴보면 영덕, 울진, 삼척, 강릉 중에서 경음화 현상이 가장 많이 일어나는 지역은 영덕으로 빈도가 47회로 나타남을 알 수 있다. 그 다음이 울진 26회, 삼척 14회, 강릉이 17회로 나타난다. 영덕은 어휘 항목을 경음화 시키는 빈도가 남자 23회, 여자 24회로 비

슷하게 사용함을 알 수 있으며, 연령별로도 18회(50이상), 15회(30~40
대), 14회(10~20대)로 비교적 비슷하게 사용함을 알 수 있다. 이에 반
해 삼척의 경우를 살펴보면 어휘 항목을 경음화 시키는 빈도가 남·
여 각각 7회로 동일하게 사용됨을 알 수 있으며, 연령에 있어서는 50
대 이상이 7회, 30~40대가 6회, 10~20대는 1회로 노년층, 장년층에
비해 청년층의 경음화 빈도가 현저하게 낮음을 알 수 있다.

이러한 현상은 강릉도 마찬가지이나 울진에서는 청년층의 경음화
빈도가 11회로 노년층(6회), 장년층(9회)에 비해 오히려 높게 나타나고
있는 점이 특이하다.

2) 비음화 현상

조사된 항목 270개 가운데 영덕, 울진, 삼척, 강릉 각 지역의 성별,
연령별 비음화 현상을 비교·분석한 결과 아래의 <표 2>와 같은 성
과를 얻을 수 있었다. 이 네 지역에서는 항목 270개 가운데 대개 항목
'아지랑이, 구덩이, 모퉁이, 웅덩이, 곰팡이, 부엉이, 주둥아리, 고둥,
달팽이, 우렁이, 흙덩이' 등에서 비음화 현상이 일어나고 있는 것으로
조사되었다. 현지 조사에서 조사된 각 지역의 비음화 어휘는 항목
2-2)에 제시된 어휘로 대신하기로 한다.

ㅇ 아지랑이, 구덩이, 모퉁이, 웅덩이, 곰팡이, 부엉이, 주둥아리, 고둥,
   달팽이, 우렁이, 흙덩이

아래의 표에서 살펴보면 영덕, 울진, 삼척, 강릉 중에서 비음화 현
상이 가장 많이 일어나는 지역은 삼척으로 빈도가 40회임을 알 수 있
다. 그 다음이 울진 34회, 강릉 31회, 영덕이 24회이다. 삼척은 어휘
항목을 비음화 시키는 빈도가 남자 30회, 여자 10회로 여자에 비해 남

자가 3배나 더 많이 사용함을 알 수 있으며, 연령별로는 50대 이상이 20회, 30~40대가 19회, 10~20대가 1회로 삼척의 비음화 현상은 주로 노년층, 장년층에서 일어나고 있음을 알 수 있다.

〈표 2〉 지역별 비음화 현상 비교

		영 덕	울 진	삼 척	강 릉
성별	남	12	15	30	16
	여	12	19	10	15
연령	50대 이상	11	16	20	21
	30~40대	11	15	19	10
	10~20대	2	3	1	0
지역별 총빈도		24	34	40	31

영덕의 경우에서 살펴보면 어휘 항목을 비음화 시키는 빈도가 남·여 각각 12회로 동일하게 사용됨을 알 수 있으며, 연령에 있어서는 50대 이상이 11회, 30~40대가 11회, 10~20대는 2회로 삼척과 마찬가지로 노년층, 장년층에 비해 청년층의 비음화 빈도가 현저하게 낮음을 알 수 있다. 이에 반해 울진에서는 어휘 항목을 비음화 시키는 빈도가 남자 15회, 여자 19회로 여자의 빈도가 남자의 빈도보다 다소 높게 나타나고, 강릉의 경우는 연령에 있어 50대 이상이 21회, 30~40대가 10회, 10~20대는 0회로 50대 이상의 노년층의 비음화 빈도가 장년층, 청년층의 빈도보다 훨씬 더 높게 나타남을 알 수 있다.

3) 모음 '—'5)

(1) 1음절

조사된 항목 270개 가운데 1음절에 모음 '—'가 실현되는 표준어휘 항목은 '그늘, 그림자, 글피, 끝, 뜨물, 뜰, 음달, 틈, 흙, 흙덩이'의 10개로 이들 항목을 조사하여 영덕, 울진, 삼척, 강릉 각 지역의 성별, 연령별 실현 빈도를 비교·분석한 결과 아래의 <표 3>과 같은 성과를 얻을 수 있었다. 현지 조사에서 조사된 각 지역의 실현 어휘는 아래의 항목 ①의 어휘로 대신하기로 한다.

ㅇ 그늘, 그림자, 글피, 끝, 뜨물, 뜰, 음달, 틈, 흙, 흙덩이

아래의 표에서 살펴보면 1음절에서 모음 '—'는 대개 모음 '—'나 'ㅓ'로 실현되는 것이 일반적임을 알 수 있는데, 이들을 각각 나누어 살펴보도록 한다.

〈표 3〉 1음절에서 모음 '—'의 지역별 실현 비교

		영 덕			울 진			삼 척			강 릉		
		—	ㅓ	기타	—	ㅓ	기타	—	ㅓ	기타	—	ㅓ	기타
성별	남	9	15	6	7	16	7	10	16	4	8	20	3
	여	10	14	6	8	14	8	10	17	3	11	17	3

---

5) 조사된 항목 270개 가운데 1음절에 모음 'ㅐ'가 실현되는 표준어휘 항목이 '개골창, 개울, 갱, 대합, 뱀장어, 새끼, 새벽, 새벽녘, 새우, 새우젓, 샛길, 샛별, 재, 해오라기, 해파리'의 15개, 1음절 이하에서 모음 'ㅐ'가 실현되는 표준어휘 항목은 '번개, 무지개, 안개, 진눈깨비, 고개, 모래, 수채, 끼니때, 밤새도록, 아래께, 엿새, 올해, 아래, 담배, 빈대떡, 시래기, 잎담배, 갈매기, 날개, 올빼미, 달팽이, 명태, 용치—놀래기, 조개, 파래'의 25개가 있으나 실제 조사에서 'ㅔ'와 'ㅐ'의 명확한 구분이 어려워 이에 대한 논의는 하기 않기로 한다.

연령	50대 이상	2	14	4	0	16	4	0	15	5	1	18	2
	30~40대	0	15	5	0	13	7	0	18	3	1	19	1
	10~20대	17	0	3	15	1	4	20	0	0	17	0	3
지역별 총빈도		19	29	12	19	30	15	20	33	7	19	29	6

① '_' → '_'

영덕, 울진, 삼척, 강릉 중에서 모음 'ㅡ'가 'ㅡ'로 가장 많이 실현되는 지역은 삼척으로 그 빈도가 20회이다. 그 다음은 영덕, 울진, 강릉으로 모두 19회로 조사되어 이들 네 지역의 모음 'ㅡ'의 실현 빈도는 거의 동일함을 알 수 있다. 이들 지역의 실현 빈도를 연령별로 살펴보면 삼척의 10~20대가 20회로 가장 많이 실현되는 것으로 조사되었으며, 그 다음으로 영덕과 강릉의 10~20대가 각각 17회, 울진의 10~20대가 15회 등으로 나타난다. 이에 비해 영덕의 30~40대와 울진의 50대 이상, 울진의 30~40대, 삼척의 50대 이상, 삼척의 30~40대에서는 한번도 실현되지 않음을 알 수 있다.

또 이를 성별로 살펴보면 모음 'ㅡ'가 'ㅡ'로 가장 많이 실현되는 것은 강릉의 여자로 그 빈도가 11회이며, 가장 적게 실현되는 것은 강릉의 남자로 그 빈도는 8회이다.

② '_' → 'ㅓ'

영덕, 울진, 삼척, 강릉 중에서 모음 'ㅡ'가 'ㅓ'로 가장 많이 실현되는 지역은 역시 삼척으로 그 빈도가 33회이다. 그 다음은 울진이 30회, 영덕과 강릉이 모두 29회로 조사되어 이들 네 지역의 모음 'ㅓ'의 실현 빈도, 역시 거의 동일하나 삼척이 약간 높은 것을 알 수 있다. 이들 지역의 실현 빈도를 연령별로 살펴보면 강릉의 30~40대가 19회로 가장 많이 'ㅓ'로 실현하는 것으로 조사되었으며, 그 다음이 강릉의 50대 이상과 삼척의 30~40대로 그 빈도는 각각 18회이다. 이에 비해

가정 적은 실현 빈도를 나타내는 것은 영덕·삼척·강릉의 10~20대
로 이들에서는 한번도 실현되지 않음을 알 수 있다. 또 이를 성별로
살펴보면 모음 '一'가 'ㅓ'로 가장 많이 실현되는 것은 강릉의 남자로
그 빈도가 20회이며, 가장 적게 실현되는 것은 영덕과 울진의 여자로
그 빈도는 각각 14회이다.

(2) 1음절 이하

조사된 항목 270개 가운데 1음절 이하에서 모음 '一'가 실현되는
표준어휘 항목은 '가물음, 구름, 하늘, 고드름, 기름, 산등성마루, 진흙,
징금다리, 티끌, 여름, 가을, 가을한다, 나흗날, 밝을녘, 사흗날, 아흐렛
날, 열흘, 오늘, 오늘아침, 요즈음, 지금-곧, 오른쪽, 소금, 참기름, 고
등어, 비늘'의 26개로 이들 항목을 조사하여 영덕, 울진, 삼척, 강릉
각 지역의 성별, 연령별 실현 빈도를 비교·분석한 결과 아래의 <표
4>와 같은 성과를 얻을 수 있었다.

ㅇ 가물음, 구름, 하늘, 고드름, 기름, 산-등성마루, 진흙, 징금다리, 티끌,
　여름, 가을, 가을한다, 나흗날, 밝을-녁, 사흗날, 아흐렛날, 열흘, 노
　늘, 오늘아침, 요즈음, 지금-곧, 오른쪽, 소금, 참기름, 고등어, 비늘

〈표 4〉 1음절 이하에서 모음 '一'의 지역별 실현 비교

		영덕				울진				삼척					강릉				
		一	ㅓ	ㅗ	기타	一	ㅓ	ㅗ	기타	一	ㅓ	ㅗ	ㅜ	기타	一	ㅓ	ㅜ	ㅣ	기타
성별	남	21	44	1	13	22	46	2	14	13	34	0	6	25	22	43	1	1	13
	여	27	39	0	14	22	42	1	18	15	34	1	4	24	17	39	2	1	20
연령	50대 이상	2	43	0	9	4	41	2	10	1	30	1	5	15	1	41	3	0	9
	30~40대	10	36	1	6	2	37	1	12	1	30	0	5	16	2	40	0	1	10
	10~20대	36	4	0	12	38	10	0	10	26	8	0	0	18	36	1	0	1	14
지역별 총빈도		48	83	1	27	44	88	3	32	28	68	1	10	49	39	82	3	2	33

위의 표에서 살펴보면 1음절 이하에서 모음 'ㅡ'는 대개 모음 'ㅡ'
나 'ㅓ', 또는 'ㅗ', 'ㅜ', 'ㅣ'로 실현되는 것을 알 수 있는데, 이들을
각각 나누어 살펴보도록 한다.

① 'ㅡ' → 'ㅡ'

영덕, 울진, 삼척, 강릉 중에서 1음절 이하에서 모음 'ㅡ'가 'ㅡ'로
가장 많이 실현되는 지역은 영덕으로 그 빈도가 48회이다. 그 다음은
울진으로 그 빈도가 44회이고, 강릉이 39회, 삼척이 28로 조사되어 이
들 네 지역의 1음절 이하에서의 모음 'ㅡ'가 'ㅡ'로 실현 빈도는 가장
많이 실현되는 영덕과 가장 적게 실현되는 삼척의 비교에서 볼 때 거
의 2배에 가까운 차이가 있음을 알 수 있다. 이들 지역의 실현 빈도를
연령별로 살펴보면 울진의 10~20대가 38회로 가장 많이 실현되는 것
으로 조사되었으며, 그 다음이 영덕과 강릉의 10~20대가 각각 36회,
삼척의 10~20대가 26회 등으로 조사되었다.

이에 비해 삼척의 50대 이상과 삼척의 30~40대 및 강릉의 50대
이상에서는 그 실현 빈도가 각각 1회로 실현되어 1음절 이하에서의
모음 'ㅡ'가 'ㅡ'로 실현되는 현상 중 가장 적은 빈도를 보여주는 것
으로 조사되었다. 또 이를 성별로 살펴보면 1음절 이하에서 모음 'ㅡ'
가 'ㅡ'로 가장 많이 실현되는 것은 영덕의 여자로 그 빈도가 27회이
며, 가장 적게 실현되는 것은 삼척의 남자로 그 빈도는 13회이다.

② 'ㅡ' → 'ㅓ'

영덕, 울진, 삼척, 강릉 중에서 1음절 이하에서 모음 'ㅡ'가 'ㅓ'로
가장 많이 실현되는 지역은 울진으로 그 빈도가 88회이며, 그 다음이
영덕으로 83회, 그리고 강릉이 82회며 삼척은 68회로 조사되어 이들
네 지역의 모음 'ㅓ'의 실현 빈도는 울진, 영덕, 강릉은 거의 비슷하게

실현되나, 삼척은 다른 지역에 비해 현저히 적게 실현되고 있음을 알
수 있다. 이들 지역에서의 모음 'ㅓ'의 실현 빈도를 연령별로 살펴보
면 영덕의 50대 이상으로 그 빈도가 43회로 가장 많이 실현하는 것으
로 조사되었으며, 그 다음이 울진과 강릉의 50대 이상으로 빈도가 각
각 41회이다. 이에 비해 가정 적은 실현 빈도를 나타내는 것은 강릉의
10~20대로 이들에서는 단 한번 실현됨을 알 수 있다. 또 이를 성별로
살펴보면 1음절 이하에서 모음 'ㅡ'가 'ㅓ'로 가장 많이 실현되는 것
은 울진의 남자로 그 빈도가 46회이며, 가장 적게 실현되는 것은 삼척
의 남·여로 그 빈도는 각각 34회이다.

4) 지역별 어휘의 특징

(1) 지역별 특정 어휘

① 영덕

영덕에서 조사된 항목 중 다른 조사지역에서 실현되지 않은 항목
의 용례는 '고래장비, 달무리, 가풀막, 닭의 어리(닭장), 굴, 조개'의 6
개이다.

> ○⁶⁾ 놀랑처럼온다(고래장비), 달매/달매미(달무리), 고바위(가풀막), 달울
> 타리(닭의어리), 부조개(굴), 배캅(조개)

이 가운데 '놀랑처럼온다(고래장비)'는 30~40대 남자에서, '달매/달
매미(달무리)'와 '달울타리(닭의어리)'는 30~40대 여자에서, '고바위
(가풀막)'와 '부조개(굴)'는 50대 이상의 남·여와 30~40대 남자에서
실현되는 것으로 조사되었으며, '배캅(조개)'은 50대 이상의 여자와 3
0~40대 여자에서 실현되는 것으로 조사되어 영덕 지역의 특정 어휘

---

6) 이하 용례에서 '( )' 속은 표준 항목을 나타낸다.

빈도는 다른 지역보다 훨씬 적게 나타남을 알 수 있다.

② 울진

울진에서 조사된 항목 중 다른 조사지역에서 실현되지 않은 항목의 용례는 '달무리, 새벽, 놀, 노을, 서리, 함박눈, 구멍, 메아리, 물결, 낭떠러지, 벼랑, 비탈, 웅덩이, 진흙, 낮, 밤새도록, 저녁, 훗날, 간장, 겨, 밤참, 절이다, 흰떡, 메추라기, 가자미, 굴, 꼴뚜기, 대합, 도미, 망둥어, 전갱이, 조개, 청어, 피라미'의 34개이다.

> ○ 달물 뛰월따(달무리), 먼동턴다(새벽), 나부리(놀), 뿔새(노을), 설기(서리), 밥뿌제눈(함박눈), 웅디이젙따(구멍), 말맏춘다(메아리), 파도친다(물결), 넝강/넝가이(낭떠러지), 넝강(벼랑), 너러막(비탈), 징컬/개양/징컬받(웅덩이), 징컬/징컬받/죽탕(진흙), 오널해따네(낮), 밤새기(밤새도록), 밤쭝될따(저녁), 아프로 다오는 세월(훗날), 찌랑멀/지랑멀(간장), 깍데기/껄티(겨), 군님석(밤참), 지긴다(절이다), 북찜이(흰떡), 뿌꿍새(메추라기), 도다리(가자미), 부조개(굴), 한치(꼴뚜기), 배캅/열합(대합), 감생이/감새가/다이(도미), 꺽떠구/검덩(망둥어), 아재/메가리(아지/전갱이), 따박/배캅(조개), 정어리/눈티(청어), 치어/민물새끼(피라미)

이 가운데 '달물 뛰월따(달무리)', '먼동턴다(새벽)', '나부리(놀)', '뿔새(노을)', '설기(서리)', '밥뿌제눈(함박눈)', '파도친다(물결)', '넝강(벼랑)', '너러막(비탈)', '징컬/징컬받(웅덩이)', '징컬/징컬받(진흙)', '오널해따네(낮)', '밤새기(밤새도록)', '아프로 다오는 세월(훗날)', '깍데기/껄티(겨)', '군님석(밤참)', '북찜이(흰떡)', '뿌꿍새(메추라기)', '한치(꼴뚜기)', '꺽떠구/검덩(망둥어)', '따박/배캅(조개)'의 21개의 항목은 50대 이상 남·여에서 실현되는 것으로 조사되었으며, '웅디이젙따(구멍)', '말맏춘다(메아리)', '넝강/넝가이(낭떠러지)', '지긴다(절이다)'는 50대 이상의 남자에서, '밤쭝될따(저녁)', '부조개(굴)', '배캅(대합)'은 50대 이상의 여자에서 실현되는 것으로 조사되었다. 그리고 '도다리(가자미)', '찌랑멀(간장)', '아재/메가리(아지/전갱이)', '정어리/눈티(청어)', '치어/민물새끼(피라미)'의 5개 항목은 30~40대의 남·여에서 실현되는 것으로, '개양(웅덩이)', '열합(대합)'는 30~40대 남자에서, '죽탕(진흙)', '감생이/감새가/다이(도미)'는 30~40대 여자에서 실현되는 것으로 조사되었다. 뿐만 아니라 10~20대 남자에서도 '지랑멀(간장)', '열합(대합)'이 다른 지역 방언에 비해 특수하게 사용하는 것으로 조사되었다. 이러한 점을 고려해 볼 때 울진 지역이 다른 지역보다 훨씬 더 특정 어휘를 많이 사용하는 것을 알 수 있으며, 특히 50대 이상 남·여가 특수 방언형을 많이 실현하는 것을 알 수 있다.

③ 삼척

삼척에서 조사된 항목 중 다른 조사지역에서 실현되지 않은 항목의 용례는 '고래장비, 홍수, 가뭄, 달무리, 새벽, 샛별, 놀, 그늘, 서리, 진눈깨비, 거리, 나루, 물결, 티끌, 흙, 가을한다, 밝을녁, 밤새도록, 간장, 군밤, 누룽지, 꽁치, 대합, 조개'의 23개이다.

○ 개럭하다/억수장마(고래장비), 개락난따/개락핻따(홍수), 가물얻따/녀무말랃따(가뭄), 달무리섣따(달무리), 도이~턴다/동이턴다/새벽온다(새벽), 개밥죽이별/개밥뚜까리(샛별), 나불[아침나불/저녁나불](놀), 그늘곁따(그늘), 서릴발섣따(서리), 눈·비섞어온다(진눈깨비), 섭쩍(거리), 추깡/판장(나루), 파도친다(물결), 티/까시/뭐들어간따(티끌), 헐기묻얻따(흙), 가을거디미/거디미(가을한다), 도이~떨때/도이~턷따(밝을녁), 밤새기/진진밤(밤새도록), 장물/지렁물(간장), 밤꿉언거(군밤), 소데끼/소띠끼/소뒤께(누룽지), 사마(꽁치), 섭/가리비(대합), 짜박(조개)

이 가운데 '추깡(나루)', '파도친다(물결)', '티/까시(티끌)', '도이~떨때/도이~턷따(밝을녁)', '소데끼/소띠끼(누룽지)'의 5개 항목은 50대 이상 남·여에서 실현되는 것으로 조사되었으며, '가물얻따(가뭄)', '도이~턴다/동이턴다(새벽)', '개밥죽이별/개밥뚜까리(샛별)', '밤꿈언거(군밤)', '사마(꽁치)', '짜박(조개)'의 6개는 50대 이상 남자에서, '개럭하다(고레장비)', '나불[아침나불/저녁나불](놀)', '삽쩍(거리)', '진진밤(밤새도록)', '장물(간장)', '가리비(대합)'의 6개는 50대 이상 여자에서 실현되는 것으로 조사되었다. 또 '밤새기(밤새도록)'는 30~40대 남·여에서, '억수장마(고레장비)', '개락날따/개락핻따(홍수)', '달무리섣따(달무리)', '서릳발섣따(서리)', '추깡(나루)', '거디미(가을한다)', '지렁물(간장)', '소뒤께(누룽지)', '가리비(대합)'의 9개 항목은 30~40대 남자에서, '너무말랄따(가뭄)', '동이턴다(새벽)', '그널겯따(그늘)', '티(티끌)', '헐기묻얻따(흙)', '가얼거디미(가을한다)'의 6개 항목은 30~40대 여자에서 실현되는 것으로 조사되었다. 뿐만 아니라 '새벽온다(새벽)', '눈·비섞어온다(진눈깨비)', '파도친다(물결)', '뭐들어갇따(티끌)'의 4개 항목이 10~20대 남·여에서 실현되는 것으로 조사되었다. 이러한 점을 고려해 볼 때 삼척 지역은 세대의 구분 없이 두루 특정 어휘를 실현하고 있는 것을 알 수 있다.

④ 강릉

강릉에서 조사된 항목 중 다른 조사지역에서 실현되지 않은 항목의 용례는 '달무리, 샛별, 그늘, 싸락눈, 나루, 메아리, 물결, 티끌, 가을한다, 곰팡이, 누룽지, 무장아찌, 상추쌈, 수제비, 숭늉, 좁쌀떡, 미끼'의 17개이다.

○ 해물/해무리(달무리), 샏별[아침]/개밥뚜까리[저녁](샛별), 그널진다(그늘), 쌀알눈(싸락눈), 선창/밴머리(나루), 산울린다(메아리), 물이울렁인다(물결), 개시바리/가시,까시(티끌), 거두미한다/추수한다(가을한다), 곰파구/골가지(곰팡이), 소디끼/소딕기(누룽지), 무꾸장쨍이/무거리/우거리(무장아찌), 불

기쌈(상추쌈), 뚜데기국/떠더국/떠덕국(수제비), 소째이~/솓쨍이(숭늉), 조
딱(좁쌀떡), 꼬내기(미끼)

이 가운데 '소째이~(숭늉)'는 50대 이상 남·여에서 실현되고, '샏별
[아침]/개밥뚜까리[저녁](샛별)', '그널진다(그늘)', '쌀알눈(싸락눈)',
'산울린다(메아리)', '물이울렁인다(물결)', '개시바리(티끌)', '거두미한
다(가을한다)'의 7개 항목은 50대 이상 남자에서, '해물(달무리)', '선창
(나루)', '가시/까시(티끌)', '추수한다(가을한다)', '곰파구/골가지(곰팡
이)', '소디끼(누룽지)', '무꾸장쨍이/무거리/우거리(무장아찌)', '불기쌈
(상추쌈)', '뚜데기국/떠더국/떠덕국(수제비)', '조딱(좁쌀떡)', '꼬내기(미
끼)'의 11개 항목은 50대 이상 여자에서 실현되는 것으로 조사되었다.
또 '해무리(달무리)', '밴머리(나루)'는 30~40대 남자에서, '소딕기(누룽
지)'는 30~40대 여자에서 실현되며, '솓쨍이(숭늉)'는 10~20대 남·여
에서 실현되는 것으로 조사되었다. 이러한 점을 고려해 볼 때 강릉 지
역에서는 50대 이상에서 특정 어휘가 많이 실현되며 특히 50대 이상의
여자가 세대 가운데 가장 많이 실현하고 있음을 알 수 있다.

(2) 지역별 공통 어휘

① 각 지역별 세대 전체간 동일 어형 실현

영덕·울진·삼척·강릉 각 지역의 세대 전체간의 동일 어형 실현
에 대하여 검토해 아래와 같이 빈도를 측정할 수 있었다.

〈표 5〉 각 지역별 세대 전체 간 동일 어형 실현 빈도

	영덕	울진	삼척	강릉
지역별 빈도	177(270)	145(270)	151(270)	148(270)
백분율	65.6%	53.7%	55.9%	54.8%

위의 표에서 살펴보면 조사 항목 270개 가운데 세대 전체, 즉 50대 이상 남·여와 30~40대 남·여, 10~20대 남·여 전체간의 동일한 어형을 실현하는 빈도는 영덕이 177개(65.6%), 울진이 145(53.7%), 삼척이 151개(55.9%), 강릉이 148개(54.8%)로 이들 지역 가운데 영덕이 세대 간 동일 어형 실현 빈도가 가장 높고 울진이 가장 낮음을 알 수 있다.

<표 5>의 실현 빈도를 다시 각 지역별 세대 전체 간 동일 어형 실현 빈도 가운데서 표준항목과 일치하게 실현하는 빈도와 전체 간 비표준 항목으로 실현하는 빈도를 측정하면 아래의 <표 5-1>·<표 5-2>와 같다.

〈표 5-1〉 각 지역별 세대 전체 간 표준항목 일치 빈도

	영덕	울진	삼척	강릉
지역별 빈도	73(177)	46(145)	37(151)	52(148)
백분율	41.2%	31.7%	24.5%	35.1%

〈표 5-2〉 각 지역별 세대 전체 간 비표준항목 일치 빈도

	영덕	울진	삼척	강릉
지역별 빈도	104(177)	99(145)	114(151)	96(148)
백분율	58.8%	68.3%	75.5%	64.9%

위의 표들에서 살펴보면 영덕은 세대 전체, 즉 50대 이상 남·여와 30~40대 남·여, 10~20대 남·여 전체간의 동일한 어형을 실현하는 빈도 177개 가운데 73개(41.2%)가 표준항목과 일치하여 실현되고 나머지 104개(58.8%)는 방언으로 실현되는 것을 알 수 있다. 또 울진은 145개 가운데 46개(31.7%)가 표준항목과 일치하여 실현되고 99개

(68.3%)가 방언으로 실현되는 것을 알 수 있으며 삼척은 151개 가운데 37개(24.5%)가 표준항목으로, 114개(75.5%)가 방언으로 실현되는 것을 알 수 있다. 그리고 강릉은 148개 가운데 52개(35.1%)가 표준항목과 일치하여 실현되고 나머지 96개(64.9%)가 방언으로 실현되고 있음을 알 수 있다. 이러한 결과로 볼 때 세대 간 동일 어형 실현 빈도 가운데 표준항목과 가장 많이 일치하여 실현하는 지역은 영덕(41.2%)이고 비표준항목, 즉 방언형을 가장 많이 실현하는 지역은 삼척(75.5%)임을 알 수 있다.

② 각 지역별 특정 어휘 실현 비교
  영덕·울진·삼척·강릉의 조사 항목 가운데 지역별 특징을 가장 잘 비교할 수 있는 특정 어휘를 골라 이들이 각 지역에서 어떻게 실현되는지를 검토하였다. 이들 특정 어휘는 '회오리바람, 가풀막, 징검다리, 그저께, 글피, 아래께, 사흗날, 나흗날, 엿새, 아흐렛날, 열흘, 밤새도록, 갱, 막걸리, 흰떡, 달걀'의 16개 항목이다.

  ○ 회오리바람, 가풀막, 징검다리, 그저께, 글피, 아래께, 사흗날, 나흗날,
    엿새, 아흐렛날, 열흘, 밤새도록, 갱, 막걸리, 흰떡, 달걀

<표 6> 각 지역별 특정 어휘 실현 빈도 비교

조사 항목	영덕	울진	삼척	강릉
회오리바람	회오리(5) : 돌개(1)	회오리(4) : 돌개(4)	회오리(4) : 돌개(2)	회오리(3) : 돌개(4)
가풀막	고바위(3) : 비탈(2) : 언덕(1)	고바위(1) : 산비탈(2) : 언덕(3)	비탈(5) : 오르막길(1)	비탈길(2) : 언덕(2) : 꼬데이~(2) : 고개(1)

징검다리	돌따리(4) : 징검다리(2)	돌다리/돌따리(3) : 징검다리(3)	돌다리(4) : 징검다리(2)	돌다리/돌따리(5) : 징검다리(3)
그저께	아래(6)	아래(5) : 그저께/그제(2)	거제/그저께(5) : 언거제(1)	거저께/그저께/거제(6) : 아래(1) : 언그제(2)
글피	내일모래(3) : 저모래(2) : 결피(1)	낼모래(1) : 저모레(4) : 긐피(1)	결페/글피(6)	결페/걸피/글피(6)
아래께	아래(4) : 어제아래(2)	아래(6)	먼제(2) : 저먼제(1) : 아래(1) :	아래(4) : 거저께/그저께(2) : 저번낙(1)
사흗날	사헐/사흘(6)	사헐/사흘(6)	사알/사헐(4) : 삼일(2)	사헐/사얼(4) : 삼일(3)
나흗날	나헐/나흘(6)	나얼/나헐/나흘(6)	나알/나헐(4) : 사일(2)	나얼/나헐(4) : 사일(2)
엿새	여새/엳쌔(5) : 육일(1)	엳새(6)	여세(4) : 육일(2)	여쌔(4) : 육일(4)
아흐렛날	아허래/아흐래(5) : 구일(1)	아허레/아흐레(6)	아허레(4) : 구일(2)	아어레/아허레(4) : 구일(5)
열흘	여럴/열헐/열흘(5) : 십일(1)	열헐/열흘(6)	열헐(4) : 십일(2)	여럴/열흘/여를(6)
밤새도록	긴긴밤(3) : 거멈밤(1) : 한밤(1)	밤새기(2) : 진진밤(2) : 동지(2)	밤새기(2) : 밤새도록(3) : 진진밤(1)	밤새기(1) : 밤새도록(5) : 밤침/밤새(1)

갱	콩나물꾹(2) : 탕(4)	콩나멀꾹(2) : 탕(4)	갱(3) : 국물(3)	갱(3) : 물(1)
막걸리	막껄리(5) : 탁주(1)	막껄리(6) : 농주(4) : 동동주(2)	막걸리/막껄리(6)	막걸리(5) : 농주(1) : 탁주(1)
흰떡	백찜(6)	백찜(6) : 북찜이(2) : 백석(3)	백실기(2) : 흰/흰떡(2) : 멘떡(1) : 시리떡(1)	흰떡/하얀떡(4) : 백설기(2) : 시루떡(1) : 가래떡(1)
달걀	개랄(4) : 달걀(2)	개랄(6) : 달걀(6)	계/겨란(2) :달걀(4)	개란/겨란(2) : 달걀/달걍(5)

(3) 지역별 어휘항목 인지능력

영덕·울진·삼척·강릉의 제보자들이 조사 항목의 질문에 얼마나 정확하게 인식하고 있으며, 또 그 항목을 인지하는가를 살펴 그 빈도를 측정하였다.

<표 7> 지역별 어휘항목 인지능력 빈도

	영 덕	울 진	삼 척	강 릉
지역별 빈도	32	10	35	15
백분율	11.9%	3.7%	13.0%	5.6%

위의 표에서 살펴보면 영덕은 총 270개 질문 어휘항목 가운데 32개(11.9%)의 항목에 대해 '모른다'고 답변하거나 '인식하지 못한다'고 답변하였으며, 울진 10개(3.7%), 삼척 35개(13.0%), 강릉 15개(5.6%)의 항목에 대해 '모른다'고 답변하거나 '인식하지 못한다'고 답변하였다. 이러한 결과로 볼 때 영덕과 삼척의 제보자들이 울진과 강릉의 제보

자들보다 훨씬 더 질문 어휘항목에 대한 인지능력이 떨어지는 것을 알 수 있는데 이는 각 지역의 경제적, 혹은 교육적 환경과 관련이 있는 것으로 생각된다.

옆의 표를 비교 그래프로 나타내면 <그림 5>와 같다.

그래프 상에서 볼 때 앞부분은 백분율로 표시한 것이고 뒷부분은 지역별 빈도를 표시한 것이다. 다시 말해 총 270개 질문 어휘항목 가운데 각 지역별로 몇 개의 어휘항목을 인식하지 못하는가를 비교한 것이라 할 수 있다.[7]

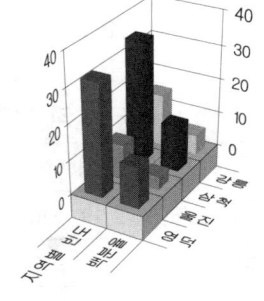

〈그림 11〉 비교 그래프

(4) 지역별 표준항목 실현능력

영덕·울진·삼척·강릉 각 지역의 세대 전체간의 표준항목의 실현 능력을 알아보기 위해 각 지역별 세대 전체의 표준 항목 사용 빈도와 방언형 사용 빈도를 측정하여 아래의 <표 8>, <표 9>와 같이 제시하였다.

〈표 8〉 각 지역별 세대 전체간 표준항목 사용 빈도

	영 덕	울 진	삼 척	강 릉
지역별 빈도	73(270)	46(270)	37(270)	52(270)
백분율	27.0%	17.0%	13.7%	19.3%

---

7) 이하의 비교 그래프 그림들은 모두 총 270개 질문 어휘항목 가운데 각 지역별로 몇 개의 어휘항목을 인식하지 못하는가를 비교한 것이다.

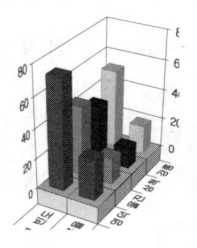 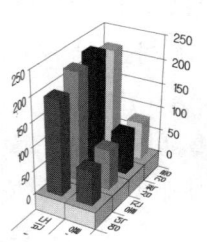

〈그림 12〉 표 8 비교 그래프   〈그림 13〉 표 9 비교 그래프

〈표 9〉 각 지역별 세대 전체 방언형 사용 빈도

	영 덕	울 진	삼 척	강 릉
지역별 빈도	197(270)	224(270)	233(270)	218(270)
백분율	73.0%	83.0%	86.3%	80.7%

위의 표들에서 살펴보면 영덕은 세대 전체, 즉 50대 이상 남·여와 30~40대 남·여, 10~20대 남·여 전체간에 총 조사항목 270개 가운데 73개(27.0%)를 표준항목과 일치되게 사용하고 나머지 197개(73.0%)는 방언을 사용하고 있음을 알 수 있으며, 울진은 270개 가운데 46개 (17.0%)를 표준항목과 일치되게 사용하고 224개(80.3%)는 방언으로 사용하고 있음을 알 수 있다. 또 삼척은 270개 가운데 37개(13.7%)가 표준항목으로, 233개(86.3%)가 방언으로 실현되는 것을 알 수 있고 강릉은 270개 가운데 52개(19.3%)가 표준항목으로 나머지 218개(80.7%)가 방언으로 실현되고 있음을 알 수 있다. 이러한 결과로 볼 때 각 지역별 세대 전체간 표준항목과 가장 많이 일치되게 사용하는 지역은 영덕(20.7%)이고 가장 비표준항목, 즉 방언형을 많이 실현하는 지역은 삼척(86.3%)임을 알 수 있다.

2. 연령별

1) 경음화 현상

조사된 항목 270개 가운데 12개의 항목을 선택하여 영덕, 울진, 삼척, 강릉의 연령별 경음화 현상을 비교·분석한 결과 아래의 <표 10>과 같은 성과를 얻을 수 있었다. 경음화 현상을 살펴보기 위해 선택된 항목은 앞서 지역별 경음화에서 이미 언급한 바와 같이 '샛별, 함박눈, 물결, 봉우리, 티끌, 한밤중, 건더기, 고기, 군밤, 막걸리, 가자미, 물고기'의 12개 어휘이다. 제보자별 세대 구분은 ① 노년층 : 50대 이상, ② 장년층 : 30~40대, ③ 청소년층 : 10~20대로 하여 그 각각의 실태를 파악하였다. 현지 조사에서 조사된 각 지역의 연령별 경음화 어휘는 다음과 같다.(이들 어휘는 지역별, 성별 경음화 현상 조사와 동일하며, 경음부호는 생략하기로 한다.)

○ 샛별, 함박눈, 물결, 봉우리, 티끌, 한밤중, 건더기, 고기, 군밤, 막걸리, 가자미, 물고기
○ 영 덕
  50대 이상 남자 : 믈껼, 산뽕오리, 띠끌, 한밤쭝/오밤쭝, 껀대기, 꼬기, 꾼밤, 막껄리, 까재미
  50대 이상 여자 : 믈껼, 산뽕오리, 띠끌, 한밤쭝, 껀디기, 꼬기, 꾼밤, 막껄리, 까재미
  30~40대 남자 : 함빡눈, 믈쌀, 산뽕오리, 띠끌, 한밤쭝, 껀대기, 막껄리
  30~40대 여자 : 믈껼, 띠끌, 한밤쭝, 껀대기, 꾼밤, 막껄리, 까재미, 믈꼬기
  10~20대 남자 : 믈껼, 띠끌, 한밤쭝, 껀대기, 막껄리, 까재미, 물꼬기
  10~20대 여자 : 믈껼, 산뽕오리, 띠끌, 한밤쭝, 껀대기, 막껄리, 물꼬기
○ 울 진
  50대 이상 남자 : 껀대기, 막껄리
  50대 이상 여자 : 산뽕오리/산뽕대기, 한밤쭝, 껀대기, 막껄리

    30~40대 남자 : 껀대기, 막껄리, 까자미/까재미, 물꼬기
    30~40대 여자 : 산뽕오리, 껀대기, 막껄리, 까자미/까재미, 물꼬기
    10~20대 남자 : 띠끌, 한밤쭝, 껀대기, 막껄리, 물꼬기
    10~20대 여자 : 띠끌, 한밤쭝, 껀대기, 막껄리, 까자미, 물꼬기
○ 삼 척
    50대 이상 남자 : 껀디기, 물꼬기
    50대 이상 여자 : 샏뻘, 한밤쭝, 꾸운밤, 막껄리, 까재미
    30~40대 남자 : 껀대기, 꾼밤, 막껄리, 까재미
    30~40대 여자 : 껀대기, 막껄리
    10~20대 남자 : 껀더기/껀대기
    10~20대 여자 : 없음
○ 강 릉
    50대 이상 남자 : 뽕우리, 껀대기, 민물꼬기
    50대 이상 여자 : 샏뻘, 한밤쭝, 껀덕지/껀대기, 꾼밤
    30~40대 남자 : 샏뻘, 물껼, 뽕우리, 꾼밤, 까재미
    30~40대 여자 : 샏뻘, 쩨기, 까재미
    10~20대 남자 : 물껼, 껀더기
    10~20대 여자 : 없음

<표 10> 연령별 경음화 현상 비교

연령 \ 지역		영 덕	울 진	삼 척	강 릉	총빈도
50대 이상	남	9	2	2	3	16
	여	9	4	5	4	22
30~40대	남	7	4	4	5	20
	여	8	5	2	3	18
10~20대	남	7	5	1	2	15
	여	7	6	0	0	13
전체	50대 이상	18	6	7	7	38
	30~40대	15	9	6	8	38
	10~20대	14	11	1	2	28

위의 표에서 살펴보면 영덕, 울진, 삼척, 강릉의 세대 중에서 경음화 현상이 가장 많이 일어나는 연령은 영덕의 50대 이상으로 빈도가 18회로 조사되었다. 그 다음이 영덕 30~40대로 15회, 영덕 10~20대 14회, 울진 30~40대 9회, 강릉 30~40대로 8회 등의 순으로 나타난다. 그리고 경음화 현상이 가장 적게 일어나는 세대는 삼척의 10~20대로 그 빈도가 1회이며, 강릉의 10~20대가 2회로 조사되었다. 이들 세대들을 다시 남자와 여자로 나누어 살펴보면 영덕의 50대 이상 남·여의 경음화 빈도가 각각 9회로 가장 높은 것으로 조사되었으며, 삼척과 강릉의 10~20대 여자의 경음화 빈도가 각각 0회로 가장 낮은 것으로 조사되었다.

이를 전체 세대에서 살펴보면 50대 이상과 30~40대는 각각 38회, 10~20대는 28회로 조사되어 노년층, 장년층이 청년층에 비해 경음화 빈도가 높게 나타나고 있음을 알 수 있다.

2) 비음화 현상

조사된 항목 270개 가운데 영덕, 울진, 삼척, 강릉 각 지역의 성별, 연령별 비음화 현상을 비교·분석한 결과 아래의 <표 11>과 같은 성과를 얻을 수 있었다. 이 네 지역에서는 항목 270개 가운데 대개 항목 '아지랑이, 구덩이, 모퉁이, 웅덩이, 곰팡이, 부엉이, 주둥아리, 고둥, 달팽이, 우렁이, 흙덩이' 등에서 비음화 현상이 일어나고 있는 것으로 조사되었다.

현지 조사에서 조사된 각 지역의 연령별 비음화 어휘는 다음과 같다.(비음부호 생략)

ㅇ 아지랑이, 구덩이, 모퉁이, 웅덩이, 곰팡이, 부엉이, 주둥아리, 고둥, 달팽이, 우렁이, 흙덩이

○ 영 덕
    50대 이상 남자 : 웅디이, 산만디이, 모티이, 구디이, 아지래이
    50대 이상 여자 : 웅디이, 산만디이, 모티이, 구디이, 자더래이
    30~40대 남자 : 산만디이, 구디이, 우러이, 골배이, 아지래이
    30~40대 여자 : 웅디이, 산만디이, 모티이, 웅디이(구덩이), 논골배이/
                  논골비이
    10~20대 남자 : 웅디이, 골배이
    10~20대 여자 : 없음
○ 울 진
    50대 이상 남자 : 웅디이, 모티이, 능가이(낭떠러지), 속꼬배이, 골비이
                  (고둥), 골비이(우렁이), 삐아리, 조디이
    50대 이상 여자 : 웅디이, 산만디이, 모티이, 속꼬배이, 부어이, 골비이
                  (고둥), 골비이(우렁이), 조디이
    30~40대 남자 : 구디이, 산꼭디이, 속꼬배이, 주디이, 골비이
    30~40대 여자 : 산만디이, 산꼭디이, 물구디이, 잰만디이, 여벌띠이,
                  주디이, 골비이/논골비이, 감새이(도미), 사어, 삐아리
    10~20대 남자 : 모티이, 골비이
    10~20대 여자 : 모티이
○ 삼 척
    50대 이상 남자 : 도이턴다, 아지래이, 구디이, 모티이, 도이떨때, 곰파
                  이, 부어이, 주디이/주대이, 뱅노, 골배이, 곤재이, 떨피
                  이/달패이
    50대 이상 여자 : 구디이, 기티이, 도이턴따, 부허이, 주디이, 뱅노, 골배
                  이, 몽디이
    30~40대 남자 : 개고랑태이, 고랑태이, 구대이, 돌매이/돌빼이, 산마래
                  이, 산고대이, 모태이, 웅대이, 마래이, 꽁대이, 모투
                  이, 속알매이, 부어이, 주대이, 골배이, 달패이/덜패이,
                  우래이
    30~40대 여자 : 구대이, 산말래이, 모래이
    10~20대 남자 : 구대이
    10~20대 여자 : 없음
○ 강 릉
    50대 이상 남자 : 꼬데이, 웅데이, 헐데이/헉데이, 도이턴다, 모테이, 곰
                  페이, 소쩨이, 달페이, 멩테이, 자레이, 파레이
    50대 이상 여자 : 꼬데이, 도이튼다, 하루쮀일, 소쩨이, 장쩨이, 달게이,

골베이, 달페이/털페이, 자레이, 파레이
  30~40대 남자 : 웅데이(구덩이), 헐페이, 독술베이, 달게이
  30~40대 여자 : 웅디이(구덩이), 헉무데이, 진테이, 웅데이(웅덩이), 알
           메이, 달게이
  10~20대 남자 : 없음
  10~20대 여자 : 없음

  아래의 표에서 살펴보면 영덕, 울진, 삼척, 강릉의 세대 중에서 비음화 현상이 가장 많이 일어나는 연령은 강릉의 50대 이상으로 빈도가 21회로 조사되었다. 그 다음이 삼척의 50대 이상과 삼척의 30~40대로 20회, 울진 50대 이상 16회, 울진 30~40대 15회 등의 순으로 나타난다. 그리고 비음화 현상이 가장 적게 일어나는 세대는 강릉의 10~20대로 그 빈도가 0회이며, 다음으로 삼척의 10~20대가 1회, 영덕 10~20대가 2회, 울진 10~20대가 3회로 비교적 각 지역의 10~20대가 적게 사용하는 것으로 조사되었다. 이들 세대들을 다시 남자와 여자로 나누어 살펴보면 삼척의 30~40대 남자의 비음화 빈도가 17회로 가장 높은 것으로, 영덕, 삼척, 강릉의 10~20대 여자와 강릉의 10~20대 남자의 경음화 빈도가 각각 0회로 가장 낮은 것으로 조사되었다. 이를 전체 세대에서 살펴보면 50대 이상은 68회, 30~40대는 56회, 10~20대는 6회로 조사되어 비음화에 있어서는 노년층, 장년층이 청년층에 비해 빈도가 현저히 높게 나타나고 있음을 알 수 있다.

〈표 11〉 연령별 비음화 현상 비교

연령 \ 지역		영 덕	울 진	삼 척	강 릉	총빈도
50대 이상	남	5	8	12	12	37
	여	6	8	8	9	31
30~40대	남	5	5	17	4	31
	여	6	10	2	6	24

10~20대	남	2	2	1	0	5
	여	0	1	0	0	1
전체	50대 이상	11	16	20	21	68
	30~40대	11	15	19	10	55
	10~20대	2	3	1	0	6

3) 모음 'ㅡ'

(1) 1음절

조사된 항목 270개 가운데 1음절에 모음 'ㅡ'가 실현되는 표준어휘 항목은 앞서 지역별 조사 항목에서 언급한 바와 같이 '그늘, 그림자, 글피, 끝, 뜨물, 뜰, 음달, 틈, 흙, 흙덩이'의 10개로 이들 항목을 조사하여 네 지역의 연령별 실현 빈도를 비교·분석한 결과 아래의 <표 12>와 같은 성과를 얻을 수 있었다.

현지 조사에서 조사된 각 지역의 연령별 실현 어휘는 다음과 같다. (조사된 어휘는 위의 제시 항목 순서대로 제시함.)

○ 그늘, 그림자, 글피, 끝, 뜨물, 뜰, 음달, 틈, 흙, 흙덩이
○ 영 덕
  50대 이상 남자 : 엄달, 거림자, 뜰, 엉달, 헐, 헉덩어리, 네리모레, 껀, 텀세, 떤멀
  50대 이상 여자 : 엄달, 거림자, 뜰, 엉달, 헉/거럼, 헉덩어리, 저모레, 껀, 텀세, 떤멀
  30~40대 남자 : 거렁지, 거림자, 정원/턴반, 엉달, 헉, 헉덩어리, 걸피, 껀, 텀, 살떤멀
  30~40대 여자 : 엉달, 거림자, 하단/정원, 엉달, 헉, 헉덩어리, 저모레, 껀, 텀세, 떤멀
  10~20대 남자 : 음달/엉달, 그림자, 뜰/터, 응달, 흑, 흑덩어리, 내일모레, 끝/꼭다리, 틈, 뜬물
  10~20대 여자 : 그늘, 그림자, 뜰/하단, 음달, 흑, 흑덩어리, 내일모레, 끝/끄디, 틈, 뜬믈
○ 울 진

    50대 이상 남자 : 거널/엉달, 거림자, 하단, 엄달/엄지, 헐/거럼, 헐덩어
             리, 저모래, 껃/꼬리, 텀사이, 떤멀
    50대 이상 여자 : 거널/엉달, 거림자, 하단, 엄달, 헐/거어럼, 헐덩어리,
             저모래, 껀티, 텀사이, 떤멀
    30~40대 남자 : 엉달, 거림자, 터받/하단, 엄달/엄지, 헐/걸검, 헐덩어리,
             저모래, 껀티/꺼치, 텀세, 떤멀
    30~40대 여자 : 엉달, 거림자, 턷받, 엄달/엄지, 헐기, 헐덩어리, 저모래,
             껀티/꺼치, 간격, 떤멀
    10~20대 남자 : 우슬, 그림자, 채전, 응달, 헉, 흑덩어리, 흑덩어리, 글
             피, 끄트머리, 틈/틈새, 살뜬믈
    10~20대 여자 : 그늘, 그림자, 턷받, 음지/음달, 흑, 흑덩어리, 낼모래,
             끄트머리, 틈/틈새, 쌀뜬믈
  ○ 삼 척
    50대 이상 남자 : 엄지, 거림자, ×, 엄지, 헉, 헉뭉치, 걸패, 껃, 텀, 쌀떰
             물
    50대 이상 여자 : 엄달, 거림자, ×, 엄달, 헉, 허리뭉치, 걸패, 꽁지, 텀새,
             떤물
    30~40대 남자 : 엉달, 거룸자, 떨, 엄달, 헉, 헉뭉치, 걸패, 꽁대이, 텀새,
             쌀떰물
    30~40대 여자 : 그널젼따, 거림자, 떨, 엄달, 헐, 헉뭉치, 걸패, 껃, 텀,
             떠물
    10~20대 남자 : 그늘, 그림자, 뜰, 음달, 흑, 흑덩어리, 글피, 끋, 틈, 쌀
             뜸물
    10~20대 여자 : 그늘, 그림자, 뜰, 음달, 흑, 흑덩어리, 글피, 끋, 틈, 뜬
             물

  ○ 강릉
    50대 이상 남자 : 그널진다, 거림자, 떨, 엉달, 헐, 헐댕이/헉댕이, 걸패,
             껃/꺼터머리, 텀/텀새, 떤물
    50대 이상 여자 : 그널, 거림자, 오랍더리, 음지/엉달, 헐, 헉덩이, 내일
             모래, 껃, 텀/텀새, 떰물
    30~40대 남자 : 그널/엉달, 거림자, 떨, 엉달, 흑/헐, 헉떵이/헐댕이, 걸
             패, 껃, 텀/새, 떤물
    30~40대 여자 : 그널/엉달, 거림자, 떨/떠럭, 엉달, 헐, 헉덩이/헉무대이,
             내일모래, 껃, 텀/간격, 떠물

10~20대 남자 : ×, 그림자, 마당, 음달/음지, 흑, 흑덩이, 내일모래, 끝,
　　　　　　　틈새/폭, 뜨물
10~20대 여자 : 음지, 그림자, 뜰/마당, 음지, 흑, 흑덩이/흑뭉치, 글페,
　　　　　　　끝/꼭다리, 틈새, 뜬물

〈표 12〉1음절에서 모음 '—'의 연령별 실현 비교

연령 \ 지역		영덕			울진			삼척			강릉		
		—	ㅓ	기타	—	ㅓ	기타	—	ㅓ	기타	—	ㅓ	기타
50대 이상	남	1	7	2	0	8	2	0	8	2	0	10	0
	여	1	7	2	0	8	2	0	7	3	1	8	2
30~40대	남	0	8	2	0	7	3	0	8	2	1	10	0
	여	0	7	3	0	6	4	0	10	0	0	9	1
10~20대	남	8	0	2	7	1	2	10	0	0	7	0	3
	여	9	0	1	8	0	2	10	0	0	10	0	0
전체	50이상	2	14	4	0	16	4	0	15	5	1	18	2
	30~40대	0	15	5	0	13	7	0	18	2	1	19	1
	10~20대	17	0	3	15	1	64	20	0	0	17	0	3

위의 표에서 살펴보면 1음절에서 모음 '—'는 대개 모음 '—'나
'ㅓ'로 실현되는 것이 일반적임을 알 수 있는데, 이들을 각각 나누어
살펴보도록 한다.

① '—' → '—'
영덕, 울진, 삼척, 강릉 중 1음절에서 모음 '—'가 '—'로 가장 많이
실현되는 연령은 삼척의 10~20대로 빈도는 20회로 조사되었다. 그
다음이 영덕과 강릉의 10~20대로 빈도는 각각 17회이다. 그리고 이
러한 실현이 가장 적게 일어나는 세대는 영덕 30~40대, 울진·삼척
의 50대 이상, 울진·삼척의 30~40대로 그 빈도가 0회로 비교적 각
지역의 30~40대가 적게 사용하는 것으로 조사되었다. 이들 세대들을

다시 남자와 여자로 세분하여 살펴보면 삼척의 10~20대 남·여와 강릉 10~20대 여자의 실현 빈도가 10회로 가장 높은 것으로 조사된 반면, 영덕·울진·삼척의 30~40대 남·여와 울진·삼척의 50대 이상 남·여, 그리고 강릉 50대 이상과 강릉 30~40대 여자의 실현 빈도는 각각 0회로 가장 낮은 것으로 조사되었다. 이를 전체 세대에서 살펴보면 50대 이상은 3회, 30~40대는 1회, 10~20대는 49회로 조사되어 1음절에서 모음 '一'가 '一'로의 실현에 있어서는 노년층, 장년층이 청년층에 비해 빈도가 거의 나타나지 않음을 알 수 있다.

　② '一' → 'ㅓ'

　영덕, 울진, 삼척, 강릉 중 1음절에서 모음 '一'가 'ㅓ'로 가장 많이 실현되는 연령은 강릉 30~40대로 빈도는 19회로 조사되었다. 그 다음이 삼척 30~40대와 강릉 50대 이상으로 빈도는 각각 18회이다. 그리고 이러한 실현이 가장 적게 일어나는 세대는 영덕·삼척·강릉의 10~20대로 그 빈도가 0회인데, 이들을 비교해 볼 때 각 지역의 30~40대가 10~20대 보다 훨씬 더 많이 사용하는 것으로 조사되었다. 이들 세대들을 다시 남자와 여자로 세분하여 살펴보면 삼척의 30~40대 여자와 강릉 50대 이상의 남자 및 강릉 30~40대 남자의 실현 빈도가 10회로 가장 높은 것으로 조사된 반면, 영덕·삼척·강릉의 10~20대와 울진의 10~20대 여자의 실현 빈도가 각각 0회로 가장 낮은 것으로 조사되었다. 이를 전체 세대에서 살펴보면 50대 이상은 63회, 30~40대는 65회, 10~20대는 1회로 조사되어 1음절에서 모음 '一'가 'ㅓ'로의 실현에 있어서는 노년층, 장년층이 청년층에 비해 훨씬 더 많은 빈도를 나타내고 있음을 알 수 있다.

(2) 1음절 이하

조사된 항목 270개 가운데 1음절 이하에서 모음 'ㅡ'가 실현되는 표준어휘 항목은 앞서 지역별 조사에서 언급한 바와 같이 '가물음, 구름, 하늘, 고드름, 기름, 산등성마루, 진흙, 징금다리, 티끌, 여름, 가을, 가을한다, 나흗날, 밝을녁, 사흗날, 아흐렛날, 열흘, 오늘, 오늘아침, 요즈음, 지금-곧, 오른쪽, 소금, 참기름, 고등어, 비늘'의 26개이다. 이들 항목을 조사하여 영덕, 울진, 삼척, 강릉 각 지역의 성별, 연령별 실현 빈도를 비교·분석한 결과 아래의 <표 13>과 같은 성과를 얻을 수 있었다.

○ 가물음, 구름, 하늘, 고드름, 기름, 산등성마루, 진흙, 징금다리, 티끌, 여름, 가을, 가을한다, 나흗날, 밝을녁, 사흗날, 아흐렛날, 열흘, 오늘, 오늘아침, 요즈음, 지금-곧, 오른쪽, 소금, 참기름, 고등어, 비늘

아래의 표에서 살펴보면 1음절 이하에서 모음 'ㅡ'는 대개 모음 'ㅡ'나 'ㅓ'로 실현되는 것이 일반적임을 알 수 있는데, 이들을 각각 나누어 살펴보도록 한다.

<표 13> 1음절 이하에서 모음 'ㅡ'의 연령별 실현 비교

연령	지역	영덕 ㅡ	ㅓ	ㅗ	기타	울진 ㅡ	ㅓ	ㅗ	기타	삼척 ㅡ	ㅓ	ㅗ	ㅜ	기타	강릉 ㅡ	ㅓ	ㅜ	ㅣ	기타
50대 이상	남	1	22	0	4	2	21	1	4	1	17	0	2	6	1	21	1	0	4
	여	1	21	0	5	2	20	1	6	0	13	1	3	9	0	20	2	0	5
30~40대	남	4	19	1	2	1	20	0	5	0	13	0	4	9	2	21	0	1	3
	여	6	17	0	4	1	17	1	7	1	17	0	1	7	0	19	0	0	7
10~20대	남	16	3	0	7	19	2	0	5	12	4	0	0	10	19	1	0	0	6
	여	20	1	0	5	19	5	0	5	14	4	0	0	8	17	0	0	1	8

전체	50이상	2	43	0	9	4	41	2	10	1	30	1	5	15	1	41	3	0	9
	30~40대	10	36	1	6	2	37	1	12	1	30	0	5	16	2	40	0	1	10
	10~20대	36	4	0	12	38	10	0	10	26	8	0	0	18	36	1	0	1	14

① '―' → '―'

영덕, 울진, 삼척, 강릉 중 1음절 이하에서 모음 '―'가 '―'로 가장 많이 실현되는 연령은 울진의 10~20대로 빈도는 38회로 조사되었다. 그 다음이 영덕과 강릉의 10~20대로 빈도는 각각 36회이다. 그리고 이러한 실현이 가장 적게 일어나는 세대는 삼척의 50대 이상, 삼척 30~40대, 강릉의 50대 이상으로 그 빈도가 1회인데 이를 비교해보면 비교적 각 지역의 50대 이상에서 훨씬 더 적게 사용하는 것으로 조사되었다. 이들 세대들을 다시 남자와 여자로 세분하여 살펴보면 울진의 10~20대 남·여와 강릉 10~20대 남자의 실현 빈도가 19회로 가장 높은 것으로 조사된 반면, 삼척·강릉의 50대 이상의 여자와 삼척 30~40대 남자 및 강릉 30~40대 여자의 실현 빈도가 각각 0회로 가장 낮은 것으로 조사되었다. 이를 전체 세대에서 살펴보면 50대 이상은 8회, 30~40대는 15회, 10~20대는 136회로 조사되어 1음절 이하에서 모음 '―'가 '―'로의 실현에 있어서는 노년층, 장년층보다 청년층이 거의 10배 가까이 빈도가 높음을 알 수 있다.

② '―' → 'ㅓ'

영덕, 울진, 삼척, 강릉 중 1음절 이하에서 모음 '―'가 'ㅓ'로 가장 많이 실현되는 연령은 영덕 50대 이상으로 빈도는 43회로 조사되었다. 그 다음이 울진·강릉의 50대 이상으로 빈도는 41회이고 그 다음이 강릉 30~40대로 빈도는 40회이다. 그리고 이러한 실현이 가장 적게 일어나는 세대는 강릉의 10~20대로 그 빈도가 1회이고 그 다음이 영덕 10~20대로 빈도는 4회인데, 이들을 비교해 볼 때 각 지역의 50 대 이상과 30~40대가 10~20대 보다 훨씬 더 많이 사용하는 것으로 조사되었다. 이들 세대들을 다시 남자와 여자로 세분하여 살펴보면 영덕의 50대 이상 남자의 실현 빈도가 22회로 가장 높은 것으로 조사된 반면, 강릉의 10~20대 여자의 실현 빈도가 0회로 가장 낮은 것으로 조사되었다. 이를 전체 세대에서 살펴보면 50대 이상은 155회, 30~40대는 143회, 10~20대는 23회로 조사되어 1음절에서 모음 'ㅡ' 가 'ㅓ'로의 실현에 있어서는 노년층, 장년층이 청년층에 비해 거의 7배 이상 더 많은 빈도를 나타내고 있음을 알 수 있다.

4) 연령별 어휘의 특징

(1) 연령별 특징 어휘

조사 항목 270개 가운데 지역별 특정 어휘 59개의 실현이 연령별로 어떻게 나타나는지를 살펴보기로 한다. 이들 59개 항목을 가나다순으로 제시하면 '가뭄, 가을한다, 가자미, 가풀막, 간장, 거리, 겨, 고레장비, 곰팡이, 구멍, 군밤, 굴, 그늘, 꼴뚜기, 꽁치, 나루, 낭떠러지, 낮, 노을, 놀, 누룽지, 달무리, 닭의 어리, 대합, 도미, 망동어, 메아리, 메추라기, 무장아찌, 물결, 미끼, 밝을녁, 밤새도록, 밤참, 벼랑, 비탈, 상추쌈, 새벽, 샛별, 서리, 수제비, 숭늉, 싸락눈, 전갱이, 웅덩이, 저녁, 절이다, 조개, 좁쌀떡, 진눈깨비, 진흙, 청어, 티끌, 피라미, 함박눈, 홍수, 훗날, 흙, 흰떡'의 59개 항목이다.

○ 가뭄, 가을한다, 가자미, 가풀막, 간장, 거리, 겨, 고레장비, 곰팡이, 구멍, 군밤, 굴, 그늘, 꼴뚜기, 꽁치, 나루, 낭떠러지, 낮, 노을, 놀, 누룽지, 달무리, 닭의 어리, 대합, 도미, 망동어, 메아리, 메추라기, 무장아찌, 물결, 미끼, 밝을녁, 밤새도록, 밤참, 벼랑, 비탈, 상추쌈, 새벽, 샛별, 서리, 수제비, 숭늉, 싸락눈, 전갱이, 웅덩이, 저녁, 절이다, 조개, 좁쌀떡, 진눈

깨비, 진흙, 청어, 티끌, 피라미, 함박눈, 홍수, 홋날, 흙, 흰떡

○ 8) 50대 이상

'가물언따(가뭄), 거두미한다/추수한다(가을한다), 고바위(가풀막), 장물(간장), 삽쩍(거리), 깍데기/껄티(겨), 개럭하다(고레장비), 곰파구/골가지(곰팡이), 웅디이젙따(구멍), 밤꿉언거(군밤), 부조개(굴), 그널진다(그늘), 한치(꼴뚜기), 사마(꽁치), 선창/추깡(나루), 넝강/넝가이(낭떠러지), 오널해따네(낮), 뿔새(노을), 나부리/나불[아침나불/저녁나불](놀), 소데끼/소띠끼/소디끼(누룽지), 달물 뮈윌따/해물(달무리), 가리비/배캅(대합), 꺽뗘구/검덩(망둥어), 말맏춘다/산울린다(메아리), 뿌꿍새(메추라기), 무꾸장쨍이/무거리/우거리(무장아찌), 물이울렁인다/파도친다(물결), 꼬내기(미끼), 도이~떨때/도이~턴따(밝을녁), 밤새기/진진밤(밤새도록), 군님석(밤참), 넝강(벼랑), 너러막(비탈), 불기쌈(상추쌈), 도이~턴다/동이턴다/먼동턴다(새벽), 개밥죽이벨/개밥뚜까리/샏별[아침]/개밥뚜까리[저녁](샛별), 설기(서리), 뚜데기국/떠더국/떠덕국(수제비), 소쩨이~(숭늉), 쌀알눈(싸락눈), 징컬/징컬밭(웅덩이), 밤쭝될따(저녁), 지긴다(절이다), 따박/배캅/짜박(조개), 조딱(좁쌀떡), 징컬/징컬밭(진흙), 가시/까시/개시바리/티(티끌), 밥뿌제눈(함박눈), 아프로 다오는 세월(홋날), 북찜이(흰떡)'

○ 30~40대

'너무말랕따(가뭄), 가얼거디미/거디미(가을한다), 도다리(가자미), 고바위(가풀막), 지렁물/찌랑멀(간장), 놀랑처럼온다/억수장마(고레장비), 부조개(굴), 그널젇따(그늘), 밴머리/추깡(나루), 소뒤께/소딕기(누룽지), 달매/달매미/달무리섣따/해무리(달무리), 달울타리(닭의어리), 가리비/열합(대합), 감생이/감새가/다이(도미), 밤새기(밤새도록), 동이턴다(새벽), 서릴발섣따(서리), 아재/메가리(아지/전갱이), 개양(웅덩이), 배캅(조개), 죽탕(진흙), 정어리/눈티(청어), 티(티끌), 치어/민물새끼(피라미), 개락난따/개락핻따(홍수), 헐기묻언따(흙)'

(29) 10~20대

'지랑멀(간장), 열합(대합), 파도친다(물결), 새벽온다(새벽), 숟쨍이(숭늉)'

---

8) 아래의 제시에서 ( ) 안은 제보자들의 표준항목에 대한 실현 어형을 나타낸다.

(2) 연령별 공통 어휘

① 연령별 전체 간 동일 어형 사용

조사항목 270개의 각 연령 간 동일 어형 실현에 대하여 검토해 아래와 같이 빈도를 측정할 수 있었다.

〈표 14〉 연령별 동일 어형 사용 빈도

	50대 이상	30~40대	10~20대
전체간 빈도	126(270)	135(270)	160(270)
백분율	46.7%	50.0%	59.3%

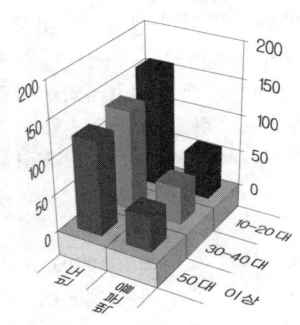

〈그림 14〉 비교 그래프

위의 <표 14>에서 살펴보면 조사 항목 270개 가운데 각 연령간 동일 어형을 실현하는 빈도는 50대 이상이 126개 (46.7%), 30~40대가 135개(50.0%), 10~20대가 160개(59.3%)로 이들 연령 가운데서는 10~20대가 다른 연령들에 비해 동일 어형 실현 빈도가 훨씬 높음을 알 수 있다.

<표 14>의 실현 빈도를 다시 각 연령별 동일 어형 실현 빈도 가운데서 표준항목과 일치하게 실현하는 빈도와 비표준항목으로 일치하여 실현하는 빈도를 측정하여 아래의 <표 14-1>·<표 14-2>로 나타내었다.

〈표 14-1〉 연령별 표준항목 일치 실현 빈도

	50대 이상	30~40대	10~20대
전체간 빈도	21(126)	25(135)	76(160)
백분율	16.7%	18.5%	47.5%

〈표 14-2〉 연령별 비표준항목 일치 실현 빈도

	50대 이상	30~40대	10~20대
전체간 빈도	105(126)	110(135)	84(160)
백분율	83.3%	81.5%	52.5%

위의 표들에서 살펴보면 50대 이상의 연령에서는 동일 어형을 실현하는 빈도 126개 가운데 21개(16.7%)가 표준항목과 일치되게 실현하고 나머지 105개(83.3%)는 방언으로 실현하며, 30~40대는 135개 가운데 25개(18.5%)가 표준항목으로 110개(81.5%)는 방언으로, 10~20대는 160개 가운데 76개(47.5%)는 표준항목으로 84개(52.5%)는 방언으로 실현하는 것을 알 수 있다. 이러한 결과로 볼 때 각 연령별 동일 어형 실현 빈도 가운데 표준항목과 가장 일치되게 실현하는 연령은 10~20대로 표준어휘 구사 능력이 다른 연령에 비해 2배 이상 높은데, 50대 이상의 연령과 30~40대 연령은 비표준항목, 즉 방언형을 실현하는 능력이 다른 연령에 비해 높다는 사실을 알 수 있다.

② 연령별 공통 어휘 사용 비교
각 연령별 공통적으로 실현되는 어휘를 조사하고 이들 어휘를 다시 지역적으로 공통성을 찾아 분석·비교하기로 한다.

◇ 50대 이상

　50대 이상의 연령에서는 크게 3개 지역이 공통적으로 실현하는 항목과 2개 지역이 다른 2개 지역과 변별되게 실현하는 항목으로 구분할 수 있다. 또한 3개 지역이 공통으로 실현하는 항목은 다시 3개로 묶어 비교할 수 있고, 2개 지역이 다른 2개 지역과 변별되게 실현하는 항목은 다시 2개로 묶어 비교할 수 있다.

가. 3개 지역 공통

　3개 지역이 공통성을 가지는 것은 '영덕·울진·삼척'과 '울진·삼척·강릉', '영덕·삼척·강릉'으로 변별되는데 '영덕·울진·삼척'는 8개 항목에서, '울진·삼척·강릉'은 14개 항목에서, '영덕·삼척·강릉'은 5개 항목에서 그 공통성을 찾을 수 있다. 이들 공통 항목을 제시하면 다음과 같다.

> ○ ㄱ 영덕·울진·삼척 공통 어휘(8개)
> 　　그늘, 징검다리, 한가위, 숭늉, 미끼, 뱀장어, 아가미, 오징어
> 　ㄴ 울진·삼척·강릉 공통 어휘(14개)
> 　　고래장비, 회오리바람, 새벽, 볕, 진눈깨비, 밤새도록, 흉년, 미숫가루, 밀국수, 빈대떡, 장아찌, 좁쌀떡, 가풀막
> 　ㄷ 영덕·삼척·강릉 공통 어휘(5개)
> 　　놀, 웅덩이, 진흙, 깃, 메추라기

나. 2개 지역 공통

　2개 지역이 다른 2개 지역과 변별되게 실현되는 것은 '영덕·울진' 對 '삼척·강릉'과 '영덕·강릉' 對 '울진·삼척'으로 묶어 비교할 수 있는데, '영덕·울진' 對 '삼척·강릉'은 14개 항목에서, '영덕·강릉' 對 '울진·삼척'은 2개 항목에서 그 공통성을 찾을 수 있다. 이들 공통 항목을 제시하면 다음과 같다.

  ○ ㄱ 영덕·울진 : 삼척·강릉 공통 항목(14개)
        싸라기눈, 거리, 골짜기, 돌, 떼, 비탈, 티끌, 그저께, 글피, 겉, 갱, 누
        룽지, 고니, 굴
     ㄴ 영덕·강릉 : 울진·삼척 공통 어휘(2개)
        물결, 아래

  ◇ 30~40대

30~40대 연령에서도 크게 3개 지역이 공통적으로 실현하는 항목
과 2개 지역이 다른 2개 지역과 변별되게 실현하는 항목으로 구분할
수 있으며, 3개 지역이 공통으로 실현하는 항목은 다시 4개로 묶어 비
교할 수 있다.

가. 3개 지역 공통

3개 지역이 공통성을 가지는 것은 '영덕·울진·삼척'과 '울진·삼
척·강릉', '영덕·삼척·강릉', '영덕·울진·강릉'으로 변별되는데
'영덕·울진·삼척'는 4개 항목에서, '울진·삼척·강릉'은 7개 항목
에서, '영덕·삼척·강릉'은 6개 항목에서, '영덕·울진·강릉'은 6개
항목에서 그 공통성을 찾을 수 있다. 이들 공통 항목을 제시하면 다음
과 같다.

  ○ ㄱ 영덕·울진·삼척 공통 어휘(4개)
        회오리바람, 빈대떡, 조밥, 고둥
     ㄴ 울진·삼척·강릉 공통 어휘(7개)
        가풀막, 비탈, 아래, 고물, 밀국수, 인절미, 좁쌀떡
     ㄷ 영덕·삼척·강릉 공통 어휘(6개)
        가랑비, 물가, 물결, 낭떠러지, 낫, 부엉이
     ㄹ 영덕·울진·강릉 공통 어휘(6개)

고래장비, 모래, 뭍, 겉, 모이, 대합

나. 2개 지역 공통

2개 지역이 다른 2개 지역과 변별되게 실현되는 것은 '영덕 · 울진' 對 '삼척 · 강릉'으로 그 항목이 무려 27개에서 공통성을 찾을 수 있는데 이들 공통 항목을 제시하면 아래와 같다.

○ ㄱ 영덕 · 울진 : 삼척 · 강릉 공통 어휘(27개)
별, 그늘, 서리, 기름, 돌, 뜰, 메아리, 우물, 징검다리, 그저께, 글피, 끼니때, 밝을녘, 밤새도록, 가운데, 겉, 갱, 곰팡이, 누룽지, 절이다, 흰떡, 달걀, 두루미, 주둥아리, 쭈쭈우, 가오리, 오징어

◇ 10~20대

10~20대 연령에서는 크게 3개 지역이 공통적으로 실현하는 항목과 2개 지역이 다른 2개 지역과 변별되게 실현하는 항목으로 구분할 수 있다. 이 가운데 3개 지역이 공통으로 실현하는 항목은 다시 4개로 묶어 비교할 수 있고, 2개 지역이 다른 2개 지역과 변별되게 실현하는 항목은 다시 3개로 묶어 비교할 수 있다.

가. 3개 지역 공통

3개 지역이 공통성을 가지는 것은 '영덕 · 울진 · 삼척'과 '울진 · 삼척 · 강릉', '영덕 · 삼척 · 강릉', '영덕 · 울진 · 강릉'으로 변별되는데 '영덕 · 울진 · 삼척'는 7개 항목에서, '울진 · 삼척 · 강릉'은 6개 항목에서, '영덕 · 삼척 · 강릉'은 41개 항목에서, '영덕 · 울진 · 강릉'은 11개 항목에서 그 공통성을 찾을 수 있다. 이들 공통 항목을 제시하면 다음과 같다.

    ○ ㄱ 영덕·울진·삼척 공통 어휘(7개)
        물, 징검다리, 한가위, 저기저곳, 상추쌈, 숭늉, 고둥
      ㄴ 울진·삼척·강릉 공통 어휘(6개)
        개울, 묵밭, 시골, 왕겨, 두루미, 갈치
      ㄷ 영덕·삼척·강릉 공통 어휘(41개)
        회오리바람, 무지개, 구름, 새벽, 벼랑, 봉우리, 샘, 끝, 설, 어제저녁,
        오늘아침, 잠깐, 가운데, 구석, 모, 속, 여기, 가루, 간장, 겨, 곰팡이,
        곶감, 국물, 국수, 뜨물, 막걸리, 멸치젓, 미숫가루, 밤참, 새우젓, 쌀
        밥, 달걀, 메추라기, 부엉이, 가자미, 굴비, 멸치, 물고기, 뱀장어, 비
        늘, 피라미
      ㄹ 영덕·울진·강릉 공통 어휘(11개)
        모퉁이, 샛길, 끼니때, 열흘, 이제, 김치, 절인다, 찰떡, 닭의볏, 게,
        대합

나. 2개 지역 공통

    2개 지역이 다른 2개 지역과 변별되게 실현되는 것은 '영덕·울진'
對 '삼척·강릉', '영덕·강릉' 對 '울진·삼척', '영덕·삼척' 對 '울
진·강릉'인데 이 가운데 '영덕·울진' 對 '삼척·강릉'은 25개 항목
에서, '영덕·강릉' 對 '울진·삼척'은 3개 항목에서, '영덕·삼척' 對
'울진·강릉'은 6개 항목에서 공통성을 찾을 수 있다. 이들 공통 항목
을 제시하면 다음과 같다.

    ○ ㄱ 영덕·울진 : 삼척·강릉 공통 어휘(25개)
        고개, 골짜기, 뉘누리(물살), 떼, 바닷물, 낭떠러지, 티끌, 그저께, 글
        피, 나흗날, 낮, 밝을녁, 밤새도록, 사흗날, 아래께, 아흐렛날, 엿새,
        요즈음, 갱, 빈대떡, 소주, 좁쌀떡, 갈매기, 볏, 문어
      ㄴ 영덕·강릉 : 울진·삼척 공통 어휘(3개)
        물결, 훗날, 아래
      ㄷ 영덕·삼척 : 울진·강릉 공통 어휘(6개)
        개울, 묵밭, 시골, 왕겨, 두루미, 갈치

③ 연령별 특정 어휘 실현 비교

<표 15> 연령별 특정 어휘 실현 빈도 비교

조사 항목		영덕	울진	삼척	강릉
회오리 바람	50대 이상	회오리(2)	회오리(2) : 돌개(2)	돌개(2)	회오리(1) : 돌개(2)
	30~40대	회오리(1) : 돌개(1)	홰오리(2)	회오리(2)	돌개(2)
	10~20대	회오리(2)	돌개(2)	회오리(2)	회오리(2)
가풀막	50대 이상	고바위(2)	고바위(1) : 언덕(1)	비탈(2)	건데이~(2)
	30~40대	고바위(1) : 언덕(1)	산비탈(2)	비탈(2)	비탈길(2) : 언덕(1)
	10~20대	비탈(2)	비탈(2) : 언덕(2)	비탈(1) : 오르막길(1)	언덕(1) : 고개(1)
그저께	50대 이상	아래(2)	아래(2) : 그저께(1)	거제(2)	거제/거저께(3) : 아래(1)
	30~40대	아래(2)	아래(2)	거제(1) : 얻거제(1)	거제(2)
	10~20대	아래(2)	아래(1) : 어제아래(1)	그제/그저께(2)	그저께(2) : 얻그제(2)
징검 다리	50대 이상	돌따리(2)	돌다리(2)	돌다리(2)	징검다리(2) : 돌다리(1)
	30~40대	징검다리(1) : 돌다리(1)	징검다리(1) : 돌다리(1)	돌다리(2)	돌다리(2)
	10~20대	징검다리(1) : 돌다리(1)	징검다리(2)	징검다리(2)	돌다리(2) : 징검다리(1)
글피	50대 이상	내리모래(1) : 저모래(1)	저모레(2)	걸페(2)	걸페/글페(2)
	30~40대	걸피(1) : 저모래(1)	저모레(2)	걸페(2)	걸피/글피(2)
	10~20대	내일모래(2)	글피(1) : 낼모래(1)	글피(2)	글피/글페(2)

조사 항목		영덕	울진	삼척	강릉
아래께	50대 이상	아래(2)	아래(2)	먼제(2)	아래(2) : 거저께(1)
	30~40대	아래(2)	아래(2)	저먼제(1) : 아래(1)	저번날(1) : 아래께(1)
	10~20대	억그제(1) : 어제아래(2)	아래(2)	그저께(1) : 언그저깨(1)	아래(2) : 그저께(1)
사흗날	50대 이상	사헐(2)	사헐(2)	사헐/사알(1)	사헐/사헌날(2)
	30~40대	사흘(2)	사헐(2)	사헐(2)	사얼(2) : 삼일(1)
	10~20대	사흘(2)	사흘(2)	삼일(2)	삼일(2)
나흗날	50대 이상	나헐(2)	나헐(2)	나헐/나알(2)	나헐(2)
	30~40대	나헐(2)	나얼/나헐(2)	나헐(2)	나얼(2)
	10~20대	나흘(2)	나흘(2)	사일(2) : 나흘(1)	사일(2)
엿새	50대 이상	여새(2)	엳새(2)	여세(2)	여쌔(2)
	30~40대	엳쌔/여새(2)	엳새(2)	여새(2)	여쌔(2) : 육일(2)
	10~20대	육일(1) : 엳쌔(1)	엳새(2)	육일(2)	육일(2)
아흐 렛날	50대 이상	아허레(2)	아허레(2)	아허레(2)	아허레(3) : 구일(1)
	30~40대	아허레(2)	아허레(2)	아허레(2)	아허레(3) : 구일(2)
	10~20대	구일(1) : 아흐래(1)	아흐레(2)	구일(2)	구일(2)
열흘	50대 이상	여럴(2)	열헐(2)	열헐/여럴(2)	여럴/열헐(2)
	30~40대	열헐/여럴(2)	열헐(2)	열헐(2)	열헐(2)
	10~20대	십일(1) : 열흘(1)	열흘(2)	십일(2) : 열흘(1)	여를(2)
밤새 도록	50대 이상	거멈밤(1) : 긴긴밤(1)	밤새기(2)	밤새도록(1) : 진진밤(1)	밤새도록/밤새(2)
	30~40대	긴긴밤(1) : 긴밤(1)	진진밤(2)	밤새기(2)	밤세도록/밤새기(2)
	10~20대	×(1) : 한밤(1)	동지(2)	밤새도록(2)	밤새도록(2)

조사 항목		영덕	울진	삼척	강릉
갱	50대 이상	콩나믈꾹(2)	콩나멀꾹(2)	갱(2)	갱(2)
	30~40대	탕(2)	탕/탕꾹(2)	갱(1) : 국물(1)	갱(1) : 물(1)
	10~20대	탕(2)	탕(2)	국물(2)	×(2)
막걸리	50대 이상	막껄리(2)	막껄리(2) : 농주(2)	막걸리(2)	막걸리(1) : 탁주(1)
	30~40대	막껄리(2) : 탁주(1)	막껄리(2) : 농주(2)	막걸리(2)	막걸리(1) : 농주(1)
	10~20대	막껄리(2)	막껄리(2) : 동동주(2)	막걸리(2)	막걸리(2)
흰떡	50대 이상	백찜(2)	백찜(2) : 북씸이(2)	백실기(1) : 시리떡(1)	가래떡(1) : 흰떡(1)
	30~40대	백찜(2)	백찜(2)	멘떡(1) : 흰떡(1)	하얀떡/흰떡(2)
	10~20대	백찜(2) : 백설기(1)	백찜(2)	백설기(1) : 흰떡(1)	백설기(2) : 하얀떡(1)
달걀	50대 이상	개랄(2)	개랄(2) : 달갈(2)	계란/게랄(2) : 달갈(1)	개란/겨란(2) : 달갈(1)
	30~40대	개랄(2) : 달갈(1)	개랄(2) : 달갈(2)	달갈(2)	달갈(2)
	10~20대	달갈(2)	개란(2) : 달갈(2)	달갈(1) : 계란(1)	달갈(2)

(3) 연령별 어휘항목 인지능력

영덕·울진·삼척·강릉의 제보자들이 조사 항목의 질문에 얼마나 정확하게 인식하고 있으며, 또 그 항목을 인지하는가를 연령별로 살펴 그 빈도를 측정하였다.

〈표 16〉 연령별 어휘항목 인지능력 빈도

연령＼지역	영 덕	울 진	삼 척	강 릉	총 빈도
50대 이상	4	2	13	6	25(9.3%)
30~40대	3	2	10	4	19(7.0%)
10~20대	25(2)	6	12	8	51(18.9)

위의 표에서 살펴보면 50대 이상은 총 270개 질문 어휘항목 가운데 25개 (9.3%)의 항목에 대해 '모른다'고 답변 하거나 '인식하지 못한다'고 답변한 것 으로 조사되었으며, 30~40대는 19개 (7.0%), 10~20대는 51개(18.9%)의 항목 에 대해 '모른다'고 답변하거나 '인식 하지 못한다'고 답변하였다. 또한 이들 연령을 각 지역별로 나누어 살펴보면 50대 이상 연령에서는 삼척이 13개

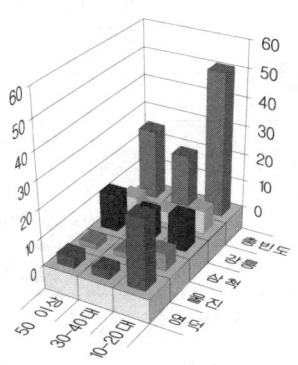

〈그림 15〉 비교 그래프

(4.8%)로 가장 많은 빈도를 보였으며, 30~40대 연령에서도 삼척이 10개(3.7%)로 가장 많은 빈도를 보였고, 10~20대에서는 영덕이 25개 (9.3%)로 가장 많은 빈도를 나타내고 있음을 알 수 있다. 또한 전체 연 령별로 비교해 볼 때 10~20대의 질문 어휘항목 인지능력이 50대 이 상이나 30~40대의 인지능력보다 2배 이상 낮음을 알 수 있으며, 특 히 영덕의 10~20대는 전체 연령과 지역을 고려하여 비교해 봐도 가 장 많은 빈도를 보이고 있어 영덕의 10~20대의 인지능력이 다른 지 역의 연령들 보다 훨씬 낮음을 알 수 있다. 이는 각 연령별, 지역별 교 육 및 생활환경 등과 관련이 있는 것으로 생각된다.

(4) 연령별 표준항목 실현 능력

각 연령간 표준항목의 실현 능력을 알아보기 위해 각 연령별 전체의 표준 항목 사용 빈도와 방언형 사용 빈도를 측정하여 아래의 <표 17>, <표 18>과 같이 제시하였다.

<표 17> 연령별 전체 표준항목 실현 빈도

	50대 이상	30~40대	10~20대
전체간 빈도	21(270)	25(270)	76(270)
백분율	7.8%	9.3%	28.1%

<표 18> 연령별 전체 방언형 실현 빈도

	50대 이상	30~40대	10~20대
전체간 빈도	248(270)	246(270)	194(270)
백분율	92.2%	90.7%	71.9%

위의 표들에서 살펴보면 50대 이상의 연령에서는 총 조사항목 270개 가운데 21개(7.8%)를 표준항목과 일치되게 사용하고 나머지 248개(92.2%)는 방언을 사용하고 있음을 알 수 있으며, 30~40대는 270개 가운데 25개(9.3%)를 표준항목과 일치되게 사용하고 246개(90.7%)는 방언으로, 10~20대는 270개 가운데 76개(28.1%)는 표준항목으로 194개(71.9%)는 방언으로 실현하는 것을 알 수 있다. 이는 전체 남성과 여성의 표준항목 사용 능력을 비교해 볼 때 여성이 남성보다 표준항목을 다소 더 사용하는 것을 알게 한다. 이는 각 연령별 교육의 차이와 문화의 차이 및 남성과 여성간의 교양화법의 차이라 생각된다.

3. 성 별

1) 경음화 현상

조사된 항목 270개 가운데 12개의 항목을 선택하여 영덕, 울진, 삼척, 강릉의 성별 경음화 현상을 비교·분석한 결과 아래의 <표 19>와 같은 성과를 얻을 수 있었다. 경음화 현상을 살펴보기 위해 선택된 항목은 앞서 지역별·연령별 경음화에서 이미 언급한 바와 같이 '샛별, 함박눈, 물결, 봉우리, 티끌, 한밤중, 건더기, 고기, 군밤, 막걸리, 가자미, 물고기'의 12개 어휘이다. 제보자별 성별 구분은 ① 50대 이후의 남·여, ② 30~40대 남·여, ③ 10~20대 남·여로 나누어 그 각각의 실태를 파악하였다. 현지에서 조사된 각 지역의 성별 경음화 어휘는 항목 2)-(1)에 제시된 어휘로 대신하기로 한다.

○ 샛별, 함박눈, 물결, 봉우리, 티끌, 한밤중, 건더기, 고기, 군밤, 막걸리, 가자미, 물고기

〈표 19〉 성별 경음화 현상 비교

연령 \ 지역		영 덕	울 진	삼 척	강 릉	총빈도
50대 이상	남	9	2	2	3	16
	여	9	4	5	4	22
30~40대	남	7	4	4	5	20
	여	8	5	2	3	18
10~20대	남	7	5	1	2	15
	여	7	6	0	0	13
전체	남	23	11	7	10	51
	여	24	15	7	7	53

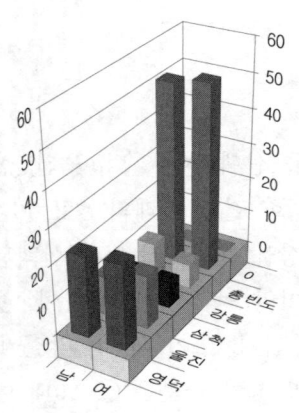

〈그림 16〉 비교 그래프

위의 표에서 살펴보면 영덕, 울진, 삼척, 강릉 가운데서 영덕 여자가 24회로 경음화 현상의 빈도가 가장 높은 것으로 조사되었다. 그 다음이 영덕 남자 23회, 울진 여자 15회, 울진 남자 11회순으로 나타난다. 그리고 경음화 현상이 가장 적게 일어나는 것은 삼척의 남자와 여자, 그리고 강릉의 여자로 모두 그 빈도가 7회로 조사되었다. 이들을 다시 연령별 남자와 여자로 나누어 살펴보면 50대 이상 여자의 경음화 빈도가 22회로 가장 높은 것으로 조사되었으며 10~20대 여자의 경음화 빈도가 13회로 가장 낮은 것으로 조사되었다. 이를 성별 전체에서 살펴보면 전체 남자는 51회, 전체 여자는 53회로 경음화 현상에서 조사지역 전체 여자가 남자보다 약간 높은 것으로 조사되었다.

2) 비음화 현상

조사된 항목 270개 가운데 영덕, 울진, 삼척, 강릉 각 지역의 성별, 연령별 비음화 현상을 비교·분석한 결과 아래의 <표 14>와 같은 성과를 얻을 수 있었다. 앞서 지역별·연령별 비음화 현상에서 언급한 바와 같이 이 네 지역에서는 항목 270개 가운데 대개 항목 '아지랑이, 구덩이, 모퉁이, 웅덩이, 곰팡이, 부엉이, 주둥아리, 고둥, 달팽이, 우렁이, 흙덩이' 등에서 비음화 현상이 일어나고 있는 것으로 조사되었다. 현지 조사에서 조사된 각 지역의 성별 비음화 어휘는 항목 2-2)에 제시된 어휘로 대신하기로 한다.

○ 아지랑이, 구덩이, 모퉁이, 웅덩이, 곰팡이, 부엉이, 주둥아리, 고둥, 달
팽이, 우렁이, 흙덩이

<표 20> 성별 비음화 현상 비교

연령＼지역		영덕	울진	삼척	강릉	총빈도
50대 이상	남	5	8	12	12	37
	여	6	8	8	9	31
30~40대	남	5	5	17	4	31
	여	6	10	2	6	24
10~20대	남	2	2	1	0	5
	여	0	1	0	0	1
전체	남	12	15	30	16	73
	여	12	19	10	15	56

위의 표에서 살펴보면 영덕, 울진, 삼척, 강릉 가운데 중에서 비음
화 현상이 가장 많이 일어나는 것은 삼척 남자로 빈도가 30회로 조사
되었다. 그 다음이 울진 여자 19회, 강릉 여자 16회, 울진 남자와 강릉
남자가 각각 15회 순으로 나타난다. 그리고 비음화 현상이 가장 적게
일어나는 것은 삼척의 여자로 그 빈도가 11회로 조사되었다. 이들을
다시 연령별 남자와 여자로 나누어 살펴보면 50대 이상 남자의 비음
화 빈도가 36회로 가장 높은 것으로 조사되었으며, 10~20대 여자의
비음화 빈도가 1회로 가장 낮은 것으로 조사되었다. 이를 성별 전체
에서 살펴보면 전체 남자는 73회, 전체 여자는 57회로 비음화 현상에
서는 조사지역 전체 남자가 여자보다 훨씬 높은 것으로 조사되었다.

3) 모음 'ㅡ'

(1) 1음절

조사된 항목 270개 가운데 1음절에 모음 'ㅡ'가 실현되는 표준어휘
항목은 앞서 지역별·연령별 조사 항목에서 언급한 바와 같이 '그늘,

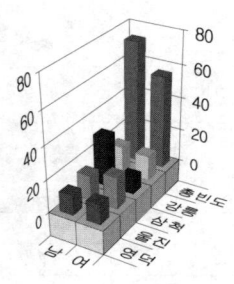

그림자, 글피, 끝, 뜨물, 뜰, 음달, 틈, 흙, 흙덩이'의 10개로 이들 항목을 조사하여 네 지역의 성별 실현 빈도를 비교·분석한 결과 아래의 <표 21>과 같은 성과를 얻을 수 있었다. 현지 조사에서 조사된 각 지역의 실현 어휘는 위의 항목 1-3) ① 의 어휘로 대신하기로 한다.

〈그림 17〉 비교 그래프

ㅇ 그늘, 그림자, 글피, 끝, 뜨물, 뜰, 음달, 틈, 흙, 흙덩이

〈표 21〉 1음절에서 모음 'ㅡ'의 성별 실현 비교

연령	지역	영 덕			울 진			삼 척			강 릉		
		ㅡ	ㅓ	기타	ㅡ	ㅓ	기타	ㅡ	ㅓ	기타	ㅡ	ㅓ	기타
50대 이상	남	1	7	2	0	8	2	0	8	2	0	10	0
	여	1	7	2	0	8	2	0	7	3	1	8	2
30~40대	남	0	8	2	0	7	3	0	8	2	1	10	0
	여	0	7	3	0	6	4	0	10	0	0	9	1
10~20대	남	8	0	2	7	1	2	10	0	0	7	0	3
	여	9	0	1	8	0	2	10	0	0	10	0	0
전 체	남	9	15	6	7	16	7	16	4		8	20	3
	여	10	14	6	8	14	8	10	17	3	11	17	3

위의 표에서 살펴보면 1음절에서 모음 'ㅡ'는 대개 모음 'ㅡ'나 'ㅓ'로 실현되는 것이 일반적임을 알 수 있는데, 이들을 각각 나누어 살펴보도록 한다.

① '━' → '━'

영덕, 울진, 삼척, 강릉 중 1음절에서 모음 '━'가 '━'로 가장 많이 실현되는 것은 강릉 여자로 빈도가 11회로 조사되었다. 그 다음이 영덕 여자와 삼척 남·여로 빈도는 각각 10회로 나타난다. 그리고 이러한 실현이 가장 적게 일어나는 성별은 울진의 여자로 그 빈도가 7회로 조사되었다. 이들을 다시 연령별 남자와 여자로 나누어 살펴보면 10~20대 여자의 실현 빈도가 37회로 가장 높은 것으로 조사되었으며, 30~40대 여자의 실현 빈도는 1회로 가장 낮은 것으로 조사되었다. 이를 성별 전체에 살펴보면 전체 남자는 34회, 전체 여자는 39회로 1음절에서 모음 '━'가 '━'로 실현되는 현상에서는 조사지역 전체 남자의 빈도보다 여자의 빈도가 약간 높은 것으로 조사되었다.

② '━' → 'ㅓ'

영덕, 울진, 삼척, 강릉 중 1음절에서 모음 '━'가 'ㅓ'로 가장 많이 실현되는 것은 강릉 남자로 빈도가 20회로 조사되었다. 그 다음이 삼척과 강릉의 여자로 빈도는 각각 17회로 나타난다. 그리고 이러한 실현이 가장 적게 일어나는 성별은 영덕과 울진의 여자로 그 빈도가 14회로 조사되었다. 이들을 다시 연령별 남자와 여자로 나누어 살펴보면 50대 이상 남자와 30~40대 남자의 실현 빈도가 각각 33회로 가장 높은 것으로 조사되었으며, 10~20대 영덕·삼척·강릉의 남·여와 울진 10~20대 여자의 실현 빈도는 각각 0회로 가장 낮은 것으로 조사되었다. 이를 성별 전체에서 살펴보면 전체 남자는 67회, 전체 여자는 62회로 1음절에서 모음 '━'가 'ㅓ'로 실현되는 현상에서는 조사지역 전체 남자의 빈도가 여자의 빈도보다 약간 높은 것으로 조사되었다.

(2) 1음절 이하

조사된 항목 270개 가운데 1음절 이하에서 모음 'ㅡ'가 실현되는 표준어휘 항목은 앞서 지역별·연령별 조사 항목에서 언급한 바와 같이 '가물음, 구름, 하늘, 고드름, 기름, 산등성마루, 진흙, 징금다리, 티끌, 여름, 가을, 가을한다, 나흘날, 밝을녁, 사흘날, 아흐렛날, 열흘, 오늘, 오늘아침, 요즈음, 지금-곧, 오른쪽, 소금, 참기름, 고등어, 비늘'의 26개이다. 이들 항목을 조사하여 영덕, 울진, 삼척, 강릉 각 지역의 성별 실현 빈도를 비교·분석한 결과 아래의 <표 22>과 같은 성과를 얻을 수 있었다.

○ 가물음, 구름, 하늘, 고드름, 기름, 산등성마루, 진흙, 징금다리, 티끌, 여름, 가을, 가을한다, 나흘날, 밝을녁, 사흘날, 아흐렛날, 열흘, 오늘, 오늘아침, 요즈음, 지금-곧, 오른쪽, 소금, 참기름, 고등어, 비늘

〈표 22〉 1음절 이하에서 모음 'ㅡ'의 성별 실현 비교

		영덕				울진				삼척					강릉				
		ㅡ	ㅓ	ㅗ	기타	ㅡ	ㅓ	ㅗ	기타	ㅡ	ㅓ	ㅗ	ㅜ	기타	ㅡ	ㅓ	ㅜ	ㅣ	기타
50대 이상	남	1	22	0	4	2	21	1	4	1	17	0	2	6	1	21	1	0	4
	여	1	21	0	5	2	20	1	6	0	13	1	3	9	0	20	2	0	5
30~40대	남	4	19	1	2	1	20	0	5	0	13	0	4	9	2	21	0	1	3
	여	6	17	0	4	1	17	1	7	1	17	0	1	7	0	19	0	0	7
10~20대	남	16	3	0	7	19	5	0	5	12	4	0	0	10	19	1	0	0	6
	여	20	1	0	5	19	5	0	5	14	4	0	0	8	17	0	0	1	8
전체	남	21	44	1	13	22	46	2	14	13	34	0	6	25	22	43	1	1	13
	여	27	39	0	14	22	42	1	18	15	34	1	4	24	17	39	2	1	20

위의 표에서 살펴보면 1음절 이하에서 모음 'ㅡ'는 대개 모음 'ㅡ'
나 'ㅓ'로 실현되는 것이 일반적임을 알 수 있는데, 이들을 각각 나누
어 살펴보도록 한다.

① 'ㅡ' → 'ㅡ'

영덕, 울진, 삼척, 강릉 중 1음절 이하에서 모음 'ㅡ'가 'ㅡ'로 가장
많이 실현되는 것은 영덕 여자로 빈도가 27회로 조사되었다. 그 다음
이 울진 남·여와 강릉 남자로 빈도는 각각 22회로 나타난다. 그리고
이러한 실현이 가장 적게 일어나는 성별은 삼척 남자로 그 빈도가 13
회로 조사되었다. 이들을 다시 연령별 남자와 여자로 나누어 살펴보
면 10~20대 여자의 실현 빈도가 70회로 가장 높은 것으로 조사되었
으며, 반면 50대 이상 여자의 실현 빈도는 3회로 가장 낮은 것으로 조
사되었다. 이를 성별 전체에서 살펴보면 전체 남자는 78회, 전체 여자
는 81회로 1음절 이하에서 모음 'ㅡ'가 'ㅡ'로 실현되는 현상에서는
조사지역 전체 남자의 빈도보다 여자의 빈도가 약간 높은 것으로 조
사되었다.

② 'ㅡ' → 'ㅓ'

영덕, 울진, 삼척, 강릉 중 1음절 이하에서 모음 'ㅡ'가 'ㅓ'로 가장
많이 실현되는 것은 울진 남자로 빈도가 46회로 조사되었다. 그 다음
이 영덕 남자로 빈도는 44회로 나타난다. 그리고 이러한 실현이 가장
적게 일어나는 성별은 삼척의 남·여로 그 빈도가 34회로 조사되었
다. 이들을 다시 연령별 남자와 여자로 나누어 살펴보면 50대 이상 남
자의 실현 빈도가 81회로 가장 높은 것으로 조사되었으며, 10~20대
여자의 실현 빈도는 10회로 가장 낮은 것으로 조사되었다. 이를 성별
전체에서 살펴보면 전체 남자는 167회, 전체 여자는 154회로 1음절

이하에서 모음 '—'가 'ㅓ'로 실현되는 현상에서는 조사지역 전체 남자의 빈도가 여자의 빈도보다 약간 높은 것으로 조사되었다.

4) 성별 어휘의 특징

(1) 성별 특징 어휘

조사 항목 270개 가운데 지역별 특정 어휘 59개의 실현이 성별로 어떻게 나타나는지를 살펴보기로 한다. 이들 59개 항목을 가나다순으로 제시하면 '가뭄, 가을한다, 가자미, 가풀막, 간장, 거리, 겨, 고래장비, 곰팡이, 구멍, 군밤, 굴, 그늘, 꼴뚜기, 꽁치, 나루, 낭떠러지, 낮, 노을, 놀, 누룽지, 달무리, 닭의어리, 대합, 도미, 망둥어, 메아리, 메추라기, 무장아찌, 물결, 미끼, 밝을녘, 밤새도록, 밤참, 벼랑, 비탈, 상추쌈, 새벽, 샛별, 서리, 수제비, 숭늉, 싸락눈, 아지/전갱이, 웅덩이, 저녁, 절이다, 조개, 좁쌀떡, 진눈깨비, 진흙, 청어, 티끌, 피라미, 함박눈, 홍수, 훗날, 흙, 흰떡'의 59개 항목이다. 이들 항목들이 각 성별로 어떻게 실현되는가를 살펴보기로 한다.

① 전체

조사 항목 270개 가운데 지역별 특정 어휘 59개의 실현이 전체 남성은 48개가, 전체 여성은 51개가 실현되고 있는데 이를 제시하면 다음과 같다.

○ 가뭄, 가을한다, 가자미, 가풀막, 간장, 거리, 겨, 고래장비, 곰팡이, 구멍, 군밤, 굴, 그늘, 꼴뚜기, 꽁치, 나루, 낭떠러지, 낮, 노을, 놀, 누룽지, 달무리, 닭의어리, 대합, 도미, 망둥어, 메아리, 메추라기, 무장아찌, 물결, 미끼, 밝을녘, 밤새도록, 밤참, 벼랑, 비탈, 상추쌈, 새벽, 샛별, 서리, 수제비, 숭늉, 싸락눈, 아지/전갱이, 웅덩이, 저녁, 절이다, 조개, 좁쌀떡, 진눈깨비, 진흙, 청어, 티끌, 피라미, 함박눈, 홍수, 훗날, 흙, 흰떡

○ 남성(48개)

가물얻따(가뭄), 거두미한다/거디미(가을한다), 도다리(가자미), 고바위 (가풀막), 지랑멀/지렁물/찌랑멀(간장), 깍데기/껄티(겨), 놀랑처럼온다/ 억수장마(고레장비), 웅디이젼따(구멍), 밤꿉언거(군밤), 부조개(굴), 그 널진다(그늘), 한치(꼴뚜기), 사마(꽁치), 밴머리/추깡(나루), 넝강/넝가이 (낭떠러지), 오널해따네(낮), 뿔새(노을), 나부리(놀), 소데끼/소띠끼/소뒤 께(누룽지), 달무리섣따/해무리/달물 뮈윗따(달무리), 가리비/열합(대합), 껵떠구/검덩(망동어), 말맏춘다/산울린다(메아리), 뿌꿍새(메추라기), 물 이울렁인다/파도친다(물결), 도이~떨때/도이~턴다(밝을녁), 밤새기(밤 새도록), 군님석(밤참), 넝강(벼랑), 너러막(비탈), 도이~턴다/동이턴다/ 먼동턴다/새벽온다(새벽), 개밥죽이별/개밥뚜까리/샌별[아침]·개밥뚜 까리[저녁](샛별), 서릳발섣따/설기(서리), 소쩨이~/솓쩽이(숭늉), 쌀알 눈(싸락눈), 아재/메가리(아지/전갱이), 징컬/징컬받(웅덩이), 지긴다(절 이다), 따박/배캅/짜박(조개), 눈·비섞어온다(진눈깨비), 징컬/징컬받(진 흙), 정어리/눈티(청어), 개시바리/티/까시/뮈들어간따(티끌), 치어/민물 새끼(피라미), 밥뿌제눈(함박눈), 개락낟따/개락핸따(홍수), 아프로 다오 는 세월(훗날), 북찜이(흰떡)

○ 여성(51개)

너무말랃따(가뭄), 가얼거디미/추수한다(가을한다), 도다리(가자미), 고바 위(가풀막), 장물/찌랑멀(간장), 삽쩍(거리), 깍데기/껄티(겨), 개럭하다(고 레장비), 곰파구/골가지(곰팡이), 부조개(굴), 그널곁따(그늘), 한치(꼴뚜 기), 선창/추깡(나루), 오널해따네(낮), 뿔새(노을), 나부리/나불[아침나불/ 저녁나불](놀), 소데끼/소띠끼/소디끼/소딕기(누룽지), 달매/달매미/달물 뮈윗따/해물(달무리), 달울타리(닭의어리), 가리비/배캅/열합(대합), 감생 이/감새가/다이(도미), 껵떠구/검덩(망동어), 뿌꿍새(메추라기), 무꾸장쩽 이/무거리/우거리(무장아찌), 파도친다(물결), 꼬내기(미끼), 도이~떨때/도 이~턴따(밝을녁), 밤새기/진진밤(밤새도록), 군님석(밤참), 넝강(벼랑), 너 러막(비탈), 불기쌈(상추쌈), 동이턴다/먼동턴다/새벽온다(새벽), 설기(서 리), 뚜데기국/떠더국/떠덕국(수제비), 소쩨이~/솓쩽이(숭늉), 아재/메가리 (아지/전갱이), 개양/징컬/징컬받(웅덩이), 밤쭝뒏따(저녁), 따박/배캅(조 개), 조딱(좁쌀떡), 눈·비섞어온다(진눈깨비), 죽탕(진흙), 징컬/징컬받(진 흙), 정어리/눈티(청어), 가시/까시/티/뮈들어간따(티끌), 치어/민물새끼(피 라미), 밥뿌제눈(함박눈), 아프로 다오는 세월(훗날), 헐기묻얻따(흙), 북찜 이(흰떡)

② 연령별 남·여

조사 항목 270개 가운데 지역별 특정 어휘 59개의 실현이 연령별 남성과 여성으로 살펴보면 50대 이상의 남성은 42개, 여성은 40개가 실현되고 있으며, 30~40대 남성은 16개, 여성은 20개가 실현되고 있다. 그리고 10~20대 남성은 7개, 여성은 5개가 실현되고 있는데 이를 제시하면 다음과 같다.

○ 50대 이상
· 남성(42개)
가물얻따(가뭄), 거두미한다(가을한다), 고바위(가풀막), 깍데기/껄티(겨), 웅디이젙따(구멍), 밤꿉언거(군밤), 부조개(굴), 그널진다(그늘), 한치(꼴뚜기), 사마(꽁치), 추깡(나루), 넝강/넝가이(낭떠러지), 오널해따네(낮), 뿔새(노을), 나부리(놀), 소데끼/소띠끼(누룽지), 달물 뮈웓따(달무리), 꺽떠구/검덩(망동어), 말맏춘다/산울린다(메아리), 뿌꿍새(메추라기), 물이울렁인다/파도친다(물결), 도이~떨때/도이~턷따(밝을녘), 밤새기(밤새도록), 군님석(밤참), 넝강(벼랑), 너러막(비탈), 도이~턴다/동이턴다/먼동턴다(새벽), 개밥죽이별/개밥뚜까리/샌별[아침]·개밥뚜까리[저녁](샛별), 설기(서리), 소째이~(숭늉), 쌀알눈(싸락눈), 징컬/징컬받(웅덩이), 지긴다(절이다), 따박/배캅/짜박(조개), 징컬/징컬받(진흙), 개시바리/티/까시(티끌), 밥뿌제눈(함박눈), 아프로 다오는 세월(훗날), 북쩜이(흰떡)
· 여성(40개)
추수한다(가을한다), 고바위(가풀막), 장물(간장), 삽쩍(거리), 깍데기/껄티(겨), 개럭하다(고레장비), 곰파구/골가지(곰팡이), 부조개(굴), 한치(꼴뚜기), 선창/추깡(나루), 오널해따네(낮), 뿔새(노

을), 나부리/나불[아침나불/저녁나불](놀), 소데끼/소떠끼/소디끼
(누룽지), 달물 뒤윌따/해물(달무리), 가리비/배캅(대합), 껵떠구/
검덩(망동어), 뿌꿍새(메추라기), 무꾸장쨍이/무거리/우거리(무장
아찌), 파도친다(물결), 꼬내기(미끼), 도이~떨때/도이~턷따(밝
을녁), 밤새기/진진밤(밤새도록), 군님석(밤참), 넝강(벼랑), 너러
막(비탈), 불기쌈(상추쌈), 먼동턴다(새벽), 설기(서리), 뚜데기국/
떠더국/떠덕국(수제비), 소째이~(숭늉), 징컬/징컬받(웅덩이), 밤
쭝될따(저녁), 따박/배캅(조개), 조딱(좁쌀떡), 징컬/징컬받(진흙),
가시/까시/티(티끌), 밥뿌제눈(함박눈), 아프로 다오는 세월(훗
날), 북찜이(흰떡)

○ 30~40대
· 남성(16개)
거디미(가을한다), 도다리(가자미), 고바위(가풀막), 지렁물/찌랑
멀(간장), 놀랑처럼온다/억수장마(고레장비), 부조개(굴), 밴머리/
추깡(나루), 소뒤께(누룽지), 달무리섣따/해무리(달무리), 가리비
(대합), 밤새기(밤새도록), 서릳 발섣따(서리), 아재/메가리(아지/전
갱이), 정어리/눈티(청어), 치어/민물새끼(피라미), 개락난따/개락
핻따(홍수)
· 여자(20개)
너무말랃따(가뭄), 가얼거디미(가을한다), 도다리(가자미), 찌랑
멀(간장), 그늘결따(그늘), 소딕기(누룽지), 달매/달매미(달무리),
달울타리(닭의어리), 열합(대합), 감생이/감새가/다이(도미), 밤새
기(밤새도록), 동이턴다(새벽), 아재/메가리(아지/전갱이), 개양(웅
덩이), 배캅(조개), 죽탕(진흙), 정어리/눈티(청어), 티(티끌), 치어/
민물새끼(피라미), 헐기문얻따(흙)

○ 10~20대
· 남성(7개)
지랑멀(간장), 열합(대합), 파도친다(물결), 새벽온다(새벽), 손쨍
이(숭늉), 눈·비섞어온다(진눈깨비), 뭐들어간따(티끌)
· 여성(5개)
파도친다(물결), 새벽온다(새벽), 손쨍이(숭늉), 눈·비섞어온다
(진눈깨비), 뭐들어간따(티끌)

③ 성별 특정 어휘 비교

〈표 23〉 성별 특정 어휘 실현 빈도 비교

조사 항목		50대 이상	30~40대	10~20대
회오리 바람	남	회오리(2) : 돌개바람(3)	회오리(3) : 돌개바람(1)	회오리(3) : 돌개바람(1)
	여	회오리(3) : 돌개바람(3)	회오리(2) : 돌개바람(2)	회오리(3) : 돌개바람(1)
가풀막	남	고바위(1) : 언덕빼기(1) : 비탈(1) : 꼬데이~(1)	고바위(1) : 비탈류(3) : 언덕빼기(1)	비탈(3) : 언덕빼기(2)
	여	고바위(2) : 비탈(1) :꼬데이~(1)	비탈류(3) : 언덕빼기(1)	비탈(2) : 언덕빼기(1) : 오르막(1) : 고개(1)
징검다리	남	징검다리(1) : 돌다리(3)	징검다리(2) : 돌다리(2)	징검다리(3) : 돌다리(2)
	여	징검다리(1) : 돌다리(4)	돌다리(4)	징검다리(3) : 돌다리(1)
그저께	남	아래(3) : 거제류(2)	아래(2) : 거제류(2)	아래(2) : 그저께류(2)
	여	아래(2) : 거제류(4)	아래(2) : 거제(2)	아래(1) : 그저께류(3)

글피	남	내리모래(1) : 저모레(1) : 걸페(2)	저모레(1) : 걸피(3)	내일모래(1) : 글피(3)
	여	저모레(2) : 걸페(2)	저모레(2) : 걸페(2)	내일모래(2) : 글피(2)
아래께	남	아래(3) : 먼제(1)	아래(2) : 저먼제(1) : 저번날(1)	아래류(3) : 그저께류(3)
	여	아래(3) : 먼제(1) : 거저께(1)	아래(4)	아래류(3) : 얻거저께(1)
사흘날	남	사헐(4)	사흘/사얼(4) : 삼일(1)	사흘(2) : 삼일(2)
	여	사헐/사알(4)	사흘/사얼(4)	사흘(2) : 삼일(2)
나흗날	남	나헐(4)	나헐/나얼(4)	나흘(2) : 사일(2)
	여	나헐/나알(4)	나헐/나얼(4)	나흘(3) : 사일(2)
엿새	남	여새/열새(4)	여새/열쎄(4) : 육일(1)	열새(1) : 육일(3)
	여	여새/열새(4)	여새/열쎄(4) : 육일(1)	열새(2) : 육일(2)
아흐렛날	남	아허레(4)	아허레(4) : 구일(1)	아흐레(1) : 구일(3)
	여	아허레(4) : 구일(1)	아허레(4) : 구일(1)	아흐레(2) : 구일(2)
열흘	남	여럴/열헐6(4)	열헐(4)	열흘(2) : 십일(2)
	여	여럴/열헐(4)	여럴/열헐(4)	열흘(4) : 십일(1)
밤새도록	남	거멈밤(1) : 밤새기/밤도록(3)	긴긴밤(2) : 밤새기(2)	×(1) : 동지(1) : 밤새도록(2)
	여	긴긴밤(2) : 밤새기/밤새(2)	진진밤(2) : 밤새기(2)	한밤(1) : 동지(1) : 밤새도록(2)
갱	남	콩나믈꾹(2) : 갱(2)	탕(2) : 갱(2)	탕(2) : 국물(1) : ×(1)
	여	콩나믈꾹(2) : 갱(2)	탕(2) : 갱(2)	탕(2) : 국물(1) : ×(1)

막걸리	남	막걸리(4) : 농주(1)	막걸리(4) : 농주(1) : 탁주(1)	막걸리류(4) : 동동주(1)
	여	막걸리(3) : 농주(1) : 탁주(1)	막걸리(4) : 농주(2)	막걸리류(4) : 동동주(1)
흰떡	남	백찜(2) : 북심이(1) : 백설기(1) : 가래떡(1)	백찜(2) : 하얀떡(1) : 멘떡(1)	백찜(2) : 백설기(2) : 흰떡(1)
	여	백찜(1) : 북심이(1) : 흰떡(1) : 시리떡(1)	백찜(2) : 흰떡(2)	백찜(2) : 백설기(2) : 하얀떡(1)
달걀	남	개랄/겨란(4) : 달걀(1)	개란(2) : 달걀(4)	개란(1) : 달걀(4)
	여	개랄/겨란(4) : 달걀(3)	개랄(2) : 달걀(3)	계란/개란(2) : 달걀(3)

(2) 성별 공통 어휘

① 성별 전체 간 동일 어형 실현 검토

조사항목 270개의 성별 전체 간 동일 어형으로 실현하는 항목의 빈도를 측정하여 아래와 같이 <표 24>로 제시하였다.

〈표 24〉 연령에 의한 성별 전체 동일 어형 실현 빈도

		50대 이상	30~40대	10~20대	전체성별 빈도
전체간 빈도	남	150(270)	160(270)	165(270)	475(810)
	여	150(270)	155(270)	173(270)	478(810)
백분율	남	55.6%	59.3%	61.1%	58.6%
	여	55.6%	57.4%	64.1%	59.0%

위의 <표 24>에서 살펴보면 조사 항목 270개 가운데 성별 전체간 동일 어형을 실현하는 빈도는 50대 이상의 남성이 150개(55.6%)이고 여성도 역시 150개(55.6%)로 남성과 동일한 빈도를 지니는 것으로 조

사되었다.

또 30~40대는 남성이 160개 (59.3%), 여성이 155개(57.4%)이고, 10~20대 남성은 270개 항목 가운데 165개(61.1%), 여성은 173개(64.1%)가 동일 어형을 실현하는 것으로 조사 되었다. 그리고 전체 남성과 여성으로 나누어 비교해 보면 남성은 58.6%가 전체 연령에서 동일 어형으로 실현되며, 여성은 59.0%로 실현되는 것으로 조사되었다. 이들 연령 가

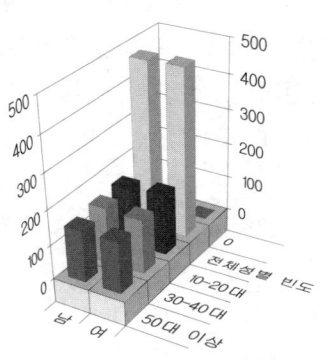

〈그림 18〉 비교 그래프

운데서는 10~20대 여성이 다른 연령들에 비해 동일 어형을 실현하는 빈도가 높게 나타나는 것으로 조사되었다. <표 24>의 실현 빈도를 다시 표준항목과 일치하게 실현하는 빈도와 비표준항목으로 일치하여 실현하는 빈도를 측정하여 아래의 <표 24-1>·<표 24-2>로 나타내었다.

〈표 24-1〉 연령에 의한 성별 전체 표준항목 실현 빈도

		50대 이상	30~40대	10~20대	전체성별 빈도
전체간 빈도	남	40(150)	39(160)	88(165)	167(475)
	여	29(150)	52(155)	93(173)	174(478)
백분율	남	26.7%	24.4%	53.3%	35.2%
	여	19.3%	33.5%	53.8%	36.4%

표에서 살펴보면 50대 이상의 연령에서 남성은 동일 어형을 실현하는 빈도 150개 가운데 40개(26.7%)가 표준항목과 일치되게 실현하고 나머지 110개(73.3%)는 방언으로 실현하며, 여성은 150개 가운데 29개

(19.3%)가 표준항목과 일치되게 실현하고 나머지 121개(80.7%)는 방언
으로 실현되는 것으로 조사되었다. 또 30~40대는 남성은 160개 항목
가운데 39개(24.4%)가 표준항목과 일치되고 121개(75.6%)가 방언형으
로 실현되며, 여성은 155개 항목 가운데 52개(33.5%)가 표준항목과 일
치되고 103개(66.5%)가 방언형으로 실현되는 것으로 조사되었다.

〈표 24-2〉 연령에 의한 성별 전체 비표준항목 실현 빈도

		50대 이상	30~40대	10~20대	전체성별 빈도
전체간 빈도	남	110(150)	121(160)	77(165)	308(475)
	여	121(150)	103(155)	80(173)	304(478)
백분율	남	73.3%	75.6%	46.7%	64.8%
	여	80.7%	66.5%	46.2%	63.6%

10~20대 남성은 165개 항목 가운데 88개(53.3%)가 표준항목과 일치
되게 실현되고 나머지 77개(46.7%)가 방언형으로, 여성은 173개 동일
어형 항목 가운데 93개(53.8%)가 표준항목과 일치되게 실현되고 80개
(46.2%)가 방언형으로 실현되는 것으로 조사되었다. 그리고 이를 성별
전체에서 살펴보면 남성은 35.2%가 표준방언 항목과 일치되는 어형
을 실현하며 64.8%는 비표준항목, 즉 방언형으로 실현하는 것으로, 여
성은 36.4%가 표준방언 항목과 일치되는 어형을 실현하고 63.6%는
방언형으로 실현하는 것으로 조사되었다. 이러한 결과로 볼 때 전체
남성과 여성의 표준항목 사용 능력을 비교해 볼 때 여성이 남성보다
표준항목을 다소 더 사용하는 것을 알 수 있다. 이는 각 연령별 교육
의 차이와 문화의 차이 및 남성과 여성간의 교양화법의 차이라 생각
된다.

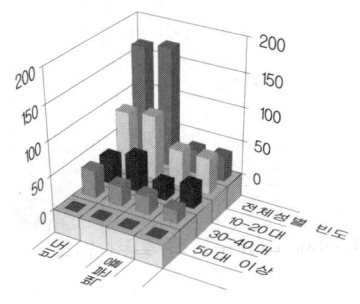 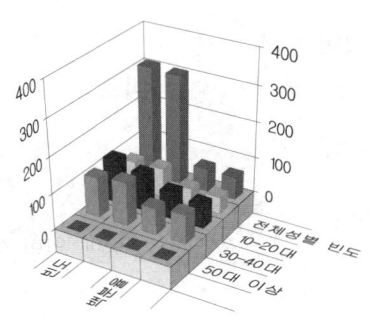

〈그림 19〉 표 24-1 비교 그래프   〈그림 20〉 표 24-2 비교 그래프

② 성별 어휘항목 인지능력

영덕·울진·삼척·강릉의 제보자들이 조사 항목의 질문에 얼마나 정확하게 인식하고 있으며, 또 그 항목을 인지하는가를 성별로 살펴 그 빈도를 측정하였다.

아래의 표에서 살펴보면 50대 이상의 남성은 총 270개 질문 어휘항목 가운데 11개(4.1%)의 항목에 대해, 여성은 14개(5.2%)의 항목에 대해 '모른다'고 답변하거나 '인식하지 못한다'고 답변한 것으로 조사되었으며, 30~40대 남성은 6개(2.2%), 여성은 13개(4.8%)의 항목에 대해, 10~20대 남성은 26개(9.6%), 여성은 25개(9.3%)의 항목에 대해 '모른다'고 답변하거나 '인식하지 못한다'고 답변하였다. 또한 이를 전체 남성과 여성으로 살펴보면 전체 남성은 항목에 대해 '모른다'고 답변하거나 '인식하지 못한다'고 답변한 총 빈도는 43회이고 여성의 총 빈도는 52회이다. 항목에 대해 가장 많이 '모른다'고 답변하거나 '인식하지 못한다'고 답변한 연령별 성(性)은 10~20대의 남성이며, 전체 성에서는 여성이 남성보다 다소 높은 것으로 조사되었다. 이러한 결과로 볼 때 연령에서는 50대 이상이나 30~40대의 연령보다 10－20대

연령의 어휘항목 인지능력이 낮고, 남성보다는 여성의 어휘항목 인지
능력이 낮은 것을 알 수 있다. 이는 각 연령별, 성별의 경제활동 범위
와 생활환경 등의 차이로 인한 것으로 생각된다.

<표 25> 성별 어휘항목 인지능력 빈도

지역 연령		영덕	울진	삼척	강릉	총빈도
50대 이상	남	2	1	6	2	11(4.1%)
	여	2	1	7	4	14(5.2%)
30~40대	남	0	1	3	2	6(2.2%)
	여	3	1	7	2	13(4.8%)
10~20대	남	13(2)	3	7	3	26(9.6%)
	여	12	3	5	5	25(9.3%)

③ 성별 표준항목 사용능력

성별 표준항목의 실현 능력을 알아보기 위해 성별 전체의 표준 항
목 사용 빈도와 방언형 사용 빈도 측정하여 아래의 <표 26>, <표
27>와 같이 제시하였다.

<표 26> 성별 전체 표준항목 사용 빈도

		50대 이상	30~40대	10~20대	전체 빈도
전체간 빈도	남	40(270)	39(270)	88(270)	167(810)
	여	29(270)	52(270)	93(270)	174(810)
백분율	남	14.8%	14.4%	32.6%	20.6%
	여	10.7%	19.3%	34.4%	21.5%

<표 27> 성별 전체 방언형 사용 빈도

		50대 이상	30~40대	10~20대	전체 빈도
전체간 빈도	남	230(270)	231(270)	182(270)	643(810)
	여	241(270)	218(270)	177(270)	636(810)
백분율	남	85.2%	85.6%	67.4%	79.4%
	여	89.3%	80.7%	65.6%	78.5%

위의 표들에서 살펴보면 50대 이상의 연령에서는 남성은 총 조사항목 270개 가운데 40개(14.8%)를 표준항목과 일치되게 사용하고 나머지 230개(85.2%)는 방언형을 사용하고 있는 것으로, 여성은 270개 가운데 29개(10.7%)는 표준항목에, 241개(89.3%)는 방언형을 사용하고 있는 것으로 조사되었다. 또 30~40대 남성은 270개 가운데 39개(14.4%)를 표준항목과 일치되게 사용하고 231개(85.6%)는 방언형으로, 여성은 270개 가운데 52개(19.3%)를 표준항목과 일치되게 사용하고 218개(80.7%)는 방언형을 사용하고 있는 것으로 조사되었다. 그리고 10~20대 남성은 270개 가운데 88개(32.6%)는 표준항목으로 사용하고 182개(67.4%)는 방언형을 사용하고 있으며, 여성은 93개(34.4%)는 표준항목으로 사용하고 177개(65.6%)는 방언을 사용하는 것으로 조사되었다. 또한 전체 남성과 여성으로 비교해 볼 때 남성은 167개(20.6%)를 표준항목으로, 643개(79.4%)는 방언형을 사용하는 것으로, 여성은 174개(21.5%)를 표준항목으로, 636개(78.5%)는 방언형을 사용하는 것으로 조사되었다. 이러한 결과로 볼 때 가장 표준항목과 일치되게 실현하는 연령별 성(性)은 10~20대 여성으로 표준어휘 구사 능력이 다른 연령 보다 최고 2배 이상 높은데 비해 50대 이상의 여성은 약 90%의 항목을 방언형으로 실현한다는 사실을 알 수 있다. 또한 전체 남성과 여성의 표준항목 사용 능력을 비교해 볼 때 여성이 남성보다 표준항목을 다소 더 사용하는 것을 알 수 있다. 이는 각 연령별 교육의 차이와 문화의 차이 및 남성과 여성간의 교양화법의 차이라 생각된다.

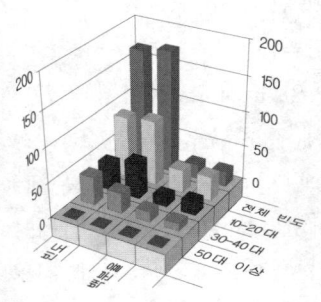 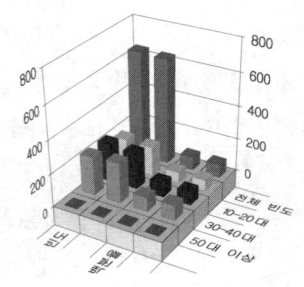

〈그림 21〉 표 26 비교 그래프   〈그림 22〉 표 27 비교 그래프

4. 사회언어학적 측면에서 본 동해안 방언

사회언어학적 측면에서 영덕·울진·삼척·강릉의 동해안 방언은 여러 가지 면에서 공통점을 찾을 수 있었다. 영덕과 울진, 삼척과 강릉은 각각 음운적인 측면에서 보다 더 가까운 것으로, 영덕과 울진, 울진과 삼척, 삼척과 강릉은 각각 특정 어휘에서 가까운 것으로 조사되었다. 그러나 이번에 조사된 항목 270개 어휘들을 비교·분석해 본 결과 영덕과 울진이 경상북도에, 삼척과 강릉이 강원도에 속해 있어 지역적인 경계는 뚜렷하지만 방언학적 측면에서는 뚜렷한 경계를 설정하기가 어려우며, 특히 10~20대의 어휘들에서는 네 지역의 경계를 구분 지을 수 없을 정도로 지역적인 경계가 모호해지고 있음을 알 수 있었다.

Ⅳ. 맺음말

방언은 한 언어의 분화체로서 그 자체가 독립된 언어체계를 가지

며, 방언간의 체계적인 차이를 논하기 위해서는 음운의 측면이 중시
되는 것이 일반적이나, 화자(話者)들의 현실 생활을 좀더 적극적으로
반영하고 있다는 점을 고려할 때, 무엇보다도 어휘적 측면이 중요하
다고 생각되기 때문에 동해안 방언권 설정의 타당성 여부를 검증하고
자 하는 본 연구에서는 음운, 어휘의 두 영역으로 나누어 진행하였다.
특히 사회언어학적 측면에서 동해안 어민들의 생활문화와 언어를 살
펴보기 위해 조사 지역을 서로 인접해 있는 영덕·울진·삼척·강릉
으로 선택하여 강원도 동해안과 경북 동해안 어촌의 지역별·연령
별·성별 방언에 대하여 고찰하였다. 위에서 논의 된 바를 간략히 정
리하여 이를 결론으로 삼고자 한다.

첫째, 어민들의 생활과 직접 관련을 지을 수 있는 천문, 지리, 시후,
방위, 음식, 비금류, 어패류 등 270개 조사항목을 영덕·울진·삼척·
강릉의 지역별, 연령별, 성별에서 어떻게 실현되는가를 살펴보았다.

둘째, 질문지는 동해안 지역 어민들의 방언 차를 보여 줄 수 있도록
이들 항목이 어떻게 실현되는지를 각 지역별, 연령별(10~20대, 30~40
대, 50대 이상), 성별(남, 여)로 분석표를 만들었다. 또한 조사 과정에
서 합리적이고 효과적인 질문지를 작성하기 위해 다양한 사례들을 검
토하였으며, 직접 질문하는 면접법과 서면으로 질문하는 질문법을 사
용하였다.

셋째, 주된 조사 지역은 ① 영덕군 강구면·축산면, ② 울진군 후포
면·평해읍, ③ 삼척시 근덕면, ④ 강릉시 연곡면으로 정하였는데, 원
래는 어업을 주된 업으로 삼았으나 고속도로의 개통, 정기여객선이
취항, 관광산업으로의 전환, 또는 활성화 등 주변 환경과 상권의 변화
로 인해 생활경제가 어업뿐만 아니라 상업, 서비스업종으로 전환하는
사례가 많은 지역을 택하였다. 이는 어촌 지역 주민들의 생활 변화와
언어 변화의 속도 등을 찾아보기에 적합하다고 여겨졌으며, 이 연구

에 적합한 노년층과 장년층, 그리고 청소년층의 제보자를 쉽게 접할 수 있는 지역이라는 여겨졌기 때문이다.

넷째, 질문지는 방언간의 어휘 분화가 가장 쉽게 일어나는 어휘들을 중심으로, 특히 어촌 경제 생활과 관련된 어휘들을 중심으로 항목을 선정하여 작성하였다. 이들 질문지를 바탕으로 과연 사회적, 경제적 변수에 따라 강릉, 삼척, 영덕, 울진 방언들에 언어 분화 현상이 일어나고 있는가. 그렇다면 어느 지역, 어느 세대, 어느 성별에서 그 현상이 현저하게 나타나는가 등에 의미를 두고 조사하여 비교 확인하는 데 주안점을 두었다.

다섯째, 제보자는 토박이, 나이, 신체적 조건, 성별, 학업정도 등등의 여러 가지 조건을 갖추어야 하는데 본 연구에서는 동해안 어촌 경제생활과 관련된 방언들을 사회언어학적 관점에서 고찰하는 것이므로 노년층, 장년층은 각 해당 지역에서 3대 이상 지속적으로 살아온 자들을 우선 선정하였으며, 장년층은 출생이 그 지역이 아니더라도 20년 이상 그 지역에서 거주한 사람들도 다수 포함하였다. 청소년층 역시 3대 이상이 지속적으로 살아온 자 가운데서 우선 선정하여 전통적인 방언 제보자 조건에 부합하도록 노력하였다.

여섯째, 조사된 270개 항목을 사회언어학적 측면에서 음운과 어휘로 나누어 분석하였다.

일곱째, 조사된 지역의 대표적인 음운 특징은 경음화와 비음화 현상과 모음 '一'와 'ㅓ'의 구분을 주로 하여 분석하였다. 조사된 항목들이 각 지역별, 연령별, 성별에서 어떻게 실현되는지를 살펴 이의 양상을 빈도와 백분율로 표시하여 표로 제시하였다.

여덟째, 어휘는 조사항목 270개를 모두 각 지역·연령·성별 특징을 나타낼 수 있는 어휘와 각 지역·연령·성별 특수 어휘 등으로 나누어 분석하고 이를 바탕으로 각 지역·연령·성별 조사항목 인지능

력과 표준어휘 실현 능력을 및 방언형 실현능력과 일치능력 등을 빈
도와 백분율로 표를 만들어 제시하였다.

아홉째, 조사·분석된 각 지역·연령·성별 음운 및 어휘적 특징
을 고찰하였다. 이들 특징을 살펴보면

(1) 270개의 어휘 항목 조사 결과 영덕과 울진에서는 대부분의 제보
자들이 자음 '씨'을 'ㅅ'으로 발음하고, 모음 'ㅡ'와 'ㅓ', 'ㅔ'와 'ㅐ'
는 구분되지 않으며, 삼척과 강릉에서는 자음 'ㅅ'과 '씨'이 구분되어
발음하고 있는 것으로, 모음 'ㅡ'와 'ㅓ', 'ㅔ'와 'ㅐ'에 있어서는 삼척
은 구분이 안되는 반면 강릉은 그 구분이 혼란됨을 알았다.

(2) 지역별로 분석해 볼 때 세대 간 동일 어형 실현 빈도 가운데 표
준항목과 가장 많이 일치하여 실현하는 지역은 영덕(41.2%)이고 가장
비표준항목, 즉 방언형을 많이 실현하는 지역은 삼척(75.5%)임을 알았
다. 그리고 세대 전체 간 표준항목과 가장 많이 일치되게 사용하는 지
역은 영덕(20.7%)이고 방언형을 가장 많이 실현하는 지역은 삼척
(86.3%)임을 알 수 있었으며, 질문 어휘항목 인지능력은 영덕과 삼척
이 울진과 강릉보다 훨씬 더 떨어지는 것을 알 수 있었는데 이는 각
지역의 경제적, 혹은 교육적 환경과 관련이 있는 것으로 생각된다.

(3) 연령별로 분석해 볼 때 표준항목과 가장 일치되게 실현하는 연령
은 10~20대로 표준어휘 구사 능력이 다른 연령에 비해 2배 이상 높은
데, 50대 이상의 연령과 30~40대 연령은 방언형을 실현하는 능력이 다
른 연령에 비해 높다는 사실을 알 수 있었다. 또한 질문 어휘항목 인지
능력은 10~20대가 50대 이상이나 30~40대의 인지능력보다 2배 이상
낮음을 알 수 있었으며, 특히 영덕의 10~20대의 인지능력이 다른 지역
의 연령들 보다 훨씬 낮음을 알 수 있었다. 이는 각 지역별, 연령별 교
육 및 생활환경, 사회적응력 등과 관련이 있는 것으로 생각된다.

(4) 성별로 분석해 볼 때 전체 남성과 여성의 표준항목 사용 능력을

비교하면 여성이 남성보다 표준항목을 다소 더 사용하는 것을 알았다. 또한 전체 남성과 여성의 표준항목 사용 능력을 비교해 볼 때 여성이 남성보다 표준항목을 다소 더 사용하는 것을 알 수 있었는데 이는 각 연령별 교육의 차이와 문화의 차이 및 남성과 여성간의 교양화법의 차이라 생각된다.

열째, 사회언어학적 측면에서 영덕·울진·삼척·강릉의 동해안 방언은 여러 가지 면에서 공통점을 찾을 수 있었다. 영덕과 울진, 삼척과 강릉은 각각 음운적인 측면에서 보다 더 가까운 것으로, 영덕과 울진, 울진과 삼척, 삼척과 강릉은 각각 특정 어휘에서 가까운 것으로 조사되었다. 그러나 이번에 조사된 항목 270개 어휘들을 비교·분석해 본 결과 영덕과 울진이 경상북도에, 삼척과 강릉이 강원도에 속해 있어 지역적인 경계는 뚜렷하지만 방언학적 측면에서는 뚜렷한 경계를 설정하기가 어려우며, 특히 10~20대의 어휘들에서는 네 지역의 경계를 구분 지을 수 없을 정도로 지역적인 경계가 모호해지고 있음을 알 수 있었다.

參 考 文 獻

고려대 언어학술조사단, 1973, "울릉도 언어 조사 보고."『어문논집』 14·15, 고려대.

권재선, 1981, "청도방언의 모음체계 변천의 연구."『한국언어문학논 집』, 대구대.

권재일, 1996, "경북방언의 인용구문 연구."『인문논총』35, 서울대학 교 인문학연구소.

김동소, 2005,『한국어 변천사』5쇄, 형설출판사.

김덕호, 1997, "경북방언의 지리언어학적 연구." 박사학위논문, 경북대.

김문오, 2001, "경북 동해안 방언의 어휘적 특징 — 경주·포항·영 덕·울진 지역의 방언 어휘를 중심으로."『울릉도·동해안 지역의 방언과 구비문학 연구』, 영남대학교 출판부.

김주원, 1995, "경상도 방언의 성문 파열음과 성조."『언어학』, 언어 학회.

_____, 2000ㄱ, "국어의 방언 분화와 발달."『한국문화사상대계』제1 권, 영남대학교 민족문화연구소.

_____, 2000ㄴ, "영남 방언 성조의 특성과 그 발달."『어문학』, 한국 어문학회.

_____, 2003,『울릉도·동해안 지역의 방언과 구비문학 연구』, 영남 대학교 출판부.

김차균, 1998, "삼척 방언과 울진 방언 풀이씨 음조형의 비교."『방언 학과 국어학』, 태학사.

_____, 1999, "삼척 방언과 강릉 방언 성조의 비교."『우리말 방언 성 조의 비교』, 역락.

김태엽, 1992, "영일지역어의 종결어미 연구.", 계명대학교 박사학위논문.

_____, 1998, "울릉도 지역의 방언에 대한 실태조사(문법편)."『우리말글 제16』, 우리말글학회.

_____, 1999, "영남 방언의 형태적 특성과 그 발달."『우리말글 제17』, 우리말글학회.

김형규, 1974,『한국방언연구』, 서울대 출판부.

남경란, 2003, "울릉군·동해안 방언의 어휘적 연구(2) - 울릉군을 중심으로."『울릉도·동해안 지역의 방언과 구비문학 연구』, 영남대학교 출판부.

_____, 2003, "사회방언자료의 전산처리에 대하여."『한국말글학』19, 한국말글학회.

_____, 2004, "동해안 지역의 사회방언에 대하여."『한국말글학』20, 한국말글학회.

박경래, 1994, "忠州方言의 움라우트에 대한 사회방언학적 고찰."『開新語文研究』10.

박성종, 1995, "영동(嶺東) 지역의 어촌 언어."『강원 어촌지역 전설민속지』, 강원도.

_____, 1998, "강원도 방언의 성격과 특성."『방언학과 국어학』, 태학사.

박영순, 2001, (한국어의) 사회언어학.

박종갑, 1998, "울릉도 지역의 방언에 대한 실태조사(어휘편 I)."『한민족어문집』33, 한민족어문학회.

_____, 1998, "울릉도 방언의 어휘론적 연구 - 북면 천부리의 언어를 중심으로."『울릉도·독도의 종합적 연구』, 영남대학교 민족문화연구소.

_____, 1999, "울릉도 지역의 방언에 대한 실태조사(어휘편 II)."『한민족어문집』34, 한민족어문학회.

_____, 1999, "영남방언의 통사 의미적 특성과 그 분포 양상 - 의문법

어미의 실현에 따른 제약을 중심으로."『어문학』68, 한국어
　　문학회.

소강춘, 1990,『방언분화의 음운론적 연구』, 한신문화사.

신승원, 1997, "경북 의성지역어의 음운론적 분화 연구", 영남대학교
　　박사학위논문.

여찬영, 1974, "경상도 방언의 //음운 현상과 고문헌에 나타난 'ㅇ'.",
　　『연세어문학』4, 연세대학교.

연호탁, 1994, "강릉방언의 사회언어학적 연구－고유어와 경어법 사
　　용의 분석을 중심으로."『관대논문집』22, 관동대학교.

오종갑, 1988,『국어음운의 통시적 연구』, 계명대 출판부.

＿＿＿, 1997ㄱ, "w계 이중모음의 변화와 관련된 영남방언의 특성과
　　그 전개."『영남어문학』32집.

＿＿＿, 1997ㄴ, "유기음화와 관련된 영남방언의 특성과 그 전개."
　　『인문연구』19－1, 영남대.

＿＿＿, 1998, "'ㅔ, ㅐ'의 변화와 관련된 영남방언의 특성과 그 전
　　개."『청암 김영태 박사 환갑기념 논문집』.

＿＿＿, 1998, "울릉도 방언의 음운론적 연구."『울릉도·독도의 종합
　　적 연구』, 영남대학교 민족문화연구소.

이기백, 1969, "경상북도의 방언구획."『동서문화』3, 계명대.

이기갑, 1990, "방언어휘론."『방언학의 자료와 이론』, 국어국문학회.

이상규, 1991, "경북 방언의 경어법."『새국어생활』, 국립국어연구원.

＿＿＿, 1995,『방언학』, 학연사.

＿＿＿, 1997, "영남방언의 특징－경북방언을 중심으로."『한국어문』
　　4, 한국정신문화연구원.

＿＿＿, 1998,『방언연구 방법론』, 형설출판사.

＿＿＿, 2000,『경북방언사전』, 태학사.

＿＿＿, 2003,『국어방언학』, 학연사.

이숭녕, 1967, "한국방언사."『한국문화사 대계』5.

이익섭, 1972, "江陵 方言의 形態音素論的 考察."『震檀學報』33.

_____, 1976, "韓國 漁村 方言의 社會言語學的 考察."『震壇學報』42.

_____, 1981,『嶺東 嶺西의 言語分化 – 江原道의 言語地理學』, 서울大學校出版部.

_____, 1984,『方言學』, 민음사.

_____, 1994, 사회 언어학 75.

이정복, 1993, "하동방언의 경어법에 대한 사회언어학적 연구 – 하동지역에서의 경어법의 사용 양상."『사회언어학』, 창간호.

장태진, 1996,『국어 사회언어학 논총』, 국학자료원.

전성택, 1989, "강릉 방언의 어휘."『관동향토문화연구』7, 춘천교육대학교.

전혜숙, 1996, "강릉방언의 변화에 대한 사회언어학적 연구." 관동대학교 석사학위논문.

_____, 2003, "강원도 동해안 방언의 사회언어학적 연구." 한국외국어대학교 박사학위논문.

정 철, 1991,『경북 중부 지역어 연구』, 경북대 출판부.

정영주, 1987, "경상남도 창녕지역 방언의 세대차에 의한 음운현상."『부암 김승곤 박사 회갑기념논총』.

최동주, 1998, "울릉도 방언의 문법." <울릉도·독도의 종합적 연구>, 영남대학교 민족문화연구소.

_____, 1999, "울릉도말의 어미 – 북면 천부리의 말을 중심으로 –". 성백인교수 정년퇴임기념논문집 간행위원회 편,『언어의 역사』, 태학사.

_____, 2003,『울릉도·동해안 지역의 방언과 구비문학 연구』, 영남대학교 출판부.

최명옥, 1980,『경북 동해안 방언 연구』, 민족문화논총, 영남대 민족문
　　화연구소.
＿＿＿, 1994, "경상북도의 방언구획 시론."『우리말 연구』, 우골탑.
최학근, 1990,『증보 한국방언사전』, 명문당.
＿＿＿, 1991,『국어방언연구』, 서울대 출판부.
태평무, 1999, 사회언어학연구.
한국정신문화연구원, 1987,『한국방언자료집』.
한영균, 1984, "강원·경북 울릉·제주방언의 현지조사 과정과 반성."
　　『방언』7.
Azuma, Sho ji., 2001, (재미있는)사회언어학.
Fasold, Ralph W., 1994, 사회언어학.
Sanada, Shinji., 1995, 社會言語學의 方法 3.
Spolsky, Bernard., 2001, 사회언어학 1.
Trudgill, Peter., 1985, 社會言語學槪論.
Wardhaugh, Ronald., 1994, 社會言語學.

○ 저자소개
  • 박성용 영남대학교 문과대학 문화인류학과 교수
  • 이창언 영남대학교 민족문화연구소 상임연구원
  • 김태원 영남대학교 민족문화연구소 연구교수
  • 오종갑 영남대학교 문과대학 국어국문학과 교수
  • 남경란 영남대학교 민족문화연구소 전문연구교수

울릉도 · 동해안 어촌지역의 생활문화 연구

2005년 5월 20일 인쇄
2005년 5월 25일 발행

편   자 : 영남대학교 민족문화연구소
발 행 처 : 경인문화사
발 행 인 : 한정희
주   소 : 서울시 마포구 마포동 324-3
전   화 : 02-718-4831
등록번호 : 제10-8호(1973.11.8)
http://www.kyunginp.com
E-mail : kyunginp@chollian.net

값 18.000원

■ 영남대학교 민족문화연구소
  소장 이동순
  (712-749) 경북 경산시 대동 214-1
  Tel : 053)810-3706, Fax : 053)810-4696
  http://www.ynmin.net
  E-mail : ynmin@yu.ac.kr